政府会计制度详解与实务

# 医院会计

## 实务与衔接

政府会计制度编审委员会　编著

人民邮电出版社
北京

图书在版编目（CIP）数据

政府会计制度详解与实务. 医院会计实务与衔接 / 政府会计制度编审委员会编著. -- 北京 : 人民邮电出版社, 2019.8
ISBN 978-7-115-51613-8

Ⅰ. ①政… Ⅱ. ①政… Ⅲ. ①医院－单位预算会计－会计制度－中国 Ⅳ. ①F810.6②R197.322

中国版本图书馆CIP数据核字(2019)第133851号

## 内容提要

《政府会计制度——行政事业单位会计科目和报表》《关于医院执行〈政府会计制度——行政事业单位会计科目和报表〉的补充规定》和《关于医院执行〈政府会计制度——行政事业单位会计科目和报表〉的衔接规定》已于2019年1月1日在全国公立医院内统一施行。为了帮助广大公立医院会计工作者学好、用好政府会计制度，我们集众多医院财会领域的专家与实务界人士的智慧，精心编写了这本书。

本书依据《政府会计准则——基本准则》和存货、投资、固定资产、无形资产、公共基础设施、政府储备物资6项政府会计具体准则，对医院如何按政府会计制度进行账务处理进行了全面、深入、详尽的讲解与辅导。针对重要的会计处理规定，本书都直观地展示了其账务处理方法；同时以案例解析的形式，将笼统的文字表述转化为清晰、具体的实务操作，使读者进一步加深对新制度的理解，全面提升读者的实务操作水平。本书结合制度对近300个案例进行了细致的分析，并逐步展示了会计处理的全过程。

本书是一本全景式解读我国政府会计制度的专业图书，是广大医院会计工作者学好、用好制度的案头必备工具书。它可帮助广大医院会计工作者解决会计实务工作中的各种疑难问题。

◆ 编　　著　政府会计制度编审委员会
责任编辑　李士振
责任印制　周昇亮

◆ 人民邮电出版社出版发行　　北京市丰台区成寿寺路11号
邮编　100164　　电子邮件　315@ptpress.com.cn
网址　http://www.ptpress.com.cn
天津翔远印刷有限公司印刷

◆ 开本：700×1000　1/16
印张：28　　2019年8月第1版
字数：528千字　　2019年8月天津第1次印刷

定价：99.80元

读者服务热线：(010)81055296　印装质量热线：(010)81055316
反盗版热线：(010)81055315
广告经营许可证：京东工商广登字20170147号

# 前言
PREFACE

财政部印发的《政府会计制度——行政事业单位会计科目和报表》（财会〔2017〕25号）和《关于医院执行〈政府会计制度——行政事业单位会计科目和报表〉的补充规定》和《关于医院执行〈政府会计制度——行政事业单位会计科目和报表〉的衔接规定》，自2019年1月1日起施行。

《政府会计制度》的颁布是我国医院会计制度发展史上的一件大事。按照该制度的界定，我国境内各级各类独立核算的公立医院是新制度的法定执行者。会计制度的统一，大大提高了公立医院各部门、各单位会计信息的可比性，为单位、部门编制合并财务报表和逐级汇总编制部门决算奠定了坚实的制度基础。

《政府会计制度》的实施，重新购建了“财务会计和预算会计适度分离并相互衔接”的会计核算模式。

所谓“适度分离”，是指适度分离政府预算会计和财务会计功能，决算报告和财务报告功能，全面反映政府会计主体的预算执行信息和财务信息。这主要体现在以下几个方面。

**一是“双功能”**，在同一会计核算系统中实现财务会计和预算会计双重功能，通过资产、负债、净资产、收入、费用五个要素进行财务会计核算，通过预算收入、预算支出和预算结余三个要素进行预算会计核算。

**二是“双基础”**，财务会计采用权责发生制，预算会计采用收付实现制，国务院另有规定的，依照其规定。

**三是“双报告”**，通过财务会计核算形成财务报告，通过预算会计核算形成决算报告。

所谓“相互衔接”，是指在同一会计核算系统中政府预算会计要素和财务会计要素相互协调，决算报告和财务报告相互补充，共同反映政府会计主体的预算执行信息和财务信息。

我们编写这本书的主要目的在于帮助医院会计人员学好、用好政府会计制度。总体来说，本书具有以下主要特点。

**第一，把握精髓，不忘初衷。**会计的使命在于通过财务报告的形式提供真实、完整、可靠、相关的财务信息。这也是政府会计的核心要求。在学制度、用制度的过程中，读者不能偏离这一基本要求。在编写本书的过程中，无论是在法规解释方面，还是在案例分析方面，编者均以此为出发点，确保读者能深入领悟制度的精髓，准确理解制度的关键内容。

**第二，全面把握，切忌片面。**政府会计制度是一个严密的体系，包括政府会计基本准则、政府会计具体准则、政府会计应用指南等。对于政府会计制度的理解，读者一定要把握整体性，切忌只言片语、割裂理解。在编写本书过程中，对于特定问题的论述以及《政府会计制度》的要求与规范，编者均给予了全景式的列示，以确保读者对特定问题的理解与认识不出现偏差、不出现失误。

**第三，联系实际，与时俱进。**政府会计制度是一个活的体系，随着社会经济的发展，一些不符合实际情况的旧准则总会被修订，而一些新的准则与制度又会被颁布。这就需要我们去不断地了解新事物，学习新规定。在编写本书过程中，编者非常注重案例的引入，以案说法，确保以案例为载体，把准则制度讲深、讲透。同时，所选案例都是近期医疗行业实务工作中出现的具有代表性的事件，确保相关理论知识与实践保持同步。

在编写本书过程中，我们参考了相关资料以及相关专家的观点，并加以借鉴，在此谨向这些资料的作者及相关专家致以诚挚的谢意！

由于编者水平有限加之时间仓促，书中难免存在疏漏乃至错误之处，恳请读者批评指正。

编者

# 目录
CONTENTS

## 第 1 章　政府会计制度的基本理论



## 第 2 章　资产

# 第3章 负债

# 第 4 章 净资产

# 第 5 章　收入与预算收入



# 第 6 章　费用与预算支出

## 第 7 章　预算结余



## 第 8 章　政府财务报告和决算报告

## 第 9 章 关于医院执行政府会计新旧制度的衔接规定

# 第 1 章
# 政府会计制度的基本理论

## 1.1　政府会计概述

### 1.1.1　政府会计的概念

政府会计是指用于确认、计量、记录和报告政府及事业单位财务收支活动及其受托责任履行情况的会计体系。本书将政府会计界定为是一门用于确认、计量、记录政府受人民委托管理国家公共事务和国家资源、国有资产的情况，报告政府公共财务资源管理的业绩及履行受托责任情况的专门会计。

### 1.1.2　《政府会计制度》

#### 1.1.2.1　背景及意义

为了购建统一、科学、规范的政府会计核算标准体系，夯实政府财务报告的编制基础，2017 年 10 月 24 日，财政部印发了《政府会计制度——行政事业单位会计科目和报表》（财会〔2017〕25 号，以下简称《政府会计制度》）。该制度自 2019 年 1 月 1 日起施行。财务部鼓励行政事业单位提前执行该制度。

我国原有政府会计核算标准体系基本上形成于 1998 年前后，主要涵盖财政总预算会计、行政单位会计与事业单位会计，包括《财政总预算会计制度》《行政单位会计制度》《事业单位会计准则》《事业单位会计制度》，以及医院、基层医疗卫生机构、高等学校、中小学校、科学事业单位、彩票机构等行业事业单位会计制度和国有建设单位会计制度等有关制度。2010 年以来，财政部为适应公共财政管理的需要，先后对上述部分会计标准进行了修订，基本满足了现行部门预算管理的需要。

2014 年修订的《中华人民共和国预算法》（以下简称《预算法》）对各级政府提出按年度编制以权责发生制为基础的政府综合财务报告的新要求。由于原有政府会计标准体系一般采用收付实现制，主要以提供反映预算收支执行情况的决算报告为目的，无法准确、完整地反映政府的资产、负债情况，以及政府的运行成本等情况，难以满足编制权责发生制政府综合财务报告的信息需求。另外，因原有政府会计领域多项制度并存，体系繁杂、内容交叉、核算口径不一，造成不同部门、单位的会计信息可比性不高，通过汇总、调整编制的政府财务报告信息质量较低。因此，在新的形势下，必须对政府会计标准体系进行改革。

权责发生制政府综合财务报告制度改革是基于政府会计规则的重大改革，其前提和基础任务就是建立健全政府会计核算标准体系，包括制定政府会计基本准则、具体准则及应用指南，健全、完善政府会计制度。在政府会计核算标准体系中，基本准则属于“概念框架”，统驭政府会计具体准则和政府会计制度的制定；具体准则主要规定政府发生的经济业务或事项的会计处理原则，应用指南主要对具体准则的实际应用做出操作性规定；会计制度主要规定政府会计科目及其使用说明、报表格式及其编制说明等。会计准则和会计制度相互补充，共同规范政府会计主体的会计核算，保证会计信息质量。按照《权责发生制政府综合财务报告制度改革方案》（以下简称《改革方案》）确定的目标，我们应当在 2020 年之前建立起具有中国特色的政府会计标准体系。

2015 年以来，财政部相继出台了《政府会计准则——基本准则》（以下简称《基本准则》）和存货、投资、固定资产、无形资产、公共基础设施、政府储备物资 6 项政府会计具体准则，使政府会计准则体系建设取得了积极进展。为了加快建立健全政府会计核算标准体系，经反复研究和论证，财政部决定以统一各类行政事业单位会计标准、夯实部门和单位编制权责发生制财务报告和全面反映运行成本并同时反映预算执行情况的核算基础为目标，制定适用于各级各类行政事业单位的统一的会计制度。

#### 1.1.2.2 结构与内容

《政府会计制度》由正文和附录组成，其中，正文包括五部分内容：

第一部分为总说明，主要点明《政府会计制度》的制定依据、适用范围、会计核算模式和会计要素、会计科目设置要求、报表编制要求、会计信息化工作要求和施行日期等内容。

第二部分为会计科目名称和编号，主要列出了财务会计和预算会计两类科目表，共计 103 个一级科目。其中，财务会计下，资产、负债、净资产、收入和费用五个要素共计 77 个一级科目；预算会计下，预算收入、预算支出和预算结余三个要素共 26 个一级科目。

第三部分为会计科目使用说明，主要对 103 个一级跨级科目的核算内容、明细核算要求、主要账务处理等进行了详细说明，是《政府会计制度》的核心内容。

第四部分为报表格式，主要规定财务报表和预算会计报表的格式。其中，财务报表包括资产负债表、收入费用表、净资产变动表、现金流量表及报表附注；预算会计报表包括预算收入支出表、预算结转结余变动表和财政拨款预算收入支出表。

第五部分为报表编制说明，主要涉及第四部分列出的 7 张报表的编制说明，以及报表附注应披露的内容。

附录为主要业务和事项账务处理举例。附录采用列表形式，以《政府会计制度》第三部分规定的会计科目使用说明为依据，按照会计科目顺序对单位通用业务或共性业务和事项的账务处理进行举例说明。

#### 1.1.2.3　重大变化与创新

《政府会计制度》继承了多年来我国行政事业单位会计改革的有益经验，反映了当前政府会计改革发展的内在需要和发展方向，相对于原有制度有以下重大变化与创新点。

**一、重构了政府会计核算模式**

在系统总结分析传统单系统预算会计体系利弊的基础上，《政府会计制度》按照《改革方案》和《基本准则》的要求，使财务会计和预算会计适度分离并相互衔接的会计核算模式在制度层面真正落地。“适度分离”是指适度分离政府预算会计和财务会计功能，决算报告和财务报告功能，全面反映政府会计主体的预算执行信息和财务信息。“相互衔接”是指会计核算系统中政府预算会计要素和相关财务会计要素相互协调，决算报告和财务报告相互补充，共同反映政府会计主体的预算执行信息和财务信息。这主要体现在：

一是对纳入部门预算管理的现金收支进行“平行记账”。对纳入部门预算管理的现金收支业务，会计人员在进行财务会计核算的同时也应当进行预算会计核算，而对于其他业务，仅需要进行财务会计核算。

二是财务报表与预算会计报表之间存在勾稽关系。通过编制“本期预算结余与本期盈余调节表”并在附注中进行披露，反映单位财务会计和预算会计因核算基础和核算范围不同所产生的本年盈余数（即本期收入与费用之间的差额）与本年预算结余数（本年预算收入和预算支出的差额）之间的差异，从而揭示财务会计与预算会计的内在联系。这种会计核算模式既能兼顾部门决算报告制度的需要，又能满足部门编制权责发生制财务报告的要求，对于规范政府会计行为，夯实政府会计主体预算和财务管理基础，强化政府绩效管理具有深远意义。

**二、统一了事业单位的会计制度**

《政府会计制度》有机整合了《行政单位会计制度》《事业单位会计制度》和医院、基层医疗卫生机构、高等学校、中小学校、科学事业单位、彩票机构、地勘单位、测绘单位、国有林场和苗圃等行业事业单位跨级制度的内容。在科目设置、科目和报表项目说明中，一般情况下，该制度不再区分行政和事业单位，也不再区分行业事业单位；在核算内容方面，基本保留了原有各项制度中的通用业务和事项，同时根据改革需要增加各级各类行政事业单位的共性业务和事项；在会计政策方面，对同类业务尽可能做出同样的处理规定。会计制度的统一，大大提高了政府各部门、各单位会计信息的可比性，为合并单位、部门财务报表和逐级汇总编制部门决算奠定了坚实的制度基础。

**三、强化了财务会计的功能**

《政府会计制度》在财务会计核算中全面引入了权责发生制，在会计科目设置和账务处理中着力强化财务会计功能，如增加了收入和费用两个财务会计要素的核算内容，并原则上要求按照权责发生制进行核算；增加了应收账款和应付款项的核算内容，对长期股权投资采用权益法核算，确认自行开发形成的无形资产的成本，要求对固定资产、公共基础设施、保障性住房和无形资产计提折旧或摊销，引入坏账准备等减值概念，确认预计负债、待摊费用和预提费用等。在政府会计核算中强化财务会计功能，对于科学编制权责发生制政府财务报告、准确反映单位财务状况和运行成本等情况具有重要的意义。

**四、扩大了政府资产、负债的核算范围**

《政府会计制度》在原有制度的基础上，扩大了资产、负债的核算范围。除了按照权责发生制核算原则增加有关往来账款的核算内容外，在资产方面，增加了公共基础设施、政府储备物资、文物文化资产、保障性住房和受托代理资产的核算内容，以全面核算单位控制的各类资产；增加了“研发支出”科目，以准确反映单位自行开发无形资产的成本。在负债方面，增加了预计负债、受托代理负债等核算内容，以全面反映单位所承担的现时义务。此外，为了准确反映单位资产扣除负债之后的净资产状况，《政府会计制度》立足单位会计核算需要、借鉴国际公共部门会计准则的相关规定，将净资产按照主要来源分类为累计盈余和专用基金，并根据净资产其他来源设置了权益法调整、无偿调拨净资产等会计科目。资产、负债的核算范围的扩大，有利于全面规范政府单位各项经济业务和事项的会计处理，准确地反映政府“家底”信息，为相关决策提供更加有用的信息。

### 五、完善了预算会计的功能

根据改革方案的要求，《政府会计制度》对预算会计科目以及核算内容进行了调整和优化，以进一步完善预算会计功能。在核算内容上，预算会计仅需要核算预算收入、预算支出和预算结余。在核算基础上，预算会计除针对《预算法》点明的事项按照权责发生制核算外，对绝大多部分事项均以收付实现制为基础进行核算，有利于避免原有制度下存在的虚列预算收支的问题。在核算范围上，为了体现《预算法》的精神和部门综合预算的要求，《政府会计制度》将依法纳入部门预算管理的现金收支均纳入预算会计核算范围，如增设了债务预算收入、债务还本支出、投资支出等。调整完善后的预算会计，能够更好地贯彻落实《预算法》的相关规定，更加准确地反映部门和单位预算收支情况，更加满足部门、单位预算和决算管理的需要。

### 六、整合了基建会计

《政府会计制度》依据基本建设财务规则和相关预算管理的规定，在充分吸收《国有建设单位会计制度》合理内容的基础上对单位建设项目会计核算进行了规定。单位对基本建设投资按照《政府会计制度》的规定统一进行会计核算，不再单独建账，大大简化了单位基本建设业务的会计核算工作，有利于提高单位会计信息的完整性。

### 七、完善了报表体系和结构

《政府会计制度》将报表分为预算会计报表和财务报表两大类。预算会计报表由预算收入表、预算结转结余变动表和财政拨款预算收入支出表组成，是编制部门决算报表的基础。财务报表由会计报表和附注构成，会计报表由资产负债表、收入费用表、净资产变动表和现金流量表组成。其中，单位可自行选择编制现金流量表。此外，《政府会计制度》针对新的核算内容和要求对报表结构进行了调整和优化，对报表附注应当披露的内容进行了细化，对会计报表重要项目说明提供了可参考的披露格式、要求按经济分类披露费用信息、要求披露本年预算结余和本年盈余的差异调节过程等。调整完善后的报表体系，对于全面反映单位财务信息和预算执行信息的透明度和决策有用性具有重要的意义。

**八、增强了制度的可操作性**

《政府会计制度》在附录中采用列表方式，以《政府会计制度》中规定的会计科目使用说明为依据，按照会计科目顺序对单位通用业务或共性业务和事项的账务处理进行了举例说明。在举例说明时，对同一项业务或事项，在表格中列出财务会计分录的同时，平行列出相对应的预算会计分录。通过对经济业务和事项举例说明，能够充分反映《政府会计制度》所要求的财务会计和预算会计“平行记账”的核算要求，便于会计人员学习和理解政府会计 8 要素的记账规则，也有利于单位会计核算信息系统的开发或升级改造。

## 1.2 政府会计核算的基本理论

政府会计由预算会计和财务会计组成。

《基本准则》第五十八条规定：“预算会计，是指以收付实现制为基础对政府会计主体预算执行过程中发生的全部收入和全部支出进行会计核算，主要反映和监督预算收支执行情况的会计。”

《基本准则》第五十九条规定：“财务会计，是指以权责发生制为基础对政府会计主体发生的各项经济业务或者事项进行会计核算，主要反映和监督政府会计主体财务状况、运行情况和现金流量等的会计。”

### 1.2.1 政府会计核算的基本前提

政府会计核算包括确认、计量、记录和报告各个环节，涵盖填制会计凭证、登记会计账簿、编制报表全过程。

按照《基本准则》的规定，政府会计主体应当对其自身发生的经济业务或事项进行会计核算。会计核算前提也称会计假设，是组织会计核算工作所必须具备的前提条件。政府会计核算的基本前提包括会计主体、持续运行、会计分期和货币计量。

《基本准则》第六条规定："政府会计主体应当对其自身发生的经济业务或者事项进行会计核算。"

《基本准则》第七条规定："政府会计核算应当以政府会计主体持续运行为前提。"

《基本准则》第八条规定："政府会计核算应当划分会计期间，分期结算账目，按规定编制决算报告和财务报告。会计期间至少分为年度和月度。会计年度和月度等会计期间的起讫日期采用公历日期。"《预算法》第十八条规定："预算年度自公历 1 月 1 日起，至 12 月 31 日止。"

《基本准则》第九条规定："政府会计核算应当以人民币作为记账本位币。发生外币业务时，应当将有关外币金额折算为人民币金额计量，同时登记外币金额。"

### 1.2.2　政府会计核算基础

政府会计核算基础是指政府会计主体在确认和处理一定会计期间的收入和费用时，选择的处理原则和标准，其目的是对收入和费用进行合理配比，进而将其作为确认当期损益的依据。政府会计核算基础有两种，即权责发生制和收付实现制。

我国实行适度分离的双体系政府会计，即财务会计采用权责发生制，预算会计采用收付实现制。

**一、权责发生制**

权责发生制是指以取得收取款项的权利或支付款项的义务作为标志来确定本期收入和费用的会计核算基础。凡是当期已经实现的收入和已经发生的或应当负担的费用，不论款项是否支付，都应当作为当期的收入和费用；凡是不属于当期的收入和费用，即使款项已在当期支付，也不应当作为当期的收入和费用。

**二、收付实现制**

收付实现制是指以现金的实际收付为标志来确定本期收入和支出的会计核算基础。凡是属于当期实际的现金收入和支出，均作为当期的收入和支出；凡是不属于当期的现金收入和支出，均不应当作为当期的收入和支出。

根据收付实现制，货币资金的收支行为在其发生的期间全部计作收入和费用，而不考虑与现金收支行为相关联的经济业务活动是否发生。

## 1.2.3 政府会计主体和会计客体

### 一、政府会计主体

会计主体是指会计工作为其服务的特定单位或组织，是会计人员进行会计核算时在空间范围上的界定。政府会计主体是政府会计核算和监督的特定单位或组织，是政府会计确认、计量和报告的空间范围的划分。明确界定会计主体是开展会计计量、核算和报告工作的重要前提，其目的是在空间上对进入一个会计系统的各种经济业务和事项做出界定。根据会计主体这项基本前提，会计只为这一主体服务，只进行核算和监督本会计主体的各项经济业务和活动事项。换句话说，作为一个会计主体应至少具备两个特征：一是经济上的独立性，即必须与其他主体或个人的经济关系区分开来，以核算和报告会计主体自身的经济活动；二是组织上的统一性，即必须具有统一的组织、目标和权责，以系统地核算和报告主体的业务活动。

根据《基本准则》，政府会计主体包括各级政府、各部门、各单位。各部门、各单位是指与本级政府财政部门直接或间接发生预算拨款关系的国家机关、军队、政党组织、社会团体、事业单位和其他单位。已纳入企业财务管理体系的单位和执行《民间非营利组织会计制度》的社会团体，不适用这一准则。

### 二、政府会计客体

会计客体是会计核算和监督的内容。政府会计客体是指政府会计主体实际发生的经济业务或事项。政府会计核算和监督的是预算资金的流动，包括资金的取得、使用和结算。政府会计应当以实际发生的经济业务或者事项为依据进行会计核算，如实反映各项会计要素的情况和结果，保证会计信息的真实性和可靠性。

## 1.2.4 政府会计确认与计量

### 一、会计确认

会计确认是指会计数据进入会计系统时确定如何进行记录的过程，即将某一会计事项作为资产、负债、净资产、收入、费用、预算收入、预算支出、预算结余等会计要素正式加以记录和列入报表的过程。会计确认是要明确某一经济业务涉及哪个会计要素的问题。某一会计事项一旦被确认，就要同时以文字和数据加以记录，其金额包括在报表总计中。

## 二、会计计量

会计计量是指在会计确认的基础上，根据一定的计量方法和计量单位，记录并在会计报告中对确认的会计要素确定其金额，即对确认的会计要素进行量化的过程。

会计计量涉及计量单位和计量属性两个方面。计量单位是会计进行计量时所采用的尺度。《基本准则》规定政府会计应当以人民币作为记账本位币。计量属性是指被计量的对象所具有的某方面的特征或外在表现形式。一项经济业务或事项可以从多个方面用货币计量，因而具有不同的计量属性。这些计量属性主要有以下几种。

### （一）历史成本

历史成本是指取得资产时实际发生的成本。在历史成本计量法下，资产按照其购置时支付的现金或现金等价物的金额，或者按照购置资产时所付出的对价的公允价值计量；负债按照应承担现时义务而实际收到的款项或者资产的金额，或者按照承担现时义务的合同金额，或者按照日常活动中为偿还负债预期需要支付的现金或者现金等价物的金额计量。历史成本计量法目前是我国会计计量的基本方法，它贯穿于财务会计的始终。

### （二）重置成本

重置成本是指按照当前市场条件，重新取得同样一项资产所需支付的现金或现金等价物金额。在重置成本计量法下，资产按照现在购买相同或者相似资产所需支付的现金或现金等价物的金额计量；负债按照现在偿还该项债务所需支付的现金或者现金等价物的金额计量。重置成本计量法一般在盘盈固定资产时使用。

### （三）现值

现值是指把未来现金流量折算为基准时点的价值。在现值计量法下，资产按照预计从其持续使用和最终处置中所产生的未来现金净流入量折现的金额计量；负债按照预计期限内需要偿还的未来净现金流出量折现的金额计量。

### （四）公允价值

公允价值是指市场参与者在计量日发生的有序交易中，出售一项资产所能收到或者转移一项负债所需支付的价格。

（五）名义金额

名义金额是指人民币 1 元。在与资产有关的政府补助中，在实际取得资产并办妥相关手续时公允价值不能可靠计量的，按照名义金额（即 1 元人民币）计量。

## 1.3 政府会计信息质量要求

政府会计信息质量要求是对政府会计核算所提供信息的基本要求，是处理具体会计业务的基本依据。是衡量会计信息质量的重要标准。根据《基本准则》，会计信息质量标准要求包括可靠性、及时性、相关性、全面性、可比性、可理解性、实质重于形式。

**一、可靠性**

可靠性要求政府会计主体以实际发生的经济业务或者事项为依据进行会计核算，如实反映各项会计要素的情况和结果，保证会计信息真实可靠。

有用的会计信息必须以可靠性为基础。如果所提供的信息是不可靠的，那么就会误导信息使用者，使其不能做出正确的决策，甚至造成损失。

**二、及时性**

及时性要求政府会计主体及时对已经发生的经济业务或者事项进行会计核算，不得提前或者延后。

会计信息的价值在于帮助使用者做出决策，具有非常强的时效性。不能及时提供给使用者的信息，就失去了失效性，对使用者的作用就会大大降低甚至失去实际意义。

**三、相关性**

相关性要求政府会计主体提供的会计信息与反映政府会计主体公共受托责任履行情况以及报告使用者决策或者监督、管理的需要相关，有助于报告使用者对政府会计主体的过去、现在或者未来的情况做出评价或预测。

**四、全面性**

全面性要求政府会计主体将发生的各项经济业务或事项统一纳入会计核算，确保会计信息能够全面反映政府会计主体的预算执行情况和财务状况、运行情况、现金流量等。

**五、可比性**

可比性要求政府会计主体提供的会计信息具有可比性。同一政府会计主体不同时期发生的相同或相似的经济业务或者事项，应当采用一致的会计政策，不得随意变更。确需变更的，应当将变更的内容、理由及其影响在附注中予以说明。不同政府会计主体发生的相同或者相似的经济业务或者事项，应当采用一致的会计政策，确保政府会计信息口径一致、相互可比。

**六、可理解性**

可理解性要求政府会计主体提供的会计信息应当清晰明了，便于报告使用者理解和使用。

**七、实质重于形式**

实质重于形式要求政府会计主体按照经济业务或者事项的经济实质进行会计核算，不限于以经济业务或者事项的法律形式为依据。

## 1.4　政府会计要素

政府会计由财务会计和预算会计构成。政府会计主体应当具备财务会计与预算会计的双重功能，财务会计与预算会计适度分离又相互衔接，全面、清晰地反映单位的财务信息和预算执行信息。

《基本准则》规定："政府会计由预算会计和财务会计组成。政府预算会计要素包括预算收入、预算支出和预算结余；政府财务会计要素包括资产、负债、净资产、收入和费用。"

### 1.4.1　财务会计要素

财务会计是指以权责发生制为基础对政府会计主体发生的各项经济业务或事项进行会计核算，主要反映和监督政府会计主体的财务状况、运行情况和现金流量等的会计范畴。

财务会计主要是对政府会计主体的经济活动进行全面、系统、连续的反映和监督，向报告使用者提供政府会计主体的财务状况、运行状况、现金流量等有关信息，反映政府会计主体对公共受托责任的履行情况，帮助财务报告使用者做出决策或者进行监督和管理。财务会计要素包括资产、负债、净资产、收入和费用。

## 一、资产

### （一）资产的概念

资产是指政府会计主体过去的经济业务或者事项形成的，由政府会计主体控制的，预期能够产生服务潜力或者带来经济利益流入的经济资源。

服务潜力是指政府会计主体利用资产提供公共产品和服务以履行政府职能的潜在能力。经济利益流入表现为现金及现金等价物的流入，或者现金及现金等价物流出的减少。

政府会计主体的资产按照流动性的不同，分为流动资产和非流动资产。

流动资产是指预计在 1 年内（含 1 年）耗用或者可以变现的资产，包括货币资金、短期投资、应收及预付款项、存货等。

非流动资产是指流动资产以外的资产，包括固定资产、在建工程、无形资产、长期投资、公共基础设施、政府储备资产、文物文化资产、保障性住房和自然资源资产等。

### （二）资产的确认

符合上述资产定义的经济资源，在同时满足以下条件时被确认为资产：

一是与该经济资源相关的服务潜力很可能实现或者经济利益很可能流入政府会计主体；

二是该经济资源的成本或者价值能够可靠地计量。

## 二、负债

### （一）负债的概念

负债是指政府会计主体过去的经济业务或者事项形成的，预期会导致经济资源流出政府会计主体的现时义务。

现时义务是指政府会计主体在现行条件下已承担的义务。未来发生的经济业务或者事项形成的义务不属于现时义务，不应被确认为负债。

政府会计主体的负债按照流动性的不同，分为流动负债和非流动负债。

流动负债是指预计在 1 年内（含 1 年）偿还的负债，包括应付及预收款项、应付职工薪酬、应缴款项等。

非流动负债是指流动负债以外的负债，包括长期应付款项、应付政府债券和政府依法担保形成的债务等。

### （二）负债的确认

符合上述负债定义的义务，在同时满足以下条件时被确认为负债：

一是履行该义务很可能导致含有服务潜力或经济利益的经济资源流出政府会计主体；

二是该义务的金额能够可靠地计量。

**三、净资产**

（一）净资产的概念

净资产是指政府会计主体的资产扣除负债后的净额。

（二）净资产的确认

净资产的确认取决于资产和负债的计量。若政府会计主体的净资产增加，则该政府会计主体所拥有的资产增加或者所承担的负债减少；若政府会计主体的净资产减少，则该政府会计主体所拥有的资产减少或所承担的负债增加。

**四、收入**

（一）收入的概念

收入是指报告期内导致政府会计主体净资产增加的、含有服务潜力或者经济利益的经济资源的流入。

（二）收入的确认

收入的确认应当同时满足以下 3 个条件：

一是与收入有关的含有服务潜力或经济利益的经济资源很可能流入政府会计主体；

二是含有服务潜力或经济利益的经济资源流入会导致政府会计主体资产增加或者负债减少；

三是流入的金额能够可靠计量。

**五、费用**

（一）费用的概念

费用是指报告期内导致政府会计主体净资产减少的、含有服务潜力或者经济利益的经济资源的流出。

（二）费用的确认

费用的确认应当同时满足以下 3 个条件：

一是与收入有关的含有服务潜力或经济利益的经济资源很可能流出政府会计主体；

二是含有服务潜力或经济利益的经济资源流出会导致政府会计主体资产减少或者负债增加；

三是流出的金额能够可靠计量。

### 1.4.2 预算会计要素

预算会计是指以收付实现制为基础对政府会计主体在预算执行过程中发生的全部收入和全部支出进行会计核算，主要反映和监督预算收支执行情况的会计范畴。

预算会计提供政府会计主体预算执行情况的有关信息。预算会计的要素包括预算收入、预算支出和预算结余。

**一、预算收入**

预算收入是指政府会计主体在预算年度内依法取得的并被纳入预算管理的现金流入。预算收入一般在实际收到时确认，以实际收到的金额计量。

**二、预算支出**

预算支出是指政府会计主体在预算年度内依法取得的并被纳入预算管理的现金流出。预算支出一般在实际支付时予以确认，以实际支付的金额计量。

**三、预算结余**

预算结余是指政府会计主体预算年度内预算收入扣除预算支出后的资金余额，以及历年滚存的资金余额。预算结余包括结余资金和结转资金。结余资金是指年度预算执行终了，预算收入实际完成数扣除预算支出和结转资金后剩余的资金。结转资金是指预算安排项目的支出年终尚未执行完毕或者因故未执行，且下年需要按原用途继续使用的资金。

## 1.5 政府会计科目与记账

### 1.5.1 会计科目的设置与使用

政府会计科目是对会计对象按其经济内容或者用途所做的科学分类，是会计要素的具体内容和项目。会计科目是复式记账、填制记账凭证、编制会计报表的基础。设置政府会计科目，有利于将政府会计核算的大量的内容相同的业务归为一类，组织会计核算，取得相应的会计信息。

在设置政府会计科目时，应遵循以下原则。

1. 统一性原则。为满足政府财政管理和会计核算的需要，政府会计的会计科目设置及其核算内容必须由财政部统一制定，各地区、各部门和各单位都要遵照执行，从而便于上级主管部门和各级财政部门对会计核算资料的汇总和分析利用。

2. 与政府收支分类科目衔接一致的原则。政府收支分类科目，也称预算科目，是由政府预算收支分类构成的基本分类。政府会计科目和政府收支科目衔接一致，例如“一般公共预算本级收入”“政府性基金预算本级收入”“国有资本经营预算本级收入”“一般公共预算本级支出”“政府性预算本级支出”“国有资本经营预算本级支出”等会计科目，都要根据政府收支分类科目设置明细账。

3. 全面、简明、实用原则。政府会计科目的设置既要做到全面、系统地核算、反映和监督财政性资金活动的全过程，又要尽量简化核算事项，力求含义确切、通俗易懂、实用。

除上述原则要求以外，单位应当按照《政府会计制度》的规定设置和使用会计科目。在不影响会计处理和编制报表的前提下，单位可以根据实际情况自行增设或者减少某些会计科目。单位应当执行《政府会计制度》统一规定的会计科目编号，以便于填制会计凭证、登记账簿、查阅账目，并实行会计信息化管理。同时，单位在填制会计凭证、登记会计账簿时，应当填列会计科目的名称，或者同时填列会计科目的名称和编号，不得只填列会计科目编号、不填列会计科目名称。单位设置明细科目或进行明细核算时，除遵循《政府会计制度》规定外，还应当满足与编制权责发生制政府财政部门财务报告和政府综合财务报告相关的其他需要。

### 1.5.2　会计科目的分类

政府会计科目按照不同的标准分为不同的种类。

1. 按经济内容的不同，政府财务会计的会计科目分为资产类科目、负债类科目、净资产类科目、收入类科目、费用类科目；政府预算会计的会计科目分为预算收入类科目、预算支出类科目、预算结余类科目。为了统一口径、提高核算质量，资产类科目、负债类科目、净资产类科目、收入类科目、费用类科目、预算收入类科目、预算支出类科目和预算结余类科目均由财政部统一制定会计科目表加以规定。

2. 按政府会计主体的不同，政府会计科目分为财政总原始科目和政府单位会计科目。

3. 按核算层次的不同，政府会计科目可分为总账科目和明细账科目两类。总账科目是对会计对象具体内容进行综合概括分类的科目。在财政总预算会计、政府单位会计的会计科目表中的会计科目基本上都是总账科目（一级科目），是在会计要素下直接开设的科目，反映相应会计要素中有关的总括信息。明细账科目是对总账科目核算的具体内容进行详细分类的会计科目，在总账科目下开设，反映总账科目的明细信息，是对总账科目的补充，能对总账科目起到补充和分析作用。

### 1.5.3 记账方法

《基本准则》第十条规定："政府会计应当采用借贷记账法记账。"

借贷记账法指的是以会计等式作为记账原理，以借、贷作为记账符号，来反映经济业务增减变化的一种复式记账的方法。

原来仅限于记录债权、债务的"借""贷"二字已不能概括经济活动的全部内容，其表示的内容应该包括全部经济活动资金变化的来龙去脉。在会计中，它们逐渐失去了原来字面意义上的含义而转为一种单纯的记账符号，只表明记账的方向，成了一种专用的会计术语。

在借贷记账法下，所有账户的结构都是左方为借方，右方为贷方，但借贷双方反映会计要素数量变化的增减性质是不固定的。不同性质的账户，其借贷双方所登记的内容不同。

## 1.6 政府决算报告和财务报告

《基本准则》第五条规定："政府会计主体应当编制决算报告和财务报告。"决算报告和财务报告相互补充，共同反映政府会计主体的预算执行信息和财务信息。

**一、政府决算报告**

政府决算报告，是综合反映政府会计主体年度预算收支执行结果的文件，应当包括决算报告和其他应当在决算报告中反映的相关信息和资料。政府决算报告的编制主要以收付实现制为基础，以预算会计核算生成的数据为准。

政府决算报表主要包括预算收入支出表、预算结转结余变动表和财政拨款预算收入支出表。

政府决算报告的编制以决策有用为主要目标：向决算报告的使用者提供与政府预算执行情况有关的信息，综合反映政府会计主体预算收支的年度执行结果，帮助决算报告的使用者进行监督和管理，并为编制后续年度预算提供参考和依据。政府决算报告的使用者有各级人民代表大会及其常务委员会、各级政府及其有关部门、政府会计主体本身、社会公众及其他利益相关者。

**二、政府财务报告**

政府财务报告，是反映政府会计主体某一特定日期的财务状况和某一会计期间的运行情况及现金流量等信息的文件。政府财务报告的编制主要以权责发生制为基础，以财务会计核算生成的数据为准。政府财务报告包括政府综合财务报告和政府部门财务报告。

政府综合财务报告是指由政府财政部门编制的，反映各级、各部门政府整体财务状况、运行情况和财政中长期可持续的报告。

政府部门财务报告是指政府各部门、各单位按规定编制的财务报告。

政府财务报告的编制目标兼顾受托责任和决策有用：向财务报告的使用者提供与政府的财务状况、运行情况（含运行成本）和现金流量等有关信息，反映政府会计主体公共受托责任的履行情况，帮助财务报告的使用者做出决策或者进行监督和管理。政府财务报告的使用者包括各级人民代表大会及其常务委员会、债权人、各级政府及其有关部门、政府会计主体本身、社会公众及其他利益相关者。

# 第2章 资产

## 2.1 资产概述

### 2.1.1 资产的定义

资产是指公立医院过去的经济业务或者事项形成的，由公立医院控制的，预期能够产生服务潜力或者带来经济利益流入的经济资源。服务潜力是指公立医院利用资产提供公共产品和服务以履行医院职能的潜在能力。经济利益流入表现为现金及现金等价物的流入，或者现金及现金等价物流出的减少。

符合《基本准则》第二十七条中的资产定义的经济资源，在同时满足以下条件时，被确认为资产：

一是与该经济资源相关的服务潜力很可能实现或者与该经济资源相关的经济利益很可能流入公立医院；

二是该经济资源的成本或者价值能够可靠地计量。

注：本书的所有表述均以公立医院的会计实务为基础，比如对资产的定义便是建立在公立医院的会计实务的基础之上。

### 2.1.2 资产的特征

**一、资产是由过去的经济业务或事项形成的**

资产必须是现时的资产，而不能是预期的资产。只有过去的交易或者事项才能增加或减少公立医院的资产，而预期未来发生的交易或者事项不形成资产。例如，公立医院购买医疗设备、自行建造住院楼、自行研制生产药品等，已经发生的购买、自行建造、生产等交易或者事项即为过去的交易或者事项。而公立医院有购买计划但尚未发生的购买交易则不会形成医院的资产。

**二、资产是公立医院所拥有或者控制的**

公立医院拥有资产，就能排他性地从资产中获取经济利益或服务潜力。有些资产虽不为医院拥有，但是医院能够支配这些资产，并排他性地从资产中获取经济利益或服务潜力。例如，以融资租赁方式租入的固定资产，虽然医院并不拥有其所有权，但是由于租赁合同规定的租赁期相当长，接近于该资产的使用寿命；租赁期满，承租医院便有优先购买该资产的选择权；在租赁期内，承租医院有权支配资产并从中受益或向病人提供服务。所以，以融资租赁方式租入的固定资产应视为医院的资产。而以经营租赁方式租入的固定资产，由于医院不能控制它，所以其不应被视同为医院的资产。

**三、资产预期会给公立医院带来经济利益或者服务潜力**

资产预期会给公立医院带来经济利益或者服务潜力，是资产的本质特征。资产预期会给医院带来经济利益是指资产预期会直接或间接导致现金或现金等价物流入医院。例如，医院的应收医疗款在债务人偿付时可以直接为医院带来现金流入；医院可以将采购的药品、卫生材料，购置的固定资产等，单独或组合起来用于提供医疗服务，并按照相关标准取得收入。

## 2.1.3　资产的分类

公立医院的资产按照流动性的不同，分为流动资产和非流动资产。

流动资产是指公立医院预计在 1 年内（含 1 年）耗用或者可以变现的资产，包括货币资金、应收款项、预付款项、存货等。

非流动资产是指流动资产以外的资产，包括长期投资、固定资产、在建工程、无形资产等。

## 2.1.4　资产的计量

资产的计量属性主要包括历史成本、重置成本、现值、公允价值和名义金额。

在历史成本计量法下，资产按照取得时支付的现金金额或者支付对价的公允价值计量。

在重置成本计量法下，资产按照现在购买相同或者相似资产所需支付的现金金额计量。

在现值计量下，资产按照预计从其持续使用和最终处置中所产生的未来净现金流入量的折现金额计量。

在公允价值计量下，资产按照市场参与者在计量日发生的有序交易中，出售资产所能收到的价格计量。

无法采用上述计量属性来计量的资产，采用名义金额（即人民币1元）计量。

## 2.2 库存现金

库存现金是存放在公立医院财会部门的现金，主要用于公立医院的日常零星开支。

### 2.2.1 业务简介

公立医院应当严格按照国家有关现金管理的规定收支现金，并按照《政府会计制度》的规定核算现金的各项收支业务。

**一、现金的使用范围**

根据国务院颁发的《现金管理暂行条例》的规定，公立医院可以在下列范围内使用现金：职工工资、津贴；个人劳务报酬；根据国家规定颁发给个人的科学技术、文化艺术、体育等各种奖金；各种劳保、福利费用以及国家的对个人的其他支出；向个人收购农副产品和其他物资的款项；出差人员必须随身携带的差旅费；结算起点（1 000元人民币）以下的零星支出；中国人民银行确定需要支付现金的其他支出。

**二、现金收付**

公立医院办理任何现金收支，都必须以合法的原始凭证为依据。对于收付现金的各种原始单据，公立医院应根据自身的具体情况，指定专门人员进行审核，由出纳人员按月连续编号，作为现金出纳账的顺序号。出纳人员付出现金后，应当在原始单据上加盖“现金付讫”戳记，并在当天入账，不得以借据抵现金入账。收到现金后，对于属于各项收入的现金，出纳人员应当开给对方收款收据。对于属于暂付款结算后交回的多余现金，使用借款三联单的，由会计人员退还原借据副联，出纳人员不给对方另开收据；不使用借款三联单的，由出纳人员给另开收据。

**三、现金的限额**

为了满足公立医院使用现金的需求、保障现金的安全、防止现金积压，银行对公立医院核定了库存现金限额。公立医院的库存现金必须经开户银行核定，除核定的库存现金以外，其余现金必须存入开户银行，不得自行保留。库存现金限额由医院提出计划，经开户银行审查同意，一般不超过3天零星支付所需现金。偏远地区和交通不便地区的医院，可以留存多于 5 天但不超过 15 天的用于日常零星开支的现金。各医院需要调整库存现金限额时，应再向开户行进行申请报批。

**四、不得坐支现金**

以本医院收入的现金直接支付本医院的支出，叫作坐支。按有关规定，公立医院每天收入的现金，必须当天送存银行，不能直接支用，不许任意支用，因特殊情况需要坐支现金的，应事先报开户行审查批准，由开户行核定坐支范围和限额。坐支医院应定期向银行报送坐支金额和使用情况。

**五、现金库存情况**

收付现金要及时入账，每天业务终了要结出余额，做到日清月结、账款相符，不得以借据或白条抵库。出纳人员在将账面库存与实际库存核对时，若发现长款或者短款的现象，应及时查明原因，做出处理。

**六、职务分离**

为了保证现金安全，防止各类错误、欺诈的发生，现金的收付、结算、审核、登记等工作不得由一人兼管。现金收付业务量较大、条件较好的医院，应当单独设置现金出纳人员，由其专门负责现金的收付工作，并登记现金出纳账；现金收付业务量不大、不具备条件的医院，应确定专人兼管现金出纳工作。现金出纳人员不得兼管收入费用、债权债务的登记工作，不得兼任稽核和档案保管工作；会计、出纳分开，做到会计管账不管钱，出纳管钱不管账，是各医院加强内部控制的重要制度。

**七、现金收支的内部控制**

办理任何现金收支，都必须以合法的原始凭证为依据。收付现金的各种原始单据，应根据各医院的具体情况，指定专人进行审核，由出纳人员按月连续编号，并将其作为现金出纳的顺序号。

一切现金收入必须当天入账，尽可能在当天存入银行，不能当天存入银行的，应于次日上午送存银行。

**八、外币管理**

公立医院有外币现金的，应当分别按照人民币、各种外币设置“现金日记账”进行明细核算。有关外币现金业务的账务处理参见“银行存款”科目的相关规定。

### 2.2.2 账务处理

（一）公立医院从银行等金融机构提取现金时，按照实际提取的金额，在财务会计中，借记“库存现金”科目，贷记“银行存款”科目，无需进行预算会计账务处理；将现金存入银行等金融机构时，按照实际存入的金额，在财务会计中，借记“银行存款”科目，贷记“库存现金”科目，无需进行预算会计账务处理。根据规定从单位零余额账户提取现金的，按照实际提取的金额，在财务会计中，借记“库存现金”科目，贷记“零余额账户用款额度”科目，无需进行预算会计账务处理。将现金退回单位零余额账户时，按照实际退回的金额，在财务会计中，借记“零余额账户用款额度”科目，贷记“库存现金”科目。无需进行预算会计账务处理。

（二）公立医院因内部职工出差等原因借出现金时，按照实际借出的现金金额，在财务会计中，借记“其他应收款”科目，贷记“库存现金”科目；无需进行预算会计账务处理。出差人员报销差旅费时，按照实际报销的金额，在财务会计中，借记“业务活动费用”“单位管理费用”等科目，按照实际借出的现金金额，贷记“其他应收款”科目，按照其差额，借记或贷记“库存现金”科目；同时，在预算会计中，借记“事业支出”等科目，贷记“资金结存——货币资金”科目。

（三）公立医院因提供服务、物品或者其他事项收到现金时，按照实际收到的现金金额，在财务会计中，借记“库存现金”科目，贷记“事业收入”“应收账款”等相关科目；在预算会计中，借记“资金结存——货币资金”等，贷记“事业预算收入”科目等。涉及增值税业务的，相关账务处理参见“应交增值税”科目。因购买服务、物品或者其他事项支付现金时，按照实际支付的现金金额，在财务会计中，借记“业务活动费用”“单位管理费用”“库存物品”等相关科目，贷记“库存现金”科目。同时，在预算会计中，借记“事业支出”“其他支出”科目，贷记“资金结存——货币资金”科目。涉及增值税业务的，相关账务处理参见“应交增值税”科目。以库存现金对外捐赠时，按照实际捐出的金额，在财务会计中，借记“其他费用”科目，贷记“库存现金”科目；同时，在预算会计中，借记“其他支出”科目，贷记“资金结存——货币资金”科目。

（四）收到受托代理、代管的现金时，按照实际收到的金额，在财务会计中，借记“库存现金”科目（受托代理资产），贷记“受托代理负债”科目；支付受托代理、代管的现金时，按照实际支付的金额，借记“受托代理负债”

科目，贷记“库存现金”科目（受托代理资产）。

库存现金的具体账务处理见表 2-1。

**表 2-1　　库存现金的具体账务处理**

<table>
<tr><th>序号</th><th colspan="2">业务</th><th>财务会计处理</th><th>预算会计处理</th></tr>
<tr><td rowspan="2">（1）</td><td colspan="2">提现</td><td>借：库存现金<br>　贷：银行存款等</td><td>——</td></tr>
<tr><td colspan="2">存现</td><td>借：银行存款等<br>　贷：库存现金</td><td>——</td></tr>
<tr><td rowspan="2">（2）</td><td rowspan="2">差旅费</td><td>职工出差等借出现金</td><td>借：其他应收款<br>　贷：库存现金</td><td>——</td></tr>
<tr><td>出差人员报销差旅费</td><td>借：业务活动费用 / 单位管理费用等［实际报销金额］<br>库存现金［实际报销金额小于借款金额的差额］<br>　贷：其他应收款<br>或：<br>借：业务活动费用 / 单位管理费用等［实际报销金额］<br>　贷：其他应收款<br>　　库存现金［实际报销金额大于借款金额的差额］</td><td>借：事业支出等［实际报销金额］<br>　贷：资金结存——货币资金</td></tr>
<tr><td>（3）</td><td>其他涉及</td><td>因开展业务等其他事项收到现金</td><td>借：库存现金<br>　贷：事业收入 / 应收账款等</td><td>借：资金结存——货币资金<br>　贷：事业预算收入等</td></tr>
<tr><td rowspan="4">（4）</td><td rowspan="4">现金的业务受托代理、代管现金</td><td>因购买服务、商品或其他事项支出现金</td><td>借：业务活动费用 / 单位管理费用 / 其他费用 / 应付账款等<br>　贷：库存现金</td><td>借：事业支出 / 其他支出等<br>　贷：资金结存——货币资金</td></tr>
<tr><td>对外捐赠现金资产</td><td>借：其他费用<br>　贷：库存现金</td><td>借：其他支出<br>　贷：资金结存——货币资金</td></tr>
<tr><td>收到</td><td>借：库存现金——受托代理资产<br>　贷：受托代理负债</td><td>——</td></tr>
<tr><td>支付</td><td>借：受托代理负债<br>　贷：库存现金——受托代理资产</td><td>——</td></tr>
</table>

续表

<table>
<tr><th>序号</th><th colspan="2">业务</th><th>财务会计处理</th><th>预算会计处理</th></tr>
<tr><td rowspan="4">（5）</td><td rowspan="4">现金溢余</td><td>按照溢余金额转入待处理财产损溢</td><td>借：库存现金<br>贷：待处理财产损溢</td><td>借：资金结存——货币资金<br>贷：其他预算收入</td></tr>
<tr><td rowspan="2">属于应支付给有关人员或单位的部分</td><td>借：待处理财产损溢<br>贷：其他应付款</td><td>——</td></tr>
<tr><td>借：其他应付款<br>贷：库存现金</td><td>借：其他预算收入<br>贷：资金结存——货币资金</td></tr>
<tr><td>属于无法查明原因的部分，报经批准后</td><td>借：待处理财产损溢<br>贷：其他收入</td><td>——</td></tr>
<tr><td rowspan="4">（6）</td><td rowspan="4">现金短缺</td><td>按照短缺金额转入待处理财产损溢</td><td>借：待处理财产损溢<br>贷：库存现金</td><td>借：其他支出<br>贷：资金结存——货币资金</td></tr>
<tr><td rowspan="2">属于应由责任人赔偿的部分</td><td>借：其他应收款<br>贷：待处理财产损溢</td><td>——</td></tr>
<tr><td>借：库存现金<br>贷：其他应收款</td><td>借：资金结存——货币资金<br>贷：其他支出</td></tr>
<tr><td>属于无法查明原因的部分，报经批准后</td><td>借：资产处置费用<br>贷：待处理财产损溢</td><td>——</td></tr>
</table>

## 2.2.3　案例分析

**【例 2-1】**某公立医院于 2×19 年 12 月 20 日从甲银行账户提取现金 700 元，其账务处理如下：

财务会计：

借：库存现金　　700

　　贷：银行存款　　700

本例题无预算会计分录。

**【例 2-2】** 2×19 年 6 月 20 日，某公立医院将当日收取的现金 6 400 元送存银行，其账务处理如下：

财务会计：

借：银行存款　　6 400

　　贷：库存现金　　6 400

本例题无预算会计分录。

**【例 2-3】**某公立医院出纳人员在当日结账时发现现金溢余 1 200 元，无法查明原因，报经批准后计入其他收入。该医院的账务处理如下：

（1）发现现金溢余时：

财务会计：

借：库存现金　　1 200

　　贷：待处理财产损溢　　1 200

预算会计：

借：资金结存——货币资金　　1 200

　　贷：其他预算收入　　1 200

（2）报经批准后：

财务会计：

借：待处理财产损溢　　1 200

　　贷：其他收入　　1 200

# 2.3　银行存款

## 2.3.1　业务简介

银行存款是指公立医院存入银行或其他金融机构账户的货币，包括人民币存款和外币存款两种。公立医院的货币资金，除不超过库存现金限额的少量现金外，其余都必须存入银行。货币资金的收付，除国家规定可以用于现金办理的结算外，其余都必须通过银行办理转账结算。银行转账结算就是由银行将结算款项从付款单位的存款账户划拨到收款单位的存款账户的过程。因此，公立医院应按规定在银行开立存款账户。

按照《支付结算办法》的规定，公立医院应在银行开立账户，以办理存款、取款和转账等结算。公立医院在办理银行存款开户时，应按银行规定填写“开户申请表”，经上级主管部门或同级财政机关审核同意后，连同盖有单位公章和有权支配款项的个人名章的印鉴卡片一并送开户行，再经银行审查同意后方可开户。公立医院在开立银行账户后，即可通过银行与其他单位办理结算。

## 2.3.2 银行存款的管理原则

各开户单位应加强对银行存款账户的管理，在通过银行存款账户办理资金收付时，必须切实遵守银行规定的下述管理原则：

1. 认真贯彻执行国家的政策、法令，严格遵守国家银行的各项结算制度和现金管理制度，接受银行监督；

2. 银行存款账户只供本单位使用，本单位不准出租、出借、套用或转让给其他单位或者个人使用；

3. 银行存款账户必须有足够的资金保证支付，加强支票管理，不准签发空头支票和其他远期支付的凭证；

4. 对于各种收支款项的凭证，必须如实填明款项的来源或用途，不得巧立名目、弄虚作假、套取现金、套购物资，严禁利用账户搞非法活动；

5. 重视与银行的对账工作，认真及时与银行寄送的对账单进行核对，保证账账相符、账证相符。如果银行存款日记账余额与银行对账单的余额不符，要及时与银行核对清楚，查明原因；

6. 中国人民银行总行发布的《支付结算办法》规定，现行的结算方式包括7种：支票、银行汇票、银行本票、商业汇票、汇兑、委托收款以及托收承付。公立医院发生的大量资金收付业务，可根据《支付结算办法》的规定，通过上述7种结算方式进行结算。

## 2.3.3 账务处理

（一）公立医院将款项存入银行或者其他金融机构时，按照实际存入的金额，在财务会计中，借记“银行存款”科目，贷记“库存现金”“应收账款”“事业收入”“经营收入”“其他收入”等相关科目；同时，在预算会计中，借记“资金结存——货币资金”科目，贷记“事业预算收入”“其他预算收入”等科目。涉及增值税业务的，相关账务处理参见“应交增值税”科目。收到银行存款利息时，按照实际收到的金额，在财务会计中，借记“银行存款”科目，贷记“利息收入”科目；同时，在预算会计中，借记“资金结存——货币资金”科目，贷记“其他预算收入”科目。

（二）公立医院从银行等金融机构提取现金时，按照实际提取的金额，在财务会计中，借记“库存现金”科目，贷记“银行存款”科目，无需进行预算会计账务处理。

（三）公立医院以银行存款支付相关费用时，按照实际支付的金额，在财务会计中，借记“业务活动费用”“单位管理费用”“其他费用”等相关科目，贷记“银行存款”科目；同时，在预算会计中，借记“事业支出”科目等，贷记“资金结存——货币资金”科目等。涉及增值税业务的，相关账务处理参见“应交增值税”科目。

（四）公立医院以银行存款对外捐赠时，按照实际捐出的金额，在财务会计中，借记“其他费用”科目，贷记“银行存款”科目；同时，在预算会计中，借记“其他支出”科目，贷记“资金结存——货币资金”科目。

（五）公立医院收到受托代理、代管的银行存款时，按照实际收到的金额，在财务会计中，借记“银行存款”科目（受托代理资产），贷记“受托代理负债”科目；支付受托代理、代管的银行存款时，按照实际支付的金额，在财务会计中，借记“受托代理负债”科目，贷记“银行存款”科目（受托代理资产）。无需进行预算会计账务处理。

（六）公立医院发生外币业务的，应当按照期末的即期汇率将外币折算为人民币，将折算得到的金额作为外币账户期末人民币余额，并登记外币金额和汇率。各种外币账户的期末余额，应当按照期末的即期汇率折算成人民币。调整后的各种外币账户人民币余额和原账面余额的差额，作为汇兑损益计入当期费用。

1. 以外币购买物资、设备等时，按照购入当日的即期汇率将支付的外币或应支付的外币折算为人民币金额，在财务会计中，借记“库存物品”等科目，贷记“银行存款”科目的外币账户；同时，在预算会计中，借记“事业支出”等科目，贷记“资金结存——货币资金”科目。涉及增值税业务的，相关账务处理参见“应交增值税”科目。

2. 销售物品、提供服务以外币收取相关款项时，按照收入确认当日的即期汇率将收取的外币或应收取的外币折算为人民币金额，在财务会计中，借记“银行存款”科目的外币账户，贷记“事业收入”等相关科目；同时，在预算会计中，借记“资金结存——货币资金”科目，贷记“事业预算收入”等科目。

3. 期末，将各外币银行存款账户按照期末汇率调整后的人民币余额与原账户人民币余额的差额，作为汇兑损益，在财务会计中，借记或者贷记“银行存款”科目，贷记或借记“业务活动经费”“单位管理费用”等科目；同时，在预算会计中，借记或者贷记“资金结存——货币资金”科目，贷记或借记“事业支出”等科目。

银行存款的具体账务处理见表 2-2。

表 2-2 银行存款的具体账务处理

<table>
<tr><th>序号</th><th colspan="2">业务</th><th>财务会计处理</th><th>预算会计处理</th></tr>
<tr><td>（1）</td><td colspan="2">将款项存入银行或其他金融机构</td><td>借：银行存款<br>贷：库存现金 / 事业收入 / 其他收入等</td><td>借：资金结存——货币资金<br>贷：事业预算收入 / 其他预算收入等</td></tr>
<tr><td>（2）</td><td colspan="2">提现</td><td>借：库存现金<br>贷：银行存款</td><td>——</td></tr>
<tr><td>（3）</td><td colspan="2">支付款项</td><td>借：业务活动费用 / 单位管理费用 / 其他费用等<br>贷：银行存款</td><td>借：事业支出 / 其他支出等<br>贷：资金结存——货币资金</td></tr>
<tr><td rowspan="2">（4）</td><td rowspan="2">银行存款账户</td><td>收到银行存款利息</td><td>借：银行存款<br>贷：利息收入</td><td>借：资金结存——货币资金<br>贷：其他预算收入</td></tr>
<tr><td>支付银行手续费等</td><td>借：业务活动费用 / 单位管理费用等<br>贷：银行存款</td><td>借：事业支出等<br>贷：资金结存——货币资金</td></tr>
<tr><td rowspan="2">（5）</td><td rowspan="2">受托代理、代管银行存款</td><td>收到</td><td>借：银行存款——受托代理资产<br>贷：受托代理负债</td><td>——</td></tr>
<tr><td>支付</td><td>借：受托代理负债<br>贷：银行存款——受托代理资产</td><td>——</td></tr>
</table>

续表

| 序号 | 业务 | | 财务会计处理 | 预算会计处理 |
|---|---|---|---|---|
| （6） | 外币业务 | 以外币购买物资、劳务等 | 借：在途物品 / 库存物品等<br>贷：银行存款［外币账户］/ 应付账款等［外币账户］ | 借：事业支出等<br>贷：资金结存——货币资金 |
| | | 以外币收取相关款项等 | 借：银行存款［外币账户］/ 应收账款等［外币账户］<br>贷：事业收入等 | 借：资金结存——货币资金<br>贷：事业预算收入等 |
| | | 期末，根据各外币账户按照期末的即期汇率调整后的人民币余额与原账面人民币余额的差额，作为汇兑损益 | 借：银行存款 / 应收账款 / 应付账款等<br>贷：业务活动费用 / 单位管理费用等［汇兑收益］<br>借：业务活动费用 / 单位管理费用等［汇兑损失］<br>贷：银行存款 / 应收账款 / 应付账款等 | 借：资金结存——货币资金<br>贷：事业支出等［汇兑收益］<br>借：事业支出等［汇兑损失］<br>贷：资金结存——货币资金 |

### 2.3.4　案例分析

**【例 2-4】**某公立医院于 2×19 年 12 月 1 日收到财政部门以银行转账方式拨付的科研项目款项 300 000 元。该医院的账务处理如下：

财务会计：

借：银行存款　　300 000

　　贷：事业收入——科教收入——科研收入　　300 000

预算会计：

借：资金结存——货币资金　　300 000

　　贷：事业预算收入——科教预算收入——科研预算收入　　300 000

**【例 2-5】**某公立医院以银行转账方式购置一批检验试剂，共计 3 000 元。该医院的账务处理如下：

财务会计：

借：库存物品——卫生材料　　3 000

　　贷：银行存款　　3 000

预算会计：

借：事业支出　　3 000

贷：资金结存——货币资金 3 000

**【例 2-6】**某公立医院于2×19年12月1日支付电费900 000元，其中，临床科室应负担300 800元，医疗技术科室应负担210 400元，医疗辅助科室应负担190 000元，行政后勤科室应负担198 800元。该医院的账务处理如下：

财务会计：

借：业务活动费用 701 200

单位管理费用 198 800

贷：银行存款 900 000

预算会计：

借：事业支出 900 000

贷：资金结存——货币资金 900 000

**【例 2-7】**2×19年11月1日，某公立医院的美元银行存款账户的余额为500 000美元，共折合人民币3 300 000元；11月6日，该医院以200 000美元的价格从国外购进一批手术器械，当日的汇率为1美元=6.53元人民币；11月31日的汇率为1美元=6.50元人民币。该医院的账务处理如下：

（1）购进手术器械时：

财务会计：

借：固定资产 1 306 000

贷：银行存款——美元户 1 306 000

预算会计：

借：事业支出 1 306 000

贷：资金结存——货币资金 1 306 000

（2）月底计算汇兑损益时：

计算汇兑损益前“银行存款——美元户”的余额=3 300 000 -1 306 000 = 1 994 000（元）

月末美元账户余额折合人民币金额=（500 000-200 000）×6.50 =1 950 000（元）

11月汇兑损失=1 994 000 -1 950 000 = 44 000（元）

财务会计：

借：业务活动费用——汇兑损失 44 000

贷：银行存款 44 000

预算会计：

借：事业支出——汇兑损失　　44 000

　　贷：资金结存——货币资金　　44 000

## 2.4 其他货币资金

### 2.4.1 业务简介

“其他货币资金”科目用于核算公立医院的外埠存款、银行本票存款、银行汇票存款、信用卡存款等各种其他货币资金。

### 2.4.2 账务处理

（一）公立医院按照有关规定需要在异地开立银行账户的，将款项委托本地银行汇往异地开立账户时，在财务会计中，借记“其他货币资金”科目，贷记“银行存款”科目；无需进行预算会计账务处理。收到采购员交来供应单位发票账单等报销凭证时，在财务会计中，借记“库存物品”等科目，贷记“其他货币资金”科目；无需进行预算会计账务处理。将多余的外埠存款转回本地银行时，根据银行的收账通知，在财务会计中，借记“银行存款”科目，贷记“其他货币资金”科目；无需进行预算会计账务处理。

（二）公立医院取得银行本票、银行汇票时，按照取得的银行本票、银行汇票金额，在财务会计中，借记“其他货币资金”科目，贷记“银行存款”科目；无需进行预算会计账务处理。使用银行本票、银行汇票购买库存物品等资产时，按照实际支付的金额，在财务会计中，借记“库存物品”等科目，贷记“其他货币资金”科目；同时，在预算会计中，借记“事业支出”科目等，贷记“资金结存——货币资金”科目。如有余款或因本票、汇票超过付款期等原因而退回款项，则按照退款金额，在财务会计中，借记“银行存款”科目，贷记“其他货币资金”科目；无需进行预算会计账务处理。

（三）公立医院将款项存入信用卡时，按照交存的金额，在财务会计中，借记“其他货币资金”科目，贷记“银行存款”科目。用信用卡购物或支付有关费用时，按照实际支付的金额，借记“单位管理费用”“库存物品”等科目，贷记“其他货币资金”科目。在使用单位信用卡过程中，需向其账户续存资金的，按照续存的金额，在账务会计中，借记“其他货币资金”科目，贷记“银行存款”科目。

其他货币资金的具体账务处理见表 2-3。

表 2-3 其他货币资金的具体账务处理

| 序号 | 业务 | | 财务会计处理 | 预算会计处理 |
|---|---|---|---|---|
| (1) | 形成其他货币资金 | 取得银行本票、银行汇票、信用卡时 | 借：其他货币资金——银行本票存款<br>——银行汇票存款<br>——信用卡存款<br>贷：银行存款 | —— |
| (2) | 发生支付 | 用银行本票、银行汇票、信用卡支付时 | 借：在途物品 / 库存物品等<br>贷：其他货币资金——银行本票存款<br>——银行汇票存款<br>——信用卡存款 | 借：事业支出等［实际支付金额］<br>贷：资金结存——货币资金 |
| (3) | 余款退回时 | 银行本票、银行汇票、信用卡的余款退回时 | 借：银行存款<br>贷：其他货币资金——银行本票存款<br>——银行汇票存款<br>——信用卡存款 | —— |

### 2.4.3 案例分析

【例 2-8】某公立医院用银行汇票支付购买办公用品的款项，涉及金额 15 000 元。该医院的账务处理如下：

财务会计：

借：库存物品 15 000

贷：其他货币资金——银行汇票存款 15 000

预算会计：

借：事业支出 15 000

贷：资金结存——货币资金 15 000

## 2.5 零余额账户用款额度

零余额账户是指财政部门为公立医院在商业银行开设的账户，用于财政直接支付和财政授权支付及清算。

### 2.5.1　业务简介

财政部零余额账户用于财政直接支付。该账户每日发生的支付，于当日营业终了前与国库单一账户清算；营业中单笔支付额 5 000 万（含 5 000 万）元人民币以上的，应及时与国库单一账户清算。财政部零余额账户在国库会计中使用。

预算单位零余额账户用于财政授权支出。该账户每日发生的支付，于当日营业终了前由代理银行在财政部批准的用款额度内与国库单一账户清算；营业中单笔支付额 5 000 万（含 5 000 万）元人民币以上的，应及时与国库单一账户清算。财政授权的转账业务一律通过预算单位零余额账户办理。预算单位零余额账户在事业单位会计中使用。

### 2.5.2　账务处理

（一）公立医院收到"财政授权支付到账通知书"时，根据通知书所列金额，在财务会计中，借记"零余额账户用款额度"科目，贷记"财政拨款收入"科目；同时，在预算会计中，借记"资金结存——零余额账户用款额度"科目，贷记"财政拨款预算收入"科目。

（二）支用额度

1. 支付日常活动费用时，按照支付的金额，在财务会计中，借记"业务活动费用""单位管理费用"等科目，贷记"零余额账户用款额度"科目；同时，在预算会计中，借记"事业支出"等科目，贷记"资金结存——零余额账户用款额度"科目。

2. 购买库存物品或购建固定资产时，按照实际发生的成本，在财务会计中，借记"库存物品""固定资产""在建工程"等科目，按照实际支付或应付的金额，贷记"零余额账户用款额度""应付账款"等科目；同时，在预算会计中，借记"事业支出"等科目，贷记"资金结存——零余额账户用款额度"科目。涉及增值税业务的，相关账务处理参见"应交增值税"科目。

3. 从零余额账户提取现金时，按照实际提取的金额，在财务会计中，借记"库存现金"科目，贷记"零余额账户用款额度"科目；同时，在预算会计中，借记"资金结存——货币资金"科目，贷记"资金结存——零余额账户用款额度"科目。

（三）因购货退回等发生财政授权支付额度退回的，按照退回的金额，在财务会计中，借记“零余额账户用款额度”科目，贷记“库存物品”等科目；同时，在预算会计中，借记“资金结存——零余额账户用款额度”科目，贷记“事业支出”等科目。

（四）年末，根据代理银行提供的对账单做注销额度的相关账务处理，在财务会计中，借记“财政应返还额度——财政授权支付”科目，贷记“零余额账户用款额度”科目；同时，在预算会计中，借记“资金结存——财政应返还额度”科目，贷记“资金结存——零余额账户用款额度”科目。年末，单位本年度财政授权支付预算指标数大于零余额账户用款额度下达数的，根据未下达的用款额度，在财务会计中，借记“财政应返还额度——财政授权支付”科目，贷记“财政拨款收入”科目；同时，在预算会计中，借记“资金结存——财政应返还额度”科目，贷记“财政拨款预算收入”科目。下年初，公立医院根据代理银行提供的上年度“注销额度恢复到账通知书”做恢复额度的相关账务处理，在财务会计中，借记“零余额账户用款额度”科目，贷记“财政应返还额度——财政授权支付”科目；同时，在预算会计中，借记“资金结存——零余额账户用款额度”科目，贷记“资金结存——财政应返还额度”科目。单位收到财政部门批复的上年末下达零余额账户用款额度时，在财务会计中，借记“零余额账户用款额度”科目，贷记“财政应返还额度——财政授权支付”科目；同时，在预算会计中，借记“资金结存——零余额账户用款额度”科目，贷记“资金结存——财政应返还额度”科目。

零余额账户用款额度的具体账务处理见表2-4。

**表2-4 零余额账户用款额度的具体账务处理**

| 序号 | 业务 | | 财务会计处理 | 预算会计处理 |
|---|---|---|---|---|
| （1） | 收到额度 | 收到“授权支付到账通知书” | 借：零余额账户用款额度<br>贷：财政拨款收入 | 借：资金结存——零余额账户用款额度<br>贷：财政拨款预算收入 |
| （2） | 按照规定支用额度 | 支付日常活动费用 | 借：业务活动费用/单位管理费用等<br>贷：零余额账户用款额度 | 借：事业支出等<br>贷：资金结存——零余额账户用款额度 |
| | | 购买库存物品或购建固定资产等 | 借：库存物品/固定资产/在建工程等<br>贷：零余额账户用款额度 | |

续表

| 序号 | 业务 | | 财务会计处理 | 预算会计处理 |
| --- | --- | --- | --- | --- |
| (3) | 提现 | 从零余额账户提取现金 | 借：库存现金<br>贷：零余额账户用款额度 | 借：资金结存——货币资金<br>贷：资金结存——零余额账户用款额度 |
| | | 将现金退回单位零余额账户 | 借：零余额账户用款额度<br>贷：库存现金 | 借：资金结存——零余额账户用款额度<br>贷：资金结存——货币资金 |
| (4) | 因购货退回等发生国库授权支付额度退回 | 本年度授权支付的款项 | 借：零余额账户用款额度<br>贷：库存物品等 | 借：资金结存——零余额账户用款额度<br>贷：事业支出等 |
| | | 以前年度授权支付的款项 | 借：零余额账户用款额度<br>贷：库存物品 / 以前年度盈余调整等 | 借：资金结存——零余额账户用款额度<br>贷：财政拨款结转——年初余额调整 / 财政拨款结余——年初余额调整 |
| (5) | 年末注销额度 | 根据代理银行提供的对账单注销财政授权支付额度 | 借：财政应返还额度——财政授权支付<br>贷：零余额账户用款额度 | 借：资金结存——财政应返还额度<br>贷：资金结存——零余额账户用款额度 |
| | | 本年度财政授权支付预算指标数大于零余额账户额度下达数的，根据未下达的用款额度 | 借：财政应返还额度——财政授权支付<br>贷：财政拨款收入 | 借：资金结存——财政应返还额度<br>贷：财政拨款预算收入 |
| (6) | 下年初恢复额度 | 根据代理银行提供的额度恢复到账通知书恢复财政授权支付额度 | 借：零余额账户用款额度<br>贷：财政应返还额度——财政授权支付 | 借：资金结存——零余额账户用款额度<br>贷：资金结存——财政应返还额度 |
| | | 收到财政部门批复的上年末未下达零余额账户用款额度 | 借：零余额账户用款额度<br>贷：财政应返还额度——财政授权支付 | 借：资金结存——零余额账户用款额度<br>贷：资金结存——财政应返还额度 |

### 2.5.3 案例分析

【例 2-9】某公立医院使用零余额账户用款额度 50 000 元购进一批实验材料。该医院的账务处理如下：

财务会计：

借：库存物品　　50 000

　　贷：零余额账户用款额度　　50 000

预算会计：

借：事业支出　　50 000

　　贷：资金结存——零余额账户用款额度　　50 000

【例 2-10】某公立医院 2×19 年 11 月 30 日因购货退回发生 2 500 元的国库授权支付额度退回，退回的货物于 2×19 年 6 月 30 日用本年授权支付的款项购买。该医院的账务处理如下：

财务会计：

借：零余额账户用款额度　　2 500

　　贷：库存物品　　2 500

预算会计：

借：资金结存——零余额账户用款额度　　2 500

　　贷：事业支出　　2 500

若该批退回的货物是用以前年度授权支付的款项所购买的，则应做如下会计分录：

财务会计：

借：零余额账户用款额度　　2 500

　　贷：库存物品　　2 500

预算会计：

借：资金结存——零余额账户用款额度　　2 500

　　贷：财政拨款结余——年初余额调整　　2 500

【例 2-11】接【例 2-10】。下年初，该医院收到代理银行提供的“额度恢复到账通知书”，恢复额度为 300 000 元。该医院的账务处理如下：

财务会计：

借：零余额账户用款额度　　300 000

　　贷：财政应返还额度——财政授权支付　　300 000

预算会计：

借：资金结存——零余额账户用款额度　　300 000

　　贷：资金结存——财政应返还额度　　300 000

# 2.6　短期投资

## 2.6.1　业务简介

短期投资是指公立医院将暂时多余不用的资金购买各种能随时变现的持有时间不超过 1 年的有价证券以及不超过 1 年的其他投资。

由于各种各样的原因，公立医院往往有多余的货币资金。为了获得比银行存款利息较高的收益，公立医院可购买有公开市场的可随时抛售的有价证券。至于不超过 1 年的其他投资是指以货币资金、材料、固定资产等向其他单位的投资。这种投资在 1 年内可以收回。

## 2.6.2　短期投资的特征

短期投资相对于长期债券投资和长期股权投资而言，通常具有以下 3 个特征：

1. 投资目的很明确，即提高公立医院暂时闲置资金的使用效率和效益而进行的对外投资，以及赚取差价；

2. 投资时间短，公立医院为了能够实现及时变现的目的，通常投资于二级市场上公开交易的股票、债券、基金等。这些资产在市场上极易变现。这些资产既可能是债权性的，也可能是股权性的。

公立医院应当严格遵守国家法律、行政法规以及财政部门、 主管部门关于对外投资的有关规定，对短期投资按照投资的种类等进行明细核算。

## 2.6.3　账务处理

（一）取得短期投资时，按照确定的投资成本，在财务会计中，借记“短期投资”科目，贷记“银行存款”等科目；同时，在预算会计中，借记“投资支出”科目，贷记“资金结存——货币资金”科目。收到取得投资时实际支付价款中包含的已到付息期但尚未领取的利息时，按照实际收到的金额，在财务会计中，借记“银行存款”科目，贷记“短期投资”科目；同时，在预算会计中，借记“资金结存——货币资金”科目，贷记“投资支出”科目。

（二）收到短期投资持有期间的利息时，按照实际收到的金额，在财务会计中，借记“银行存款”科目，贷记“投资收益”科目；同时，在预算会计中，借记“资金结存——货币资金”科目，贷记“投资预算收益”科目。

（三）出售短期投资或到期收回短期投资本息时，按照实际收到的金额，在财务会计中，借记“银行存款”科目，按照出售或收回短期投资的账面余额，贷记“短期投资”科目，按照其差额，借记或贷记“投资收益”科目；同时，在预算会计中，借记“资金结存——货币资金”科目，贷记“投资支出”科目，按照其差额，借记或贷记“投资预算收益”科目。涉及增值税业务的，相关账务处理参见“应交增值税”科目。

短期投资的具体账务处理见表 2-5。

**表 2-5 短期投资的具体账务处理**

<table>
<tr><th>序号</th><th colspan="2">业务</th><th>财务会计处理</th><th>预算会计处理</th></tr>
<tr><td rowspan="2">（1）</td><td rowspan="2">按照规定支付额度</td><td>取得短期投资时</td><td>借：短期投资<br>　贷：银行存款等</td><td>借：投资支出<br>　贷：资金结存——货币资金</td></tr>
<tr><td>收到购买时已到付息期但尚未领取的利息时</td><td>借：银行存款<br>　贷：短期投资</td><td>借：资金结存——货币资金<br>　贷：投资支出</td></tr>
<tr><td>（2）</td><td colspan="2">短期投资持有期间收到利息</td><td>借：银行存款<br>　贷：投资收益</td><td>借：资金结存——货币资金<br>　贷：投资预算收益</td></tr>
<tr><td>（3）</td><td colspan="2">出售短期投资或到期收回短期投资（国债）本息</td><td>借：银行存款［实际收到的金额］<br>　投资收益［借差］<br>　贷：短期投资［账面余额］<br>　　投资收益［贷差］</td><td>借：资金结存——货币资金［实收款］<br>　投资预算收益［实收款小于投资成本的差额］<br>　贷：投资支出［出售或收回当年投资的］/ 其他结余［出售或收回以前年度投资的］<br>　　投资预算收益［实收款大于投资成本的差额］</td></tr>
</table>

### 2.6.4 案例分析

**【例 2-12】**3 月 1 日，某公立医院以银行存款购买 51 000 元的有价债券，其中包含已到付息期但尚未领取的利息 1 000 元。该医院准备 9 个月之内出售该有价债券。相关账务处理如下：

财务会计：

借：短期投资　　51 000

　　贷：银行存款　　51 000

借：银行存款　　1 000

　　贷：短期投资　　1 000

预算会计：

借：投资支出　　51 000

　　贷：资金结存——货币资金　　51 000

借：资金结存——货币资金　　1 000

　　贷：投资支出　　1 000

**【例 2-13】**接【例 2-12】。6 月 1 日，该医院收到该债券的利息 500 元。相关务处理如下：

财务会计：

借：银行存款　　500

　　贷：投资收益　　500

预算会计：

借：资金结存——货币资金　　500

　　贷：投资预算收益　　500

**【例 2-14】**接【例 2-12】。12 月 1 日，该医院出售该债券，收到 50 500 元，并收到持有期间的其他利息 1 500 元。相关账务处理如下：

财务会计：

借：银行存款　　52 000

　　贷：短期投资　　50 000

　　　　投资收益　　2 000

预算会计：

借：资金结存——货币资金　　52 000

贷：投资预算收益 2 000

投资支出 50 000

# 2.7 财政应返还额度

## 2.7.1 业务简介

“财政应返还额度”科目用来核算实行国库集中支付的公立医院应收财政返还的资金金额。公立医院应当在“财政应返还额度”科目下设置“财政直接支付”“财政授权支付”两个明细科目，以进行明细核算。

## 2.7.2 账务处理

**一、财政直接支付**

年末，公立医院根据本年度财政直接支付预算指标数大于当年财政直接支付实际发生数的差额，在财务会计中，借记“财政应返还额度”科目（财政直接支付），贷记“财政拨款收入”科目；同时，在预算会计中，借记“资金结存——财政应返还额度”科目，贷记“财政拨款预算收入”科目。医院使用以前年度财政直接支付额度支付款项时，在财务会计中，借记“业务活动费用”“单位管理费用”等科目，贷记“财政应返还额度”科目（财政直接支付）；同时，在预算会计中，借记“事业支出”等科目，贷记“资金结存——财政应返还额度”科目。

**二、财政授权支付**

年末，公立医院根据代理银行提供的对账单做注销额度的相关账务处理，在财务会计中，借记“财政应返还额度”科目（财政授权支付），贷记“零余额账户用款额度”科目；同时，在预算会计中，借记“资金结存——财政应返还额度”科目，贷记“资金结存——零余额账户用款额度”科目。年末，公立医院本年度财政授权支付预算指标数大于零余额账户用款额度下达数的，根据未下达的用款额度，借记“财政应返还额度”科目（财政授权支付），贷记“财政拨款收入”科目；同时，在预算会计中，借记“资金结存——财政应返还额度”科目，贷记“财政拨款预算收入”科目。下年年初，公立医院根据代理银行提供的上年度“注销额度恢复到账通知书”做恢复额度的相关账务处理，在财务会计中，借记“零余额账户用款额度”科目，贷记“财政应返还额度”科目（财政授权支付）；同时在预算会计中，借记“资金结存——零余额账户用款额度”科目，贷记“资金结存——财政应返还额度”科目。公立医院收到财政部门批复的上年末下达零余额账户用款额度时，在财务会计中，借记“零余额账户用款额度”科目，贷记“财政应返还额度”科目（财政授权支付）；同时，在预算会计中，借记“资金结存——零余额账户用款额度”科目，贷记“资金结存——财政应返还额度”科目。

财政应返还额度的具体账务处理见表 2-6。

**表 2-6　财政应返还额度的具体账务处理**

| 序号 | 业务 | | 财务会计处理 | 预算会计处理 |
|---|---|---|---|---|
| （1） | 财政直接支付方式下，确认财政应返还额度 | 年末本年度预算指标数与当年实际支付数的差额 | 借：财政应返还额度——财政直接支付<br>贷：财政拨款收入 | 借：资金结存——财政应返还额度<br>贷：财政拨款预算收入 |
| | | 下年度使用以前年度财政直接支付额度支付款项时 | 借：业务活动费用 / 单位管理费用 / 库存物品等<br>贷：财政应返还额度——财政直接支付 | 借：事业支出等<br>贷：资金结存——财政应返还额度 |
| （2） | 财政授权支付方式下，确认财政应返还额度 | 年末本年度预算指标数大于额度下达数的，根据未下达的用款额度 | 借：财政应返还额度——财政授权支付<br>贷：财政拨款收入 | 借：资金结存——财政应返还额度<br>贷：财政拨款预算收入 |
| | | 年末根据代理银行提供的对账单做注销额度处理 | 借：财政应返还额度——财政授权支付<br>贷：零余额账户用款额度 | 借：资金结存——财政应返还额度<br>贷：资金结存——零余额账户用款额度 |
| | | 下年初额度恢复和下年初收到财政部门批复的上年末未下达零余额账户用款额 | 借：零余额账户用款额度<br>贷：财政应返还额度——财政授权支付 | 借：资金结存——零余额账户用款额度<br>贷：资金结存——财政应返还额度 |

### 2.7.3 案例分析

【例 2-15】某公立医院发生如下业务：

（1）至 2×19 年 12 月 31 日，本年度财政直接支付预算指标数为 200 000 元，当年财政直接支付实际支出数为 180 000 元。相关账务处理如下：

财务会计：

借：财政应返还额度——财政直接支付 20 000

贷：财政拨款收入 20 000

预算会计：

借：资金结存——财政应返还额度 20 000

贷：财政拨款预算收入 20 000

（2）2×20 年 3 月，以财政直接支付方式支付 10 000 元。相关账务处理如下：

财务会计：

借：业务活动费用 10 000

贷：财政应返还额度——财政直接支付 10 000

预算会计：

借：事业支出 10 000

贷：资金结存——财政应返还额度 10 000

## 2.8 应收账款

### 2.8.1 业务简介

应收账款是指公立医院提供有偿服务、销售药品等应收取的款项，以及因出租资产、出售物资等应收取的款项，包括应收在院病人医疗款、应收医疗款、其他应收款，而不包括借出款、备用金、应向职工收取的各种垫付款项等。

### 2.8.2 账务处理

医院应当设置“应收账款”科目，用于核算医院提供服务、销售产品等应收取的款项，以及医院出租资产、出售物资等应收取的款项。本科目应当设置“应收在院病人医疗款”“应收医疗款”“其他应收账款”明细科目。

## 一、应收在院病人医疗款

公立医院发生应收在院病人医疗款时，按照应收未收金额，在财务会计中，借记“应收账款——应收在院病人医疗款”科目，贷记“事业收入”科目；无需进行预算会计账务处理。

在住院病人办理出院手续、结算医疗费时，在财务会计中，如病人应付的医疗款金额大于其预交金额，应按病人补付的金额，借记“库存现金”“银行存款”等科目，按病人预交的金额，借记“预收账款——预收医疗款”科目，按病人应付的医疗款金额，贷记“应收账款——应收在院病人医疗款”科目；如病人应付的医疗数金额小于其预交金额，应按病人预交的金额，借记“预收账款——预收医疗款”科目，按病人应付的医疗款金额，贷记“应收账款——应收在院病人医疗款”科目，按退还给病人的差额，贷记“库存现金”“银行存款”等科目；同时，在预算会计中，收取补交金时，借记“资金结存——货币资金”科目，贷记“事业预算收入”科目；退回预交金时，借记“事业预算收入”科目，贷记“资金结存——货币资金”科目。

结转住院病人自付部分以外的应收医疗款或结转病人结算欠费时，按应收在院病人医疗款总额中扣除病人自付部分以外的金额，或病人结算欠费的金额，在财务会计中，借记“应收账款——应收医疗款”科目，贷记“应收账款——应收在院病人医疗款”科目。涉及增值税业务的，相关账务处理参见“应交增值税”科目。

## 二、应收医疗款

结算门诊病人医疗费时，发生病人欠费的，在财务会计中，按应收未收金额，借记“应收账款——应收医疗款——门急诊病人欠费”科目，贷记“事业收入”科目；按门诊病人发生的医疗费中应由医疗保险机构等负担的部分，借记“应收账款——应收医疗款——应收医保款”科目，贷记“事业收入”科目；无需进行预算会计账务处理。

住院病人办理出院手续结算医疗费时，结转出院病人自付部分以外的应收医疗款或结转出院病人结算欠费，按应收在院病人医疗款总额中扣除病人自付部分以外的金额，或病人结算欠费金额，在财务会计中，借记“应收账款——应收医疗款”科目，贷记“应收账款——应收在院病人医疗款”科目；无需进行预算会计账务处理。

向医疗保险机构结算应收医疗款时，按照实际收到的金额，在财务会计中，借记“银行存款”科目，按照医院因违规治疗等管理不善原因被医疗保险机构拒付的金额，借记“坏账准备”科目，按照应收医疗保险机构的金额，贷记“应收账款——应收医疗款——应收保款”科目，按照借贷方之间的差额，借记或贷记“事业收入——医疗收入——门急诊收入、住院收入（结算差额）”科目；同时，在预算会计中，借记“资金结存——货币资金”科目，贷记“事业预算收入——医疗预算收入”等科目。

医院应当于每年年度终了，对应收医疗款进行全面检查，计提坏账准备。对于账龄超过规定年限、确认无法收回的应收医疗款，应当按照有关规定报经批准后，在财务会计中，按照无法收回的应收医疗款金额，借记“坏账准备”科目，贷记“应收账款——应收医疗款”科目；无需进行预算会计账务处理。如果已转销的应收医疗款在以后期间又收回，应按实际收回的金额，在财务会计中，借记“应收账款——应收医疗款”科目，贷记“坏账准备”科目；同时，借记“银行存款”等科目，贷记“应收账款”科目；同时，在预算会计中，借记“资金结存——货币资金”科目，贷记“事业预算收入”等科目。

应收账款的具体账务处理见表 2-7。

表 2-7 应收账款的具体账务处理

| 序号 | 业务 | | 财务会计处理 | 预算会计处理 |
|---|---|---|---|---|
| （1） | 发生应收账款时 | 应收账款收回后不需上缴财政 | 借：应收账款<br>贷：事业收入 / 经营收入 / 其他收入等 | —— |
| | | 应收账款收回后需上缴财政 | 借：应收账款<br>贷：应缴财政款 | —— |
| （2） | 收回应收账款时 | 应收账款收回后不需上缴财政 | 借：银行存款等<br>贷：应收账款 | 借：资金结存——货币资金等<br>贷：事业预算收入 / 经营预算收入 / 其他预算收入等 |
| | | 应收账款收回后需上缴财政 | 借：银行存款等<br>贷：应收账款 | —— |

续表

| 序号 | 业务 | | 财务会计处理 | 预算会计处理 |
|---|---|---|---|---|
| （3） | 逾期无法收回的应收账款 | 报批后予以核销 | 借：坏账准备 / 应缴财政款<br>　　贷：应收账款 | —— |
| | | 事业单位已核销不需上缴财政的应收账款在以后期间收回 | 借：应收账款<br>　　贷：坏账准备<br>借：银行存款<br>　　贷：应收账款 | 借：资金结存——货币资金<br>　　贷：非财政拨款结余等 |
| | | 单位已核销需上缴财政的应收账款在以后期间收回 | 借：银行存款等<br>　　贷：应缴财政款 | —— |

### 2.8.3　案例分析

**【例 2-16】**2×19 年，某公立医院发生的与应收账款相关的业务如下：

（1）6 月 5 日，该医院住院部向财务处报来在院病人收入日报表，在院病人医疗收入 500 000 元。该医院的账务处理如下：

借：应收账款——应收在院病人医疗款　　500 000

　　贷：事业收入——医疗收入——住院收入　　500 000

（2）6 月 25 日，收到住院部报来住院病人医药费结算汇总日报表，当天结算病人医药费 326 000 元，其中，冲减预交金 230 000 元，收补交金 93 000 元（现金 85 000 元，银行存款 8 000 元），出院病人应收未收款 3 000 元。该医院的账务处理如下：

财务会计：

借：库存现金　　85 000

　　银行存款　　8 000

　　预收账款——预收医疗款　　230 000

　　应收账款——应收医疗款　　3 000

　　贷：应收账款——应收在院病人医疗款　　326 000

预算会计：

借：资金结存——货币资金　　93 000

　　贷：事业预算收入——医疗预算收入——住院预算收入　　93 000

**【例 2-17】**7 月 20 日，某公立医院门诊收费处的门诊收入日报表显示，当日取得医疗收入300 000元，其中，收取现金170 000元，应由基本医疗保险担负130 000元。该医院的账务处理如下：

财务会计：

借：库存现金 170 000

应收账款——应收医疗款——应收医保款 130 000

贷：事业收入——医疗收入——门诊收入 300 000

预算会计：

借：资金结存——货币资金 170 000

贷：事业预算收入——医疗预算收入——门诊预算收入 170 000

## 2.9 应收票据

### 2.9.1 业务简介

应收票据是指公立医院因提供有偿服务等而收到的商业汇票。商业汇票是由出票人签发的、指定付款人在一定日期支付一定金额给收款人或持票人的票据，通常涉及出票人、付款人、收款人三方。

### 2.9.2 应收票据的分类

商业汇票按其承兑人的不同，分为商业承兑汇票和银行承兑汇票两种。商业承兑汇票是由付款人承兑的汇票，它可以由收款人签发，也可以由付款人签发，但必须由付款人承兑；银行承兑汇票是由收款人或承兑申请人签发，并由承兑申请人向银行申请，银行审查同意承兑的票据。

应收票据按是否计息，可分为带息票据和不带息票据两种。带息票据是指注明利率及付息日期的票据，可在票据到期时一次付息；不带息票据是指到期只按面额支付，无需支付利息的票据。带息票据到期利息的计算公式如下：

应收票据利息 = 应收票据面额 × 利率 × 时间

在上式中，利率一般以年利率表示，时间则以日或者月表示。因此，应把年利率调整为月利率或者日利率，一年以360天计算。

不论票据是否带息，应收票据应于收到或开出并承兑时，以其票面金额入账。

## 2.9.3 账务处理

（一）因提供医疗服务等收到商业汇票时，按照商业汇票的票面金额，在财务会计中，借记“应收票据”科目，按照确认的收入金额，贷记“事业收入”等科目；无需进行预算会计账务处理。涉及增值税业务的，相关账务处理参见“应交增值税”科目。

（二）持未到期的商业汇票向银行贴现时，按照实际收到的金额（即扣除贴现息后的净额），在财务会计中，借记“银行存款”科目，按照贴现息金额，借记“经营费用”等科目，按照商业汇票的票面金额，贷记“应收票据”科目（无追索权）或“短期借款”科目（有追索权）；同时，在预算会计中，借记“资金结存——货币资金”科目，贷记“经营预算收入”等科目。附追索权的商业汇票到期未发生追索事项的，按照商业汇票的票面金额，在财务会计中，借记“短期借款”科目，贷记“应收票据”科目；无需进行预算会计账务处理。

（三）将持有的商业汇票背书转让以取得所需物资时，按照取得物资的成本，在财务会计中，借记“库存物品”等科目，按照商业汇票的票面金额，贷记“应收票据”科目，如有差额，借记或贷记“银行存款”等科目；同时，在预算会计中，借记“经营支出”等科目，贷记“资金结存——货币资金”科目。涉及增值税业务的，相关账务处理参见“应交增值税”科目。

（四）商业汇票到期时，应当分别以下情况处理。

1. 收回票款时，按照实际收到的商业汇票票面金额，在财务会计中，借记“银行存款”科目，贷记“应收票据”科目；同时，在预算会计中，借记“资金结存——货币资金”科目，贷记“经营预算收入”科目。

2. 因付款人无力支付票款，收到银行退回的商业承兑汇票、委托收款凭证、未付票款通知书或拒付款证明等时，按照商业汇票的票面金额，在财务会计中，借记“应收账款”科目，贷记“应收票据”科目；无需进行预算会计账务处理。

应收票据的具体账务处理见表 2-8。

**表 2-8　　应收票据的具体账务处理**

| 序号 | 业务 | | 财务会计处理 | 预算会计处理 |
|---|---|---|---|---|
| （1） | 收到商业汇票 | 销售产品、提供服务等收到商业汇票时 | 借：应收票据<br>贷：经营收入等 | — |

续表

| 序号 | 业务 | | 财务会计处理 | 预算会计处理 |
|---|---|---|---|---|
| （2） | 商业汇票向银行贴现 | 持未到期的商业汇票向银行贴现 | 借：银行存款［贴现净额］<br>经营费用等［贴现利息］<br>贷：应收票据［不附追索权］/短期借款［附追索权］ | 借：资金结存——货币资金<br>贷：经营预算收入等［贴现净额］ |
| | | 附追索权的商业汇票到期未发生追索事项 | 借：短期借款<br>贷：应收票据 | —— |
| （3） | 商业汇票背书转让 | 将持有的商业汇票背书转让以取得所需物资 | 借：库存物品等<br>贷：应收票据<br>银行存款［差额］ | 借：经营支出等［支付的金额］<br>贷：资金结存——货币资金 |
| （4） | 商业汇票到期 | 商业汇票到期，收回应收票据 | 借：银行存款<br>贷：应收票据 | 借：资金结存——货币资金<br>贷：经营预算收入等 |
| | | 商业汇票到期，付款人无力支付票款时 | 借：应收账款<br>贷：应收票据 | —— |

### 2.9.4 案例分析

**【例 2–18】**某公立医院对外提供员工体检服务。按合同约定，被服务方甲公司应于两个月后付款 12 000 元。甲公司用 1 张两个月到期的商业承兑汇票进行支付。该公立医院的账务处理如下：

借：应收票据　　12 000

　贷：经营收入　　12 000

**【例 2–19】**2×19 年 3 月 5 日，某公立医院持未到期面值为 10 000 元的商业汇票向银行贴现，到期日为 2×19 年 5 月 4 日，不附追溯权，按 7.2% 的贴现率贴现。假设贴现天数为 60 天。该公立医院的账务处理如下：

贴现利息 =10 000×60×7.2%÷360=120（元）

实付贴现金额 =10 000–120=9 880（元）

财务会计：

借：银行存款　　9 880

　经营费用　　120

贷：应收票据　　10 000

预算会计：

借：资金结存——货币资金　　9 880

贷：经营预算收入　　9 880

若上述商业汇票附追索权，则账务处理如下：

财务会计：

借：银行存款　　9 880

经营费用　　120

贷：短期借款　　10 000

预算会计：

借：资金结存——货币资金　　9 880

贷：经营预算收入　　9 880

**【例 2-20】**某公立医院将一张面值为 50 000 元的商业汇票背书转让给甲器材公司并支付 10 000 元差额，用于支付购买手术器材的 60 000 元的价款。该医院的账务处理如下：

财务会计：

借：库存物品　　60 000

贷：应收票据　　50 000

银行存款　　10 000

预算会计：

借：事业支出　　10 000

贷：资金结存——货币资金　　10 000

**【例 2-21】**某公立医院收到付款人承兑到期的商业汇票，票面金额为 10 000 元。该医院的账务处理如下：

财务会计：

借：银行存款　　10 000

贷：应收票据　　10 000

预算会计：

借：资金结存——货币资金　　10 000

贷：经营预算收入　　10 000

若付款人无力支付票款，则该医院的账务处理如下：

借：应收账款 10 000

　　贷：应收票据 10 000

## 2.10 预付账款

预付账款是公立医院按照购货、劳务合同规定预付给供应单位的款项。预付账款按实际发生的金额入账。会计期末，预付账款按历史成本报告。

### 2.10.1 业务简介

预付账款与应收账款虽然都是公立医院的流动资产，都属于应收及预付款项，但两者性质不同。应收账款是公立医院应收客户的账款，预付账款是公立医院预付给商品供应单位的账款，所以，应分别设置账户进行核算。

“预付账款”科目应当按照供应单位（或个人）进行明细核算。公立医院应当通过明细核算或辅助登记方式，登记预付账款的资金性质（区分财政补助资金、非财政专项资金和其他资金）。

### 2.10.2 账务处理

（一）根据购货、服务合同或协议规定预付款项时，按照预付金额，在财务会计中，借记“预付账款”科目，贷记“财政拨款收入”“零余额账户用款额度”“银行存款”等科目；同时，在预算会计中，借记“事业支出”科目，贷记“财政拨款预算收入”“资金结存”等科目。

（二）收到所购资产或服务时，按照购入资产或服务的成本，在财务会计中，借记“库存物品”“固定资产”“无形资产”“业务活动费用”等相关科目，按照相关预付账款的账面余额，贷记“预付账款”科目，按照实际补付的金额，贷记“财政拨款收入”“零余额账户用款额度”“银行存款”等科目；同时，在预算会计中，借记“事业支出”科目，贷记“财政拨款预算收入”“资金结存”等科目。涉及增值税业务的，相关账务处理参见“应交增值税”等科目。

（三）根据工程进度结算工程价款及备料款时，按照结算金额，在财务会计中，借记“在建工程”科目，按照相关预付账款的账面余额，贷记“预付账款”科目，按照实际补付的金额，贷记“财政拨款收入”“零余额账户用款额度”“银行存款”等科目；同时，在预算会计中，借记“事业支出”科目，贷记“财政拨款预算收入”“资金结存”等科目。

（四）发生预付账款退回的，按照实际退回金额，在财务会计中，借记“财政拨款收入”（本年直接支付）、“财政应返还额度”（以前年度直接支付）、“零余额账户用款额度”“银行存款”等科目，贷记“预付账款”科目；同时，在预算会计中，借记“财政拨款预算收入”“资金结存”等科目；贷记“事业支出”等科目。

（五）每年年末，对预付账款进行全面检查。如果有确凿证据表明预付账款不再符合预付款项的性质，或者因供应单位破产、撤销等原因可能无法收到所购货物、服务，应当先将其转入其他应收款，再按照规定进行处理。将预付账款账面余额转入其他应收款时，在财务会计中，借记“其他应收款”科目，贷记“预付账款”科目；无需进行预算会计账务处理。

预付账款的具体账务处理见表 2-9。

**表 2-9　　预付账款的具体账务处理**

<table>
<tr><th>序号</th><th colspan="2">业务</th><th>财务会计处理</th><th>预算会计处理</th></tr>
<tr><td>（1）</td><td colspan="2">发生预付账款时</td><td>借：预付账款<br>贷：财政拨款收入 / 零余额账户用款额度 / 银行存款等</td><td>借：事业支出等<br>贷：财政拨款预算收入 / 资金结存</td></tr>
<tr><td>（2）</td><td colspan="2">收到所购物资或劳务，以及根据工程进度结算工程价款等时</td><td>借：业务活动费用 / 库存物品 / 固定资产 / 在建工程等<br>贷：预付账款<br>零余额账户用款额度 / 财政拨款收入 / 银行存款等［补付款项］</td><td>借：事业支出等［补付款项］<br>贷：财政拨款预算收入 / 资金结存</td></tr>
<tr><td rowspan="2">（3）</td><td rowspan="2">预付账款退回</td><td>当年预付账款退回</td><td>借：财政拨款收入 / 零余额账户用款额度 / 银行存款等<br>贷：预付账款</td><td>借：财政拨款预算收入 / 资金结存<br>贷：事业支出等</td></tr>
<tr><td>以前年度预付账款退回</td><td>借：财政应返还额度 / 零余额账户用款额度 / 银行存款等<br>贷：预付账款</td><td>借：资金结存<br>贷：财政拨款结余——年初余额调整 / 财政拨款结转——年初余额调整等</td></tr>
<tr><td>（4）</td><td colspan="2">逾期无法收回的预付账款转为其他应收款</td><td>借：其他应收款<br>贷：预付账款</td><td>——</td></tr>
</table>

### 2.10.3 案例分析

**【例 2-22】**2×19年1月10日，某公立医院与A公司签订购买合同。合同约定，该医院从A公司处购买2台手术仪器，价款共5 000 000元。该医院先预付30%的款项，其账务处理如下：

财务会计：

借：预付账款——A公司　　1 500 000

　　贷：银行存款　　1 500 000

预算会计：

借：事业支出　　1 500 000

　　贷：资金结存——货币资金　　1 500 000

**【例 2-23】**接【例 2-22】。2×19年1月12日，A公司收到预付款后发货。1月15日，该医院验货后支付剩余70%的价款。该医院的账务处理如下：

财务会计：

借：固定资产　　5 000 000

　　贷：预付账款　　1 500 000

　　　　银行存款　　3 500 000

预算会计：

借：事业支出　　3 500 000

　　贷：资金结存——货币资金　　3 500 000

**【例 2-24】**接【例 2-22】。2×19年1月12日，A公司收到预付款后发货。1月15日，该医院发现手术仪器质量不符合要求，将仪器退回并解除购货合同。1月20日，A公司将预付款退回。该医院的账务处理如下：

财务会计：

借：银行存款　　1 500 000

　　贷：预付账款——A公司　　1 500 000

预算会计：

借：资金结存——货币资金　　1 500 000

　　贷：事业支出　　1 500 000

# 2.11　应收股利

## 2.11.1　业务简介

“应收股利”科目用于核算公立医院因持有长期股权投资而应当收取的现金股利或应当分得的利润。

## 2.11.2　账务处理

（一）取得长期股权投资时，在财务会计中，按照支付的价款中所包含的已宣告但尚未发放的现金股利，借记“应收股利”科目，按照确定的长期股权投资成本，借记“长期股权投资”科目，按照实际支付的金额，贷记“银行存款”等科目；同时，在预算会计中，借记“投资支出”科目 [ 取得投资支付的全部价款 ]，贷记“资金结存——货币资金”科目。

收到取得投资实际支付价款中所包含的已宣告但尚未发放的现金股利时，在财务会计中，按照收到的金额，借记“银行存款”科目，贷记“应收股利”科目；同时，在预算会计中，借记“资金结存——货币资金”科目，贷记“投资支出”等科目。

（二）长期股权投资持有期间，被投资单位宣告发放现金股利或利润时，在财务会计中，按照应享有的份额，借记“应收股利”科目，贷记“投资收益”（成本法下）或“长期股权投资”（权益法下）科目；无需进行预算会计账务处理。

（三）实际收到现金股利或利润时，按照收到的金额，在财务会计中，借记“银行存款”等科目，贷记“应收股利”科目；同时，在预算会计中，借记“资金结存——货币资金”科目，贷记“投资预算收益”等科目。

应收股利的具体账务处理见表 2-10。

表 2-10 应收股利的具体账务处理

<table>
<tr><th>序号</th><th colspan="2">业务</th><th>财务会计处理</th><th>预算会计处理</th></tr>
<tr><td rowspan="2">（1）</td><td rowspan="2">取得的长期股权投资</td><td>取得长期股权投资</td><td>借：长期股权投资<br>应收股利［取得投资支付价款中包含的已宣告但尚未发放的现金股利或利润］<br>贷：银行存款［取得投资支付的全部价款］</td><td>借：投资支出［取得投资支付的全部价款］<br>贷：资金结存——货币资金</td></tr>
<tr><td>收到取得投资所支付价款中包含的已宣告但尚未发放的股利或利润时</td><td>借：银行存款<br>贷：应收股利</td><td>借：资金结存——货币资金<br>贷：投资支出等</td></tr>
<tr><td rowspan="2">（2）</td><td rowspan="2">持有投资期间</td><td>被投资单位宣告发放现金股利或利润</td><td>借：应收股利<br>贷：投资收益 / 长期股权投资</td><td>——</td></tr>
<tr><td>收到现金股利或利润时</td><td>借：银行存款<br>贷：应收股利</td><td>借：资金结存——货币资金<br>贷：投资预算收益</td></tr>
</table>

### 2.11.3 案例分析

**【例 2-25】** 2×19 年 6 月 20 日，某公立医院以 1 500 万元购入乙公司 10% 的股权，其中包含已宣告但未发放的股利 20 万元。2×19 年 9 月 20 日，该医院收到未发放股利 20 万元。该医院的账务处理如下：

（1）2×19 年 6 月 20 日：

财务会计：

借：长期股权投资 14 800 000

应收股利 200 000

贷：银行存款 15 000 000

预算会计：

借：投资支出 15 000 000

贷：资金结存——货币资金 15 000 000

（2）2×19 年 9 月 20 日：

财务会计：

借：银行存款 200 000

贷：应收股利 200 000

预算会计：

借：资金结存——货币资金 200 000

贷：投资支出 200 000

## 2.12 应收利息

### 2.12.1 业务简介

"应收利息"科目用于核算公立医院长期债券投资应当收取的利息。公立医院购入的到期一次还本付息的长期债券投资持有期间的利息，应当通过"长期债券投资——应计利息"科目核算，不通过本科目核算。

### 2.12.2 账务处理

（一）取得长期债券投资时，在财务会计中，按照确定的投资成本，借记"长期债券投资"科目，按照支付的价款中包含的已到付息期但尚未领取的利息，借记"应收利息"科目，按照实际支付的金额，贷记"银行存款"等科目；同时，在预算会计中，借记"投资支出"科目（取得投资支付的全部价款）科目，贷记"资金结存——货币资金"科目。

收到取得投资实际支付价款中所包含的已到付息期但尚未领取的利息时，在财务会计中，按照收到的金额，借记"银行存款"等科目，贷记"应收利息"科目；同时，在预算会计中，借记"资金结存——货币资金"科目，贷记"投资支出"等科目。

（二）按期计算确认长期债券投资利息收入时，对于分期付息、一次还本的长期债券投资，按照以票面金额和票面利率计算确定的应收未收利息金额，在财务会计中，借记"应收利息"科目，贷记"投资收益"科目；无需进行预算会计账务处理。

（三）实际收到应收利息时，按照收到的金额，在财务会计中，借记"银行存款"等科目，贷记"应收利息"科目；同时，在预算会计中，借记"资金结存——货币资金"科目，贷记"投资预算收益"科目。

应收利息的具体账务处理见表 2-11。

表 2-11 应收利息的具体账务处理

<table>
<tr><th>序号</th><th colspan="2">业务</th><th>财务会计处理</th><th>预算会计处理</th></tr>
<tr><td rowspan="2">（1）</td><td rowspan="2">取得债券投资</td><td>取得长期债券投资</td><td>借：长期债券投资<br>应收利息［取得投资支付价款中包含的已到付息期但尚未领取的利息］<br>贷：银行存款［取得投资支付的全部价款］</td><td>借：投资支出［取得投资支付的全部价款］<br>贷：资金结存——货币资金</td></tr>
<tr><td>收到取得投资所支付价款中包含的已到付息期但尚未领取的利息时</td><td>借：银行存款<br>贷：应收利息</td><td>借：资金结存——货币资金<br>贷：投资支出等</td></tr>
<tr><td rowspan="2">（2）</td><td rowspan="2">持有投资期间</td><td>按期计提利息</td><td>借：应收利息［分期付息、到期还本债券计提的利息］<br>贷：投资收益</td><td>——</td></tr>
<tr><td>实际收到利息</td><td>借：银行存款<br>贷：应收利息</td><td>借：资金结存——货币资金<br>贷：投资预算收益</td></tr>
</table>

### 2.12.3 案例分析

**【例 2-26】**2×19 年 1 月 1 日，某公立医院从证券市场上购入 A 公司于 2×18 年 1 月 1 日发行的债券。该债券三年期、票面利率为 3%、年底计提利息，每年 1 月 10 日支付上年度的利息。该医院购入的债券的面值总额为 100 万元，实际支付银行存款 103 万元。该医院的账务处理如下：

（1）2×19 年 1 月 1 日：

财务会计：

借：长期债券投资　　1 000 000

　　应收利息　　30 000

　　贷：银行存款　　1 030 000

预算会计：

借：投资支出　　1 030 000

　　贷：资金结存——货币资金　　1 030 000

（2）2×19年1月10日：

财务会计：

借：银行存款　　30 000

　　贷：应收利息　　30 000

预算会计：

借：资金结存——货币资金　　30 000

　　贷：投资支出　　30 000

# 2.13　其他应收款

## 2.13.1　业务简介

“其他应收款”科目用于核算公立医院除财政应返还额度、应收票据、应收账款、预付账款以外的其他各项应收及暂付款项，如职工预借的差旅费、拨给有关部门的备用金、应向职工收取的各种代垫付款项等。其他应收款应按实际发生额入账，按照其他应收款的类别以及债务单位（或个人）进行明细核算。

## 2.13.2　账务处理

（一）发生其他各种应收及暂付款项时，在财务会计中，按照实际发生金额，借记“其他应收款”科目，贷记“零余额账户用款额度”“银行存款”“库存现金”“上级补助收入”“附属单位上缴收入”等科目；无需进行预算会计账务处理。涉及增值税业务的，相关账务处理参见“应交增值税”科目。

（二）收回其他各种应收及暂付款项时，在财务会计中，按照收回的金额，借记“库存现金”“银行存款”等科目，贷记“其他应收款”科目；同时，在预算会计中，借记“事业支出”科目，贷记“资金结存”科目。

（三）单位内部实行备用金制度的，有关部门使用备用金以后应当及时到财务部门报销并补足备用金。财务部门核定并发放备用金时，在财务会计中，按照实际发放的金额，借记“其他应收款”科目，贷记“库存现金”等科目；无需进行预算会计账务处理。根据报销金额用现金补足备用金定额时，在财务会计中，借记“业务活动费用”“单位管理费用”等科目，贷记“库存现金”

等科目；同时，在预算会计中，借记“事业支出”科目，贷记“资金结存”科目。报销数和拨补数都不再通过“其他应收款”科目核算。

（四）偿还尚未报销的本单位公务卡欠款时，在财务会计中，按照偿还的款项，借记“其他应收款”科目，贷记“零余额账户用款额度”“银行存款”等科目；无需进行预算会计账务处理。持卡人报销时，在财务会计中，按照报销金额，借记“业务活动费用”“单位管理费用”等科目，贷记“其他应收款”科目；同时，在预算会计中，借记“事业支出”科目，贷记“资金结存”科目。

（五）将预付账款账面余额转入其他应收款时，在财务会计中，借记“其他应收款”科目，贷记“预付账款”科目。具体说明参见“预付账款”科目。无需进行预算会计账务处理。

（六）每年年末，对其他应收款进行全面检查，如发生不能收回的迹象，应当计提坏账准备。

1. 对于账龄超过规定年限、确认无法收回的其他应收款，按照规定报经批准后予以核销，在财务会计中，按照核销金额，借记“坏账准备”科目，贷记“其他应收款”科目；无需进行预算会计账务处理。核销的其他应收款应当在备查簿中保留登记。

2. 已核销的其他应收款在以后期间又收回的，在财务会计中，按照实际收回金额，借记“其他应收款”科目，贷记“坏账准备”科目，同时，借记“银行存款”等科目，贷记“其他应收款”科目；同时，在预算会计中，借记“资金结存——货币资金”科目，贷记“其他预算收入”科目。

其他应收款的具体账务处理见表 2-12。

**表 2-12　　其他应收款的具体账务处理**

| 序号 | 业务 | | 财务会计处理 | 预算会计处理 |
|---|---|---|---|---|
| （1） | 发生暂付款项（包括偿还未报销的公务卡款项） | 暂付款项时 | 借：其他应收款<br>　贷：银行存款 / 库存现金 / 零余额账户用款额度等 | —— |
| | | 报销时 | 借：业务活动费用 / 单位管理费用等［实际报销金额］<br>　贷：其他应收款 | 借：事业支出等［实际报销金额］<br>　贷：资金结存 |
| | | 收回暂付款项时 | 借：库存现金 / 银行存款等<br>　贷：其他应收款 | —— |

续表

| 序号 | 业务 | | 财务会计处理 | 预算会计处理 |
|---|---|---|---|---|
| （2） | 发生其他各种应收款项 | 确认其他应收款时 | 借：其他应收款<br>　贷：上级补助收入 / 附属单位上缴收入 / 其他收入等 | —— |
| | | 收到其他应收款项时 | 借：银行存款 / 库存现金等<br>　贷：其他应收款 | 借：资金结存——货币资金<br>　贷：上级补助预算收入 / 附属单位上缴预算收入 / 其他预算收入等 |
| （3） | 拨付给内部有关部门的备用金 | 财务部门核定并发放备用金时 | 借：其他应收款<br>　贷：库存现金 | —— |
| | | 根据报销用现金补足备用金定额时 | 借：业务活动费用 / 单位管理费用等<br>　贷：库存现金 | 借：事业支出等<br>　贷：资金结存——货币资金 |
| （4） | 逾期无法收回的其他应收款 | 经批准核销时 | 借：坏账准备［事业单位］/ 资产处置费用［行政单位］<br>　贷：其他应收款 | —— |
| | | 已核销的其他应收款在以后期间收回 | 借：其他应收款<br>　贷：坏账准备<br>借：银行存款等<br>　贷：其他应收款 | 借：资金结存——货币资金<br>　贷：其他预算收入 |

## 2.13.3　案例分析

**【例 2-27】**2×19年8月31日，某公立医院为职工代垫房租和水电费20 000元。9月30日，该医院从应付工资中扣除代垫款项。相关账务处理如下：

（1）8月31日，代垫房租和水电费时：

借：其他应收款　　20 000

　贷：银行存款　　20 000

（2）9月30日，从应付工资中扣除代垫款时：

财务会计：

借：应付工资薪酬　　20 000

　贷：其他应收款　　20 000

预算会计：

借：事业支出　　20 000

　　贷：资金结存——货币资金　　20 000

【例 2-28】某公立医院估计 2 000 元的其他应付款中有 1 000 元无法收回。3 月 15 日，经批准，该医院对该笔款项进行核销。该医院的账务处理如下：

借：坏账准备　　1 000

　　贷：其他应收款　　1 000

4 月 15 日，该笔应收款全额收回，该医院的账务处理如下：

财务会计：

借：银行存款　　2 000

　　贷：坏账准备　　1 000

　　　　其他应收款　　1 000

预算会计：

借：资金结存——货币资金　　2 000

　　贷：其他预算收入　　2 000

【例 2-29】某公立医院于 2×19 年 7 月 13 日收到上级拨付补助收入 100 000 元，款项存入银行。该医院的账务处理如下：

财务会计：

借：银行存款　　100 000

　　贷：其他应收款　　100 000

预算会计：

借：资金结存——货币资金　　100 000

　　贷：上级补助预算收入　　100 000

## 2.14 坏账准备

### 2.14.1 业务简介

“坏账准备”科目用于核算公立医院对收回后不需要上缴财政的应收账款和其他应收款提取的坏账准备。

## 2.14.2　坏账准备的计提

公立医院可以采用应收款项余额百分比法、账龄分析法、个别认定法等方法计提坏账准备。坏账准备计提方法一经确定，不得随意变更。如需变更，应当按照规定报经批准，并在财务报表附注中予以说明。

**一、余额百分比法**

余额百分比法是按照期末应收款项余额的一定百分比估计坏账损失的方法。坏账百分比由医院根据以往的资料或经验自行确定。在余额百分比法下，医院应在每个会计期末根据本期末的应收款项余额和相应的坏账率估计出期末坏账准备账户应有的余额。它与调整前坏账准备账户的余额的差额，就是当期应提的坏账准备金额。

采用余额百分比法计提坏账准备的计算公式如下：

1. 首次计提坏账准备的计算公式：

当期应计提的坏账准备 = 期末应收账款余额 × 坏账准备计提百分比

2. 以后计提坏账准备的计算公式：

当期应计提的坏账准备 = 当期按应收账款计算应计提的坏账准备金额 +(或 −) 坏账准备账户借方余额(或贷方余额)

**二、账龄分析法**

账龄分析法是根据应收款项账龄的长短来估计坏账损失的方法。通常而言，应收款项的账龄越长，发生坏账的可能性越大。因此，将企业的应收款项按账龄长短进行分组，分别确定不同的计提百分比估算坏账损失，会使坏账损失的计算结果更符合客观情况。

采用账龄分析法计提坏账准备的计算公式如下：

1. 首次计提坏账准备的计算公式：

当期应计提的坏账准备 = ∑(期末各账龄组应收账款余额 × 各账龄组坏账准备计提百分比)

2. 以后计提坏账准备的计算公式：

当期应计提的坏账准备 = 当期按应收账款计算应计提的坏账准备金额 +(或 −) 坏账准备账户借方余额(或贷方余额)

**三、个别认定法**

个别认定法是指根据每笔应收款项的具体情况确定其坏账金额的一种方法。

根据上述方法计算出坏账损失金额，当期应当补提或冲减的坏账准备金额的计算公式如下：

当期应补提或冲减的坏账准备＝按照期末应收账款和其他应收款计算应计提的坏账准备金额－本科目期末贷方余额（或＋本科目期末借方余额）

### 2.14.3 账务处理

（一）提取坏账准备时，在财务会计中，借记“其他费用”科目，贷记“坏账准备”科目；无需进行预算会计账务处理。冲减坏账准备时，在财务会计中，借记“坏账准备”科目，贷记“其他费用”科目；无需进行预算会计账务处理。

（二）对于账龄超过规定年限并确认无法收回的应收账款或其他应收款，应当按照有关规定报经批准后，按照无法收回的金额，在财务会计中，借记“坏账准备”科目，贷记“应收账款”“其他应收款”科目；无需进行预算会计账务处理。已核销的应收账款或其他应收款在以后期间又收回的，按照实际收回的金额，在财务会计中，借记“应收账款”“其他应收款”科目，贷记“坏账准备”科目；同时，借记“银行存款”等科目，贷记“应收账款”“其他应收款”科目；同时，在预算会计中，借记“资金结存——货币资金”等科目，贷记“非财政拨款结余”等科目。

坏账准备的具体账务处理见表 2-13。

表 2-13　　坏账准备的具体账务处理

| 序号 | 业务 | | 财务会计处理 | 预算会计处理 |
|---|---|---|---|---|
| （1） | 年末全面分析不需上缴财政的应收账款和其他应收款 | 计提坏账准备，确认坏账损失 | 借：其他费用<br>贷：坏账准备 | —— |
| | | 冲减坏账准备 | 借：坏账准备<br>贷：其他费用 | —— |
| （2） | 逾期无法收回的应收账款和其他应收款 | 报批后予以核销 | 借：坏账准备<br>贷：应收账款／其他应收款 | —— |
| | | 已核销不需上缴财政的应收款项在以后期间收回 | 借：应收账款／其他应收款<br>贷：坏账准备<br>借：银行存款<br>贷：应收账款／其他应收款 | 借：资金结存——货币资金等<br>贷：非财政拨款结余等 |

### 2.14.4　案例分析

【例 2-30】2×19 年 6 月 30 日，某公立医院对应收医疗款进行检查，发现无法完全收回李某应收医疗款，按规定报经批准后予以核销 10 000 元。8 月 26 日，李某经济状况好转，偿还所欠 50 000 元医疗款。该医院的账务处理如下：

（1）6 月 30 日，核销坏账准备时：

借：坏账准备　　10 000

　　贷：应收账款——应收医疗款　　10 000

（2）8 月 26 日，收到款项时：

财务会计：

借：银行存款　　50 000

　　贷：坏账准备　　10 000

　　　　应收账款——应收医疗款　　40 000

预算会计：

借：资金结存——货币资金　　50 000

　　贷：事业预算收入——医疗预算收入　　50 000

## 2.15　在途物品

### 2.15.1　业务简介

“在途物品”科目用于核算公立医院采购材料等物资时货款已付或已开出商业汇票但尚未验收入库的在途物品的采购成本。

### 2.15.2　账务处理

（一）公立医院购入材料等物品时，按照确定的物品采购成本的金额，在财务会计中，借记“在途物品”科目，按照实际支付的金额，贷记“财政拨款收入”“零余额账户用款额度”“银行存款”等科目；同时，在预算会计中，借记“事业支出”“经营支出”等科目，贷记“财政拨款预算收入”“资金结存”等科目。涉及增值税业务的，相关账务处理参见“应交增值税”科目。

（二）所购材料等物品到达验收入库时，按照确定的库存物品的成本，在财务会计中，借记“库存物品”科目，按照物品采购成本金额，贷记“在途物品”科目，按照使得入库物品达到目前场所和状态所发生的其他支出，贷记“银行存款”等科目；无需进行预算会计账务处理。

在途物品的具体账务处理见表 2-14。

**表 2-14　　在途物品的具体账务处理**

| 序号 | 业务 | 财务会计处理 | 预算会计处理 |
|---|---|---|---|
| （1） | 购入材料等物资，结算凭证收到而货未到，款已付或已开出商业汇票 | 借：在途物品<br>　贷：财政拨款收入 / 零余额账户用款额度 / 银行存款 / 应付票据等 | 借：事业支出 / 经营支出等<br>　贷：财政拨款预算收入 / 资金结存 |
| （2） | 所购材料等物资到达验收入库 | 借：库存物品<br>　贷：在途物品 | —— |

## 2.15.3 案例分析

**【例 2-31】**某公立医院于 2×19 年 1 月 1 日购入一批卫生材料，支付价款 30 000 元，结算凭证已收到，货仍在运输途中。该医院的账务处理如下：

财务会计：

借：在途物品　　30 000

　贷：银行存款　　30 000

预算会计：

借：事业支出　　30 000

　贷：资金结存——货币资金　　30 000

**【例 2-32】**接【例 2-31】。2×19 年 1 月 30 日，该医院所购卫生材料到达验收入库。该医院的账务处理如下：

借：库存商品　　30 000

　贷：在途物品　　30 000

# 2.16　加工物品

## 2.16.1　业务简介

“加工物品”科目用于核算公立医院自制或委托外单位加工的各种物品的实际成本。

## 2.16.2　账务处理

**一、自制物品**

1. 为自制物品领用材料等时，按照材料成本，在财务会计中，借记“加工物品”科目（自制物品——直接材料），贷记“库存物品”科目；无需进行预算会计账务处理。

2. 对于专门从事物品制造的人员发生的直接人工费用，在财务会计中，按照实际发生的金额，借记“加工物品”科目（自制物品——直接人工），贷记“应付职工薪酬”科目；无需进行预算会计账务处理。

3. 为自制物品发生其他直接费用时，在财务会计中，按照实际发生的金额，借记“加工物品”科目（自制物品——其他直接费用），贷记“零余额账户用款额度”“银行存款”等科目；同时，在预算会计中，借记“事业支出／经营支出”等科目，贷记“财政拨款预算收入／资金结存”等科目。

4. 为自制物品发生间接费用时，在财务会计中，按照实际发生的金额，借记“加工物品”科目（自制物品——间接费用），贷记“零余额账户用款额度”“银行存款”“应付职工薪酬”“固定资产累计折旧”“无形资产累计摊销”等科目；同时，在预算会计中，借记“事业支出”“经营支出”等科目，贷记“财政拨款预算收入”“资金结存”等科目。

间接费用一般按照生产人员工资、生产人员工时、机器工时、耗用材料的数量或成本、直接费用（直接材料和直接人工）或产品产量等进行分配。单位可根据具体情况自行选择间接费用的分配方法。分配方法一经确定，不得随意变更。

5. 对于已经制造完成并验收入库的物品，在财务会计中，按照所发生的实际成本（包括耗用的直接材料费用、直接人工费用、其他直接费用和分配的间接费用），借记“库存物品”科目，贷记“加工物品”科目（自制物品）；

无需进行预算会计账务处理。

## 二、委托加工物品

1. 发给外单位加工的材料等时，在财务会计中，按照其实际成本，借记“加工物品”科目（委托加工物品），贷记“库存物品”科目；无需进行预算会计账务处理。

2. 支付加工费、运输费等费用时，在财务会计中，按照实际支付的金额，借记“加工物品”科目（委托加工物品），贷记“零余额账户用款额度”“银行存款”等科目；同时，在预算会计中，借记“事业支出”“经营支出”等科目，贷记“财政拨款预算收入”“资金结存”等科目。涉及增值税业务的，相关账务处理参见“应交增值税”科目。

3. 委托加工完成的材料等验收入库时，在财务会计中，按照加工前发出材料的成本和加工、运输成本等，借记“库存物品”等科目，贷记“加工物品”科目（委托加工物品）；无需进行预算会计账务处理。

加工物品的具体账务处理见表 2-15。

表 2-15　　加工物品的具体账务处理

| 序号 | 业务 | | 财务会计处理 | 预算会计处理 |
| --- | --- | --- | --- | --- |
| （1） | 自制物品 | 为自制物品领用材料时 | 借：加工物品——自制物品（直接材料）<br>贷：库存物品（相关明细科目） | —— |
| | | 专门从事物资制造的人员发生的直接人工费用 | 借：加工物品——自制物品（直接人工）<br>贷：应付职工薪酬 | —— |
| | | 为自制物品发生其他直接费用和间接费用 | 借：加工物品——自制物品（其他直接费用、间接费用）<br>贷：财政拨款收入 / 零余额账户用款额度 / 银行存款等 | 借：事业支出 / 经营支出等［实际支付金额］<br>贷：财政拨款预算收入 / 资金结存 |
| | | 自制加工完成、验收入库 | 借：库存物品（相关明细科目）<br>贷：加工物品——自制物品（直接材料、直接人工、其他直接费用、间接费用） | —— |

续表

| 序号 | 业务 | | 财务会计处理 | 预算会计处理 |
|---|---|---|---|---|
| （2） | 委托加工物品 | 发给外单位加工的材料 | 借：加工物品——委托加工物品<br>贷：库存物品（相关明细科目） | —— |
| | | 支付加工费用 | 借：加工物品——委托加工物品<br>贷：财政拨款收入 / 零余额账户用款额度 / 银行存款等 | 借：事业支出 / 经营支出等<br>贷：财政拨款预算收入 / 资金结存 |
| | | 委托加工完成的物品验收入库 | 借：库存物品（相关明细科目）<br>贷：加工物品——委托加工物品 | —— |

## 2.16.3　案例分析

**【例 2-33】**2×19 年 6 月 1 日，某公立医院计划自行加工一批口服液，其当日从药库领用价值 200 000 元的西药。7 月 1 日，该医院因生产口服液而发生的直接人工费用共计 100 000 元，同时用银行存款支付其他费用 50 000 元。7 月 10 日，口服液加工完毕，并验收入库。该医院的账务处理如下：

（1）2×19 年 6 月 1 日：

借：加工物品——自制物品——直接材料　　200 000

　　贷：库存物品——药品——药库——西药　　200 000

（2）2×19 年 7 月 1 日：

财务会计：

借：加工物品——自制物品——直接人工　　100 000

　　贷：应付职工薪酬　　100 000

借：加工物品——自制物品——其他直接费用　　50 000

　　贷：银行存款　　50 000

预算会计：

借：事业支出　　50 000

　　贷：资金结存——货币资金　　50 000

（3）2×19 年 7 月 10 日：

借：库存物品——药品——药库——西药　　350 000

　　贷：加工物品——自制物品　　350 000

【例 2-34】2×19 年 1 月 5 日，某公立医院委托 C 药厂为其加工药品一批，发出价值 200 000 元的材料。1 月 7 日，该医院支付的加工费用和相关运输费用共计 100 000 元，用财政资金支付。3 月 10 日，药品加工完毕并验收入库。该医院的账务处理如下：

（1）1 月 5 日，发出材料时：

借：加工物品——委托加工物品——药品　　200 000

　　贷：库存物品——其他材料　　200 000

（2）1 月 7 日，支付加工费用和相关运输费用时：

财务会计：

借：加工物品——委托加工物品——药品　　100 000

　　贷：零余额账户用款额度　　100 000

预算会计：

借：事业支出　　100 000

　　贷：资金结存——零余额账户用款额度　　100 000

（3）3 月 10 日，药品加工完毕验收入库时：

借：库存物品——药品　　300 000

　　贷：加工物品——委托加工物品——药品　　300 000

## 2.17 库存物品

### 2.17.1 业务简介

“库存物品”科目用于核算公立医院在开展业务活动及其他活动中为耗用或出售而储存的各种材料、产品、包装物、低值易耗品，以及达不到固定资产标准的用具、装具、动植物等的成本。

该科目应当按照库存物品的类别，分别设置“药品”“卫生材料”“低值易耗品”“其他材料”和“成本差异”一级明细科目。

### 2.17.2 库存物品的特殊类型

（1）已完成的测绘、地质勘察、设计成果等的成本，也通过“库存物品”

科目核算。

（2）公立医院随买随用的零星办公用品，可以在购进时直接列作费用，不通过“库存物品”科目核算。

（3）公立医院受托存储保管的物资和受托转赠的物资，应当通过“受托代理资产”科目核算，不通过“库存物品”科目核算。

（4）公立医院为在建工程购买和使用的材料物资，应当通过“工程物资”科目核算，不通过“库存物品”科目核算。

### 2.17.3　账务处理

（一）公立医院取得的库存物品，应当按照其取得时的成本入账。

1. 外购的库存物品验收入库时，按照确定的成本，在财务会计中，借记“库存物品”科目，贷记“财政拨款收入”“零余额账户用款额度”“银行存款”“应付账款”“在途物品”等科目；同时，在预算会计中，借记“事业支出”“经营支出”等科目，贷记“财政拨款预算收入”“资金结存”等科目。涉及增值税业务的，相关账务处理参见“应交增值税”科目。

2. 自制的库存物品加工完成并验收入库时，按照确定的成本，在财务会计中，借记“库存物品”科目，贷记“加工物品——自制物品”科目；无需进行预算会计账务处理。

3. 委托外单位加工收回的库存物品验收入库时，按照确定的成本，在财务会计中，借记“库存物品”科目，贷记“加工物品——委托加工物品”等科目；无需进行预算会计账务处理。

4. 接受捐赠的库存物品验收入库时，按照确定的成本，在财务会计中，借记“库存物品”科目，按照发生的相关税费运输费等，贷记“银行存款”等科目，按照其差额，贷记“捐赠收入”科目；同时，在预算会计中，借记“其他支出”科目，贷记“资金结存”科目。

接受捐赠的库存物品按照名义金额入账的，按照名义金额，在财务会计中，借记“库存物品”科目，贷记“捐赠收入”科目；同时，按照发生的相关税费、运输费等，借记“其他费用”科目，贷记“银行存款”等科目；同时，在预算会计中，借记“其他支出”科目，贷记“资金结存——货币资金”科目。

5. 无偿调入的库存物品验收入库时，在财务会计中，按照确定的成本，借记“库存物品”科目，按照发生的相关税费、运输费等，贷记“银行存款”等科目，按照其差额，贷记“无偿调拨净资产”科目；同时，在预算会计中，借记“其他支出”科目，贷记“资金结——货币资金”科目。

6. 置换换入的库存物品验收入库时，在财务会计中，按照确定的成本，借记“库存物品”科目，按照换出资产的账面余额，贷记相关资产科目（换出资产为固定资产、无形资产的，还应当借记“固定资产累计折旧”“无形资产累计摊销”科目），按照置换过程中发生的其他相关支出，贷记“银行存款”等科目，按照借贷方差额，借记“资产处置费用”科目或贷记“其他收入”科目；同时，在预算会计中，借记“其他支出”科目（实际支付的其他相关支出），贷记“资金结存”科目。涉及补价的，分别以下情况处理：

（1）支付补价的，在财务会计中，按照确定的成本，借记“库存物品”科目，按照换出资产的账面余额，贷记相关资产科目（换出资产为固定资产、无形资产的，还应当借记“固定资产累计折旧”“无形资产累计摊销”科目），按照支付的补价和置换过程中发生的其他相关支出，贷记“银行存款”等科目，按照借贷方差额，借记“资产处置费用”科目或贷记“其他收入”科目；同时，在预算会计中，按照支付的补价和置换过程中发生的其他相关支出，借记“其他支出”科目，贷记“资金结存——货币资金”科目。

（2）收到补价的，在财务会计中，按照确定的成本，借记“库存物品”科目，按照收到的补价，借记“银行存款”等科目，按照换出资产的账面余额，贷记相关资产科目（换出资产为固定资产、无形资产的，还应当借记“固定资产累计折旧”“无形资产累计摊销”科目），按照置换过程中发生的其他相关支出，贷记“银行存款”等科目，按照补价扣减其他相关支出后的净收入，贷记“应缴财政款”科目，按照借贷方差额，借记“资产处置费用”科目或贷记“其他收入”科目；预算会计账务处理：按照置换过程中发生的其他相关支出，借记“其他支出”科目，贷记“资金结存——货币资金”科目。

（二）在库存物品发出时，公立医院应针对以下情况分别进行处理。

1. 公立医院开展业务活动等领用、按照规定自主出售发出或加工发出库存物品时，在财务会计中，按照领用、出售等发出物品的实际成本，借记“业务活动费用”“单位管理费用”“经营费用”“加工物品”等科目，贷记“库存物品”科目；无需进行预算会计账务处理。

采用一次转销法摊销低值易耗品、包装物时，在财务会计中，在首次领用时将其账面余额一次性摊销计入有关成本费用，借记有关科目，贷记“库存物品”

科目；无需进行预算会计账务处理。

采用五五摊销法摊销低值易耗品、包装物时，在财务会计中，首次领用时，将其账面余额的 50% 摊销计入有关成本费用，借记有关科目，贷记“库存物品”科目；使用完时，将剩余的账面余额转销计入有关成本费用，借记有关科目，贷记“库存物品”科目；无需进行预算会计账务处理。

2. 经批准对外出售的库存物品（不含可自主出售的库存物品）发出时，在财务会计中，按照库存物品的账面余额，借记“资产处置费用”科目，贷记“库存物品”科目；同时，按照收到的价款，借记“银行存款”等科目，按照处置过程中发生的相关费用，贷记“银行存款”等科目，按照其差额，贷记“应缴财政款”科目；无需进行预算会计账务处理。

3. 经批准对外捐赠的库存物品发出时，在财务会计中，按照库存物品的账面余额和对外捐赠过程中发生的归属于捐出方的相关费用合计数，借记“资产处置费用”科目，按照库存物品账面余额，贷记“库存物品”科目，按照对外捐赠过程中发生的归属于捐出方的相关费用，贷记“银行存款”等科目；同时，在预算会计中，借记“其他支出”科目，贷记“资金结存”科目。

4. 经批准无偿调出的库存物品发出时，在财务会计中，按照库存物品的账面余额，借记“无偿调拨净资产”科目，贷记“库存物品”科目；同时，按照无偿调出过程中发生的归属于调出方的相关费用，借记“资产处置费用”科目，贷记“银行存款”等科目；同时，在预算会计中，借记“其他支出”科目，贷记“资金结存”科目。

5. 经批准置换换出库存物品时，参照“库存物品”科目有关置换换入库存物品的规定进行账务处理。

（三）公立医院应当定期对库存物品进行清查盘点，每年至少盘点一次。盘盈、盘亏或者报废、毁损的库存物品，应当先计入“待处理财产损溢”科目，按照规定报经批准后及时进行后续账务处理。

1. 盘盈的库存物品，其成本按照有关凭据注明的金额确定；没有相关凭据、但按照规定经过资产评估的，其成本按照评估价值确定；没有相关凭据、也未经过评估的，其成本按照重置成本确定。如无法采用上述方法确定盘盈的库存物品的成本，按照名义金额入账。盘盈库存物品时，在财务会计中，按照确定的入账成本，借记“库存物品”科目，贷记“待处理财产损溢”科目；无需进行预算会计账务处理。

2. 盘亏或者毁损、报废库存物品时，在财务会计中，按照待处理库存物品的账面余额，借记“待处理财产损溢”科目，贷记“库存物品”科目；无需进行预算会计账务处理。属于增值税一般纳税人的单位，在因非正常原因导致库存物品盘亏或毁损时，还应当将与该库存物品相关的增值税进项税额转出，按照其增值税进项税额，在财务会计中，借记“待处理财产损溢”科目，贷记“应交增值税——应交税金（进项税额转出）”科目；无需进行预算会计账务处理。

库存物品的具体账务处理见表 2-16。

表 2-16 库存物品的具体账务处理

<table>
<tr><th>序号</th><th colspan="2">业务</th><th>财务会计处理</th><th>预算会计处理</th></tr>
<tr><td rowspan="5">（1）</td><td rowspan="5">取得库存物品</td><td>外购的库存物品验收入库</td><td>借：库存物品<br>贷：财政拨款收入 / 财政应返还额度 / 零余额账户用款额度 / 银行存款 / 应付账款等</td><td>借：事业支出 / 经营支出等<br>贷：财政拨款预算收入 / 资金结存</td></tr>
<tr><td>自制的库存物品加工完成、验收入库</td><td>借：库存物品——相关明细科目<br>贷：加工物品——自制物品</td><td>——</td></tr>
<tr><td>委托外单位加工收回的库存物品</td><td>借：库存物品——相关明细科目<br>贷：加工物品——委托加工物品</td><td>——</td></tr>
<tr><td>置换换入的库存物品</td><td>借：库存物品［换出资产评估价值 + 其他相关支出］<br>固定资产累计折旧 / 无形资产累计摊销<br>资产处置费用［借差］<br>贷：库存物品 / 固定资产 / 无形资产等［账面余额］<br>银行存款等［其他相关支出］<br>其他收入［贷差］</td><td>借：其他支出［实际支付的其他相关支出］<br>贷：资金结存</td></tr>
<tr><td>涉及补价的：<br>①支付补价的</td><td>借：库存物品［换出资产评估价值 + 其他相关支出 + 补价］<br>固定资产累计折旧 / 无形资产累计摊销<br>资产处置费用［借差］<br>贷：库存物品 / 固定资产 / 无形资产等［账面余额］<br>银行存款等［其他相关支出 + 补价］<br>其他收入［贷差］</td><td>借：其他支出［实际支付的补价和其他相关支出］<br>贷：资金结存</td></tr>
</table>

续表

<table>
<tr><th>序号</th><th colspan="2">业务</th><th>财务会计处理</th><th>预算会计处理</th></tr>
<tr><td rowspan="5">（1）</td><td rowspan="5">取得库存物品</td><td>②收到补价的</td><td>借：库存物品［换出资产评估价值 + 其他相关支出 – 补价］<br>银行存款等［补价］<br>固定资产累计折旧 / 无形资产累计摊销<br>资产处置费用［借差］<br>贷：库存物品 / 固定资产 / 无形资产等［账面余额］<br>银行存款等［其他相关支出］<br>应缴财政款［补价 – 其他相关支出］<br>其他收入［贷差］</td><td>借：其他支出［其他相关支出大于收到的补价的差额］<br>贷：资金结存</td></tr>
<tr><td>接受捐赠的库存物品</td><td>借：库存物品［按照确定的成本］<br>贷：银行存款等［相关税费］<br>捐赠收入</td><td>借：其他支出［实际支付的相关税费］<br>贷：资金结存</td></tr>
<tr><td>无偿调入的库存物品</td><td>借：库存物品［按照确定的成本］<br>贷：银行存款等［相关税费］<br>无偿调拨净资产</td><td>借：其他支出［实际支付的相关税费］<br>贷：资金结存</td></tr>
<tr><td rowspan="2">按照名义金额入账的接收捐赠、无偿调入的库存物品及发生的相关税费、运输费等</td><td>借：库存物品［名义金额］<br>贷：捐赠收入［接受捐赠］/ 无偿调拨净资产［无偿调入］</td><td>——</td></tr>
<tr><td>借：其他费用<br>贷：银行存款等</td><td>借：其他支出<br>贷：资金结存</td></tr>
<tr><td rowspan="2">（2）</td><td rowspan="2">发出库存物品</td><td>开展业务活动、按照规定自主出售或加工物品等领用、发出库存物品时</td><td>借：业务活动费用 / 单位管理费用 / 经营费用 / 加工物品等<br>贷：库存物品［按照领用、发出成本］</td><td>——</td></tr>
<tr><td>经批准对外捐赠的库存物品发出时</td><td>借：资产处置费用<br>贷：库存物品［账面余额］<br>银行存款［归属于捐出方的相关费用］</td><td>借：其他支出［实际支付的相关费用］<br>贷：资金结存</td></tr>
</table>

续表

<table>
<tr><th>序号</th><th colspan="2">业务</th><th>财务会计处理</th><th>预算会计处理</th></tr>
<tr><td rowspan="3">(2)</td><td rowspan="3">发出库存物品</td><td>经批准无偿调出的库存物品发出时</td><td>借：无偿调拨净资产<br>贷：库存物品［账面余额］<br>借：资产处置费用<br>贷：银行存款等［归属于调出方的相关费用］</td><td>借：其他支出［实际支付的相关费用］<br>贷：资金结存</td></tr>
<tr><td>经批准对外出售（自主出售除外）的库存物品发出时</td><td>借：资产处置费用<br>贷：库存物品［账面余额］<br>借：银行存款等［收到的价款］<br>贷：银行存款等［发生的相关税费］<br>应缴财政款</td><td>——</td></tr>
<tr><td>经批准置换换出库存物品</td><td colspan="2">参照置换换入“库存物品”的处理</td></tr>
<tr><td rowspan="3">(3)</td><td rowspan="3">库存物品定期盘点及毁损、报废</td><td>盘盈的库存物品</td><td>借：库存物品<br>贷：待处理财产损溢</td><td>——</td></tr>
<tr><td>盘亏或者毁损、报废的库存物品转入待处理资产</td><td>借：待处理财产损溢<br>贷：库存物品［账面余额］</td><td>——</td></tr>
<tr><td>增值税一般纳税人购进的非自用材料发生盘亏或者毁损、报废的</td><td>借：待处理财产损溢<br>贷：应交增值税——应交税金（进项税额转出）</td><td>——</td></tr>
</table>

## 2.17.4 案例分析

**【例 2-35】**某公立医院购入医用胶片一批，价款 80 000 元，当日收到材料并验收合格入库。该医院的账务处理如下：

若通过财政授权支付方式支付价款，则该医院收到实验材料并验收入库时：

财务会计：

借：库存物品——卫生材料　　80 000

贷：零余额账户用款额度　　80 000

预算会计：

借：事业支出　　80 000

贷：资金结存——零余额账户用款额度　　80 000

【例 2–36】某公立医院向对口帮扶医院捐赠一批卫生材料，发票上注明价值共计 100 000 元，并用银行存款支付相关费用 2 000 元。该医院的账务处理如下：

财务会计：

借：资产处置费用　　102 000

贷：银行存款　　102 000

预算会计：

借：其他支出　　2 000

贷：资金结存——货币资金　　2 000

【例 2–37】某公立医院经批准将一批其他材料出售(非自主出售)，成本为 50 000 元，售价为 60 000 元。该医院的账务处理如下：

借：资产处置费用　　50 000

贷：库存物品——其他材料　　50 000

借：银行存款　　60 000

贷：应缴财政款　　60 000

# 2.18　长期股权投资

## 2.18.1　业务简介

“长期股权投资”科目用于核算公立医院按照规定取得的，持有时间超过 1 年（不含 1 年）的股权性质的投资。

## 2.18.2　长期股权投资的确认与计量

### 一、长期股权投资的初始计量

长期股权投资在取得时，应当按照实际成本作为初始投资成本。

（1）以支付现金取得的长期股权投资，按照实际支付的全部价款（包括购买价款和相关税费）作为实际成本。

实际支付价款中包含的已宣告但尚未发放的现金股利，应当单独确认为应收股利，不计入长期股权投资初始投资成本。

（2）以现金以外的其他资产置换取得的长期股权投资，其成本按照换出资产的评估价值加上支付的补价或减去收到的补价，加上换入长期股权投资发生的其他相关支出确定。

（3）接受捐赠的长期股权投资，其成本有3种计量方式：

①按照有关凭据注明的金额加上相关税费确定；

②没有相关凭据可供取得，但按规定经过资产评估的，其成本按照评估价值加上相关税费确定；

③没有相关凭据可供取得、也未经资产评估的，其成本比照同类或类似资产的市场价格加上相关税费确定。

（4）无偿调入的长期股权投资，其成本按照调出方账面价值加上相关税费确定。

## 二、长期股权投资的后续计量

长期股权投资在持有期间，根据投资方对被投资单位的影响程度进行划分，应当分别采用成本法及权益法进行核算。

成本法，是指投资按照投资成本计量的方法。

权益法，是指投资最初以投资成本计量，以后根据公立医院在被投资单位所享有的所有者权益份额的变动对投资的账面余额进行调整的方法。

（1）在成本法下，长期股权投资的账面余额通常保持不变，但追加或收回投资时，应当相应调整其账面余额。持有长期股权投资期间，公立医院应当将被投资单位宣告分派的现金股利或利润中属于公立医院应享有的份额确认为投资收益。

（2）在权益法下，公立医院取得长期股权投资后，对于被投资单位所有者权益的变动，应当按照下列规定进行处理：

①将应享有或应分担的被投资单位实现的净损益的份额，确认为投资损益，同时调整长期股权投资的账面余额。

②按照被投资单位宣告分派的现金股利或利润计算应享有的份额，确认为应收股利，同时减少长期股权投资的账面余额。

③将被投资单位除净损益和利润分配以外的所有者权益变动的份额，确认

为净资产，同时调整长期股权投资的账面余额。

④公立医院确认被投资单位发生的净亏损时，应当以长期股权投资的账面余额减记至零为限，公立医院负有承担额外损失义务的除外。被投资单位发生净亏，但以后年度又实现净利润的，公立医院应当在其收益分享弥补未确认的亏损分担额等后，恢复确认投资收益。

（3）权益法改为成本法：公立医院因处置部分长期股权投资等原因无权再决定被投资单位的财务和经营政策或者参与被投资单位的财务和经营政策决策的，应当对处置后的剩余股权投资改按成本法核算，并以该剩余股权投资在权益法下的账面余额作为按照成本法核算的初始投资成本。其后被投资单位宣告分派现金股利或利润时，属于已计入投资账面余额的部分作为成本法下长期股权投资成本的收回，冲减长期股权投资的账面余额。

（4）成本法改为权益法：公立医院因追加投资等原因对长期股权投资的核算从成本法改为权益法的，应当自有权决定被投资单位的财务和经营政策或者参与被投资单位的财务和经营政策决策时，按成本法下长期股权投资的账面余额加上追加投资的成本作为按照权益法核算的初始投资成本。

（5）处置长期股权投资：公立医院按规定报经批准处置长期股权投资时，应当冲减长期股权投资的账面余额，并按规定将处置价款扣除相关税费后的余额做应缴款项处理，或者按规定将处置价款扣除相关税费后的余额与长期股权投资账面余额的差额计入当期投资损益。采用权益法核算的长期股权投资，因被投资单位除净损益和利润分配以外的所有者权益变动而将应享有的份额计入净资产的，处置该项投资时，还应当将原计入净资产的相应部分转入当期投资损益。

### 2.18.3　账务处理

（一）在取得长期股权投资时，公立医院应当将其实际成本作为初始投资成本。

1. 以现金取得长期股权投资时，在财务会计中，按照确定的投资成本，借记“长期股权投资”科目或“长期股权投资”科目（成本），按照支付的价款中包含的已宣告但尚未发放的现金股利，借记“应收股利”科目，按照实际支付的全部价款，贷记“银行存款”等科目；同时，在预算会计中，借记“投资支出”科目，贷记“资金结存——货币资金”科目。

实际收到取得投资所支付价款中包含的已宣告但尚未发放的现金股利时，在财务会计中，借记“银行存款”科目，贷记“应收股利”科目；同时，在预算会计中，借记“资金结存——货币资金”科目，贷记“投资支出”科目。

2. 以现金以外的其他资产置换取得长期股权投资时，参照“库存物品”科目中置换取得库存物品的相关规定进行账务处理。

3. 以未入账的无形资产取得长期股权投资时，在财务会计中，按照评估价值加相关税费作为投资成本，借记“长期股权投资”科目，按照发生的相关税费，贷记“银行存款”“其他应交税费”等科目，按其差额，贷记“其他收入”科目；同时，在预算会计中，借记“其他支出”科目，贷记“资金结存”科目。

4. 接受捐赠的长期股权投资时，在财务会计中，按照确定的投资成本，借记“长期股权投资”科目或“长期股权投资”科目（成本），按照发生的相关税费，贷记“银行存款”等科目，按照其差额，贷记“捐赠收入”科目；同时，在预算会计中，借记“其他支出”科目，贷记“资金结存”科目。

5. 无偿调入长期股权投资时，在财务会计中，按照确定的投资成本，借记“长期股权投资”科目或“长期股权投资”科目（成本），按照发生的相关税费，贷记“银行存款”等科目，按照其差额，贷记“无偿调拨净资产”科目；同时，在预算会计中，借记“其他支出”科目，贷记“资金结存”科目。

（二）持有长期股权投资期间，应当按照规定采用成本法或权益法进行核算。

**1. 采用成本法核算。**

被投资单位宣告发放现金股利或利润时，在财务会计中，按照应收的金额，借记“应收股利”科目，贷记“投资收益”科目；无需进行预算会计账务处理。收到现金股利或利润时，在财务会计中，按照实际收到的金额，借记“银行存款”等科目，贷记“应收股利”科目；同时，在预算会计中，借记“资金结存——货币资金”科目，贷记“投资预算收益”科目。

**2. 采用权益法核算。**

（1）被投资单位实现净利润的，按照应享有的份额，借记“长期股权投资”科目（损益调整），贷记“投资收益”科目。被投资单位发生净亏损的，按照应分担的份额，借记“投资收益”科目，贷记“长期股权投资”科目（损益调整），但以“长期股权投资”科目的账面余额减记至零为限。发生亏损的被投资单位以后年度又实现净利润的，按照收益分享额弥补未确认的亏损分担额等后的金额，借记“长期股权投资”科目（损益调整），贷记“投资收益”科目；无需进行预算会计账务处理。

（2）被投资单位宣告分派现金股利或利润时，按照应享有的份额，借记“应收股利”科目，贷记“长期股权投资”科目（损益调整）。

（3）被投资单位发生除净损益和利润分配以外的所有者权益变动时，按照应享有或应分担的份额，借记或贷记“权益法调整”科目，贷记或借记“长期股权投资”科目（其他权益变动）。

**3. 成本法与权益法的转换。**

（1）单位因处置部分长期股权投资等原因而对处置后的剩余股权投资由权益法改按成本法核算的，应当按照权益法下“长期股权投资”科目账面余额作为成本法下“长期股权投资”科目账面余额（成本）。

其后，被投资单位宣告分派现金股利或利润时，属于单位已计入投资账面余额的部分，按照应分得的现金股利或利润份额，借记“应收股利”科目，贷记“长期股权投资”科目。

（2）单位因追加投资等原因对长期股权投资的核算从成本法改为权益法时，在财务会计中，应当按照成本法下“长期股权投资”科目的账面余额与追加投资成本的合计金额，借记“长期股权投资”科目（成本），按照成本法下“长期股权投资”科目的账面余额，贷记“长期股权投资”科目，按照追加投资的成本，贷记“银行存款”等科目；同时，在预算会计中，借记“投资支出”科目，贷记“资金结存——货币资金”科目。

（三）按照规定报经批准处置长期股权投资。

1. 按照规定报经批准出售（转让）长期股权投资时，应当区分长期股权投资取得方式分别进行处理。

（1）处置以现金取得的长期股权投资时，在财务会计中，按照实际取得的价款，借记“银行存款”等科目，按照被处置的长期股权投资的账面余额，贷记“长期股权投资”科目，按照尚未领取的现金股利或利润，贷记“应收股利”科目，按照发生的相关税费等支出，贷记“银行存款”等科目，按照借贷方差额，借记或贷记“投资收益”科目；同时，在预算会计中，按照取得价款扣减支付的相关税费后的金额，借记“资金结存——货币资金”科目，按照投资款，贷记“投资支出”“其他结余”等科目，根据差额，贷记“投资预算收益”科目。

（2）处置以现金以外的其他资产取得的长期股权投资时，在财务会计中，按照被处置长期股权投资的账面余额，借记“资产处置费用”科目，贷记“长期股权投资”科目；同时，按照实际取得的价款，借记“银行存款”等科目，按照尚未领取的现金股利或利润，贷记“应收股利”科目，按照发生的相关税费等支出，贷记“银行存款”等科目，按照贷方差额，贷记“应缴财政款”科目。按照规定将处置时取得的投资收益纳入本单位预算管理的，应当按照所取得价款大于被处置的长期股权投资的账面余额、应收股利的账面余额和相关税费支出合计的差额，贷记“投资收益”科目；同时，在预算会计中，借记“资金结存——货币资金”科目，贷记“投资预算收益”科目。

2. 因被投资单位破产清算等原因，有确凿证据表明长期股权投资发生损失，按照规定报经批准后予以核销时，按照予以核销的长期股权投资的账面余额，借记“资产处置费用”科目，贷记“长期股权投资”科目；无需进行预算会计账务处理。

3. 报经批准置换转出长期股权投资时，参照“库存物品”科目中置换换入库存物品的规定进行账务处理。

4. 采用权益法核算的长期股权投资的处置，除进行上述账务处理外，还应结转原直接计入净资产的相关金额，借记或贷记“权益法调整”科目，贷记或借记“投资收益”科目；无需进行预算会计账务处理。

长期股权投资的具体账务处理见表 2–17。

**表 2–17　　长期股权投资的具体账务处理**

| 序号 | 业务 | | 财务会计处理 | 预算会计处理 |
|---|---|---|---|---|
| （1） | 取得长期股权投资 | 以现金取得长期股权投资 | 借：长期股权投资——成本 / 长期股权投资<br>应收股利［实际支付价款中包含的已宣告但尚未发放的股利或利润］<br>贷：银行存款等［实际支付的价款］ | 借：投资支出［实际收到的价款］<br>贷：资金结存——货币资金 |
| | | 收到取得投资时实际支付价款中所包含的已宣告但尚未发放的股利或利润时 | 借：银行存款<br>贷：应收股利 | 借：资金结存——货币资金<br>贷：投资支出等 |

续表

<table>
<tr><th>序号</th><th colspan="3">业务</th><th>财务会计处理</th><th>预算会计处理</th></tr>
<tr><td rowspan="4">（1）</td><td rowspan="4">取得长期股权投资</td><td colspan="2">以现金以外的其他资产置换取得长期股权投资</td><td colspan="2">参照“库存物品”科目中置换取得库存物品的账务处理</td></tr>
<tr><td colspan="2">以未入账的无形资产取得的长期股权投资</td><td>借：长期股权投资<br>贷：银行存款 / 其他应交税费<br>其他收入</td><td>借：其他支出［支付的相关税费］<br>贷：资金结存</td></tr>
<tr><td colspan="2">接受捐赠的长期股权投资</td><td>借：长期股权投资——成本 / 长期股权投资<br>贷：银行存款等［相关税费］<br>捐赠收入</td><td>借：其他支出［支付的相关税费］<br>贷：资金结存</td></tr>
<tr><td colspan="2">无偿调入的长期股权投资</td><td>借：长期股权投资<br>贷：无偿调拨净资产<br>银行存款等［相关税费］</td><td>借：其他支出［支付的相关税费］<br>贷：资金结存</td></tr>
<tr><td rowspan="6">（2）</td><td rowspan="6">持有长期股权投资期间</td><td rowspan="2">成本法下</td><td>被投资单位宣告发放现金股利或利润时</td><td>借：应收股利<br>贷：投资收益</td><td>——</td></tr>
<tr><td>收到被投资单位发放的现金股利时</td><td>借：银行存款<br>贷：应收股利</td><td>借：资金结存——货币资金<br>贷：投资预算收益</td></tr>
<tr><td rowspan="4">权益法下</td><td>被投资单位实现净利润的，按照其份额</td><td>借：长期股权投资——损益调整<br>贷：投资收益</td><td>——</td></tr>
<tr><td>被投资单位发生净亏损的，按照其份额</td><td>借：投资收益<br>贷：长期股权投资——损益调整</td><td>——</td></tr>
<tr><td>被投资单位发生净亏损，但以后年度又实现净利润的，按规定恢复确认投资收益</td><td>借：长期股权投资——损益调整<br>贷：投资收益</td><td>——</td></tr>
<tr><td>被投资单位宣告发放现金股利或利润的，按照其份额</td><td>借：应收股利<br>贷：长期股权投资——损益调整</td><td>——</td></tr>
</table>

续表

<table>
<tr><th>序号</th><th colspan="3">业务</th><th>财务会计处理</th><th>预算会计处理</th></tr>
<tr><td rowspan="4">（2）</td><td rowspan="4">持有长期股权投资期间</td><td rowspan="2"></td><td>被投资单位除净损益和利润分配以外的所有者权益变动时，按照其份额</td><td>借：长期股权投资——其他权益变动<br>贷：权益法调整<br>或：<br>借：权益法调整<br>贷：长期股权投资——其他权益变动</td><td>——</td></tr>
<tr><td>权益法下收到被投资单位发放的现金股利</td><td>借：银行存款<br>贷：应收股利</td><td>借：资金结存——货币资金<br>贷：投资预算收益</td></tr>
<tr><td colspan="2">追加投资成本法改为权益法</td><td>借：长期股权投资——成本<br>贷：长期股权投资［成本法下账面余额］<br>银行存款等［追加投资］</td><td>借：投资支出［实际支付的金额］<br>贷：资金结存——货币资金</td></tr>
<tr><td colspan="2">权益法改为成本法</td><td>借：长期股权投资<br>贷：长期股权投资——成本<br>长期股权投资——损益调整<br>长期股权投资——其他权益变动</td><td>——</td></tr>
<tr><td>（3）</td><td>出售（转让）长期股权投资</td><td colspan="2">处置以现金取得的长期股权投资</td><td>借：银行存款［实际取得价款］<br>投资收益［借差］<br>贷：长期股权投资［账面余额］<br>应收股利［尚未领取的现金股利或利润］<br>银行存款等［支付的相关税费］<br>投资收益［贷差］</td><td>借：资金结存——货币资金［取得价款扣减支付的相关税费后的金额］<br>贷：投资支出/其他结余［投资款］<br>投资预算收益</td></tr>
</table>

续表

<table>
<tr><th>序号</th><th colspan="3">业务</th><th>财务会计处理</th><th>预算会计处理</th></tr>
<tr><td rowspan="2">（3）</td><td rowspan="2">出售（转让）长期股权投资</td><td rowspan="2">处置以现金以外的其他资产取得的长期股权投资</td><td>处置净收入上缴财政的按照规定</td><td>借：资产处置费用<br>　贷：长期股权投资<br>借：银行存款［实际取得价款］<br>　贷：应收股利［尚未领取的现金股利或利润］<br>　　银行存款等［支付的相关税费］<br>　　应缴财政款</td><td>借：资金结存——货币资金<br>　贷：投资预算收益［获得的现金股利或利润］</td></tr>
<tr><td>投资收益纳入单位预算管理的</td><td>借：资产处置费用<br>　贷：长期股权投资<br>借：银行存款［实际取得价款］<br>　贷：应收股利［尚未领取的现金股利或利润］<br>　　银行存款等［支付的相关税费］<br>　　投资收益［取得价款扣减投资账面余额、应收股利和相关税费后的差额］<br>　　应缴财政款［贷差］</td><td>借：资金结存——货币资金［取得价款扣减投资账面余额和相关税费后的差额］<br>　贷：投资预算收益</td></tr>
<tr><td rowspan="2">（4）</td><td rowspan="2">其他方式处置长期股权投资</td><td colspan="2">按照规定核销时</td><td>借：资产处置费用<br>　贷：长期股权投资［账面余额］</td><td>——</td></tr>
<tr><td colspan="2">置换转出时</td><td>参照“库存物品”科目中置换取得库存物品的账务处理</td><td></td></tr>
<tr><td>（5）</td><td colspan="3">权益法下，处置时结转原直接计入净资产的相关金额</td><td>借：权益法调整<br>　贷：投资收益<br>或做相反分录</td><td>——</td></tr>
</table>

## 2.18.4　案例分析

**一、成本法下**

**【例 2-38】**2×19 年 1 月 20 日，某公立医院以 1 500 万元购入甲公司 80% 的股权。该医院取得该部分股权后，能够主导甲公司的相关活动并获得可变回报。2×19 年 6 月 30 日，在甲公司宣告派发现金股利时，该医院按照其持有比例确定可分回20万元。2×19年7月30日，该医院收到现金股利。该医院的账务处理如下：

（1）2×19年1月20日：

财务会计：

借：长期股权投资　　15 000 000

　　贷：银行存款　　15 000 000

预算会计：

借：投资支出　　15 000 000

　　贷：资金结存——货币资金　　15 000 000

（2）2×19年6月30日：

借：应收股利　　200 000

　　贷：投资收益　　200 000

（3）2×19年7月30日：

财务会计：

借：银行存款　　200 000

　　贷：应收股利　　200 000

预算会计：

借：资金结存——货币资金　　200 000

　　贷：投资预算收益　　200 000

## 二、权益法下

**【例2-39】**某公立医院于2×19年1月1日取得A公司30%的股权。2×19年，A公司实现净利润8 000 000元。该医院的账务处理如下：

借：长期股权投资——损益调整　　2 400 000

　　贷：投资收益　　2 400 000

**【例2-40】**接【例2-39】。A公司于2×20年3月1日宣告发放现金股利，该医院按其持股比例计算确定可分得30 000元，2×20年6月1日，A公司支付现金股利。其账务处理如下：

（1）2×20年3月1日：

借：应收股利　　30 000

　　贷：长期股权投资——损益调整　　30 000

（2）2×20年6月1日：

财务会计：

借：银行存款　　30 000

　　贷：应收股利　　30 000

预算会计：

借：资金结存——货币资金　　30 000

　　贷：投资预算收益　　30 000

## 三、追加投资且成本法改为权益法

**【例 2-41】** A 公立医院于 2×18 年 1 月 2 日取得 B 公司 10% 的股权，成本为 3 000 000 元。因为对被投资单位不具有重大影响且无法可靠确定该项投资的公允价值，所以 A 医院对该项长期股权投资采用成本法核算。A 医院按照净利润的 10% 提取盈余公积。

2×19 年 1 月 2 日，A 医院又以 6 000 000 元取得 B 公司 12% 的股权。当日 A 医院之前对 B 公司的长期股权投资的账面价值为 4 000 000 元。

该医院的账务处理如下：

2×19 年 1 月 2 日，A 医院应确认对 B 公司的长期股权投资。

财务会计：

借：长期股权投资——B 公司——成本　　10 000 000

　　贷：长期股权投资　　4 000 000

　　　　银行存款　　6 000 000

预算会计：

借：投资支出　　6 000 000

　　贷：资金结存——货币资金　　6 000 000

## 四、权益法改为成本法

**【例 2-42】** 甲公立医院持有乙公司 30% 的有表决权的股份，能够对乙公司的生产经营决策施加重大影响。甲公立医院对该项投资采用权益法核算。2×19 年 10 月，甲公立医院将该项投资中的 50% 对外出售。出售以后，甲公立医院无法再对乙公司施加重大影响，且该项投资不存在活跃市场，公允价值无法可靠确定，因此，甲公立医院将其所持有的乙公司的股份转为采用成本法核算。出售时，该项长期股权投资的账面价值为 16 000 000 元，其中，投资成本 13 000 000 元，损益调整为 2 000 000 元，其他权益变动 1 000 000 元。与处置后剩余部分的投资相关的账务处理如下：

借：长期股权投资　　8 000 000

　　贷：长期股权投资——乙公司——成本　　6 500 000

——损益调整 1 000 000

——其他权益变动 500 000

【例 2-43】2×19 年 2 月 1 日，某公立医院向外转让一项长期股权投资。该长期股权投资的原始投资额为 60 000 元，现在的账面余额为 70 000 元，转让价格为 71 000 元，转让过程中共发生税费 8 000 元。该医院的账务处理如下：

财务会计：

借：银行存款 71 000

投资收益 7 000

贷：长期股权投资 70 000

银行存款 8 000

预算会计：

借：资金结存——货币资金 63 000

贷：投资支出 60 000

投资预算收益 3 000

【例 2-44】某公立医院持有的对其他公司的长期股权投资的账面价值为 50 000 元。2×19 年 12 月 31 日，被投资单位破产清算该医院相应的长期股权投资发生损失，其账务处理如下：

将待核销长期股权投资转入待处置资产：

借：资产处置费用 50 000

贷：长期股权投资 50 000

## 2.19 长期债券投资

### 2.19.1 业务简介

长期债券投资是指公立医院购入的在 1 年内（不含 1 年）不能变现或不准备随时变现的国债等债券性质的投资。

### 2.19.2 长期债券投资的确认与计量

长期债券投资的初始计量：在长期债券投资取得时，应当将实际成本作为初始投资成本。实际支付价款中包含的已到付息期但尚未领取的债券利息，应当单独确认为应收利息，不计入长期债券投资的初始投资成本。

长期债券投资的后续计量：持有期间，应当按期以票面金额与票面利率计算确认利息收入。对于分期付息、一次还本的长期债券投资，应当将计算确定的应收未收利息确认为应收利息、计入投资收益：对于一次还本付息的长期债券投资，应当将计算确定的应收未收利息计入投资收益，并增加长期债券投资的账面余额。公立医院按规定出售或到期收回长期债券投资时，应当将实际收到的价款扣除长期债券投资账面余额和相关税费后的差额计入投资损益。

### 2.19.3　账务处理

（一）在长期债券投资取得时，应当将其实际成本作为投资成本，在财务会计中，按照确定的投资成本，借记“长期债券投资”科目（成本），按照支付的价款中包含的已到付息期但尚未领取的利息，借记“应收利息”科目，按照实际支付的金额，贷记“银行存款”等科目；同时，在预算会计中，借记“投资支出”科目，贷记“资金结存——货币资金”科目。

实际收到取得债券所支付价款中包含的已到付息期但尚未领取的利息时，在财务会计中，借记“银行存款”科目，贷记“应收利息”科目；同时，在预算会计中，借记“资金结存——货币资金”科目，贷记“投资支出”等科目。

（二）持有长期债券投资期间，按期以债券票面金额与票面利率计算确认利息收入时，在财务会计中，如为到期一次还本付息的债券投资，借记“长期债券投资”科目（应计利息），贷记“投资收益”科目；如为分期付息、到期一次还本的债券投资，借记“应收利息”科目，贷记“投资收益”科目；无需进行预算会计账务处理。

收到分期支付的利息时，在财务会计中，按照实收的金额，借记“银行存款”等科目，贷记“应收利息”科目；同时，在预算会计中，借记“资金结存——货币资金”科目，贷记“投资预算收益”科目。

（三）到期收回长期债券投资时，在财务会计中，按照实际收到的金额，借记“银行存款”科目，按照长期债券投资的账面余额，贷记“长期债券投资”科目，按照相关应收利息金额，贷记“应收利息”科目，按照其差额，贷记“投资收益”科目；同时，在预算会计中，借记“资金结存——货币资金”科目，按照投资成本贷记“投资支出”“其他结余”等科目，按照投资利息金额，贷记“投资预算收益”科目。

（四）对外出售长期债券投资时，在财务会计中，按照实际收到的金额，借记“银行存款”科目，按照长期债券投资的账面余额，贷记“长期债券投资”科目，按照已记入“应收利息”科目但尚未收取的金额，贷记“应收利息”科目，按照其差额，贷记或借记“投资收益”科目；同时，在预算会计中，借记“资金结存——货币资金”科目，按照投资成本贷记“投资支出”“其他结余”科目，按照投资利息金额，贷记“投资预算收益”科目。涉及增值税业务的，相关账务处理参见“应交增值税”科目。

长期债券投资的具体账务处理见表 2-18。

表 2-18 长期债券投资的具体账务处理

<table>
<tr><th>序号</th><th colspan="2">业务</th><th>财务会计处理</th><th>预算会计处理</th></tr>
<tr><td rowspan="2">（1）</td><td rowspan="2">取得长期债券投资</td><td>取得长期债券投资时</td><td>借：长期债券投资——成本<br>应收利息［实际支付价款中包含的已到付息期但尚未领取的利息］<br>贷：银行存款等［实际支付价款］</td><td>借：投资支出［实际支付价款］<br>贷：资金结存——货币资金</td></tr>
<tr><td>收到取得投资所支付价款中包含的已到付息期但尚未领取的利息时</td><td>借：银行存款<br>贷：应收利息</td><td>借：资金结存——货币资金<br>贷：投资支出等</td></tr>
<tr><td rowspan="2">（2）</td><td rowspan="2">持有长期债券投资期间</td><td>按期以票面金额与票面利率计算确认利息收入时</td><td>借：应收利息［分期付息、到期还本］/长期债券投资——应计利息［到期一次还本付息］<br>贷：投资收益</td><td>——</td></tr>
<tr><td>实际收到分期支付的利息时</td><td>借：银行存款<br>贷：应收利息</td><td>借：资金结存——货币资金<br>贷：投资预算收益</td></tr>
<tr><td>（3）</td><td colspan="2">到期收回长期债券投资本息</td><td>借：银行存款等<br>贷：长期债券投资［账面余额］/应收利息<br>投资收益</td><td>借：资金结存——货币资金<br>贷：投资支出/其他结余［投资成本］<br>投资预算收益</td></tr>
<tr><td>（4）</td><td colspan="2">对外出售长期债券投资</td><td>借：银行存款等［实际收到的款项］<br>投资收益［借差］<br>贷：长期债券投资［账面余额］<br>应收利息<br>投资收益［贷差］</td><td>借：资金结存——货币资金<br>贷：投资支出/其他结余［投资成本］<br>投资预算收益</td></tr>
</table>

### 2.19.4　案例分析

**【例 2-45】**某公立医院在 2×19 年 1 月 1 日取得长期债券投资，支付对价 70 000 元。该医院的账务处理如下：

财务会计：

借：长期债券投资——成本　　70 000

　　贷：银行存款　　70 000

预算会计：

借：投资支出　　70 000

　　贷：资金结存——货币资金　　70 000

**【例 2-46】**2×19 年 12 月 31 日，某公立医院将持有的长期债券卖出，收到金额 100 000 元，款项存入银行账户。出售时，该项长期债券投资的账面余额为 95 000 元。该医院的账务处理如下：

财务会计：

借：银行存款　　100 000

　　贷：长期债券投资　　95 000

　　　　投资收益　　5 000

预算会计：

借：资金结存——货币资金　　100 000

　　贷：投资支出 / 其他结余 [ 投资成本 ]　　95 000

　　　　投资预算收益　　5 000

**【例 2-47】**某公立医院于 2×20 年 2 月 1 日向外转让其持有的长期债券，转让价格为 71 000 元，届时长期债券的投资账面余额为 70 000 元。该医院的账务处理如下：

财务会计：

借：银行存款　　71 000

　　贷：长期债券投资　　70 000

　　　　投资收益　　1 000

预算会计：

借：资金结存——货币资金　　71 000

　　贷：投资支出　　70 000

　　　　投资预算收益　　1 000

# 2.20 固定资产

固定资产是指单位价值在规定标准以上、使用期限在 1 年以上，并在使用过程中基本保持原来物质形态的资产。

## 2.20.1 业务简介

**一、固定资产的分类**

医院应当选择适当的分类标准，将固定资产进行分类，以满足经营管理的需要。

（一）按使用部门分类。

按使用部门的不同，医院的固定资产可分为临床服务用固定资产、医疗技术用固定资产、医疗辅助用固定资产和行政后勤用固定资产。

1. 临床服务用固定资产，指医院直接用于临床服务科室的各种固定资产，如门诊诊室、住院病房、病床及有关医疗用设备等。

2. 医疗技术用固定资产，指医院直接用于医疗检查技术类科室的固定资产，如放射诊断设备、检验、病理等医疗设备。

3. 医疗辅助用固定资产，指医院直接用于医疗辅助类科室的固定资产。

4. 行政后勤用固定资产，指医院直接用于行政后勤需要的各种固定资产，如行政办公房屋、车辆、办公家具、办公设备等。

（二）按照使用情况分类。

医院的固定资产按照其被使用的情况可分为在用固定资产、未使用固定资产和不需用固定资产。

1. 在用固定资产，是指医院正在使用的固定资产。由于季节性或大修理等原因，暂时停止使用的固定资产仍属于医院在用固定资产；医院出租（指经营性租赁）给其他单位使用的固定资产和内部替换使用的固定资产也属于在用固定资产。

2. 未使用固定资产，是指已完工或已购建的尚未正式使用的新增固定资产以及因进行改建、扩建等原因暂停使用的固定资产，如医院购建的尚未正式使用的固定资产、因工作任务变更停止使用的固定资产以及主要的备用设备等。

3. 不需用固定资产，是指医院多余或不适用的固定资产。

按照固定资产使用情况分类，有利于反映医院固定资产的使用情况及其比例关系，便于分析固定资产的利用效率，挖掘固定资产的使用潜力，促使医院合理使用固定资产。

（三）按照自然属性分类。

按照固定资产的自然属性，医院的固定资产分为房屋和建筑物、专用设备、一般设备和其他固定资产。

1. 房屋和建筑物，指医院拥有或控制的房屋和建筑物及其附属设施。其中，房屋包括门诊、病房、影像室、制剂室等医疗服务用房、库房、职工宿舍、职工食堂、锅炉房等；建筑物包括道路、围墙、水塔等；附属设施包括房屋和建筑物内的通信线路、输电线路、水气管道等。

2. 专用设备，指医院根据业务工作的实际需要购置的具有专门性能和专门用途的设备，如核磁共振、CT、化验检验设备等。

3. 一般设备，指医院持有的通用性设备，如办公家具、交通工具等。

4. 其他固定资产，指以上各类未包含的固定资产，其中包括图书等。

（四）按照资金来源分类。

固定资产按照其资金来源可分为财政资金形成的固定资产、科教项目形成的固定资产、其他资金形成的固定资产。

1. 财政资金形成的固定资产，是指医院利用政府财政专项资金购买的固定资产。

2. 科教项目形成的固定资产，是指利用科研、教学专项资金购买的固定资产。

3. 其他资金形成的固定资产，是指医院在向病人提供医疗服务过程中，利用其他资金购买的固定资产。

医院应该详细登记医院固定资产的资金来源，以便进行固定资产的核算。

（五）按照所有权分类。

医院的固定资产按照所有权分类可分为自有固定资产和租入固定资产。

1. 自有固定资产，是指医院利用财政资金、科教资金医院自有资金购买的可供医院自由支配使用的固定资产。

2. 租人固定资产，是指医院采用租赁方式从其他单位租入的固定资产。

**二、固定资产的计价**

为了正确反映固定资产价值的增减变动，公立医院应按一定标准对固定资产进行计价。固定资产的计价标准有以下 3 种。

1. 原始价值。原始价值又称原价，是指公立医院在购建某项全新的固定资产时支出的货币总额。固定资产原价一经确定，没有特殊原因不得任意变动。

2. 重置完全价值。重置完全价值又称重置价值，是指公立医院在当前情况下，重新购建同样全新固定资产所需要的全部支出。固定资产重置价值被确定以后，视同固定资产原价。

3. 折余价值。折余价值又称净值，是指固定资产原价减去已提折旧额后的余额。

## 2.20.2 固定资产的折旧

固定资产的折旧应当遵循以下原则。

第一，折旧是指在固定资产的预计使用年限内，按照确定的方法对应计的折旧额进行系统分摊。固定资产应计提的折旧额为其成本，计提折旧不考虑预计净残值。

第二，不计提折旧的固定资产包括：文物和陈列品；动植物；图书、档案；单独计价入账的土地；以名义金额计量的固定资产。另外，已提足折旧的固定资产和提前报废的固定资产，也不再计提折旧。

第三，对暂估入账的固定资产计提折旧时，其实际成本确定后不需调整原已计提的折旧额。因改、扩建或修缮等原因而延长其使用年限的，应当按照重新确定的固定资产的成本以及重新确定的折旧年限计算折旧额。

第四，折旧方法：一般应当采用年限平均法或者工作量法计提固定资产折旧。

（1）平均年限法也称为直线法，是指将固定资产的应折旧金额按均等的数额在其预计使用期内分配于每一会计期间的一种方法。因此，固定资产的折旧费用可以均衡地摊配于其使用年限内的各个期间。平均年限法是会计实务中最常见的折旧计算方法。采用平均年限法计提固定资产年折旧额的计算公式为：

固定资产年折旧额 = 应折旧金额（成本）÷ 预计使用年限

固定资产月折旧额 = 固定资产年折旧额 ÷ 12

（2）工作量法，是按照固定资产实际完成的工作总量计算折旧的一种方法。若采用这种方法，则每期计提的折旧随当期固定资产提供工作量的多少而变动。例如，按照车辆行驶的里程数来分别分摊车辆在使用年限内的折旧数额。采用工作量法计提折旧时，应先以固定资产在使用年限内预计总工作量（如总工作时数或总产量）去除应计折旧总额，算出每一工作量应分摊的折旧，然后乘以当期的实际工作量，求出该期应计提的折旧额。相关计算公式为：

单位折旧额 = 固定资产原值 ÷ 预计总工作量

当期折旧额 = 当期工作量 × 单位折旧额

第五，应当根据相关规定以及固定资产的性质和使用情况，合理确定固定资产的使用年限。公立医院确定固定资产使用年限时，应当考虑下列因素：

（1）预计实现服务潜力或提供经济利益的期限；

（2）预计有形损耗和无形损耗；

（3）法律或者类似规定对资产使用的限制。

国务院有关部门在遵循所规定的固定资产折旧年限的情况下，可以根据实际需要进一步细化本行业固定资产的类别，具体确定各类固定资产的折旧年限，并报财政部审核批准。公立医院应当在遵循有关规定的基础上，根据固定资产的性质和实际使用情况，合理确定其折旧年限。

第六，折旧年限和折旧方法，一经确定，不得随意变更。

折旧计提时点：当月增加，当月开始计提；当月减少，当月不再计提。

第七，公立医院计提融资租入固定资产折旧时，应当采用与自有固定资产相一致的折旧政策。能够合理确定租赁期届满时将会取得租入固定资产所有权的，应当在租入固定资产尚可使用年限内计提折旧；无法合理确定租赁期届满时能够取得租入固定资产所有权的，应当在租赁期与租入固定资产尚可使用年限两者中较短的期间内计提折旧。

### 2.20.3 账务处理

（一）在取得固定资产时，应当按照其成本进行初始计量。

1. 购入不需安装的固定资产并验收合格时，在财务会计中，按照确定的固定资产成本，借记“固定资产”科目，贷记“财政拨款收入”“零余额账户用款额度”“应付账款”“银行存款”等科目；同时，在预算会计中，借记“事业支出”“经营支出”等科目，贷记“财政拨款预算收入”“资金结存”等科目。

购入需要安装的固定资产时，在财务会计中，在安装完毕交付使用前按照确定的固定资产成本，借记“在建工程”科目，贷记“财政拨款收入”“零余额账户用款额度”“应付账款”“银行存款”等科目。安装完毕交付使用时再由“在建工程”转入“固定资产”科目；同时，在预算会计中，借记“事业支出”“经营支出”等科目，贷记“财政拨款预算收入”“资金结存”等科目。

若购入固定资产时扣留质量保证金，则在财务会计中，应当在取得固定资产时，按照确定的固定资产成本，借记“固定资产”科目（不需安装）或“在建工程”科目(需要安装),按照实际支付或应付的金额,贷记“财政拨款收入”“零余额账户用款额度”“应付账款”(不含质量保证金)、“银行存款”等科目,按照扣留的质量保证金数额,贷记“其他应付款”(扣留期在1年以内(含1年))或“长期应付款”(扣留期超过1年)科目;同时,在预算会计中,借记“事业支出”“经营支出”等科目,贷记“财政拨款预算收入”“资金结存”等科目。

质保期满支付质量保证金时,在财务会计中,借记“其他应付款”“长期应付款”科目,贷记“财政拨款收入”“零余额账户用款额度”“银行存款”等科目;同时,在预算会计中,借记“事业支出”“经营支出”等科目,贷记“财政拨款预算收入”“资金结存”等科目。

2. 自行建造的固定资产交付使用时,在财务会计中,按照在建工程成本,借记“固定资产”科目,贷记“在建工程”科目;无需进行预算会计账务处理。对于已交付使用但尚未办理竣工决算手续的固定资产,按照估计价值入账,待办理竣工决算后再按照实际成本调整原来的暂估价值。

3. 融资租赁取得的固定资产的成本按照租赁协议或者合同确定的租赁价款、相关税费以及固定资产交付使用前所发生的可归属于该项资产的运输费、途中保险费、安装调试费等确定。

融资租入固定资产时,在财务会计中,按照确定的成本,借记“固定资产”科目(不需安装)或“在建工程”科目(需安装),按照租赁协议或者合同确定的租赁付款额,贷记“长期应付款”科目,按照支付的运输费、途中保险费、安装调试费等金额,贷记“财政拨款收入”“零余额账户用款额度”“银行存款”等科目;同时,在预算会计中,借记“事业支出”“经营支出”等科目,贷记“财政拨款预算收入”“资金结存”等科目。

定期支付租金时,在财务会计中,按照实际支付的金额,借记“长期应付款”科目,贷记“财政拨款收入”“零余额账户用款额度”“银行存款”等科目;同时,在预算会计中,借记“事业支出”“经营支出”等科目,贷记“财政拨款预算收入”“资金结存”等科目。

4. 按照规定跨年度分期付款购入固定资产的账务处理,参照融资租入固定资产的账务处理。

5. 接受捐赠的固定资产时,在财务会计中,按照确定的固定资产成本,借记“固定资产”科目(不需安装)或“在建工程”科目(需安装),按照发生的相关税费、运输费等，贷记“零余额账户用款额度”“银行存款”等科目，按照其差额，贷记“捐赠收入”科目；同时，在预算会计中，按照发生的相关税费、运输费等借记“其他支出”科目，贷记“资金结存”科目。

接受捐赠的固定资产按照名义金额入账时，在财务会计中，按照名义金额，借记“固定资产”科目，贷记“捐赠收入”科目；按照发生的相关税费、运输费等，借记“其他费用”科目，贷记“零余额账户用款额度”“银行存款”等科目；同时，在预算会计中，按照发生的相关税费、运输费等，借记“其他支出”科目，贷记“资金结存”科目。

6. 无偿调入固定资产时，在财务会计中，按照确定的固定资产成本，借记“固定资产”科目（不需安装）或“在建工程”科目（需安装），按照发生的相关税费、运输费等，贷记“零余额账户用款额度”“银行存款”等科目，按照其差额，贷记“无偿调拨净资产”科目；同时，在预算会计中，按照发生的相关税费、运输费等，借记“其他支出”科目，贷记“资金结存”科目。

7. 通过置换取得固定资产时，参照 “库存物品”科目中置换取得库存物品的相关规定进行账务处理。固定资产取得时涉及增值税业务的，相关账务处理参见“应交增值税”科目。

（二）与固定资产有关的后续支出。

**1. 符合固定资产确认条件的后续支出**

通常情况下，将固定资产转入改建、扩建时，在财务会计中，按照固定资产的账面价值，借记“在建工程”科目，按照固定资产已计提折旧，借记“固定资产累计折旧”科目，按照固定资产的账面余额，贷记“固定资产”科目；无需进行预算会计账务处理。

为增加固定资产使用效能或延长其使用年限而发生改建、扩建等后续支出时，在财务会计中，借记“在建工程”科目，贷记“财政拨款收入”“零余额账户用款额度”“银行存款”等科目；同时，在预算会计中，借记“事业支出”“经营支出”等科目，贷记“财政拨款预算收入”“资金结存”等科目。

固定资产完成改建、扩建并交付使用时，按照在建工程成本，借记“固定资产”科目，贷记“在建工程”科目；无需进行预算会计账务处理。

**2. 不符合固定资产确认条件的后续支出**

为保证固定资产正常使用而发生日常维修等支出时，在财务会计中，借记“业务活动费用”“单位管理费用”等科目，贷记“财政拨款收入”“零余额账户用款额度”“银行存款”等科目；同时，在预算会计中，借记“事业支出”“经营支出”等科目，贷记“财政拨款预算收入”“资金结存”等科目。

（三）按照规定报经批准处置固定资产，应当分别以下情况处理。

1. 报经批准出售、转让固定资产时，在财务会计中，按照被出售、转让的固定资产的账面价值，借记“资产处置费用”科目，按照固定资产已计提的折旧，借记“固定资产累计折旧”科目，按照固定资产的账面余额，贷记“固定资产”科目；同时，按照收到的价款，借记“银行存款”等科目，按照处置过程中发生的相关费用，贷记“银行存款”等科目，按照其差额，贷记“应缴财政款”科目；无需进行预算会计处理。

2. 报经批准对外捐赠固定资产时，在财务会计中，按照固定资产已计提的折旧，借记“固定资产累计折旧”科目，按照被处置的固定资产的账面余额，贷记“固定资产”科目，按照捐赠过程中发生的归属于捐出方的相关费用，贷记“银行存款”等科目，按照其差额，借记“资产处置费用”科目；同时，在预算会计中，按照对外捐赠过程中发生的归属于捐出方的相关费用，借记“其他支出”科目，贷记“资金结存”科目。

3. 报经批准无偿调出固定资产时，在财务会计中，按照固定资产已计提的折旧，借记“固定资产累计折旧”科目，按照被处置的固定资产的账面余额，贷记“固定资产”科目，按照其差额，借记“无偿调拨净资产”科目；同时，按照无偿调出过程中发生的归属于调出方的相关费用，借记“资产处置费用”科目，贷记“银行存款”等科目；同时，在预算会计中，按照无偿调出过程中发生的归属于调出方的相关费用，借记“其他支出”科目，贷记“资金结存”科目。

4. 报经批准置换换出固定资产时，参照“库存物品”中置换换入库存物品的规定进行账务处理。固定资产处置时涉及增值税业务的，相关账务处理参见“应交增值税”科目。

（四）公立医院应当定期对固定资产进行清查盘点，每年至少盘点一次。盘盈、盘亏或毁损、报废的固定资产，应当先记入“待处理财产损溢”科目，按照规定报经批准后及时进行后续账务处理。

1. 盘盈的固定资产的成本按照有关凭据注明的金额确定；没有相关凭据但按照规定经过资产评估的固定资产，其成本按照评估价值确定；没有相关凭据、也未经过评估的固定资产，其成本按照重置成本确定。如无法采用上述方法确定盘盈固定资产成本，则按照名义金额（人民币 1 元）入账。对于盘盈的固定资产，按照其确定的入账成本，借记“固定资产”科目，贷记“待处理财产损溢”科目；无需进行预算会计账务处理。

2. 对于盘亏、毁损或报废的固定资产，按照待处理固定资产的账面价值，借记“待处理财产损溢”科目，按照已计提折旧额，借记“固定资产累计折旧”科目，按照固定资产的账面余额，贷记“固定资产”科目；无需进行预算会计账务处理。

固定资产的具体账务处理见表 2-19。

**表 2-19　　　　固定资产的具体账务处理**

| 序号 | 业务 | | 财务会计处理 | 预算会计处理 |
|---|---|---|---|---|
| （1） | 固定资产取得 | ①外购的固定资产：<br>A. 不需安装的 | 借：固定资产<br>贷：财政拨款收入 / 零余额账户用款额度 / 应付账款 / 银行存款等 | 借：事业支出 / 经营支出等<br>贷：财政拨款预算收入 / 资金结存 |
| | | B. 需要安装的固定资产先通过“在建工程”科目核算 | 借：在建工程<br>贷：财政拨款收入 / 零余额账户用款额度 / 应付账款 / 银行存款等 | 借：事业支出 / 经营支出等<br>贷：财政拨款预算收入 / 资金结存 |
| | | 安装完工交付使用时 | 借：固定资产<br>贷：在建工程 | — |
| | | 购入固定资产扣留质量保证金的 | 借：固定资产［不需安装］/ 在建工程［需要安装］<br>贷：财政拨款收入 / 零余额账户用款额度 / 应付账款 / 银行存款等<br>其他应付款［扣留期在 1 年以内（含 1 年）］/ 长期应付款［扣留期超过 1 年］ | 借：事业支出 / 经营支出等［购买固定资产实际支付的金额］<br>贷：财政拨款预算收入 / 资金结存 |
| | | 质保期满支付质量保证金时 | 借：其他应付款 / 长期应付款<br>贷：财政拨款收入 / 零余额账户用款额度 / 银行存款等 | 借：事业支出 / 经营支出等<br>贷：财政拨款预算收入 / 资金结存 |
| | | ②自行建造的固定资产，工程完工交付使用时 | 借：固定资产<br>贷：在建工程 | — |

续表

| 序号 | 业务 | | 财务会计处理 | 预算会计处理 |
| --- | --- | --- | --- | --- |
| (1) | 固定资产取得 | ③融资租入（或跨年度分期付款购入）的固定资产 | 借：固定资产［不需安装］/ 在建工程［需安装］<br>贷：长期应付款［协议或合同确定的租赁价款］<br>财政拨款收入 / 零余额账户用款额度 / 银行存款等［实际支付的相关税费、运输费等］ | 借：事业支出 / 经营支出等［实际支付的相关税费、运输费等］<br>贷：财政拨款预算收入 / 资金结存 |
| | | 定期支付租金（或分期付款）时 | 借：长期应付款<br>贷：财政拨款收入 / 零余额账户用款额度 / 银行存款等 | 借：事业支出 / 经营支出等<br>贷：财政拨款预算收入 / 资金结存 |
| | | ④接受捐赠的固定资产 | 借：固定资产［不需安装］/ 在建工程［需安装］<br>贷：银行存款 / 零余额账户用款额度等［发生的相关税费、运输费等］<br>捐赠收入［差额］ | 借：其他支出［支付的相关税费、运输费等］<br>贷：资金结存 |
| | | 接受捐赠的固定资产按照名义金额入账的 | 借：固定资产［名义金额］<br>贷：捐赠收入<br>借：其他费用<br>贷：银行存款 / 零余额账户用款额度等［发生的相关税费、运输费等］ | 借：其他支出［支付的相关税费、运输费等］<br>贷：资金结存 |
| | | ⑤无偿调入的固定资产 | 借：固定资产［不需安装］/ 在建工程［需安装］<br>贷：银行存款 / 零余额账户用款额度等［发生的相关税费、运输费等］<br>无偿调拨净资产［差额］ | 借：其他支出［支付的相关税费、运输费等］<br>贷：资金结存 |
| | | ⑥置换取得的固定资产 | 参照“库存物品”科目中置换取得库存物品的账务处理 | |

续表

<table>
<tr><th>序号</th><th colspan="2">业务</th><th>财务会计处理</th><th>预算会计处理</th></tr>
<tr><td rowspan="3">（2）</td><td rowspan="3">与固定资产有关的后续支出</td><td rowspan="2">符合固定资产确认条件的（增加固定资产使用效能或延长其使用年限而发生的改建、扩建等后续支出）</td><td>借：在建工程［固定资产账面价值］<br>固定资产累计折旧<br>贷：固定资产［账面余额］</td><td>——</td></tr>
<tr><td>借：在建工程<br>贷：财政拨款收入 / 零余额账户用款额度 / 应付账款 / 银行存款等</td><td>借：事业支出 / 经营支出等<br>贷：财政拨款预算收入 / 资金结存</td></tr>
<tr><td>不符合固定资产确认条件的</td><td>借：业务活动费用 / 单位管理费用 / 经营费用等<br>贷：财政拨款收入 / 零余额账户用款额度 / 银行存款等</td><td>借：事业支出 / 经营支出等<br>贷：财政拨款预算收入 / 资金结存</td></tr>
<tr><td rowspan="6">（3）</td><td rowspan="6">固定资产处置</td><td rowspan="2">出售、转让固定资产</td><td>借：资产处置费用<br>固定资产累计折旧<br>贷：固定资产［账面余额］</td><td>——</td></tr>
<tr><td>借：银行存款［处置固定资产收到的价款］<br>贷：应缴财政款<br>银行存款等［发生的相关费用］</td><td>——</td></tr>
<tr><td>对外捐赠固定资产</td><td>借：资产处置费用<br>固定资产累计折旧<br>贷：固定资产［账面余额］<br>银行存款等［归属于捐出方的相关费用］</td><td>按照对外捐赠过程中发生的归属于捐出方的相关费用<br>借：其他支出<br>贷：资金结存</td></tr>
<tr><td rowspan="2">无偿调出固定资产</td><td>借：无偿调拨净资产<br>固定资产累计折旧<br>贷：固定资产［账面余额］</td><td>——</td></tr>
<tr><td>借：资产处置费用<br>贷：银行存款等［归属于调出方的相关费用］</td><td>借：其他支出<br>贷：资金结存</td></tr>
<tr><td>置换换出固定资产</td><td colspan="2">参照“库存物品”科目中置换取得库存物品的规定进行账务处理</td></tr>
</table>

续表

<table>
<tr><th>序号</th><th colspan="2">业务</th><th>财务会计处理</th><th>预算会计处理</th></tr>
<tr><td rowspan="2">（4）</td><td rowspan="2">固定资产定期盘点清查</td><td>盘盈的固定资产</td><td>借：固定资产<br>　贷：待处理财产损溢</td><td>——</td></tr>
<tr><td>盘亏、毁损或报废的固定资产</td><td>借：待处理财产损溢［账面价值］<br>　固定资产累计折旧<br>　贷：固定资产［账面余额］</td><td>——</td></tr>
</table>

## 2.20.4 案例分析

### 一、外购

**【例 2–48】**某公立医院用事业经费购入一台不需要安装的诊断仪，买价为 10 000 元，运杂费为 1 000 元，有关款项均已通过银行支付。该医院的账务处理如下：

财务会计：

借：固定资产　11 000

　贷：银行存款　11 000

预算会计：

借：事业支出　11 000

　贷：资金结存——货币资金　11 000

### 二、需要安装

**【例 2–49】**某公立医院用事业经费购入一台需要安装的诊断仪，买价为 10 000 元，运杂费为 300 元，安装费为 700 元，有关款项均已通过银行支付。该项固定资产安装完毕并交付使用。该医院的账务处理如下：

（1）购入诊断仪时：

财务会计：

借：在建工程　10 300

　贷：银行存款　10 300

预算会计：

借：事业支出　10 300

　贷：资金结存——货币资金　10 300

（2）安装时：

财务会计：

借：在建工程　　700

　　贷：银行存款　　700

预算会计：

借：事业支出　　700

　　贷：资金结存——货币资金　　700

（3）安装完工交付使用时：

借：固定资产　　11 000

　　贷：在建工程　　11 000

## 三、自行建造

**【例 2-50】** 某公立医院自行建造仓库，在前期用银行存款支付工程价款 20 000 000 元。该医院的账务处理如下：

财务会计：

借：在建工程　　20 000 000

　　贷：银行存款　　20 000 000

预算会计：

借：事业支出　　20 000 000

　　贷：资金结存——货币资金　　20 000 000

工程中期发现原材料不足，故投入 1 000 000 元购买原材料以满足完工需要。该医院的账务处理如下：

财务会计：

借：在建工程　　1 000 000

　　贷：银行存款　　1 000 000

预算会计：

借：事业支出　　1 000 000

　　贷：资金结存——货币资金　　1 000 000

工程交付使用时：

借：固定资产　　21 000 000

　　贷：在建工程　　21 000 000

## 四、融资租入

**【例 2-51】** 某公立医院融资租入一台价值 400 000 元的自动血球计数仪，并支付运输费等 2 000 元。租赁协议规定，该医院需要支付租赁价款 400 000 元，每个月支付 10 000 元，分 40 个月支付完。该医院的账务处理如下：

财务会计：

借：固定资产　　402 000

　　贷：长期应付款　　400 000

　　　　银行存款　　2 000

预算会计：

借：事业支出　　2 000

　　贷：资金结存——货币资金　　2 000

该医院需要每月支付租金 10 000 元，每月支付租金时：

财务会计：

借：长期应付款　　10 000

　　贷：银行存款　　10 000

预算会计：

借：事业支出　　10 000

　　贷：资金结存——货币资金　　10 000

## 五、接受捐赠

【例 2-52】某公立医院接受红十字会捐赠的一台价值50 000元的超声诊断仪，期间发生的运输费为 800 元。该医院的账务处理如下：

财务会计：

借：固定资产　　50 800

　　贷：捐赠收入　　50 000

　　　　银行存款　　800

预算会计：

借：其他支出　　800

　　贷：资金结存——货币资金　　800

## 六、无偿调入

【例 2-53】某公立医院接受无偿调入的价值为 70 000 元的手术仪器一台，期间发生的运输费为 900 元。该医院的账务处理如下：

财务会计：

借：固定资产　　70 900

　　贷：无偿调拨净资产　　70 000

　　银行存款　　　　　　　　　　　　　　　　　　　　　　　　900

预算会计：

借：其他支出　　　　　　　　　　　　　　　　　　900

　　贷：资金结存——货币资金　　　　　　　　　　　　　　　900

**【例 2-54】**某公立医院决定对住院部 C 座进行扩建。该幢楼的账面余额为 5 000 000 元，已提折旧 1 000 000 元。扩建过程中，该医院以银行存款支付工程款 2 000 000 元。该医院的账务处理如下：

财务会计：

借：在建工程　　　　　　　　　　　　　　　　4 000 000

　　累计折旧　　　　　　　　　　　　　　　　1 000 000

　　贷：固定资产　　　　　　　　　　　　　　　　　5 000 000

借：在建工程　　　　　　　　　　　　　　　　2 000 000

　　贷：银行存款　　　　　　　　　　　　　　　　　2 000 000

预算会计：

借：事业支出　　　　　　　　　　　　　　　　2 000 000

　　贷：资金结存——货币资金　　　　　　　　　　　　2 000 000

工程完工，交付使用时：

借：固定资产　　　　　　　　　　　　　　　　6 000 000

　　贷：在建工程　　　　　　　　　　　　　　　　　6 000 000

**【例 2-55】**某公立医院出售呼吸机一台。该设备的账面余额为 72 000 元，已计提折旧 60 000 元。该医院因出售设备而收到价款为 20 000 元。该医院的账务处理如下：

借：资产处置费用　　　　　　　　　　　　　　　　12 000

　　固定资产累计折旧　　　　　　　　　　　　　　60 000

　　贷：固定资产　　　　　　　　　　　　　　　　　　72 000

借：银行存款　　　　　　　　　　　　　　　　　　20 000

　　贷：应缴财政款　　　　　　　　　　　　　　　　　20 000

**【例 2-56】**某公立医院对外捐赠一台检验仪器。该设备的账面余额为 100 000 元，已计提折旧 30 000 元。另外，该医院以银行存款支付运输费 3 000 元。该医院的账务处理如下：

财务会计：

借：资产处置费用　　73 000

　　固定资产累计折旧　　30 000

　　贷：固定资产　　100 000

　　　　银行存款　　3 000

预算会计：

借：其他支出　　3 000

　　贷：资金结存——货币资金　　3 000

**【例 2–57】**某公立医院于 2×19 年年底对固定资产进行盘点，发生如下业务：

（1）盘盈打印机一台，价值为 5 000 元。该医院的账务处理如下：

借：固定资产　　5 000

　　贷：待处理财产损溢　　5 000

（2）盘点过程中，发现一台照相机毁损，其账面价值为 3 000 元，已计提折旧 2 000 元。该医院的账务处理如下：

借：待处理财产损溢　　1 000

　　固定资产累计折旧　　2 000

　　贷：固定资产——照相机　　3 000

## 2.21 固定资产累计折旧

### 2.21.1 业务简介

“固定资产累计折旧”科目用于核算公立医院计提的固定资产累计折旧。

### 2.21.2 账务处理

（一）按月计提固定资产折旧时，按照应计提的折旧金额，借记“业务活动费用”“单位管理费用”“经营费用”“加工物品”“在建工程”等科目，贷记“固定资产累计折旧”科目。

（二）经批准处置或处理固定资产时，按照所处置或处理的固定资产的账面价值，借记“资产处置费用”“无偿调拨净资产”“待处理财产损溢”等科目，按照已计提折旧，借记“固定资产累计折旧”科目，按照固定资产的账面余额，贷记“固定资产”科目。

固定资产累计折旧的具体账务处理见表 2-20。

表 2-20　固定资产累计折旧的具体账务处理

| 序号 | 业务 | 财务会计处理 | 预算会计处理 |
| --- | --- | --- | --- |
| （1） | 按月计提固定资产折旧时 | 借：业务活动费用 / 单位管理费用 / 经营费用等<br>贷：固定资产累计折旧 | — |
| （2） | 处置固定资产时 | 借：待处理财产损溢 / 无偿调拨净资产 / 资产处置费用等<br>固定资产累计折旧<br>贷：固定资产［账面余额］ | 涉及资金支付的，参照“固定资产”科目的相关账务处理 |

## 2.21.3　案例分析

**【例 2-58】**某公立医院用银行存款新购进一台放射诊断设备，价值 72 000 元，计划使用 6 年，每月计提折旧 1 000 元。该医院的账务处理如下：

（1）购进时：

财务会计：

借：固定资产　72 000

　　贷：银行存款　72 000

预算会计：

借：事业支出　72 000

　　贷：资金结存——货币资金　72 000

（2）按月计提固定资产折旧时：

借：业务活动费用　1 000

　　贷：固定资产累计折旧　1 000

假设第 5 年末对固定资产进行报废处置，该医院的账务处理如下：

借：待处置资产损溢　12 000

　　固定资产累计折旧　60 000

　　贷：固定资产　72 000

# 2.22 工程物资

## 2.22.1 业务简介

“工程物资”科目用于核算公立医院为在建工程准备的各种物资，包括工程用材料、设备等的成本。

## 2.22.2 账务处理

（一）购入为工程准备的物资时，按照确定的物资成本，在财务会计中，借记“工程物资”科目，贷记“财政拨款收入”“零余额账户用款额度”“银行存款”“应付账款”等科目。按支付的款项，借记“事业支出”“经营支出”等科目，贷记“财政拨款预算收入”“资金结存”等科目。

（二）领用工程物资时，按照物资成本，借记“在建工程”科目，贷记“工程物资”科目。工程完工后将领出的剩余物资退库时做相反的会计分录。

（三）工程完工后将剩余的工程物资转作本单位存货等的，按照物资成本，借记“库存物品”等科目，贷记“工程物资”科目。

涉及增值税业务的，相关账务处理参见“应交增值税”科目。

工程物资的具体账务处理见表 2-21。

表 2-21 工程物资的具体账务处理

| 序号 | 业务 | | 财务会计处理 | 预算会计处理 |
|---|---|---|---|---|
| （1） | 取得工程物资 | 购入工程物资 | 借：工程物资<br>贷：财政拨款收入 / 零余额账户用款额度 / 银行存款 / 应付账款 / 其他应付款等 | 借：事业支出 / 经营支出等［实际支付的款项］<br>贷：财政拨款预算收入 / 资金结存 |
| （2） | 领用工程物资 | 发出工程物资 | 借：在建工程<br>贷：工程物资 | —— |
| （3） | 剩余工程物资 | 剩余工程物资转为存货 | 借：库存物品<br>贷：工程物资 | —— |

### 2.22.3 案例分析

**【例 2-59】** 2×19 年 1 月 1 日，某公立医院为装修住院部购入一批工程物资，以银行存款支付 8 000 元。该医院的账务处理如下：

财务会计：

借：工程物资　　8 000

　　贷：银行存款　　8 000

预算会计：

借：事业支出　　8 000

　　贷：资金结存——货币资金　　8 000

**【例 2-60】** 接【例 2-59】。2×19 年 1 月 31 日，该医院领用 80% 的该批工程物资。该医院的账务处理如下：

借：在建工程　　6 400

　　贷：工程物资　　6 400

**【例 2-61】** 接【例 2-60】。2×19 年 10 月 31 日，该医院将剩余的工程物资转为存货。该医院的账务处理如下：

借：库存物品　　1 600

　　贷：工程物资　　1 600

## 2.23 在建工程

“在建工程”科目用于核算公立医院已经发生必要支出，但尚未完工交付使用的各种建筑（包括新建、改建、扩建、修缮等）和设备安装工程的实际成本。

### 2.23.1 业务简介

公立医院的基本建设投资应当按照国家有关规定单独建账、单独核算，同时按照新制度的规定至少按月并入“在建工程”科目及其他相关科目反映。

公立医院应当在“在建工程”科目下设置“基建工程”明细科目，以核算由基建账套并入的在建工程成本。有关基建并账的具体账务处理另行规定。

## 2.23.2 账务处理

（一）建筑安装工程投资

1. 将固定资产等资产转入改建、扩建等时，按照固定资产等资产的账面价值，借记“在建工程”科目（建筑安装工程投资），按照已计提的折旧或摊销额，借记“固定资产累计折旧”等科目，按照固定资产等资产的原值，贷记“固定资产”等科目。

固定资产等资产改建、扩建过程中涉及替换（或拆除）原资产的某些组成部分的，按照被替换（或拆除）部分的账面价值，借记“待处理财产损溢”科目，贷记“在建工程”科目（建筑安装工程投资）。

2. 对于发包建筑安装工程，在根据建筑安装工程价款结算账单与施工企业结算工程价款时，在财务会计中，按照应承付的工程价款，借记“在建工程”科目（建筑安装工程投资），按照预付工程款余额，贷记“预付账款”科目，按照其差额，贷记“财政拨款收入”“零余额账户用款额度”“银行存款”“应付账款”等科目。同时，在预算会计中，借记“事业支出”科目，贷记“财政拨款预算收入”“资金结存”科目。

3. 单位自行对小型建筑安装工程施工时，在财务会计中，按照发生的各项支出金额，借记“在建工程”科目（建筑安装工程投资），贷记“工程物资”“零余额账户用款额度”“银行存款”“应付职工薪酬”等科目。同时，在预算会计中，按实际支付的款项，借记“事业支出”等科目，贷记“资金结存”等科目。

4. 工程竣工，办妥竣工验收交接手续并交付使用时，在财务会计中，按照建筑安装工程成本（含应分摊的待摊投资），借记“固定资产”等科目，贷记“在建工程”科目（建筑安装工程投资）。

（二）设备投资

1. 购入设备时，按照购入成本，借记“在建工程”科目（设备投资），贷记“财政拨款收入”“零余额账户用款额度”“银行存款”等科目；同时，在预算会计中，按实际支付的款项，借记“事业支出”等科目，贷记“财政拨款预算收入”“资金结存”等科目。采用预付款方式购入设备的，有关预付款的账务处理参照“在建工程”科目有关“建筑安装工程投资”明细科目的规定进行。

2. 设备安装完毕，办妥竣工验收交接手续并交付使用时，按照设备投资成本（含设备安装工程成本和分摊的待摊投资），借记“固定资产”等科目，贷记“在建工程”科目（设备投资、建筑安装工程投资——安装工程）。

将不需要安装的设备和达不到固定资产标准的工具、器具交付使用时，按照相关设备、工具、器具的实际成本，借记“固定资产”“库存物品”科目，贷记“在建工程”科目（设备投资）。

（三）待摊投资

建设工程发生的构成建设项目实际支出的、按照规定应当分摊计入有关工程成本和设备成本的各项间接费用和税费支出，先在“在建工程”明细科目中归集；建设工程办妥竣工验收手续交付使用时，按照合理的分配方法，摊入相关工程成本、在安装设备成本等。

1. 单位发生构成待摊投资的各类费用时，在财务会计中，按照实际发生金额，借记“在建工程”科目（待摊投资），贷记“财政拨款收入”“零余额账户用款额度”“银行存款”“应付利息”“长期借款”“其他应交税费”“固定资产累计折旧”“无形资产累计摊销”等科目。在预算会计中，按实际支付的款项，借记“事业支出”等科目，贷记“财政拨款预算收入”“资金结存”科目。

2. 对于建设过程中试生产、设备调试等产生的收入，在财务会计中，按照取得的收入金额，借记“银行存款”等科目，按照依据有关规定应当冲减建设工程成本的部分，贷记“在建工程”科目（待摊投资），按照其差额贷记“应缴财政款”或“其他收入”科目。在预算会计中，借记“资金结存”科目，贷记“其他预算收入”。

3. 由于自然灾害、管理不善等原因造成单项工程或单位工程报废或毁损时，扣除残料价值和过失人或保险公司等赔款后的净损失，报经批准后计入继续施工的工程成本的，在财务会计中，按照工程成本扣除残料价值和过失人或保险公司等赔款后的净损失，借记“在建工程”科目（待摊投资），按照残料变价收入、过失人或保险公司赔款等，借记“银行存款”“其他应收款”等科目，按照报废或毁损的工程成本，贷记“在建工程”科目（建筑安装工程投资）。

4. 工程交付使用时，在财务会计中，按照合理的分配方法分配待摊投资，借记“在建工程”科目（建筑安装工程投资、设备投资），贷记“在建工程”科目（待摊投资）。

待摊投资的分配方法及相关公式如下：

（1）按照实际分配率分配。适用于建设工期较短、整个项目的所有单项工程一次竣工的建设项目。

实际分配率＝待摊投资明细科目余额÷（建筑工程明细科目余额＋安装工程明细科目余额＋设备投资明细科目余额）×100%

某项固定资产应分配的待摊投资＝该项固定资产的建筑工程成本或该项固定资产（设备）的采购成本和安装成本合计×实际分配率

（2）按照概算分配率分配。适用于建设工期长、单项工程分期分批建成投入使用的建设项目。

概算分配率＝（概算中各待摊投资项目的合计数－其中可直接分配部分）÷（概算中建筑工程、安装工程和设备投资合计）×100%

某项固定资产应分配的待摊投资＝该项固定资产的建筑工程成本或该项固定资产（设备）的采购成本和安装成本合计×概算分配率

（四）其他投资

1. 单位为建设工程发生房屋购置支出，基本畜禽、林木等的购置、饲养、培育支出，办公生活用家具、器具购置支出，软件研发和不能计入设备投资的软件购置等支出时，在财务会计中，按照实际发生金额，借记“在建工程”科目（其他投资），贷记“财政拨款收入”“零余额账户用款额度”“银行存款”等科目。在预算会计中，按实际支付的款项，借记“事业支出”等科目，贷记“财政拨款预算收入”“资金结存”科目。

2. 工程完成后，将形成的房屋、基本畜禽、林木等各种财产以及无形资产交付使用时，在财务会计中，按照其实际成本，借记“固定资产”“无形资产”等科目，贷记“在建工程”科目（其他投资）。

（五）基建转出投资

为建设项目配套而建成的、产权不归属本单位的专用设施，在项目竣工验收交付使用时，在财务会计中，按照转出的专用设施的成本，借记“在建工程”科目（基建转出投资），贷记“在建工程”科目（建筑安装工程投资）；同时，借记“无偿调拨净资产”科目，贷记“在建工程”科目（基建转出投资）。

（六）待核销基建支出

1. 因建设项目发生江河清障、航道清淤、飞播造林、补助群众造林、水土保持、城市绿化等不能形成资产的各类待核销基建支出时，在财务会计中，按照实际发生的金额，借记“在建工程”科目（待核销基建支出），贷记“财政拨款收入”“零余额账户用款额度”“银行存款”等科目。在财务会计中，按实际支付的款项，借记“事业支出”等科目，贷记“财政拨款预算收入”“资金结存”科目。

2. 对于取消的建设项目发生的可行性研究费，按照实际发生的金额，借记“在建工程”科目（待核销基建支出），贷记“在建工程”科目（待摊投资）

3. 由于自然灾害等原因发生建设项目整体报废所形成的净损失时，报经批准后转入待核销基建支出，在财务会计中，按照项目整体报废所形成的净损失，借记“在建工程”科目（待核销基建支出），按照报废工程回收的残料变价收入、保险公司赔款等，借记“银行存款”“其他应收款”等科目，按照报废的工程成本，贷记“在建工程”科目（建筑安装工程投资等）。

4. 建设项目竣工验收交付使用时，对发生的待核销基建支出进行冲销，借记“资产处置费用”科目，贷记“在建工程”科目（待核销基建支出）。

在建工程的具体账务处理见表 2-22。

**表 2-22　　在建工程的具体账务处理**

<table>
<tr><th>序号</th><th colspan="2">业务</th><th>财务会计处理</th><th>预算会计处理</th></tr>
<tr><td rowspan="6">（1）</td><td rowspan="6">建筑安装工程投资</td><td>将固定资产等转入改建、扩建时</td><td>借：在建工程——建筑安装工程投资<br>固定资产累计折旧等<br>贷：固定资产等</td><td>——</td></tr>
<tr><td>发包工程预付工程款时</td><td>借：预付账款——预付工程款<br>贷：财政拨款收入 / 零余额账户用款额度 / 银行存款等</td><td>借：事业支出等<br>贷：财政拨款预算收入 / 资金结存</td></tr>
<tr><td>按照进度结算工程款时</td><td>借：在建工程——建筑安装工程投资<br>贷：预付账款——预付工程款<br>财政拨款收入 / 零余额账户用款额度 / 银行存款 /<br>应付账款等</td><td>借：事业支出等［补付款项］<br>贷：财政拨款预算收入 / 资金结存</td></tr>
<tr><td>自行施工小型建筑安装工程发生支出时</td><td>借：在建工程——建筑安装工程投资<br>贷：工程物资 / 零余额账户用款额度 / 银行存款 / 应付职工薪酬等</td><td>借：事业支出等［实际支付的款项］<br>贷：资金结存等</td></tr>
<tr><td>改扩建过程中替换（拆除）原资产某些组成部分的</td><td>借：待处理财产损溢<br>贷：在建工程——建筑安装工程投资</td><td>——</td></tr>
<tr><td>工程竣工验收交付使用时</td><td>借：固定资产等<br>贷：在建工程——建筑安装工程投资</td><td>——</td></tr>
</table>

续表

<table>
<tr><th>序号</th><th colspan="2">业务</th><th>财务会计处理</th><th>预算会计处理</th></tr>
<tr><td rowspan="3">(2)</td><td rowspan="3">设备投资</td><td>购入设备时</td><td>借：在建工程——设备投资<br>贷：财政拨款收入 / 零余额账户用款额度 / 应付账款 / 银行存款等</td><td>借：事业支出等［实际支付的款项］<br>贷：财政拨款预算收入 / 资金结存</td></tr>
<tr><td>安装完毕，交付使用时</td><td>借：固定资产等<br>贷：在建工程——设备投资<br>——建筑安装工程投资——安装工程</td><td>——</td></tr>
<tr><td>将不需要安装设备和达不到固定资产标准的工具器具交付使用时</td><td>借：固定资产 / 库存物资<br>贷：在建工程——设备投资</td><td>——</td></tr>
<tr><td rowspan="3">(3)</td><td rowspan="3">待摊投资</td><td>发生构成待摊投资的各类费用时</td><td>借：在建工程——待摊投资<br>贷：财政拨款收入 / 零余额账户用款额度 / 银行存款 / 应付利息 / 长期借款 / 其他应交税费等</td><td>借：事业支出等［实际支付的款项］<br>贷：财政拨款预算收入 / 资金结存</td></tr>
<tr><td>对于建设过程中试生产、设备调试等产生的收入</td><td>借：银行存款等<br>贷：在建工程——待摊投资［按规定冲减工程成本的部分］<br>应缴财政款 / 其他收入［差额］</td><td>借：资金结存<br>贷：其他预算收入</td></tr>
<tr><td>经批准将单项工程或单位工程报废净损失计入继续施工的工程成本的</td><td>借：在建工程——待摊投资<br>银行存款 / 其他应收款等［残料变价收入、赔款等］<br>贷：在建工程——建筑安装工程投资［毁损报废工程成本］</td><td>——</td></tr>
<tr><td rowspan="3">(4)</td><td rowspan="3">其他投资</td><td>工程交付使用时，按照一定的分配方法进行待摊投资分配</td><td>借：在建工程——建筑安装工程投资<br>——设备投资<br>贷：在建工程——待摊投资</td><td>——</td></tr>
<tr><td>发生其他投资支出时</td><td>借：在建工程——其他投资<br>贷：财政拨款收入 / 零余额账户用款额度 / 银行存款等</td><td>借：事业支出等［实际支付的款项］<br>贷：财政拨款预算收入 / 资金结存</td></tr>
<tr><td>资产交付使用时</td><td>借：固定资产 / 无形资产等<br>贷：在建工程——其他投资</td><td>——</td></tr>
</table>

续表

<table>
<tr><th>序号</th><th colspan="2">业务</th><th>财务会计处理</th><th>预算会计处理</th></tr>
<tr><td rowspan="2">（5）</td><td rowspan="2">基建转出投资</td><td>建造的产权不归属本单位的专用设施转出时</td><td>借：在建工程——基建转出投资<br>贷：在建工程——建筑安装工程投资</td><td>——</td></tr>
<tr><td>冲销转出的在建工程时</td><td>借：无偿调拨净资产<br>贷：在建工程——基建转出投资</td><td>——</td></tr>
<tr><td rowspan="4">（6）</td><td rowspan="4">待核销基建支出</td><td>发生各类待核销基建支出时</td><td>借：在建工程——待核销基建支出<br>贷：财政拨款收入 / 零余额账户用款额度 / 银行存款等</td><td>借：事业支出［实际支付的款项］<br>贷：财政拨款预算收入 / 资金结存</td></tr>
<tr><td>取消的项目发生的可行性研究费</td><td>借：在建工程——待核销基建支出<br>贷：在建工程——待摊投资</td><td>——</td></tr>
<tr><td>由于自然灾害等原因发生的项目整体报废所形成的净损失</td><td>借：在建工程——待核销基建支出<br>银行存款 / 其他应收款等 [ 残料变价收入、保险赔款等 ]<br>贷：在建工程——建筑安装工程投资等</td><td>——</td></tr>
<tr><td>经批准冲销待核销基建支出时</td><td>借：资产处置费用<br>贷：在建工程——待核销基建支出</td><td>——</td></tr>
</table>

## 2.23.3　案例分析

**【例 2-62】**某公立医院对门诊大楼进行改建。该楼的原值为 8 000 000 元，已计提折旧 5 000 000 元。改建过程中，被拆除部分的账面价值为 500 000 元，并获得残值收入 200 000 元。改建过程中，该医院对发生的 3 000 000 元的改建支出，用零余额账户用款额度支付。改建完工后，该大楼验收合格，投入使用。该医院的账务处理如下：

（1）办公楼转入改建工程时：

借：在建工程——建筑安装工程　　3 000 000

　　固定资产累计折旧　　5 000 000

　　贷：固定资产　　8 000 000

（2）拆除部分建筑时：

借：待处理财产损溢　　500 000

　　贷：在建工程——建筑安装工程　　500 000

（3）获得残值收入时：

借：银行存款 200 000

贷：应缴财政款 200 000

（4）发生改建支出时：

财务会计：

借：在建工程——建筑安装工程 3 000 000

贷：零余额账户用款额度 3 000 000

预算会计：

借：事业支出 3 000 000

贷：资金结存——零余额账户用款额度 3 000 000

（5）完工验收时：

借：固定资产 5 500 000

贷：在建工程——建筑安装工程 5 500 000

**【例 2–63】**某公立医院于 2×19 年 1 月 1 日购入一台手术设备，以银行存款支付 800 000 元。因为该设备需要安装，所以该医院于 2×19 年 2 月 1 日支付安装费 200 000 元。2×19 年 5 月 1 日，该设备安装完毕并交付使用。该医院的账务处理如下：

（1）2×19 年 1 月 1 日：

财务会计：

借：在建工程——设备投资 800 000

贷：银行存款 800 000

预算会计：

借：事业支出 800 000

贷：资金结存——货币资金 800 000

（2）2×19 年 2 月 1 日：

财务会计：

借：在建工程——建筑安装工程投资 200 000

贷：银行存款 200 000

预算会计：

借：事业支出 200 000

贷：资金结存——货币资金 200 000

（3）2×19 年 5 月 1 日：

借：固定资产　　1 000 000

　　贷：在建工程——设备投资　　800 000

　　　　在建工程——建筑安装工程投资　　200 000

**【例 2-64】** 2×19 年 2 月 1 日，某公立医院在建造某一设备时，以银行存款支付可行性研究费用 15 000 元。根据相关凭证，该医院的账务处理如下：

财务会计：

借：在建工程——待摊投资　　15 000

　　贷：银行存款　　15 000

预算会计：

借：事业支出　　15 000

　　贷：资金结存——货币资金　　15 000

2×19 年 3 月 1 日，该医院在设备调试过程中产生的收入为 2 000 元，分配的待摊投资为 1 000 元。该医院的账务处理如下：

财务会计：

借：银行存款　　2 000

　　贷：在建工程——待摊投资　　1 000

　　　　其他收入　　1 000

预算会计：

借：资金结存——货币资金　　1 000

　　贷：其他预算收入　　1 000

2×19 年 10 月 1 日，该设备完工交付使用。该医院的账务处理如下：

借：在建工程——设备投资　　14 000

　　贷：在建工程——待摊投资　　14 000

**【例 2-65】** 某公立医院新建一栋办公楼，已投资 200 000 元，现由于自然灾害导致项目整体报废，经批准冲销该基建支出。该医院的账务处理如下：

（1）报废时：

借：在建工程——待核销基建支出　　200 000

　　贷：在建工程——建筑安装工程投资　　200 000

（2）经批准冲销时：

借：资产处置费用　　200 000

　　贷：在建工程——待核销基建支出　　200 000

# 2.24 无形资产

## 2.24.1 业务简介

无形资产是指公立医院持有的没有实物形态的可辨认非货币性资产，包括专利权、商标权、著作权、土地使用权、非专利技术等。

公立医院购入的不构成相关硬件不可缺少的组成部分的应用软件，应当作为无形资产核算。“无形资产”科目应当按照无形资产的类别、项目等进行明细核算。

## 2.24.2 无形资产的特点与分类

**一、无形资产的特点**

无形资产是一种特殊的资产，一般具有以下特点：

1. 无形资产没有物质实体。无形资产不同于有形资产，它没有特定的物质实体，通常表现为企业所拥有的一种特殊权利；

2. 无形资产能带来超额收益。无论是自创的还是购入的无形资产，都能使公立医院在一定时期内获得超额收益；

3. 无形资产可在较长时期内发挥作用。无形资产一经取得或形成，就可为事业单位长期拥有，可在较长时间内发挥作用，为事业单位带来超额收益。

**二、无形资产的分类**

**1. 专利权**

专利权，是指政府对公立医院在某一产品的造型、配方、结构、制造工艺或程序的发明上给予其制造使用和出售等方面的专门权利。公立医院不应将其所拥有的一切专利权都予以资本化，即不是所有的专利权都能作为无形资产核算。只有对那些能够给公立医院带来较大经济价值的，并且公立医院为此做了支出的专利，才能作为无形资产进行核算。专利权如果是购买的，其记账成本除包括买价外，还包括支付给有关部门的相关费用；如果是自行开发的，其成本应包括创造该项专利的试验费用、申请专利登记费用以及聘请律师费用等。

**2. 商标权**

商标权，是指在某类指定的商品或产品上使用特定的名称或图案的权利。商标经过注册登记，就获得了法律上的保护。公立医院自创的商标，其注册登记费用不大，不一定作为无形资产来核算。对于一次性支出费用较大的受让商标，可以将其本金化，作为无形资产入账核算，其记账价值包括买价、支付的手续费以及其他因受让商标权而发生的费用等。

**3. 土地使用权**

土地使用权，是指公立医院依法取得的国有土地在一定期间内享有开发、利用、经营等活动的权利。公立医院拥有的并未入账的土地使用权，不能作为无形资产核算；花费较大的代价取得的土地使用权，应将其予以本金化，将取得时所发生的一切支出，作为土地使用权成本，计入“无形资产”科目。这里有两种情况：一是公立医院向土地管理部门申请土地使用权时，支付的出让金要作为无形资产入账；二是公立医院原先通过行政划拨获得土地使用权，没有入账的，在将土地使用权有偿转让、出租、抵押、作价入股和投资时，按规定要补缴土地出让金，补缴的出让金，要作为无形资产入账。

**4. 非专利技术**

非专利技术，是指运用先进的、未公开的、未申请专利的，可以带来经济效益的技术或者资料，又称“专有技术”“技术秘密”或“技术诀窍”。公立医院的非专利技术一般是指在组织医疗活动或其他活动过程中取得的有关医疗、经营和管理等方面的知识、经验和技巧。非专利技术不受《中华人民共和国专利法》的保护，但却是一种事实上的专利权，可以进行转让和投资。

**5. 著作权**

著作权，又称版权，是指文学、艺术和科学作品等的著作人依法对其作品所拥有的专门权利。著作权一般包括发表权、署名权、修改权、保护作品完整权、使用权和获得报酬权。著作权受国家法律保护。

**6. 商誉**

商誉，通常是指单位由于所处的地理位置优越，或由于信誉好而赢得了客户的信任，或由于组织得当等原因而形成的一种无形价值。这一概念是随着企业产权有偿转让行为的发生，才在企业财务会计中出现的。商誉可以是自己建立的，也可以是外购的，但是只有向外购入时，才能作为无形资产核算。对于公立医院来说，商誉是由医院的技术水平、医疗质量、医德医风、服务态度、院容院貌、建院史等诸多因素形成的在行业中的声誉地位，能体现社会公众对医院的知名度、满意度、忠诚度，是医院拥有和控制的，能够为医院带来未来超额经济利益的无法具体辨认的资源。商誉的计价方法很多，也很复杂。由于只有在一个单位购入另一个单位时才产生商誉，所以商誉的价值通常可以按买者价款总额与买进单位所有净资产总额之间的差额计算。

## 2.24.3 账务处理

（一）在取得无形资产时，应当按照其成本进行初始计量。

1. 对于外购的无形资产，在预算会计中，按照确定的成本，借记“无形资产”科目，贷记“财政拨款收入”“零余额账户用款额度”“应付账款”“银行存款”等科目。在预算会计中，按实际支付的款项，借记“事业支出”“经营支出”等科目，贷记“财政拨款预算收入”“资金结存”等科目。

2. 委托软件公司开发软件，视同外购无形资产进行处理。合同中约定预付开发费用的，按照预付金额，在预算会计中，借记“预付账款”科目，贷记“财政拨款收入”“零余额账户用款额度”“银行存款”等科目。在预算会计中，按实际支付的款项，借记“事业支出”“经营支出”等科目，贷记“财政拨款预算收入”“资金结存”等科目。

软件开发完成交付使用并支付剩余或全部软件开发费用时，在预算会计中，按照软件开发费用总额，借记“无形资产”科目，按照相关预付账款的金额，贷记“预付账款”科目，按照支付的剩余金额，贷记“财政拨款收入”“零余额账户用款额度”“银行存款”等科目。在预算会计中，按支付的剩余款项金额，借记“事业支出”“经营支出”等科目，贷记“财政拨款预算收入”“资金结存”等科目。

3. 对于自行研究开发形成的无形资产，在预算会计中，按照研究开发项目进入开发阶段后至达到预定用途前所发生的支出总额，借记“无形资产”科目，贷记“研发支出——开发支出”科目。自行研究开发项目尚未进入开发阶段，或者确实无法区分研究阶段支出和开发阶段支出，但按照法律程序已申请取得无形资产的，在预算会计中，按照依法取得时发生的注册费、聘请律师费等费用，借记“无形资产”科目，贷记“财政拨款收入”“零余额账户用款额度”“银行存款”等科目；在预算会计中，按实际支付的款项，借记“事业支出”“经营支出”等科目，贷记“财政拨款预算收入”“资金结存”等科目。按照依法取得前所发生的研究开发支出，借记“业务活动费用”等科目，贷记“研发支出”科目。

4. 对于接受捐赠的无形资产，在预算会计中，按照确定的无形资产成本，借记“无形资产”科目，按照发生的相关税费等，贷记“零余额账户用款额度”“银行存款”等科目，按照其差额，贷记“捐赠收入”科目。在预算会计中，按支付的相关税费等，借记“其他支出”科目，贷记“资金结存”科目。

接受捐赠的无形资产按照名义金额入账的，按照名义金额，借记“无形资产”科目，贷记“捐赠收入”科目；同时，按照发生的相关税费等，借记“其他费用”科目，贷记“零余额账户用款额度”“银行存款”等科目。按支付的相关税费等，借记“其他支出”科目，贷记“资金结存”科目。

5. 置换取得的无形资产，参照“库存物品”科目中置换取得库存物品的相关规定进行账务处理。无形资产取得时涉及增值税业务的，相关账务处理参见“应交增值税”科目。

6. 对于无偿调入的无形资产，按照确定的无形资产成本，借记“无形资产”科目，按照发生的相关税费等，贷记“零余额账户用款额度”“银行存款”等科目，按照其差额，贷记“无偿调拨净资产”科目。按支付的相关税费等，借记“其他支出”科目，贷记“资金结存”科目。

（二）与无形资产有关的后续支出。

1. 对于符合无形资产确认条件的后续支出，如为增加无形资产的使用效能对其进行升级改造或扩展其功能时，如需暂停对无形资产进行摊销，按照无形资产的账面价值，借记“在建工程”科目，按照无形资产已摊销的金额，借记“无形资产累计摊销”科目，按照无形资产的账面余额，贷记“无形资产”科目。

无形资产后续支出符合无形资产确认条件的，按照支出的金额，借记“无形资产”科目（无需暂停摊销的）或“在建工程”科目（需暂停摊销的），贷记“财政拨款收入”“零余额账户用款额度”“银行存款”等科目。按实际支付的资金，借记“事业支出”“经营支出”等科目，贷记“财政拨款预算收入”“资金结存”科目。

暂停摊销的无形资产升级改造或扩展功能等完成交付使用时，按照在建工程的成本，借记“无形资产”科目，贷记“在建工程”科目。

2. 对于不符合无形资产确认条件的后续支出如为保证无形资产正常使用发生的日常维护等支出，借记“业务活动费用”“单位管理费用”等科目，贷记“财政拨款收入”“零余额账户用款额度”“银行存款”等科目。按实际支付的资金，借记“事业支出”“经营支出”等科目，贷记“财政拨款预算收入”“资金结存”科目。

（三）按照规定报经批准处置无形资产，应当分别以下情况处理。

1.报经批准出售、转让无形资产时，按照被出售、转让无形资产的账面价值，借记“资产处置费用”科目，按照无形资产已计提的摊销额，借记“无形资产累计摊销”科目，按照无形资产的账面余额，贷记“无形资产”科目；同时，按照收到的价款，借记“银行存款”等科目，按照处置过程中发生的相关费用，贷记“银行存款”等科目，按照其差额，贷记“应缴财政款”（按照规定应上缴无形资产转让净收入的）或“其他收入”（按照规定将无形资产转让收入纳入本单位预算管理的）科目。

2.报经批准对外捐赠无形资产时，按照无形资产已计提的摊销额，借记“无形资产累计摊销”科目，按照被处置的无形资产的账面余额，贷记“无形资产”科目，按照捐赠过程中发生的归属于捐出方的相关费用，贷记“银行存款”等科目，按照其差额，借记“资产处置费用”科目。按归属于捐出方的相关费用，借记“其他支出”科目，贷记“资金结存”科目。

3.报经批准无偿调出无形资产时，按照无形资产已计提的摊销额，借记“无形资产累计摊销”科目，按照被处置的无形资产的账面余额，贷记“无形资产”科目，按照其差额，借记“无偿调拨净资产”科目；同时，按照无偿调出过程中发生的归属于调出方的相关费用，借记“资产处置费用”科目，贷记“银行存款”等科目。按归属于调出方的相关费用，借记“其他支出”科目，贷记“资金结存”科目。

4.报经批准置换换出无形资产时，参照“库存物品”科目中置换换入库存物品的规定进行账务处理。

5.无形资产预期不能为单位带来服务潜力或经济利益，按照规定报经批准核销时，按照待核销无形资产的账面价值，借记“资产处置费用”科目，按照已计提的摊销额，借记“无形资产累计摊销”科目，按照无形资产的账面余额，贷记“无形资产”科目。无形资产处置时涉及增值税业务的，相关账务处理参见“应交增值税”科目。

（四）单位应当定期对无形资产进行清查盘点，每年至少盘点一次。单位资产清查盘点过程中发现的无形资产盘盈、盘亏等，参照“固定资产”科目相关规定进行账务处理。

无形资产的具体账务处理见表 2-23。

表 2–23　　　　　　　　　　**无形资产的具体账务处理**

<table>
<tr><th>序号</th><th colspan="2">业务</th><th>财务会计处理</th><th>预算会计处理</th></tr>
<tr><td rowspan="7">（1）</td><td rowspan="7">取得无形资产</td><td>①外购的无形资产入账时</td><td>借：无形资产<br>贷：财政拨款收入 / 零余额账户用款额度 / 应付账款 / 银行存款等</td><td>借：事业支出 / 经营支出等<br>贷：财政拨款预算收入 / 资金结存</td></tr>
<tr><td>②委托软件公司开发的软件，按照合同约定预付开发费时</td><td>借：预付账款<br>贷：财政拨款收入 / 零余额账户用款额度 / 银行存款等</td><td>借：事业支出/经营支出等［预付的款项］<br>贷：财政拨款预算收入 / 资金结存</td></tr>
<tr><td>委托开发的软件交付使用，并支付剩余或全部软件开发费用时</td><td>借：无形资产［开发费总额］<br>贷：预付账款<br>财政拨款收入 / 零余额账户用款额度 / 银行存款等［支付的剩余款项］</td><td>按照支付的剩余款项金额<br>借：事业支出 / 经营支出等<br>贷：财政拨款预算收入 / 资金结存</td></tr>
<tr><td>③自行开发<br>A. 开发完成，达到预定用途形成无形资产的</td><td>借：无形资产<br>贷：研发支出——开发支出</td><td>——</td></tr>
<tr><td>B. 自行研究开发无形资产尚未进入开发阶段，或者确实无法区分研究阶段支出和开发阶段支出，但按照法律程序已申请取得无形资产的</td><td>借：无形资产［依法取得时发生的注册费、聘请律师费等费用］<br>贷：财政拨款收入 / 零余额账户用款额度 / 银行存款等</td><td>借：事业支出 / 经营支出等<br>贷：财政拨款预算收入 / 资金结存</td></tr>
<tr><td>④置换取得的无形资产</td><td colspan="2">参照“库存物品”科目中置换取得库存物品的相关规定进行账务处理</td></tr>
<tr><td>⑤接受捐赠的无形资产</td><td>借：无形资产<br>贷：银行存款 / 零余额账户用款额度等［发生的相关税费等］<br>捐赠收入 [ 差额 ]</td><td>借：其他支出［支付的相关税费等］<br>贷：资金结存</td></tr>
</table>

续表

| 序号 | 业务 | | 财务会计处理 | 预算会计处理 |
|---|---|---|---|---|
| （1） | 取得无形资产 | 接受捐赠的无形资产按照名义金额入账的 | 借：无形资产［名义金额］<br>贷：捐赠收入<br>借：其他费用<br>贷：银行存款 / 零余额账户用款额度等［发生的相关税费等］ | 借：其他支出［支付的相关税费等］<br>贷：资金结存 |
| | | ⑥无偿调入的无形资产 | 借：无形资产<br>贷：银行存款 / 零余额账户用款额度等［发生的相关税费等］<br>无偿调拨净资产［差额］ | 借：其他支出［支付的相关税费等］<br>贷：资金结存 |
| （2） | 与无形资产有关的后续支出 | 符合无形资产确认条件的后续支出（如为增加无形资产的使用效能而发生的后续支出） | 借：在建工程<br>无形资产累计摊销<br>贷：无形资产<br>借：在建工程 / 无形资产［无需暂停计提摊销的］<br>贷：财政拨款收入 / 零余额账户用款额度 / 银行存款等 | 借：事业支出/经营支出等［实际支付的资金］<br>贷：财政拨款预算收入 / 资金结存 |
| | | 不符合无形资产确认条件的后续支出（如为维护无形资产的正常使用而发生的后续支出） | 借：业务活动费用 / 单位管理费用 / 经营费用等<br>贷：财政拨款收入 / 零余额账户用款额度 / 银行存款等 | 借：事业支出 / 经营支出等<br>贷：财政拨款预算收入 / 资金结存 |
| （3） | 无形资产处置 | 出售、转让无形资产 | 借：资产处置费用<br>无形资产累计摊销<br>贷：无形资产 | —— |
| | | | 借：银行存款等［收到的价款］<br>贷：银行存款等［发生的相关费用］<br>应缴财政款 / 其他收入 | 如转让收入按照规定纳入本单位预算<br>借：资金结存<br>贷：其他预算收入 |
| | | 对外捐赠无形资产 | 借：资产处置费用<br>无形资产累计摊销<br>贷：无形资产［账面余额］<br>银行存款等［归属于捐出方的相关费用］ | 借：其他支出［归属于捐出方的相关费用］<br>贷：资金结存 |

续表

<table>
<tr><th>序号</th><th colspan="2">业务</th><th>财务会计处理</th><th>预算会计处理</th></tr>
<tr><td rowspan="3">（3）</td><td rowspan="3">无形资产处置</td><td>无偿调出无形资产</td><td>借：无偿调拨净资产<br>　　无形资产累计摊销<br>　　贷：无形资产［账面余额］<br>借：资产处置费用<br>　　贷：银行存款等［相关费用］</td><td>借：其他支出［归属于调出方的相关费用］<br>　　贷：资金结存</td></tr>
<tr><td>置换换出无形资产</td><td colspan="2">参照“库存物品”科目中置换取得库存物品的规定进行账务处理</td></tr>
<tr><td>经批准核销无形资产时</td><td>借：资产处置费用<br>　　无形资产累计摊销<br>　　贷：无形资产［账面余额］</td><td>——</td></tr>
</table>

## 2.24.4 案例分析

**一、外购**

**【例 2-66】**某公立医院取得一项专利，使用财政授权支付方式支付价款 200 000 元。该医院的账务处理如下：

财务会计：

借：无形资产　　200 000

　　贷：零余额账户用款额度　　200 000

预算会计：

借：事业支出　　200 000

　　贷：资金结存——零余额账户用款额度　　200 000

**二、委托软件公司开发软件**

**【例 2-67】**某公立医院与软件公司合作，委托其开发软件，价款为 500 000 元。根据合同，该医院先预付 40% 的开发费用，在完工后交付支付剩余费用。所有款项使用财政授权支付方式支付。该医院的账务处理如下：

（1）预付开发费用时：

财务会计：

借：预付账款　　200 000

　　贷：零余额账户用款额度　　200 000

预算会计：

借：事业支出　　200 000

　　贷：资金结存——零余额账户用款额度　　200 000

（2）完工交付时：

财务会计：

借：无形资产　　500 000

　　贷：预付账款　　200 000

　　　　零余额账户用款额度　　300 000

预算会计：

借：事业支出　　300 000

　　贷：资金结存——零余额账户用款额度　　300 000

## 三、自行开发无形资产

【例 2–68】某公立医院自行开发一项技术，并申请专利，其按法律程序申请专利时发生的注册费、聘请律师费等共计 100 000 元，在取得专利之前共发生研发费用 200 000 元。所有款项均使用财政授权支付方式进行支付。该医院的账务处理如下：

（1）取得专利前，发生研发费用时：

财务会计：

借：研发支出　　200 000

　　贷：零余额账户用款额度　　200 000

预算会计：

借：事业支出　　200 000

　　贷：资金结存——零余额账户用款额度　　200 000

（2）依法取得专利时：

财务会计：

借：无形资产　　300 000

　　贷：研发支出　　200 000

　　　　零余额账户用款额度　　100 000

预算会计：

借：事业支出　　100 000

　　贷：资金结存——零余额账户用款额度　　100 000

## 四、置换取得无形资产

【例 2–69】某公立医院用一项专利置换换入一批材料，换出专利的原价为 500 000

元，已提摊销 300 000 元，评估价值为 200 000 元。置换换出专利收到补价 50 000 元，当日收到材料并验收入库。该医院的账务处理如下：

借：库存物品 150 000

　　无形资产累计摊销 300 000

　　银行存款 50 000

　　贷：无形资产 500 000

## 五、接受捐赠

【例 2-70】某公立医院接受 A 公司捐赠的一项专利，价值 200 000 元，支付相关税费 12 000 元。该医院的账务处理如下：

财务会计：

借：无形资产 212 000

　　贷：银行存款 12 000

　　　　捐赠收入 200 000

预算会计：

借：其他支出 12 000

　　贷：资金结存——货币资金 12 000

## 六、无偿调入

【例 2-71】某公立医院接受无偿调入的价值 50 000 元的无形资产，期间发生的运输费为 400 元。该医院的账务处理如下：

财务会计：

借：无形资产 50 400

　　贷：无偿调拨净资产 50 000

　　　　银行存款 400

预算会计：

借：其他支出 400

　　贷：资金结存——货币资金 400

【例 2-72】某公立医院拥有一项账面价值为 50 000 元的软件技术，已摊销 5 000 元，现为增加该软件技术的效用增加支出 20 000 元。该支出符合无形资产的确认条件。该医院的账务处理如下：

财务会计：

借：在建工程 45 000

　　无形资产累计摊销 5 000

　　贷：无形资产 50 000

借：在建工程 20 000

　　贷：银行存款 20 000

预算会计：

借：事业支出 20 000

　　贷：资金结存——货币资金 20 000

**【例 2–73】**某公立医院拥有一项账面价值为 50 000 元的软件技术，已摊销 5 000 元，现为维护该软件技术的正常使用发生后续支出 20 000 元。该支出不符合无形资产的确认条件。该医院的账务处理如下：

财务会计：

借：业务活动费用 20 000

　　贷：银行存款 20 000

预算会计：

借：事业支出 20 000

　　贷：资金结存——货币资金 20 000

**【例 2–74】**某公立医院打算无偿调出内部的一项无形资产。该无形资产的原值为 100 000 元，已计提摊销 20 000 元。该医院的账务处理如下：

借：无偿调拨净资产 80 000

　　无形资产累计摊销 20 000

　　贷：无形资产 100 000

**【例 2–75】**某公立医院将一批不再能为事业单位带来经济利益的著作权予以核销。该批著作权的原价为 100 000 元，已计提摊销 85 000 元。该医院的账务处理如下：

借：资产处置费用 15 000

　　无形资产累计摊销 85 000

　　贷：无形资产 100 000

# 2.25　无形资产累计摊销

## 2.25.1　业务简介

“无形资产累计摊销”科目用于核算公立医院对使用年限有限的无形资产计提的累计摊销。

## 2.25.2　账务处理

（一）按月对无形资产进行摊销时，按照应摊销金额，借记“业务活动费用”“单位管理费用”“加工物品”“在建工程”等科目，贷记“无形资产累计摊销”科目。

（二）经批准处置无形资产时，按照所处置无形资产的账面价值，借记“资产处置费用”“无偿调拨净资产”“待处理财产损溢”等科目，按照已计提的摊销额，借记“无形资产累计摊销”科目，按照无形资产的账面余额，贷记“无形资产”科目。

无形资产累计摊销的具体账务处理见表 2-24。

**表 2-24　　无形资产累计摊销的具体账务处理**

| 序号 | 业务 | 财务会计处理 | 预算会计处理 |
|---|---|---|---|
| （1） | 按照月进行无形资产摊销时 | 借：业务活动费用 / 单位管理费用 / 加工物品等<br>　贷：无形资产累计摊销 | —— |
| （2） | 处置无形资产时 | 借：资产处置费用 / 无偿调拨净资产等<br>　无形资产累计摊销<br>　贷：无形资产［账面余额］ | —— |

## 2.25.3　案例分析

**【例 2-76】**2×19 年 3 月 9 日，某公立医院购入一项专利，总价款为 360 000 元，按规定摊销年限为 10 年。其账务处理如下：

2×19 年 3 月 31 日，当月购入的无形资产不计提摊销。

2×19 年 4 月 30 日，计提专利权摊销。

专利权月摊销额 =360 000÷10÷12=3 000（元）

借：单位管理费用　　3 000

　贷：无形资产累计摊销　　3 000

# 2.26 研发支出

## 2.26.1 业务简介

“研发支出”科目用于核算公立医院在自行研究开发项目的研究阶段和开发阶段发生的各项支出。建设项目中的软件研发支出，应当通过“在建工程”科目核算，不通过“研发支出”科目核算。

## 2.26.2 账务处理

（一）自行研究开发项目研究阶段的支出，应当先在“研发支出”科目中归集。按照从事研究及其辅助活动人员计提的薪酬，研究活动领用的库存物品，发生的与研究活动相关的管理费、间接费和其他各项费用，借记“研发支出”科目（研究支出），贷记“应付职工薪酬”“库存物品”“财政拨款收入”“零余额账户用款额度”“固定资产累计折旧”“银行存款”等科目。按实际支付的款项，借记“事业支出”“经营支出”等科目，贷记“财政拨款预算收入”“资金结存”科目。期（月）末，应当将“研发支出”科目归集的研究阶段的支出金额转入当期费用，借记“业务活动费用”等科目，贷记“研发支出”科目（研究支出）。

（二）自行研究开发项目开发阶段的支出，先通过“研发支出”科目进行归集。按照从事开发及其辅助活动人员计提的薪酬，开发活动领用的库存物品，发生的与开发活动相关的管理费、间接费和其他各项费用，借记“研发支出”科目（开发支出），贷记“应付职工薪酬”“库存物品”“财政拨款收入”“零余额账户用款额度”“固定资产累计折旧”“银行存款”等科目。自行研究开发项目完成，达到预定用途形成无形资产的，按照“研发支出”科目归集的开发阶段的支出金额，借记“无形资产”科目，贷记“研发支出”科目（开发支出）。

公立医院应于每年年度终了评估研究开发项目是否能达到预定用途，如预计不能达到预定用途（如无法最终完成开发项目并形成无形资产），应当将已发生的开发支出金额全部转入当期费用，借记“业务活动费用”等科目，贷记“研发支出”科目（开发支出）。

自行研究开发项目时涉及增值税业务的，相关账务处理参见“应交增值税”科目。

研发支出的具体账务处理见表 2-25。

**表 2-25　　研发支出的具体账务处理**

<table>
<tr><th>序号</th><th colspan="3">业务</th><th>财务会计处理</th><th>预算会计处理</th></tr>
<tr><td rowspan="5">（1）</td><td rowspan="5">单位自行研究开发无形资产</td><td rowspan="2">自行研究开发项目研究阶段的支出</td><td>应当按照合理的方法先归集</td><td>借：研发支出——研究支出<br>贷：应付职工薪酬 / 库存物品 / 财政拨款收入 / 零余额账户用款额度 / 银行存款等</td><td>借：事业支出 / 经营支出等［实际支付的款项］<br>贷：财政拨款预算收入 / 资金结存</td></tr>
<tr><td>期（月）末转入当期费用</td><td>借：业务活动费用等<br>贷：研发支出——研究支出</td><td>——</td></tr>
<tr><td colspan="2">自行研究开发项目开发阶段的支出</td><td>借：研发支出——开发支出<br>贷：应付职工薪酬<br>库存物品<br>财政拨款收入 / 零余额账户用款额度 / 银行存款等</td><td>借：事业支出 / 经营支出等［实际支付的款项］<br>贷：财政拨款预算收入 / 资金结存</td></tr>
<tr><td colspan="2">自行研究开发项目完成，达到预定用途形成无形资产</td><td>借：无形资产<br>贷：研发支出——开发支出</td><td>——</td></tr>
<tr><td colspan="2">年末经评估，研发项目预计不能达到预定用途</td><td>借：业务活动费用等<br>贷：研发支出——开发支出</td><td>——</td></tr>
</table>

## 2.26.3　案例分析

**【例 2-77】**某公立医院于 2×19 年 1 月 1 日自行研究开发一项新产品专利技术，在研究开发过程中领用一批价值 50 万元的材料 A，期间发生人工工资 90 万元，以及用银行存款支付其他费用 20 万元，总计 160 万元。其中，符合资本化条件的支出为 130 万元。假定不考虑相关税费，其账务处理如下：

财务会计：

借：研发支出——研究支出　　300 000

　　　　　　——开发支出　　1 300 000

　贷：库存物品——A　　500 000

　　　应付职工薪酬　　900 000

　　　银行存款　　200 000

预算会计：

借：事业支出　　200 000

　　贷：资金结存——货币资金　　200 000

# 2.27 其他资产

公立医院中可能涉及的其他资产主要包括待摊费用、受托代理资产、长期待摊费用、待处理财产损溢共四大类。

## 2.27.1 业务简介

**一、待摊费用**

“待摊费用”科目用于核算公立医院已经支付，但应当由本期和以后各期分别负担的，分摊期在 1 年以内（含 1 年）的各项费用，如预付保险费、预付租金、供暖费等。这些费用的特点是：虽然在某月支付或发生，但是受益期是以后的几个月甚至全年。为了正确计算各个会计期间的业务成果，必须严格划分费用的归属期，分月推入各月成本费用。待摊费用应当在其受益期限内分期平均摊销，如预付保险费应在保险期的有效期内、预付租金应在租赁期内分期平均摊销，计入当期费用。

摊销期限在 1 年以上的租入固定资产改良支出和其他费用，应当通过“长期待摊费用”科目核算，不通过“待摊费用”科目核算。

实务中，有些费用受益期限虽然超过 1 个月，但如果费用金额较小，为了简化核算工作，也可以不作为待摊费用处理，而直接计入当期费用。

**二、受托代理资产**

“受托代理资产”科目用于核算公立医院接受委托方委托管理的各项资产，包括受托指定转赠的物资、受托存储保管的物资等的成本。公立医院管理的罚没物资也应当通过“受托代理资产”科目核算。公立医院收到的受托代理资产为现金和银行存款的，不通过“受托代理资产”科目核算，而应当通过“库存现金”“银行存款”科目进行核算。

**三、长期待摊费用**

“长期待摊费用”科目用于核算公立医院已经支出，但应由本期和以后各期负担的，分摊期限在 1 年以上（不含 1 年）的各项费用，如以经营租赁方式租入的固定资产发生的改良支出等。

**四、待处理财产损溢**

“待处理财产损溢”科目用于核算公立医院待处置资产的价值及处置损溢。

公立医院资产处置包括资产的出售、出让、转让、对外捐赠、无偿调出、盘亏、报废、毁损以及货币性资产损失核销等。

“待处理财产损溢”科目应当按照待处置资产项目进行明细核算；对于在处置过程中取得的相关收入、发生的相关费用的处置项目，还应设置“待处理财产价值”“处理净收入”明细科目，分别进行明细核算。

## 2.27.2 账务处理

**一、待摊费用**

（一）发生待摊费用时，按照实际预付的金额，借记“待摊费用”科目，贷记“财政拨款收入”“零余额账户用款额度”“银行存款”等科目。借记“事业支出”等科目，贷记“财政拨款预算收入”“资金结存”科目。

（二）按照受益期限分期平均摊销时，按照摊销的金额，借记“业务活动费用”“单位管理费用”“经营费用”等科目，贷记“待摊费用”科目。

（三）如果某项待摊费用已经不能使公立医院受益，应当将其摊余金额一次全部转入当期费用。按照摊销金额，借记“业务活动费用”“单位管理费用”“经营费用”等科目，贷记“待摊费用”科目。

待摊费用的具体账务处理见表 2-26。

表 2-26 待摊费用的具体账务处理

| 序号 | 业务 | 财务会计处理 | 预算会计处理 |
|---|---|---|---|
| （1） | 发生待摊费用时 | 借：待摊费用<br>贷：财政拨款收入 / 零余额账户用款额度 / 银行存款等 | 借：事业支出等<br>贷：财政拨款预算收入 / 资金结存 |
| （2） | 按照受益期限分期平均摊销时 | 借：业务活动费用 / 单位管理费用 / 经营费用等<br>贷：待摊费用［每期摊销金额］ | — |
| （3） | 将摊余金额一次全部转入当期费用时 | 借：业务活动费用 / 单位管理费用 / 经营费用等<br>贷：待摊费用［全部未摊销金额］ | — |

## 二、受托代理资产

（一）受托转赠物资

1. 接受委托人委托需要转赠给受赠人的物资，其成本按照有关凭据注明的金额确定。接受委托转赠的物资验收入库时，按照确定的成本，借记“受托代理资产”科目，贷记“受托代理负债”科目。

受托协议约定由受托方承担相关税费、运输费等的，还应当按照实际支付的相关税费、运输费等金额，借记“其他费用”科目，贷记“银行存款”等科目。按实际支付的运输费、保管费等，借记“其他支出”等科目，贷记“财政拨款预算收入”“资金结存”科目。

2. 将受托转赠物资交付受赠人时，按照转赠物资的成本，借记“受托代理负债”科目，贷记“受托代理资产”科目。

3. 转赠物资的委托人取消了对捐赠物资的转赠要求，且不再收回捐赠物资的，应当将转赠物资转为公立医院的存货、固定资产等。按照转赠物资的成本，借记“受托代理负债”科目，贷记“受托代理资产”科目；同时，借记“库存物品”“固定资产”等科目，贷记“其他收入”科目。

（二）受托存储保管物资

1. 接受委托人委托存储保管的物资，其成本按照有关凭据注明的金额确定。接受委托储存的物资验收入库时，按照确定的成本，借记“受托代理资产”科目，贷记“受托代理负债”科目。

2. 发生由受托公立医院承担的与受托存储保管的物资相关的运输费、保管费等费用时，按照实际发生的费用金额，借记“其他费用”等科目，贷记“银行存款”等科目。按实际支付的运输费、保管费等，借记“其他支出”等科目，贷记“财政拨款预算收入”“资金结存”科目。

3. 根据委托人要求交付或发出受托存储保管的物资时，按照发出物资的成本，借记“受托代理负债”科目，贷记“受托代理资产”科目。

（三）罚没物资

1. 取得罚没物资时，其成本按照有关凭据注明的金额确定。罚没物资验收（入库）时，按照确定的成本，借记“受托代理资产”科目，贷记“受托代理负债”科目。罚没物资成本无法可靠确定的，公立医院应当设置备查簿进行登记。

2. 按照规定处置或移交罚没物资时，按照罚没物资的成本，借记“受托代理负债”科目，贷记“受托代理资产”科目。处置时取得款项的，按照实际取得的款项金额，借记“银行存款”等科目，贷记“应缴财政款”等科目。

公立医院受托代理的其他实物资产，参照“受托代理资产”科目有关受托转赠物资、受托存储保管物资的规定进行账务处理。

受托代理资产的具体账务处理见表 2-27。

**表 2-27　　受托代理资产的具体账务处理**

<table>
<tr><th>序号</th><th colspan="2">业务</th><th>财务会计处理</th><th>预算会计处理</th></tr>
<tr><td rowspan="4">（1）</td><td rowspan="4">受托转赠物资</td><td>接受委托人委托需要转赠给受赠人的物资</td><td>借：受托代理资产<br>贷：受托代理负债</td><td>——</td></tr>
<tr><td>受托协议约定由受托方承担相关税费、运输费的</td><td>借：其他费用<br>贷：财政拨款收入 / 零余额账户用款额度 / 银行存款等</td><td>借：其他支出［实际支付的相关税费、运输费等］<br>贷：财政拨款预算收入 / 资金结存</td></tr>
<tr><td>将受托转赠物资交付受赠人时</td><td>借：受托代理负债<br>贷：受托代理资产</td><td>——</td></tr>
<tr><td>转赠物资的委托人取消了对捐赠物资的转赠要求，且不再收回捐赠物资的</td><td>借：受托代理负债<br>贷：受托代理资产<br>借：库存物品 / 固定资产等<br>贷：其他收入</td><td>——</td></tr>
<tr><td rowspan="3">（2）</td><td rowspan="3">受托储存保管物资</td><td>接受委托人委托储存保管的物资</td><td>借：受托代理资产<br>贷：受托代理负债</td><td>——</td></tr>
<tr><td>支付由受托单位承担的与受托储存保管的物资相关的运输费、保管费等</td><td>借：其他费用等<br>贷：财政拨款收入 / 零余额账户用款额度 / 银行存款等</td><td>借：其他支出等［实际支付的运输费、保管费等］<br>贷：财政拨款预算收入 / 资金结存</td></tr>
<tr><td>根据委托人要求交付受托储存保管的物资时</td><td>借：受托代理负债<br>贷：受托代理资产</td><td>——</td></tr>
<tr><td rowspan="2">（3）</td><td rowspan="2">罚没物资</td><td>取得罚没物资时</td><td>借：受托代理资产<br>贷：受托代理负债</td><td>——</td></tr>
<tr><td>按照规定处置罚没物资时</td><td>借：受托代理负债<br>贷：受托代理资产<br>处置时取得款项的<br>借：银行存款等<br>贷：应缴财政款</td><td>——</td></tr>
</table>

## 三、长期待摊费用

（一）发生长期待摊费用时，按照支出的金额，借记“长期待摊费用”科目，贷记“财政拨款收入”“零余额账户用款额度”“银行存款”等科目。按照支出的金额，借记“事业支出”等科目，贷记“财政拨款预算收入”“资金结存”科目。

（二）按照受益期间摊销长期待摊费用时，按照摊销的金额，借记“业务活动费用”“单位管理费用”“经营费用”等科目，贷记“长期待摊费用”科目。

（三）如果某项长期待摊费用已经不能使公立医院受益，应当将其摊余金额一次全部转入当期费用。按照摊销的金额，借记“业务活动费用”“单位管理费用”“经营费用”等科目，贷记“长期待摊费用”科目。

长期待摊费用的具体账务处理见表 2-28。

表 2-28 长期待摊费用的具体账务处理

| 序号 | 业务 | 财务会计处理 | 预算会计处理 |
| --- | --- | --- | --- |
| （1） | 发生长期待摊费用 | 借：长期待摊费用<br>贷：财政拨款收入 / 零余额账户用款额度 / 银行存款等 | 借：事业支出等<br>贷：财政拨款预算收入 / 资金结存 |
| （2） | 按期摊销或一次转销长期待摊费用剩余账面余额 | 借：业务活动费用 / 单位管理费用 / 经营费用等<br>贷：长期待摊费用 | —— |

## 四、待处理财产损溢

（一）核对账款时发现的库存现金短缺或溢余

1. 对于在进行每日账款核对时发现的现金短缺或溢余，在财务会计中，属于现金短缺的，按照实际短缺的金额，借记“待处理财产损溢”科目，贷记“库存现金”科目；属于现金溢余的，按照实际溢余的金额，借记“库存现金”科目，贷记“待处理财产损溢”科目。在预算会计中，若溢余，借记“资金结存”科目，贷记“其他预算收入”，若短缺，借记“其他支出”科目，贷记“资金结存”科目。

2. 如为现金短缺，属于应由责任人赔偿或向有关人员追回的，借记“其他应收款”科目，贷记“待处理财产损溢”科目；属于无法查明原因的，报经批准核销时，借记“资产处置费用”科目，贷记“待处理财产损溢”科目。

3. 如为现金溢余，属于应支付给有关人员或单位的，借记“待处理财产损溢”科目，贷记“其他应付款”科目；属于无法查明原因的，报经批准后，借记“待处理财产损溢”科目，贷记“其他收入”科目。

（二）资产清查过程中发现的存货、固定资产、无形资产等各种资产盘盈、盘亏或报废、毁损

**1. 盘盈的各类资产**

（1）转入待处理资产时，按照确定的成本，借记“库存物品”“固定资产”“无形资产”等科目，贷记“待处理财产损溢”科目。

（2）按照规定报经批准后处理时，对于盘盈的流动资产，借记“待处理财产损溢”科目，贷记“单位管理费用”科目。对于盘盈的非流动资产，如属于本年度取得的，按照当年新取得的相关资产的账面价值进行账务处理；如属于以前年度取得的，按照前期差错处理，借记“待处理财产损溢”科目，贷记“以前年度盈余调整”科目。

**2. 盘亏或者毁损、报废的各类资产**

（1）转入待处理资产时，借记“待处理财产损溢”科目（待处理财产价值）（盘亏、毁损、报废固定资产、无形资产的，还应借记“固定资产累计折旧”“无形资产累计摊销”科目），贷记“库存物品”“固定资产”“无形资产”“在建工程”等科目。涉及增值税业务的，相关账务处理参见“应交增值税”科目。报经批准处理时，借记“资产处置费用”科目，贷记“待处理财产损溢”科目（待处理财产价值）。

（2）处理毁损、报废实物资产过程中取得的残值或残值变价收入、保险理赔和过失人赔偿时，借记“库存现金”“银行存款”“库存物品”“其他应收款”等科目，贷记“待处理财产损溢”科目（处理净收入）；处理毁损、报废实物资产过程中发生的相关费用时，借记“待处理财产损溢”科目（处理净收入），贷记“库存现金”“银行存款”等科目。处理收支结清时，如果处理收入大于相关费用，按照处理收入减去相关费用后的净收入，借记“待处理财产损溢”科目（处理净收入），贷记“应缴财政款”等科目；如果处理收入小于相关费用，按照相关费用减去处理收入后的净支出，借记“资产处置费用”科目，贷记“待处理财产损溢”科目（处理净收入）。

“待处理财产损溢”的具体账务处理见表 2-29。

表 2-29 “待处理财产损溢”的具体账务处理

<table>
<tr><th>序号</th><th colspan="3">业务</th><th>财务会计处理</th><th>预算会计处理</th></tr>
<tr><td>（1）</td><td colspan="3">账款核对时发现的现金短缺或溢余</td><td colspan="2">参照“库存现金”科目的账务处理</td></tr>
<tr><td rowspan="3">（2）</td><td rowspan="3">盘盈的非现金资产</td><td colspan="2">转入待处理财产时</td><td>借：库存物品 / 固定资产 / 无形资产等<br>贷：待处理财产损溢</td><td>——</td></tr>
<tr><td rowspan="2">报经批准后处理时</td><td>对于流动资产</td><td>借：待处理财产损溢<br>贷：单位管理费用</td><td>——</td></tr>
<tr><td>对于非流动资产</td><td>借：待处理财产损溢<br>贷：以前年度盈余调整</td><td>——</td></tr>
<tr><td rowspan="6">（3）</td><td rowspan="6">盘亏或毁损、报废的非现金资产</td><td colspan="2">转入待处理财产时</td><td>借：待处理财产损溢——待处理财产价值<br>固定资产累计折旧 / 无形资产累计摊销<br>贷：库存物品 / 固定资产 / 无形资产等</td><td>——</td></tr>
<tr><td colspan="2">报经批准处理时</td><td>借：资产处置费用<br>贷：待处理财产损溢——待处理财产价值</td><td>——</td></tr>
<tr><td colspan="2">处理毁损、报废实物资产过程中取得的残值或残值变价收入、保险理赔或过失人赔偿等</td><td>借：库存现金 / 银行存款 / 库存物品 / 其他应收款等<br>贷：待处理财产损溢——处理净收入</td><td>——</td></tr>
<tr><td colspan="2">处理毁损、报废实物资产过程中发生的相关费用</td><td>借：待处理财产损溢——处理净收入<br>贷：库存现金 / 银行存款等</td><td>——</td></tr>
<tr><td colspan="2">处理收支结清，处理收入大于相关费用的</td><td>借：待处理财产损溢——处理净收入<br>贷：应缴财政款</td><td>——</td></tr>
<tr><td colspan="2">处理收支结清，处理收入小于相关费用的</td><td>借：资产处置费用<br>贷：待处理财产损溢——处理净收入</td><td>借：其他支出<br>贷：资金结存等<br>［支付的处理净支出］</td></tr>
</table>

## 2.27.3　案例分析

### 一、待摊费用

**【例 2-78】**某公立医院于 2×19 年 3 月 1 日向 A 公司租赁一间房屋作为仓库，当日支付了 1 年的房租 12 000 元。该医院的账务处理如下：

财务会计：

借：待摊费用　　12 000

　　贷：银行存款　　12 000

预算会计：

借：事业支出　　12 000

　　贷：资金结存——货币资金　　12 000

**【例 2-79】**接【例 2-78】。该公立医院以后每月按照收益期限分期平均摊销。该医院在 2×19 年 3 月 31 日的账务处理如下：

借：业务活动费用　　1 000

　　贷：待摊费用　　1 000

**【例 2-80】**接【例 2-79】。2×19 年 8 月 31 日，该公立医院因情况发生变化而不再需要使用租赁的该房屋。该医院的账务处理如下：

借：业务活动费用　　6 000

　　贷：待摊费用　　6 000

### 二、受托代理资产

**【例 2-81】**2×19 年 6 月 3 日，某公立医院接受 E 公司委托转赠的一批物资并验收入库。该批物资的实际成本为 360 000 元。该公立医院使用银行存款支付运费 5 000 元。该医院的账务处理如下：

（1）2×19 年 6 月 3 日，接受受托转赠物资时：

财务会计：

借：受托代理资产　　360 000

　　贷：受托代理负债　　360 000

借：其他费用　　5 000

　　贷：银行存款　　5 000

预算会计：

借：其他支出 5 000

　　贷：资金结存——货币资金 5 000

（2）2×19年7月5日，该公立医院将物资交付受赠人甲公立医院：

借：受托代理负债 360 000

　　贷：受托代理资产 360 000

若E公司于2×19年6月15日取消了对捐赠物资的转赠要求，则该医院的账务处理如下：

借：受托代理负债 360 000

　　贷：受托代理资产 360 000

借：库存物品 360 000

　　贷：其他收入 360 000

**【例2-82】**2×19年7月7日，某公立医院接受F公司委托，储存一批物资。该物资的实际成本为480 000元。该公立医院用银行存款支付运费6 000元，并将物资验收入库。该公立医院的账务处理如下：

2×19年7月7日，接受受托储存物资时：

财务会计：

借：受托代理资产 480 000

　　贷：受托代理负债 480 000

借：其他费用 6 000

　　贷：银行存款 6 000

预算会计：

借：其他支出 6 000

　　贷：资金结存——货币资金 6 000

2×19年7月16日，该公立医院根据委托将受托储存物资交付，其账务处理如下：

借：受托代理负债 480 000

　　贷：受托代理资产 480 000

**【例2-83】**2×19年10月1日，某公立医院没收一批物资。该物资的成本为30 000元。该公立医院的账务处理如下：

借：受托代理资产 30 000

　　贷：受托代理负债 30 000

2×19年12月1日，该公立医院按照规定处置罚没物资，取得款项30 500元，其账务处理如下：

借：银行存款　　　　30 500

　　贷：应缴财政款　　　　30 500

## 三、长期待摊费用

**【例 2–84】**2×19 年 4 月 1 日，某公立医院对其以经营租赁方式新租入的办公楼进行装修，一共发生 120 000 元的支出，使用财政授权支付方式进行结算。假定不考虑其他因素，则该医院的账务处理如下：

财务会计：

借：长期待摊费用　　　　120 000

　　贷：零余额账户用款额度　　　　120 000

预算会计：

借：事业支出　　　　120 000

　　贷：资金结存——零余额账户用款额度　　　　120 000

**【例 2–85】**接【例 2–84】。2×19 年 11 月 30 日，该办公楼装修完工，达到预定可使用状态并交付使用，按租赁期 10 年开始进行摊销。假定不考虑其他因素，则该医院的账务处理如下：

2×19 年 12 月摊销装修支出时：

借：业务活动费用　　　　1 000

　　贷：长期待摊费用　　　　1 000

## 四、待处理财产损溢

**【例 2–86】**某公立医院在 2×19 年 11 月 10 日对固定资产盘点时，盘盈一台设备，其账面价值为 3 000 元。报经批准后于 2×19 年 12 月 10 日对该设备进行处理。该医院的账务处理如下：

（1）2×19 年 11 月 10 日：

借：固定资产——设备　　　　3 000

　　贷：待处理财产损溢　　　　3 000

（2）2×19 年 12 月 10 日：

借：待处理财产损溢　　　　3 000

　　贷：以前年度盈余调整　　　　3 000

**【例 2–87】**某公立医院在 2×19 年 6 月 1 日对固定资产进行盘点时，发现一台设备B毁损，其账面价值为5 000元，已计提折旧4 000元。2×19年6月10日，报经批准处理。2×19年6月30日，则该医院将毁损的设备B变卖后获取300元，另支付运费100元。该医院的账务处理如下：

（1）2×19年6月1日：

借：待处理财产损溢——待处理财产价值 1 000

固定资产累计折旧 4 000

贷：固定资产 5 000

（2）2×19年6月10日：

借：资产处置费用 1 000

贷：待处理财产损溢——待处理财产价值 1 000

（3）2×19年6月30日：

借：银行存款 300

贷：待处理财产损溢——处理净收入 300

借：待处理财产损溢——处理净收入 100

贷：银行存款 100

借：待处理财产损溢——处理净收入 200

贷：应缴财政款 200

# 第 3 章 负债

## 3.1 负债概述

### 3.1.1 负债的定义

负债是指公立医院过去的经济业务或者事项形成的，预期会导致经济资源流出公立医院的现时义务。现时义务是指公立医院在现行条件下已承担的义务。未来发生的经济业务或者事项形成的义务不属于现时义务，不应当被确认为负债。因此，某项义务在同时满足以下条件时，确认为负债。

1. 负债是现时已经存在的、由过去的经济业务所产生的经济负担。例如，公立医院为筹措资金需从银行处取得借款，购入药品时产生的赊销款项等业务均会产生公立医院的负债；因公立医院经营业务所产生的税款缴纳行为等，也会增加医院的负债。

2. 负债是可以用货币计量或合理估价的债务责任。因此，每项负债都应当可以用货币计量且偿还数额确定，或虽无确定的金额，但可以采用科学的方式加以估计。

3. 负债的履行会导致公立医院未来经济利益的流出。

4. 负债必须有确定的债权人，其偿还的形式也必须是债权人所能接受的。负债偿还的方式有：用现金或非现金的物品或其他资产支付，用劳务来抵偿或以新举债的方式来抵偿。

### 3.1.2 负债的分类

负债分为流动负债和非流动负债。流动负债是指预计在 1 年内（含 1 年）偿还的负债。公立医院的流动负债包括短期借款、应交增值税、其他应交税费、应缴财政款、应付票据、预提费用、应付及预收款项和应付职工薪酬等。非流动负债是指流动负债以外的负债。公立医院的非流动负债包括长期应付款、长期借款、预计负债和受托代理负债。

医院的流动负债具有以下特点：

（1）偿还期限短。流动负债是指在负债到期偿还时，债务人可立即偿付，或在1年内或者超过1年的一个营业周期内履行偿债责任的一种负债类型；

（2）筹资成本低。流动负债主要是为医院日常医疗活动服务的，能够在短期内为医院提供资金来源，其筹资成本很低；

（3）偿还方式灵活。除了大多数用货币资金偿还外，还可以用商品或劳务等偿还。

按照产生的原因，公立医院的流动负债可分为以下几类：

（1）筹集资金产生的流动负债。如医院从银行和其他机构借入的短期借款等；

（2）购销过程中形成的流动负债。如医院购入的药品、卫生材料、低值易耗品等货物已经收到但是款项尚未支付所形成的待结算应付账款，社会医疗保险机构预拨的医疗保险基金和预收病人门诊及住院时交纳的医疗款等；

（3）业务活动过程中形成的流动负债。由于公立医院实行权责发生制，有些费用需要预先提取，如预提费用、应付职工薪酬、应付福利费、应付社会保障费等；

（4）按照国家规定应缴入国库或上缴行政部门的应缴未缴款项，以及一些其他的应付、暂收款项，如存入保证金等。

根据应付的金额及内容，公立医院的流动负债又可以分为以下几类：

（1）应付金额确定的流动负债。如短期借款、应付账款、预收医疗款、应付职工薪酬、应付福利费、应付社会保障费、其他应付款、预提费用等。

（2）应付金额视经营情况而定的流动负债。这类流动负债，如应缴款项、应交税费等需待公立医院在一定的经营期间才能确定金额。

（3）应付金额需予以估计的流动负债。这类负债是过去已经发生的业务，但因偿付金额尚未具体确定。对于这类负债，公立医院要通过科学的估值方式对其进行合理的金额估计，例如可以依据往年处理惯例或相应调查资料估计负债金额。

### 3.1.3　负债的计量

负债的计量属性主要包括历史成本、现值和公允价值。一般应当采用历史成本对负债进行计量。在历史成本计量法下，负债按照因承担现时义务而实际收到的款项或者资产的金额，或者按照承担现时义务的合同金额，或者按照为偿还负债预期需要支付的现金金额计量。而在现值计量下，负债按照预计期限内需要偿还的未来净现金流出量的折现金额计量。在公允价值计量下，负债按照市场参与者在计量日发生的有序交易中，转移负债所需支付的价格计量。若采用现值、公允价值计量，应当保证所确定的负债金额能够持续、可靠地计量。

## 3.2　短期借款

### 3.2.1　业务简介

短期借款实质上反映了公立医院与资金供给方之间短期资金借贷的关系。公立医院的短期借款业务主要包含 3 种。

一是公立医院因生产经营需要，而向银行或其他金融机构取得的借款。办理该项借款时，公立医院应按有关规定向银行提出年度、季度借款计划，经银行核定后，在借款计划中根据借款借据办理借款，并在期限届满之后归还相应的金额。

二是公立医院因银行承兑汇票到期但是由于资金不足或者其他原因暂时无法偿付资金时，应该将到期需要承兑的银行承兑汇票到期转入短期借款。

三是公立医院借入短期借款应支付利息。

“短期借款”科目核算的是公立医院经批准向银行或其他金融机构等借入的期限 1 年内（含 1 年）的各种借款。医院应当设置“短期借款”科目，核算短期借款的取得、计息和偿还数额。该科目期末贷方余额，反映公立医院尚未偿还的短期借款本金数额。“短期借款”科目属于负债类科目，其借方登记偿还借款的本金数额，贷方登记取得借款的本金数额，期末一般为贷方余额，反映医院尚未偿还的短期借款本金数额。

### 3.2.2　账务处理

（一）借入各种短期借款时，在财务会计中，按照实际借入的金额，借记

“银行存款”科目，贷记“短期借款”科目。在预算会计中，借记“资金结存——货币资金”科目，贷记“债务预算收入”科目。

（二）银行承兑汇票到期，公立医院无力支付票款的，在财务会计中，应按照应付票据的账面余额，借记“应付票据”科目，贷记“短期借款”科目。在预算会计中，借记“经营支出”等科目，贷记“债务预算收入”科目。

（三）归还短期借款时，在财务会计中，借记“短期借款”科目，贷记“银行存款”科目。在预算会计中，借记“债务还本支出”科目，贷记“资金结存——货币资金”科目。

短期借款的具体账务处理见表3-1。

**表3-1　短期借款的具体账务处理**

| 序号 | 业务 | 财务会计处理 | 预算会计处理 |
|---|---|---|---|
| （1） | 借入各种短期借款 | 借：银行存款<br>贷：短期借款 | 借：资金结存——货币资金<br>贷：债务预算收入 |
| （2） | 银行承兑汇票到期，本公立医院无力支付票款 | 借：应付票据<br>贷：短期借款 | 借：经营支出等<br>贷：债务预算收入 |
| （3） | 归还短期借款 | 借：短期借款<br>贷：银行存款 | 借：债务还本支出<br>贷：资金结存——货币资金 |

## 3.2.3 案例分析

### 一、借入各种短期借款

**【例3-1】**2×18年12月1日，某公立医院因医疗业务的临时性需要，向银行借款100 000元。该笔借款的期限为6个月，年利率为6%。该医院的账务处理如下：

财务会计：

借：银行存款　　100 000

　　贷：短期借款　　100 000

预算会计：

借：资金结存——货币资金　　100 000

　　贷：债务预算收入　　100 000

### 二、银行承兑汇票到期，公立医院无力支付票款

**【例3-2】**2×19年3月1日，某公立医院因采购需要而向B银行申请了银行

承兑汇票 30 000 元。截止到期日 2×19 年 9 月 1 日，本公立医院无力支付票款。该医院的账务处理如下：

财务会计：

借：应付票据 30 000

　　贷：短期借款 30 000

预算会计：

借：经营支出 30 000

　　贷：债务预算收入 30 000

**三、归还短期借款本息**

**【例 3-3】**接【例 3-1】。该公立医院到期归还上述短期借款，并支付借款利息，其账务处理如下：

借款利息 =100 000×6%×6÷12=3 000（元）

财务会计：

借：短期借款 100 000

　　其他费用——利息费用 3 000

　　贷：银行存款 103 000

预算会计：

借：债务还本支出 100 000

　　其他支出 3 000

　　贷：资金结存——货币资金 103 000

# 3.3 应交增值税

## 3.3.1 业务简介

“应交增值税”科目用于核算公立医院按照现行税法规定所应当交纳的增值税，即核算医院在销售货物、提供医疗服务活动时应当在本期缴纳的增值税款项。缴纳增值税的会计主体可以分为一般纳税人和小规模纳税人。

## 3.3.2 科目介绍

属于一般纳税人的公立医院应当在“应交增值税”科目下设置“应交税

金”“未交税金”“预交税金”“待抵扣进项税额”“待认证进项税额”“待转销项税额”“简易计税”“转让金融商品应交增值税”“代扣代交增值税”等明细科目。增值税小规模纳税人只需在本科目下设置“转让金融商品应交增值税”“代扣代交增值税”明细科目。

“应交税金”明细账内应当设置“进项税额”“已交税金”“转出未交增值税”“减免税款”“销项税额”“进项税额转出”“转出多交增值税”等专栏。其中，“进项税额”专栏用于记录公立医院购进货物、加工修理修配劳务、服务、无形资产或不动产而支付或负担的、准予从当期销项税额中抵扣的增值税额；“已交税金”专栏用于记录公立医院当月已交纳的应交增值税额；“转出未交增值税”和“转出多交增值税”专栏分别用于记录一般纳税人月度终了转出当月应交未交和多交的增值税额；“减免税款”专栏用于记录公立医院按照现行增值税制度规定准予减免的增值税额；“销项税额”专栏用于记录公立医院销售货物、加工修理修配劳务、服务、无形资产或不动产应收取的增值税额；“进项税额转出”专栏用于记录公立医院购进货物、加工修理修配劳务、服务、无形资产或不动产等发生非正常损失以及其他原因而不应从销项税额中抵扣、按照规定转出的进项税额。

“未交税金”明细科目，用于核算公立医院月度终了从“应交税金”或“预交税金”明细科目转入当月应交未交、多交或预缴的增值税额，以及当月交纳以前期间未交的增值税额。

“预交税金”明细科目，用于核算公立医院转让不动产、提供不动产经营租赁服务等，以及其他按照现行增值税制度规定应预缴的增值税额。

“待抵扣进项税额”明细科目，用于核算公立医院已取得增值税扣税凭证并经税务机关认证，按照现行增值税制度规定准予以后期间从销项税额中抵扣的进项税额。

“待认证进项税额”明细科目，用于核算公立医院由于未经税务机关认证而不得从当期销项税额中抵扣的进项税额，包括一般纳税人已取得增值税扣税凭证并按规定准予从销项税额中抵扣，但尚未经税务机关认证的进项税额；一般纳税人已申请稽核但尚未取得稽核相符结果的海关缴款书进项税额。

“待转销项税额”明细科目，用于核算公立医院销售货物、加工修理修配劳务、服务、无形资产或不动产，已确认相关收入（或利得）但尚未发生增值税纳税义务而需于以后期间确认为销项税额的增值税额。

“简易计税”明细科目，用于核算公立医院采用简易计税方法发生的增值税计提、扣减、预缴、缴纳等业务。

“转让金融商品应交增值税”明细科目，用于核算公立医院转让金融商品发生的增值税额。

“代扣代交增值税”明细科目，用于核算公立医院购进在境内未设经营机构的境外公立医院或个人在境内的应税行为代扣代缴的增值税。

### 3.3.3 账务处理

**一、公立医院取得资产或接受劳务等时发生的进项税额**

（一）允许抵扣的采购等业务的进项税额

公立医院购买用于增值税应税项目的资产或服务等时，在财务会计中，按照应计入相关成本费用或资产的金额，借记“业务活动费用”“在途物品”“库存物品”“工程物资”“在建工程”“固定资产”“无形资产”等科目，按照当月已认证的可抵扣增值税额，借记“应交增值税——应交税金（进项税额）”科目，按照当月未认证的可抵扣增值税额，借记“应交增值税——待认证进项税额”科目，按照应付或实际支付的金额，贷记“应付账款”“应付票据”“银行存款”“零余额账户用款额度”等科目。同时，在预算会计中，借记“事业支出”“经营支出”等科目，贷记“资金结存”等科目。发生退货的，如原增值税专用发票已做认证，应根据税务机关开具的红字增值税专用发票做相反的会计分录；如原增值税专用发票未做认证，应将发票退回并做相反的会计分录。

小规模纳税人购买资产或服务等时不能抵扣增值税，发生的增值税计入资产成本或相关成本费用。

（二）不得抵扣的采购等业务的进项税额

公立医院购进的资产或服务等，用于简易计税方法下的计税项目及免征增值税项目、集体福利或个人消费等，相关进项税额按照现行增值税制度规定不得从销项税额中抵扣的，在取得增值税专用发票时，在财务会计中，应按照增值税发票注明的金额，借记相关成本费用或资产科目，按照待认证的增值税进项税额，借记“应交增值税——待认证进项税额”科目，按照实际支付或应付的金额，贷记“银行存款”“应付账款”“零余额账户用款额度”等科目。同时，在预算会计中，借记“事业支出”“经营支出”等科目，贷记“资金结存”等科目。经税务机关认证为不可抵扣进项税时，借记“应交增值税——应交税金（进项税额）”科目，贷记“应交增值税——待认证进项税额”科目，同时，将进项税额转出，借记相关成本费用科目，贷记“应交增值税——应交税金（进项税额转出）”科目。

（三）购进不动产或不动产在建工程时，按照规定分年抵扣进项税额

公立医院取得应税项目为不动产或者不动产在建工程，且相应进项税额按照现行增值税制度规定自取得之日起分两年从销项税额中抵扣的，在财务会计中，应当按照取得的成本，借记“固定资产”“在建工程”等科目，按照当期可抵扣的增值税额，借记“应交增值税——应交税金（进项税额）”科目，按照以后期间可抵扣的增值税额，借记“应交增值税——待抵扣进项税额”科目，按照应付或实际支付的金额，贷记“应付账款”“应付票据”“银行存款”“零余额账户用款额度”等科目。同时，在预算会计中，按照实际支付的税额，借记“事业支出”“经营支出”等科目，贷记“资金结存”等科目。尚未抵扣的进项税额待以后期间允许抵扣时，按照允许抵扣的金额，借记“应交增值税——应交税金（进项税额）”科目，贷记“应交增值税——待抵扣进项税额”科目。

（四）进项税额抵扣情况发生改变

公立医院因发生非正常损失或改变用途等，原已计入进项税额、待抵扣进项税额或待认证进项税额，但按照现行增值税制度规定不得从销项税额中抵扣的，在财务会计中，借记“待处理财产损溢”“固定资产”“无形资产”等科目，贷记“应交增值税——应交税金（进项税额转出）”“应交增值税——待抵扣进项税额”或“应交增值税——待认证进项税额”科目；原不得抵扣且未抵扣进项税额的固定资产、无形资产等，因改变用途等用于允许抵扣进项税额的应税项目的，应按照允许抵扣的进项税额，借记“应交增值税——应交税金（进项税额转出）”科目，贷记“固定资产”“无形资产”等科目。固定资产、无形资产等经上述调整后，公立医院应按照调整后的账面价值在剩余尚可使用年限内计提折旧或摊销。

公立医院购进时已全额计入进项税额的货物或服务等转用于不动产在建工程的，对于结转以后期间的进项税额，应借记“应交增值税——待抵扣进项税额”科目，贷记“应交增值税——应交税金（进项税额转出）”科目。

（五）购买方作为扣缴义务人

按照现行增值税制度的规定，境外公立医院或个人在境内发生应税行为，在境内未设有经营机构的，以购买方为增值税扣缴义务人。境内一般纳税人购

进服务或资产时，按照应计入相关成本费用或资产的金额，借记“业务活动费用”“在途物品”“库存物品”“工程物资”“在建工程”“固定资产”“无形资产”等科目，按照可抵扣的增值税额，借记“应交增值税——应交税金（进项税额）”科目 [ 小规模纳税人应借记相关成本费用或资产科目 ]，按照应付或实际支付的金额，贷记“银行存款”“应付账款”等科目，按照应代扣代缴的增值税额，贷记“应交增值税——代扣代交增值税”科目。实际缴纳代扣代缴增值税时，在财务会计中，按照代扣代缴的增值税额，借记“应交增值税——代扣代交增值税”科目，贷记“银行存款”“零余额账户用款额度”等科目。同时，在预算会计中，借记“事业支出”“经营支出”等科目，贷记“资金结存”科目。

**二、公立医院销售资产或提供服务等时发生的销项税**

（一）销售资产或提供服务

公立医院销售货物或提供服务，应当按照应收或已收的金额，在财务会计中，借记“应收账款”“应收票据”“银行存款”等科目，按照确认的收入金额，贷记“经营收入”“事业收入”等科目，按照现行增值税制度规定计算的销项税额（或采用简易计税方法计算的应纳增值税额），贷记“应交增值税——应交税金（销项税额）”或“应交增值税——简易计税”科目 [ 小规模纳税人应贷记本科目 ]。按实际收到的含税金额，在预算会计中，借记“资金结存”科目，贷记“事业预算收入”“经营预算收入”等。发生销售退回的，应根据按照规定开具的红字增值税专用发票做相反的会计分录。

按照《政府会计制度》及相关公立医院会计准则确认收入的时点早于按照增值税制度确认增值税纳税义务发生时点的，应将相关销项税额计入“应交增值税——待转销项税额”科目，待实际发生纳税义务时再转入“应交增值税——应交税金（销项税额）”或“应交增值税——简易计税”科目。

按照增值税制度确认增值税纳税义务发生时点早于按照本制度及相关公立医院会计准则确认收入的时点的，应按照应纳增值税额，借记“应收账款”科目，贷记“应交增值税——应交税金（销项税额）”或“应交增值税——简易计税”科目。

（二）转让金融商品时，按照规定以盈亏相抵后的余额作为销售额

在实际转让金融商品的月末，如产生转让收益，则按照应纳税额，借记“投资收益”科目，贷记“应交增值税——转让金融商品应交增值税”科目；如产生转让损失，则按照可结转下月抵扣税额，借记“应交增值税——转让金融商

品应交增值税”科目，贷记“投资收益”科目。交纳增值税时，在财务会计中，应借记“应交增值税——转让金融商品应交增值税”科目，贷记“银行存款”等科目；在预算会计中，借记“投资预算收益”等科目，贷记“资金结存”科目。年末，若“应交增值税——转让金融商品应交增值税”科目为借方余额，则借记“投资收益”科目，贷记“应交增值税——转让金融商品应交增值税”科目。

## 三、月末转出多交增值税和未交增值税

月度终了，公立医院应当将当月应交未交或多交的增值税自“应交税金”明细科目转入“未交税金”明细科目。对于当月应交未交的增值税，借记“应交增值税——应交税金（转出未交增值税）”科目，贷记“应交增值税——未交税金”科目；对于当月多交的增值税，借记“应交增值税——未交税金”科目，贷记“应交增值税——应交税金（转出多交增值税）”科目。

## 四、交纳增值税

### （一）交纳当月应交增值税

公立医院交纳当月应交的增值税时，在财务会计中，借记“应交增值税——应交税金（已交税金）”科目 [ 小规模纳税人借记本科目 ]，贷记“银行存款”或“零余额账户用款额度”等科目；在预算会计中，借记“事业支出”等科目，贷记“资金结存”科目。

### （二）交纳以前期间未交增值税

公立医院交纳以前期间未交的增值税时，在财务会计中，借记“应交增值税——未交税金”科目（小规模纳税人借记本科目），贷记“银行存款”或“零余额账户用款额度”等科目；在预算会计中，借记“事业支出”等科目，贷记“资金结存”科目。

### （三）预交增值税

公立医院预交增值税时，在财务会计中，借记“应交增值税——预交税金”科目，贷记“银行存款”等科目；在预算会计中，借记“事业支出”“经营支出”等科目，贷记“资金结存”科目。月末，公立医院应将“预交税金”明细科目余额转入“未交税金”明细科目，借记“应交增值税——未交税金”科目，贷记“应交增值税——预交税金”科目。

### （四）减免增值税

对于当期直接减免的增值税，借记“应交增值税——应交税金（减免税款）”科目，贷记“业务活动费用”“经营费用”等科目。

按照现行增值税制度的规定，公立医院初次购买增值税税控系统专用设备支付的费用以及缴纳的技术维护费允许在增值税应纳税额中全额抵减的，按照规定抵减的增值税应纳税额，借记“应交增值税——应交税金（减免税款）”科目 [ 小规模纳税人借记本科目 ]，贷记“业务活动费用”“经营费用”等科目。

应交增值税的主要账务处理见表 3-2。

**表 3-2　　应交增值税的主要账务处理**

<table>
<tr><th>序号</th><th colspan="2">业务</th><th>财务会计处理</th><th>预算会计处理</th></tr>
<tr><td rowspan="4">（1）</td><td rowspan="4">增值税一般纳税人</td><td>购入应税资产或服务时</td><td>借：业务活动费用 / 在途物品 / 库存物品 / 工程物资 / 在建工程 / 固定资产 / 无形资产等<br>应交增值税——应交税金（进项税额）［当月已认证可抵扣］<br>应交增值税——待认证进项税额［当月未认证可抵扣］<br>贷：银行存款 / 零余额账户用款额度等［实际支付的金额］/ 应付票据［开出并承兑的商业汇票］/ 应付账款等［应付的金额］</td><td>借：事业支出 / 经营支出等<br>贷：资金结存等［实际支付的金额］</td></tr>
<tr><td>经税务机关认证为不可抵扣进项税时</td><td>借：应交增值税——应交税金（进项税额）<br>贷：应交增值税——待认证进项税额<br>同时：<br>借：业务活动费用等<br>贷：应交增值税——应交税金（进项税额转出）</td><td>借：经营支出等<br>贷：债务预算收入</td></tr>
<tr><td>购进应税不动产或在建工程按规定分年抵扣进项税额的</td><td>借：固定资产 / 在建工程等<br>应交增值税——应交税金（进项税额）［当期可抵扣］<br>应交增值税——待抵扣进项税额［以后期间可抵扣］<br>贷：银行存款 / 零余额账户用款额度等［实际支付的金额］/ 应付票据［开出并承兑的商业汇票］/ 应付账款等［应付的金额］</td><td>借：事业支出 / 经营支出等<br>贷：资金结存等［实际支付的金额］</td></tr>
<tr><td>尚未抵扣的进项税额以后期间抵扣时</td><td>借：应交增值税——应交税金（税额）<br>贷：应交增值税——待抵扣进项税额</td><td>——</td></tr>
</table>

续表

| 序号 | 业务 | | 财务会计处理 | 预算会计处理 |
|---|---|---|---|---|
| （1） | 增值税一般纳税人 | 购进属于增值税应税项目的资产后，发生非正常损失或改变用途的 | 借：待处理财产损溢 / 固定资产 / 无形资产等［按照现行增值税制规定不得从销项税额中抵扣的进项税额］<br>贷：应交增值税——应交税金（进项税额转出）/ 应交增值税——待认证进项税额 / 应交增值税——待抵扣进项税额 | —— |
| | | 原不得抵扣且未抵扣进项税额的固定资产、无形资产等，因改变用途等用于允许抵扣进项税额的应税项目 | 借：应交增值税——应交税金（进项税额）［可以抵扣的进项税额］<br>贷：固定资产 / 无形资产等 | —— |
| | | 购进时已全额计入进项税额的货物或服务等转用于不动产在建工程的，对于结转以后期间的进项税额 | 借：应交增值税——待抵扣进项税额<br>贷：应交增值税——应交税金（进项税额转出） | —— |
| | | 购进资产或服务时作为扣缴义务人 | 借：业务活动费用 / 在途物品 / 库存物品 / 工程物资 / 固定资产 / 无形资产等<br>应交增值税——应交税金（进项税额）［当期可抵扣］<br>贷：银行存款［实际支付的金额］<br>应付账款等<br>应交增值税——代扣代交增值税 | 借：事业支出 / 经营支出等<br>贷：资金结存［实际支付的金额］ |
| | | | 实际缴纳代扣代缴增值税时：<br>借：应交增值税——代扣代交增值税<br>贷：银行存款、零余额账户用款额度等 | 借：事业支出 / 经营支出等<br>贷：资金结存［实际支付的金额］ |

续表

<table>
<tr><th>序号</th><th colspan="2">业务</th><th colspan="2">财务会计处理</th><th>预算会计处理</th></tr>
<tr><td rowspan="9">（1）</td><td rowspan="9">增值税一般纳税人</td><td>销售应税产品或提供应税服务时</td><td colspan="2">借：银行存款 / 应收账款 / 应收票据等［包含增值税的价款总额］<br>贷：事业收入 / 经营收入等［扣除增值税销项税额后的价款］<br>应交增值税——应交税金（销项税额）/ 应交增值税——简易计税</td><td>借：资金结存［实际收到的含税金额］<br>贷：事业预算收入 / 经营预算收入等</td></tr>
<tr><td rowspan="4">金融商品转让</td><td>产生收益</td><td>借：投资收益［按净收益计算的应纳增值税］<br>贷：应交增值税——转让金融商品应交增值税</td><td>——</td></tr>
<tr><td>产生损失</td><td>借：应交增值税——转让金融商品应交增值税<br>贷：投资收益［按净损失计算的应纳增值税］</td><td>——</td></tr>
<tr><td>交纳增值税</td><td>借：应交增值税——转让金融商品应交增值税<br>贷：银行存款等</td><td>借：投资预算收益等<br>贷：资金结存［实际支付的金额］</td></tr>
<tr><td>年末如有借方余额</td><td>借：投资收益<br>贷：应交增值税——转让金融商品应交增值税</td><td>——</td></tr>
<tr><td>月末转出本月未交增值税</td><td colspan="2">借：应交增值税——应交税金（转出未交增值税）<br>贷：应交增值税——未交税金</td><td>——</td></tr>
<tr><td>月末转出本月多交增值税</td><td colspan="2">借：应交增值税——未交税金<br>贷：应交增值税——应交税金（转出多交增值税）</td><td>——</td></tr>
<tr><td>本月交纳本月增值税时</td><td colspan="2">借：应交增值税——应交税金（已交税金）<br>贷：银行存款 / 零余额账户用款额度等</td><td>借：事业支出 / 经营支出等<br>贷：资金结存</td></tr>
<tr><td>本月交纳以前期间未交增值税</td><td colspan="2">借：应交增值税——未交税金<br>贷：银行存款 / 零余额账户用款额度等</td><td>借：事业支出 / 经营支出等<br>贷：资金结存</td></tr>
</table>

续表

<table>
<tr><th>序号</th><th colspan="2">业务</th><th colspan="2">财务会计处理</th><th>预算会计处理</th></tr>
<tr><td rowspan="2">（1）</td><td rowspan="2">增值税一般纳税人</td><td>按规定预交增值税</td><td colspan="2">预交时：<br>借：应交增值税——预交税金<br>贷：银行存款 / 零余额账户用款额度等<br>月末：<br>借：应交增值税——未交税金<br>贷：应交增值税——预交税金</td><td>借：事业支出 / 经营支出等<br>贷：资金结存</td></tr>
<tr><td>当期直接减免的增值税应纳税额</td><td colspan="2">借：应交增值税——应交税金（减免税款）<br>贷：业务活动费用 / 经营费用等</td><td>——</td></tr>
<tr><td rowspan="7">（2）</td><td rowspan="7">增值税小规模纳税人</td><td>购入应税资产或服务时</td><td colspan="2">借：业务活动费用 / 在途物品 / 库存物品等［按价税合计金额］<br>贷：银行存款等［实际支付的金额］/ 应付票据［开出并承兑的商业汇票］/应付账款等[应付的金额］</td><td>借：事业支出 / 经营支出等<br>贷：资金结存［实际支付的金额］</td></tr>
<tr><td>销售资产或提供服务</td><td colspan="2">借：银行存款 / 应收账款 / 应收票据［包含增值税的价款总额］<br>贷：事业收入 / 经营收入等［扣除增值税金额后的价款］<br>应交增值税</td><td>借：资金结存［实际收到的含税金额］<br>贷：事业预算收入 / 经营预算收入等</td></tr>
<tr><td rowspan="3">金融商品转让</td><td>产生收益</td><td>借：投资收益［按净收益计算的应纳增值税］<br>贷：应交增值税——转让金融商品应交增值税</td><td>——</td></tr>
<tr><td>产生损失</td><td>借：应交增值税——转让金融商品应交增值税<br>贷：投资收益［按净损失计算的应纳增值税］</td><td>——</td></tr>
<tr><td>实际缴纳时</td><td colspan="2">参见一般纳税人的账务处理</td></tr>
<tr><td>交纳增值税时</td><td colspan="2">借：应交增值税<br>贷：银行存款等</td><td>借：事业支出 / 经营支出等<br>贷：资金结存</td></tr>
<tr><td>减免增值税</td><td colspan="2">借：应交增值税<br>贷：业务活动费用 / 经营费用等</td><td>——</td></tr>
</table>

## 3.3.4 案例分析

由于大多数公立医院都属于增增值税一般纳税人，因此以下例子都以一般纳税人的情况进行举例介绍。

**一、公立医院取得资产或接受服务等时发生的进项税额**

**【例 3-4】**2×19年5月1日，某公立医院买了一座楼用于扩展医疗服务的范围，价值2 000万元，进项税额180万元，款项由财政直接支付。该医院的账务处理如下：

购入时可抵扣进项税额 =180×60%=108（万元）

待抵扣进项税额 =180×40%=72（万元）

财务会计：

| | 借方 | 贷方 |
|---|---|---|
| 借：固定资产 | 20 000 000 | |
| 　应交增值税——应交税金（进项税额） | 1 080 000 | |
| 　应交增值税——待抵扣进项税额 | 720 000 | |
| 　贷：财政拨款收入 | | 21 800 000 |

预算会计：

| | 借方 | 贷方 |
|---|---|---|
| 借：事业支出 | 21 800 000 | |
| 　贷：财政拨款预算收入 | | 21 800 000 |

**【例 3-5】**接【例 3-4】。在2×20年4月，公立医院将办公楼改造成员工食堂，用于集体福利。假设2×20年4月该不动产的净值为1 800万元。该医院的账务处理如下：

不动产净值率 =1 800÷2 000×100%=90%

不得抵扣的进项税额 =（108 + 72）×90%=162（万元）

由于不得抵扣的进项税额为162万元，大于已抵扣的进项税额108万元，所以：

财务会计：

| | 借方 | 贷方 |
|---|---|---|
| 借：固定资产 | 1 620 000 | |
| 　贷：应交增值税——应交税金（进项税额转出） | | 1 080 000 |
| 　　应交增值税——待抵扣进项税额 | | 540 000 |

2×20年5月，其余可用于抵扣待抵扣进项税额的余额为18（72-54）万元。该医院的账务处理如下：

| | 借方 | 贷方 |
|---|---|---|
| 借：应交增值税——待抵扣进项税额 | 180 000 | |
| 　贷：应交增值税——应交税金（进项税额） | | 180 000 |

无需进行预算会计处理。

**【例 3-6】**接【例 3-5】。假设 2×20 年 4 月，该不动产的净值为 1 000 万元。该医院的账务处理如下：

不动产净值率 =1 000÷2 000×100%=50%

不得抵扣的进项税额 =（108 + 72）×50%=90（万元）

由于不得抵扣的进项税额为 90 万元，小于已抵扣的进项税额 108 万元，所以：

财务会计：

借：固定资产　　　　180 000

　　贷：应交增值税——应交税金（进项税额）　　　　180 000

2×20 年 5 月，其余可用于抵扣待抵扣进项税额的余额为 72 万元。该医院的账务处理如下：

借：应交增值税——待抵扣进项税额　　　　720 000

　　贷：应交增值税——应交税金（进项税额）　　　　720 000

无需进行预算会计处理。

**【例 3-7】**2×19 年 7 月 9 日，某公立医院以财政授权方式购入一台打印机用于办公，取得增值税专用发票并认证通过。专用发票上注明的金额为 20 000 元，增值税额为 2 600 元。该医院的账务处理如下：

财务会计：

借：固定资产　　　　20 000

　　应交增值税——应交税金（进项税额）　　　　2 600

　　贷：零余额账户用款额度　　　　22 600

预算会计：

借：事业支出　　　　22 600

　　贷：资金结存——零余额账户用款额度　　　　22 600

假定该打印机分 10 年按直线法计提折旧，无残值。2×21 年 8 月 20 日，该打印机改用于免税项目。该医院的账务处理如下：

打印机每年计提折旧 =20 000÷10=2 000（元）

2×21 年 8 月，打印机净值 =20 000-2 000×2=16 000（元）

打印机转出进项税额 =16 000×13%=2 080（元）

借：固定资产　　　　2 080

　　贷：应交增值税——应交税金（进项税额转出）　　　　2 080

### 二、公立医院销售药品或提供医疗服务等时发生的销项税

**【例 3-8】**某公立医院经营业务为销售药物，销售药物不含税价格共计 20 000 元，增值税销项税额为 2 600 元，货款共计 22 600 元，款项尚未收到。其账务处理如下：

财务会计：

借：应收账款　　22 600

　　贷：经营收入　　20 000

　　　　应交增值税——应交税金（销项税额）　　2 600

# 3.4　其他应交税费

## 3.4.1　业务概述

“其他应交税费”科目用于核算公立医院按照税法等规定计算应交纳的除增值税以外的各种税费，包括城市维护建设税、教育费附加、地方教育费附加、车船税、房产税、城镇土地使用税、企业所得税和公立医院代扣代缴的个人所得税等。印花税直接通过“业务活动费用”“公立医院管理费用”“经营费用”等科目核算，不通过本科目核算。本科目按照税费种类进行明细核算，若期末贷方余额，则反映公立医院应交未交的除增值税以外的税费金额；若期末借方余额，则反映公立医院多交纳的除增值税以外的税费金额。

## 3.4.2　账务处理

（一）发生城市维护建设税、教育费附加、地方教育费附加、车船税、房产税、城镇土地使用税等纳税义务的，按照税法规定计算的应缴税费金额，借记“业务活动费用”“单位管理费用”“经营费用”等科目，贷记“其他应交税费——应交城市维护建设税、应交教育费附加、应交地方教育费附加、应交车船税、应交房产税、应交城镇土地使用税”等科目。

（二）按照税法规定计算应代扣代缴职工（含长期聘用人员）的个人所得税，借记“应付职工薪酬”科目，贷记“其他应交税费——应交个人所得税”科目。

按照税法规定计算应代扣代缴支付给职工（含长期聘用人员）以外人员劳

务费的个人所得税，借记“业务活动费用”“单位管理费用”等科目，贷记“其他应交税费——应交个人所得税”科目。

（三）发生企业所得税纳税义务的，按照税法规定计算的应交所得税额，借记“所得税费用”科目，贷记“其他应交税费——公立医院应交所得税”科目。

（四）公立医院实际交纳上述各种税费时，在财务会计中，借记“其他应交税费——应交城市维护建设税、应交教育费附加、应交地方教育费附加、应交车船税、应交房产税、应交城镇土地使用税、应交个人所得税、公立医院应交所得税”等科目，贷记“财政拨款收入”“零余额账户用款额度”“银行存款”等科目；同时，在预算会计中，借记“事业支出”“经营支出”等科目，贷记“财政拨款预算收入”　“资金结存”科目。

其他应交税费的主要账务处理见表 3-3。

表 3-3　　其他应交税费的主要账务处理

<table>
<tr><th>序号</th><th colspan="2">业务</th><th>财务会计处理</th><th>预算会计处理</th></tr>
<tr><td rowspan="2">（1）</td><td rowspan="2">城市维护建设税、教育费附加、地方教育费附加、车船税、房产税、城镇土地使用税等</td><td>发生时，按照税法规定计算的应缴税费金额</td><td>借：业务活动费用 / 公立医院管理费用 / 经营费用等<br>贷：其他应交税费——应交城市维护建设税 / 应交教育费附加 / 应交地方教育费附加 / 应交车船税 / 应交房产税 / 应交城镇土地使用税等</td><td>——</td></tr>
<tr><td>实际缴纳时</td><td>借：其他应交税费——应交城市维护建设税 / 应交教育费附加 / 应交地方教育费附加 / 应交车船税 / 应交房产税 / 应交城镇土地使用税等<br>贷：银行存款等</td><td>借：事业支出 / 经营支出等<br>贷：资金结存</td></tr>
</table>

续表

<table>
<tr><th>序号</th><th colspan="2">业务</th><th>财务会计处理</th><th>预算会计处理</th></tr>
<tr><td rowspan="3">（2）</td><td rowspan="3">代扣代缴职工个人所得税</td><td>计算应代扣代缴职工的个人所得税金额</td><td>借：应付职工薪酬<br>贷：其他应交税费——应交个人所得税</td><td>——</td></tr>
<tr><td>计算应代扣代缴职工以外其他人员个人所得税</td><td>借：业务活动费用/单位管理费用等<br>贷：其他应交税费——应交个人所得税</td><td>——</td></tr>
<tr><td>实际缴纳时</td><td>借：其他应交税费——应交个人所得税<br>贷：财政拨款收入/零余额账户用款额度/银行存款等</td><td>借：事业支出/经营支出等<br>贷：财政拨款预算收入/资金结存</td></tr>
<tr><td rowspan="2">（3）</td><td rowspan="2">发生企业所得税纳税义务</td><td>按照税法规定计算的应缴税费金额</td><td>借：所得税费用<br>贷：其他应交税费——公立医院应交所得税</td><td>——</td></tr>
<tr><td>实际缴纳时</td><td>借：其他应交税费——公立医院应交所得税<br>贷：银行存款等</td><td>借：非财政拨款结余<br>贷：资金结存</td></tr>
</table>

### 3.4.3 案例分析

**一、公立医院发生城市维护建设税、教育费附加、地方教育费附加、车船税、房产税、城镇土地使用税等**

**【例3-9】**某公立医院2×19年度共计应缴纳车船税1 500元，其账务处理如下：

财务会计：

借：业务活动费用　　1 500

　　贷：其他应交税费——应交车船税　　1 500

无需进行预算会计处理。

该公立医院实际缴纳上述车船税时的账务处理如下：

财务会计：

借：其他应交税费——应交车船税 1 500

贷：银行存款 1 500

预算会计：

借：事业支出 1 500

贷：资金结存——货币资金 1 500

## 二、代扣代缴职工个人所得税

【例 3–10】某公立医院 2×19 年度计提职工个人所得税共计 40 000 元，从劳务费中代扣个人所得税 30 000 元，其账务处理如下：

（1）计算代扣代缴个人所得税时：

财务会计：

借：应付职工薪酬 40 000

业务活动费用 30 000

贷：其他应交税费——应交个人所得税 70 000

无需进行预算会计处理。

（2）实际缴纳代扣代缴个人所得税时：

财务会计：

借：其他应交税费——应交个人所得税 70 000

贷：银行存款 70 000

预算会计：

借：事业支出 70 000

贷：资金结存——货币资金 70 000

## 三、发生企业所得税

【例 3–11】某公立医院 2×19 年度按照税法计算应缴纳企业所得税款为 10 000 元，其账务处理如下：

财务会计：

借：所得税费用 10 000

贷：其他应交税务——公立医院应交所得税 10 000

无需进行预算会计处理。

该公立医院实际缴纳企业所得税 10 000 元时的账务处理如下：

财务会计：

借：其他应交税费——公立医院应交所得税　　10 000
　　贷：银行存款　　10 000

预算会计：

借：非财政拨款结余　　10 000
　　贷：资金结存——货币资金　　10 000

# 3.5　应缴财政款

## 3.5.1　业务简介

应缴财政款是指行公立医院按照相关制度法规的要求向上级缴纳的款项，包括按规定取得的应上缴国家预算的各种款项，如应缴国库的款项和应缴财政专户的款项等，但不包括医院按照国家税法等有关规定应交纳的各种税费。“应缴财政款”科目按照应缴财政款项的类别进行明细核算，期末贷方余额反映的是公立医院应当上缴财政但尚未缴纳的款项，但年终清缴后，本科目一般应无余额。本科目一般无需进行预算会计账务处理。

**一、应缴国库款**

应缴国库款是指医院在业务活动中按规定取得的应缴国库的各种款项，包括代收的纳入预算管理的基金、罚没收入、无主财物变价收入，以及其他按预算管理规定应上缴国库（不包括应缴税费）的款项等。

**二、应缴财政专户款**

应缴财政专户款是指医院按规定代收的应上缴财政专户的预算外资金。

## 3.5.2　账务处理

（一）公立医院取得或应收按照规定应缴财政的款项时，借记“银行存款”“应收账款”等科目，贷记“应缴财政款”科目。

（二）公立医院因处置资产而取得的应上缴财政的处置净收入的账务处理，参见“待处理财产损溢”等科目。

（三）公立医院上缴应缴财政的款项时，按照实际上缴的金额，借记“应缴财政款”科目，贷记“银行存款”科目。

应缴财政款的主要账务处理见表 3-4。

表 3-4 应缴财政款的主要账务处理

| 序号 | 业务 | 财务会计处理 | 预算会计处理 |
|---|---|---|---|
| （1） | 取得或应收按照规定应缴财政的款项时 | 借：银行存款 / 应收账款等<br>贷：应缴财政款 | —— |
| （2） | 处置资产取得应上缴财政的处置净收入的 | 参照“待处理财产损溢”科目的相关账务处理 | —— |
| （3） | 上缴财政款项时 | 借：应缴财政款<br>贷：银行存款等 | —— |

## 3.5.3 案例分析

### 一、取得或应收按照规定应缴财政的款项

【例 3-12】2×19 年 1 月，某公立医院处理一台旧医疗设备。该资产的原值为 100 000 元，已提折旧额为 80 000 元，处置中发生清理费用 4 000 元，以银行存款支付。该医院将处置该设备的收入 10 000 元存入银行。该设备的处置收入按规定应上缴财政部门（不考虑相关税费）。该医院的账务处理如下：

（1）固定资产按规定报经批准转入清理时：

财务会计：

借：资产处置费用 20 000

　　固定资产累计折旧 80 000

　　贷：固定资产 100 000

（2）发生清理费用时：

财务会计：

借：资产处置费用 4 000

　　贷：银行存款 4 000

预算会计：

借：其他支出 4 000

　　贷：资金结存——货币资金 4 000

（3）取得处置收入时：

财务会计：

借：银行存款 10 000

　　贷：应缴财政款 6 000

资产处置费用 4 000

预算会计：

借：资金结存——货币资金 4 000

贷：其他支出 4 000

**二、因处置资产而取得应上缴财政的处置净收入**

**【例 3-13】**某公立医院经批准将一项医疗服务使用权出售。该项使用权的原价为800 000元，已计提摊销额为600 000元，售价250 000元（不考虑相关税费）。该医院的账务处理如下：

财务会计：

借：待处理财产损溢——待处理财产价值 200 000

无形资产累计摊销 600 000

贷：无形资产 800 000

借：银行存款 250 000

贷：待处理财产损溢——处理净收入 250 000

借：待处理财产损溢——处理净收入 250 000

贷：应缴财政款 250 000

上缴财政款时，该医院的账务处理如下：

借：应缴财政款 250 000

贷：银行存款 250 000

无需进行预算会计处理。

# 3.6 应付职工薪酬

## 3.6.1 业务简介

"应付职工薪酬"科目用于核算公立医院按照有关规定应付给职工（含长期聘用人员）及为职工支付的各种薪酬，包括基本工资、国家统一规定的津贴补贴、规范津贴补贴（绩效工资）、改革性补贴、社会保险费（如职工基本养老保险费、职业年金、基本医疗保险费等）、住房公积金等。本科目按照"基本工资"（含离退休费）、"国家统一规定的津贴补贴""规范津贴补贴（绩效工资）”“改革性补贴”“社会保险费”“住房公积金”“其他个人收入”等进行明细核算。本科目期末贷方余额，反映的是公立医院应付未付的职工薪酬。

## 3.6.2 账务处理

（一）计算确认当期应付职工薪酬（含公立医院为职工计算缴纳的社会保险费、住房公积金）。

1. 计提应付给从事专业及其辅助活动的人员的职工薪酬时，借记“业务活动费用”“单位管理费用”科目，贷记“应付职工薪酬”科目。

2. 计提应由在建工程、加工物品、自行研发无形资产负担的职工薪酬时，借记“在建工程”“加工物品”“研发支出”等科目，贷记“应付职工薪酬”科目。

3. 计提从事专业及其辅助活动之外的经营活动人员的职工薪酬时，借记“经营费用”科目，贷记“应付职工薪酬”科目。

4. 因解除与职工的劳动关系而给予其补偿时，借记“单位管理费用”等科目，贷记“应付职工薪酬”科目。

（二）向职工支付工资、津贴补贴等薪酬时，在财务会计中，按照实际支付的金额，借记“应付职工薪酬”科目，贷记“财政拨款收入”“零余额账户用款额度”“银行存款”等科目；同时，在预算会计中，借记“事业支出”“经营支出”等科目，贷记“财政拨款预算收入”“资金结存”科目。

（三）按照税法规定代扣职工个人所得税时，借记“应付职工薪酬——基本工资”科目，贷记“其他应交税费——应交个人所得税”科目。

从应付职工薪酬中代扣为职工垫付的水电费、房租等费用时，按照实际扣除的金额，借记“应付职工薪酬——基本工资”科目，贷记“其他应收款”等科目。

从应付职工薪酬中代扣社会保险费和住房公积金时，按照代扣的金额，借记“应付职工薪酬——基本工资”科目，贷记“应付职工薪酬——社会保险费、住房公积金”科目。

（四）按照国家有关规定缴纳职工社会保险费和住房公积金时，在财务会计中，按照实际支付的金额，借记“应付职工薪酬——社会保险费、住房公积金”科目，贷记“财政拨款收入”“零余额账户用款额度”“银行存款”等科目；同时，在预算会计中，借记“事业支出”“经营支出”等科目，贷记“财政拨款预算收入”“资金结存”科目。

（五）从应付职工薪酬中支付的其他款项时，在财务会计中，借记“应付职工薪酬”科目，贷记“零余额账户用款额度”“银行存款”等科目；同时，在预算会计中，借记“事业支出”“经营支出”等科目，贷记“财政拨款预算收入”“资金结存”科目。

应付职工薪酬的主要账务处理见表 3-5。

**表 3-5　　应付职工薪酬的主要账务处理**

| 序号 | 业务 | | 财务会计处理 | 预算会计处理 |
| --- | --- | --- | --- | --- |
| （1） | 计算确认当期应付职工薪酬 | 从事专业及其辅助活动人员的职工薪酬 | 借：业务活动费用 / 单位管理费用<br>贷：应付职工薪酬 | —— |
| | | 应由在建工程、加工物品、自行研发无形资产负担的职工薪酬 | 借：在建工程 / 加工物品 / 研发支出等<br>贷：应付职工薪酬 | —— |
| | | 从事专业及其辅助活动以外的经营活动人员的职工薪酬 | 借：经营费用<br>贷：应付职工薪酬 | —— |
| | | 因解除与职工的劳动关系而给予其补偿 | 借：单位管理费用<br>贷：应付职工薪酬 | —— |
| （2） | 向职工支付工资、津贴补贴等薪酬 | | 借：应付职工薪酬<br>贷：财政拨款收入 / 零余额账户用款额度 / 银行存款等 | 借：事业支出 / 经营支出等<br>贷：财政拨款预算收入 / 资金结存 |
| （3） | 从职工薪酬中代扣各种款项 | 代扣代缴个人所得税 | 借：应付职工薪酬——基本工资<br>贷：其他应交税费——应交个人所得税 | —— |
| | | 代扣社会保险费和住房公积金 | 借：应付职工薪酬——基本工资<br>贷：应付职工薪酬——社会保险费 / 住房公积金 | —— |
| | | 代扣为职工垫付的水电费、房租等费用时 | 借：应付职工薪酬——基本工资<br>贷：其他应收款等 | —— |

续表

| 序号 | 业务 | 财务会计处理 | 预算会计处理 |
| --- | --- | --- | --- |
| (4) | 按照规定缴纳职工社会保险费和住房公积金 | 借：应付职工薪酬——社会保险费/住房公积金<br>贷：财政拨款收入/零余额账户用款额度/银行存款等 | 借：事业支出/经营支出等<br>贷：财政拨款预算收入/资金结存 |
| (5) | 从应付职工薪酬中支付的其他款项 | 借：应付职工薪酬<br>贷：零余额账户用款额度/银行存款等 | 借：事业支出/经营支出等<br>贷：财政拨款预算收入/资金结存 |

## 3.6.3 案例分析

【例 3–14】某公立医院本月应付职工薪酬的总额为 1 000 000 元，其中，从事专业及其辅助活动的职工的工资为 780 000 元，离退休费 95 000 元，地方津贴补贴 65 000 元，住房公积金 60 000 元，代扣代缴住房公积金 50 000 元，代扣代缴社会保险费 12 000 元，代扣代缴个人所得税 36 000 元，代扣为职工垫付的房租、水电费共 75 000 元。该医院的账务处理如下：

（1）计算本月应付职工薪酬时：

财务会计：

借：业务活动费用　1 000 000

　　贷：应付职工薪酬——基本工资　780 000

　　　　　　　　　——离退休费　95 000

　　　　　　　　　——地方津贴补贴　65 000

　　　　　　　　　——住房公积金　60 000

无需进行预算会计处理。

（2）计算本月代扣代缴税费和代扣垫付费用时：

财务会计：

借：其他应收款　75 000

　　贷：银行存款　75 000

借：应付职工薪酬——基本工资　173 000

　　贷：应付职工薪酬——住房公积金　50 000

　　　　　　　　　——社会保险费　12 000

其他应交税费——应交个人所得税 36 000

其他应收款 75 000

无需进行预算会计处理。

(3) 使用财政直接支付方式支付职工薪酬和代缴住房公积金、社会保险费和个人所得税时:

财务会计:

借: 应付职工薪酬——基本工资 547 000

——离退休费 80 000

——地方津贴补贴 50 000

——住房公积金 50 000

——住房公积金 50 000

——社会保险费 12 000

其他应交税费——应交个人所得税 36 000

贷: 财政拨款收入 825 000

预算会计:

借: 事业支出 825 000

贷: 财政拨款预算收入 825 000

## 3.7 应付票据

### 3.7.1 业务简介

按规定，公立医院之间只有在商品交易的情况下，才能使用商业汇票结算方式。因此，公立医院应付票据是指因购买药物、设备、医疗服务时所开出、承兑的商业汇票，包括银行承兑汇票和商业承兑汇票。若公立医院开出的是商业承兑汇票，必须由公立医院承兑；如果是银行承兑的汇票，必须经银行承兑，公立医院应在商业汇票到期前，及时将款项足额交存其开户银行，可使银行在到期日凭票将款项划转给收款人、被背书人或贴现银行。

“应付票据”科目用于核算公立医院因购买物资等而开出、承兑的应付商业汇票的金额。本科目按照债权人进行明细核算。本科目期末的贷方余额反映的是公立医院开出、承兑的尚未到期的应付票据金额。

应付票据按票据是否需向债权人支付利息，可以分为带息应付票据和不带息应付票据两种。不带息应付票据，无须计提利息，到期按照票面金额向债权人付款。带息应付票据，应当在会计期末或到期时计算应付利息，借记“其他费用”科目，贷记“应付票据”科目。

### 3.7.2 账务处理

（一）开出、承兑商业汇票时，借记“库存物品”“固定资产”等科目，贷记“应付票据”科目。涉及增值税业务的，相关账务处理参见“应交增值税”科目。

以商业汇票抵付应付账款时，借记“应付账款”科目，贷记“应付票据”科目。

（二）支付银行承兑汇票的手续费时，在财务会计中，借记“业务活动费用”“经营费用”等科目，贷记“银行存款”“零余额账户用款额度”等科目；同时，在预算会计中，借记“事业支出”“经营支出”科目，贷记“资金结存”科目。

（三）商业汇票到期时，应当分别以下情况处理。

1. 收到银行支付到期票据的付款通知时，借记“应付票据”科目，贷记“银行存款”科目。在预算会计方面，借记“事业支出”等科目，贷记“资金结存”科目。

2. 银行承兑汇票到期，公立医院无力支付票款时，在财务会计中，按照应付票据的账面余额，借记“应付票据”科目，贷记“短期借款”科目；同时，在预算会计中，借记“事业支出”“经营支出”科目，贷记“债务预算收入”科目。

3. 商业承兑汇票到期，公立医院无力支付票款时，按照应付票据的账面余额，借记“应付票据”科目，贷记“应付账款”科目。

（四）期末计提带息应付票据应付利息时，借记“其他费用”科目，贷记“应付利息”科目。

（五）医院应当设置“应付票据备查簿”，详细登记每一应付票据的种类、号数、出票日期、到期日、票面金额、交易合同号、收款人姓名或公立医院名称，以及付款日期和金额等。

应付票据到期结清票款后，应当在备查簿内逐笔注销。

应付票据的主要账务处理见表 3-6。

**表 3-6　　应付票据的主要账务处理**

<table>
<tr><th>序号</th><th colspan="2">业务</th><th>财务会计处理</th><th>预算会计处理</th></tr>
<tr><td>（1）</td><td colspan="2">开出、承兑商业汇票</td><td>借：库存物品 / 固定资产等<br>　　贷：应付票据</td><td>——</td></tr>
<tr><td>（2）</td><td colspan="2">以商业汇票抵付应付账款时</td><td>借：应付账款<br>　　贷：应付票据</td><td>——</td></tr>
<tr><td>（3）</td><td colspan="2">支付银行承兑汇票的手续费</td><td>借：业务活动费用 / 经营费用等<br>　　贷：银行存款等</td><td>借：事业支出 / 经营支出<br>　　贷：资金结存——货币资金</td></tr>
<tr><td>（4）</td><td colspan="2">计提应付票据利息</td><td>借：其他费用<br>　　贷：应付利息</td><td>——</td></tr>
<tr><td rowspan="3">（5）</td><td rowspan="3">商业汇票到期时</td><td>收到银行支付到期票据的付款通知时</td><td>借：应付票据<br>　　贷：银行存款</td><td>借：事业支出 / 经营支出<br>　　贷：资金结存——货币资金</td></tr>
<tr><td>银行承兑汇票到期，本公立医院无力支付票款</td><td>借：应付票据<br>　　贷：短期借款</td><td>借：事业支出 / 经营支出<br>　　贷：债务预算收入</td></tr>
<tr><td>商业承兑汇票到期，本公立医院无力支付票款</td><td>借：应付票据<br>　　贷：应付账款</td><td>——</td></tr>
</table>

### 3.7.3　案例分析

#### 一、开出、承兑商业汇票

**【例 3-15】**某公立医院于 2×19 年 3 月 2 日购入一批日常销售药物，共计 60 000 元。货物已经验收入库。该医院交付供货方金额 60 000 元的银行承兑汇票，并支付银行承兑汇票的手续费 2 000 元。该医院的账务处理如下：

财务会计：

借：库存物品　　　　60 000

　　贷：应付票据　　　　60 000

借：业务活动费用　　　　2 000

贷：银行存款 2 000

预算会计：

借：事业支出 2 000

贷：资金结存——货币资金 2 000

**二、商业汇票到期时**

**【例 3–16】**接【例 3–15】。若该银行承兑汇票已到期，则公立医院在收到银行支付到期票据的付款通知时的账务处理如下：

财务会计：

借：应付票据 60 000

贷：银行存款 60 000

预算会计：

借：事业支出 60 000

贷：资金结存——货币资金 60 000

若该银行承兑汇票到期时，该医院无力支付票据，则其账务处理如下：

财务会计：

借：应付票据 60 000

贷：短期借款 60 000

预算会计：

借：事业支出 60 000

贷：债务预算收入 60 000

# 3.8 应付账款

## 3.8.1 业务简介

应付账款是指公立医院因购买物资、设备、服务等而应付的偿还期限在 1 年以内（含 1 年）的款项。该款项应当在收到所购物资、设备、服务时确认。“应付账款”科目应按照债权人进行明细核算。此外，对于建设项目，该科目还应设置“应付器材款”“应付工程款”等明细科目。该科目期末的贷方余额反映的是公立医院尚未支付的应付账款金额。

### 3.8.2 账务处理

（一）收到所购物资、设备或服务以及确认完成工程进度但尚未付款时，根据发票及账单等有关凭证，按照应付未付款项的金额，借记“库存物品”“固定资产”“在建工程”等科目，贷记“应付账款”科目。涉及增值税业务的，相关账务处理参见“应交增值税”科目。

（二）偿付应付账款时，在财务会计中，按照实际支付的金额，借记“应付账款”科目，贷记“财政拨款收入”“零余额账户用款额度”“银行存款”等科目；同时，在预算会计中，借记“事业支出”科目，贷记“财政拨款预算收入”“资金结存”科目。

（三）开出、承兑商业汇票抵付应付账款时，借记“应付账款”科目，贷记“应付票据”科目。

（四）对于无法偿付或债权人豁免偿还的应付账款，公立医院应当按照规定报经批准后进行账务处理。经批准核销时，借记“应付账款”科目，贷记“其他收入”科目。

核销的应付账款应在备查簿中保留登记。

应付账款的主要账务处理见表 3-7。

**表 3-7　　应付账款额的主要账务处理**

| 序号 | 业务 | 财务会计处理 | 预算会计处理 |
| --- | --- | --- | --- |
| （1） | 购入物资、设备或服务以及完成工程进度但尚未付款 | 借：库存物品 / 固定资产 / 在建工程等<br>贷：应付账款 | — |
| （2） | 偿付应付账款 | 借：应付账款<br>贷：财政拨款收入 / 零余额账户用款额度 / 银行存款等 | 借：事业支出<br>贷：财政拨款预算收入 / 资金结存 |
| （3） | 开出、承兑商业汇票抵付应付账款 | 借：应付账款<br>贷：应付票据 | — |
| （4） | 无法偿付或债权人豁免偿还的应付账款 | 借：应付账款<br>贷：其他收入 | — |

### 3.8.3 案例分析

【**例 3-17**】某公立医院于 2×19 年 4 月发生以下相关业务：

4月1日，向甲公司购买一批医疗器械，共计50 000元，款项尚未支付（不考虑相关税费）；

4月10日，开出商业承兑汇票来抵付乙公司的设备购买款10 000元；

4月20日，丙公司同意豁免货款5 000元。

该医院的账务处理如下：

（1）购买设备未付款时：

财务会计：

借：固定资产 50 000

　　贷：应付账款——甲公司 50 000

无需进行预算会计处理。

（2）开具商业汇票抵付应付账款时：

财务会计：

借：应付账款——乙公司 10 000

　　贷：应付票据——乙公司 10 000

无需进行预算会计处理。

（3）被豁免货款时：

财务会计：

借：应付账款——丙公司 5 000

　　贷：其他收入 5 000

无需进行预算会计处理。

## 3.9 应付利息

### 3.9.1 业务简介

“应付利息”科目用于核算公立医院按照合同约定应支付的借款利息，包括短期借款、分期付息到期还本的长期借款等应支付的利息。本科目应按照债权人进行明细核算。本科目期末的贷方余额反映的是公立医院应付未付的利息金额。

### 3.9.2　账务处理

（一）为建造固定资产、公共基础设施等借入的专门借款的利息，属于建设期间发生的，按期计提利息费用时，按照计算确定的金额，借记“在建工程”科目，贷记“应付利息”科目；不属于建设期间发生的，按期计提利息费用时，按照计算确定的金额，借记“其他费用”科目，贷记“应付利息”科目。

（二）对于其他借款，按期计提利息费用时，按照计算确定的金额，借记“其他费用”科目，贷记“应付利息”科目。

（三）实际支付应付利息时，在财务会计中，按照支付的金额，借记“应付利息”科目，贷记“银行存款”等科目；同时，在预算会计中，借记“其他支出”科目，贷记“资金结存”科目。

应付利息的主要账务处理见表 3-8。

**表 3-8　　应付利息的主要账务处理**

| 序号 | 业务 | 财务会计处理 | 预算会计处理 |
| --- | --- | --- | --- |
| （1） | 按期计提利息费用 | 借：在建工程 / 其他费用<br>贷：应付利息 | —— |
| （2） | 实际支付利息时 | 借：应付利息<br>贷：银行存款等 | 借：其他支出<br>贷：资金结存——货币资金 |

### 3.9.3　案例分析

**【例 3-18】**某公立医院因建造新办公楼向银行借款 10 000 000 元，借款利率为 5%，分期付息，到期还本，该医院的账务处理如下：

财务会计：

借：在建工程　　500 000

　　贷：应付利息　　500 000

无需进行预算会计处理。

# 3.10 预收账款

## 3.10.1 业务简介

“预收账款”科目用于核算公立医院预先收取但尚未结算的款项。本科目应按照债权人进行明细核算。本科目期末的贷方余额反映的是公立医院预收但尚未结算的款项金额。

## 3.10.2 账务处理

（一）从付款方预收款项时，按照实际预收的金额，借记“银行存款”等科目，贷记“预收账款”科目。

（二）确认有关收入时，在财务会计中，按照预收账款账面余额，借记“预收账款”科目；按照应确认的收入金额，贷记“事业收入”“经营收入”等科目；按照付款方补付或退回付款方的金额，借记或贷记“银行存款”等科目。同时，在预算会计中，借记“资金结存”科目，贷记“事业预算收入”“经营预算收入”等科目；退回预收款的金额做相反会计分录。涉及增值税业务的，相关账务处理参见“应交增值税”科目。

（三）对于无法偿付或债权人豁免偿还的预收账款，公立医院应当按照规定报经批准后进行账务处理。经批准核销时，借记“预收账款”科目，贷记“其他收入”科目。

核销的预收账款应在备查簿中保留登记。

预收账款的主要账务处理见表 3-9。

表 3-9 预收账款的主要账务处理

| 序号 | 业务 | 财务会计处理 | 预算会计处理 |
|---|---|---|---|
| （1） | 从付款方预收款项时 | 借：银行存款等<br>贷：预收账款 | 借：资金结存——货币资金<br>贷：事业预算收入 / 经营预算收入等 |
| （2） | 确认有关收入时 | 借：预收账款<br>银行存款［收到补付款］<br>贷：事业收入 / 经营收入等<br>银行存款［退回预收款］ | 借：资金结存——货币资金<br>贷：事业预算收入 / 经营预算收入等［收到补付款］<br>退回预收款的金额做相反会计分录 |

续表

| 序号 | 业务 | 财务会计处理 | 预算会计处理 |
|---|---|---|---|
| （3） | 无法偿付或债权人豁免偿还的预收账款 | 借：预收账款<br>　　贷：其他收入 | —— |

## 3.10.3　案例分析

### 一、从付款方预收款项

**【例 3-19】**2×19 年 5 月，某公立医院与甲企业签订购货协议，甲企业在公立医院订购 A 产品，共计 500 000 元。按照购货协议，甲企业需要按购货金额的 20% 预先支付给该公立医院（不考虑相关税费）。该医院的账务处理如下：

财务会计：

借：银行存款　　100 000

　　贷：预收账款——甲企业　　100 000

预算会计：

借：资金结存——货币资金　　100 000

　　贷：经营预算收入　　100 000

### 二、确认有关收入

**【例 3-20】**接【例 3-19】。A 产品于 9 月全部交付，并验收入库，且公立医院已经收到相应货款。该医院的账务处理如下：

财务会计：

借：银行存款　　400 000

　　预收账款——甲企业　　100 000

　　贷：经营收入　　500 000

预算会计：

借：资金结存——货币资金　　400 000

　　贷：经营预算收入　　400 000

### 三、无法偿还或豁免

**【例 3-21】**接【例 3-19】。若甲企业无法偿付剩余价款，则该医院的账务处理如下：

财务会计：

借：预收账款——甲企业 100 000

贷：其他收入 100 000

无需进行预算会计处理。

## 3.11 其他应付款

### 3.11.1 业务简介

“其他应付款”科目用于核算公立医院除应交增值税、其他应交税费、应缴财政款、应付职工薪酬、应付票据、应付账款、应付公立医院补贴款、应付利息、预收账款以外的其他各项偿还期限在1年内(含1年)的应付及暂收款项，如收取的押金、存入保证金、已经报销但尚未偿还银行的本公立医院公务卡欠款等。公立医院同级政府财政部门预拨的预算款和没有纳入预算的暂付款项，以及采用实拨资金方式通过本公立医院转拨给下属公立医院的财政拨款等也在本科目核算。本科目应当按照其他应付款的类别以及债权人等进行明细核算。本科目期末的贷方余额反映的是公立医院尚未支付的其他应付款金额。

### 3.11.2 账务处理

（一）发生其他应付及暂收款项时，借记“银行存款”等科目，贷记“其他应付款”科目。支付（或退回）其他应付及暂收款项时，借记“其他应付款”科目，贷记“银行存款”等科目。将暂收款项转为收入时，在财务会计中，借记“其他应付款”科目，贷记“事业收入”等科目；同时，在预算会计中，借记“资金结存”科目，贷记“事业预算收入”等科目。

（二）收到同级公立医院财政部门预拨的下期预算款和没有纳入预算的暂付款项时，按照实际收到的金额，借记“银行存款”等科目，贷记“其他应付款”科目。待到下一预算期或批准纳入预算时，在财务会计中，借记“其他应付款”科目，贷记“财政拨款收入”科目；同时，在预算会计中，借记“资金结存”科目，贷记“财政拨款预算收入”科目。

对于采用实拨资金方式通过本公立医院转拨给下属公立医院的财政拨款，按照实际收到的金额，借记“银行存款”科目，贷记“其他应付款”科目；向下属公立医院转拨财政拨款时，按照转拨的金额，借记“其他应付款”科目，贷记“银行存款”科目。

（三）在公立医院公务卡持卡人报销时，按照审核报销的金额，借记“业务活动费用”“单位管理费用”等科目，贷记“其他应付款”科目。偿还公务卡欠款时，在财务会计中，借记“其他应付款”科目，贷记“零余额账户用款额度”等科目；同时，在预算会计中，借记“事业支出”科目，贷记“资金结存”科目。

（四）涉及质保金形成其他应付款的，相关账务处理参见“固定资产”科目。

（五）对于无法偿付或债权人豁免偿还的其他应付款项，应当按照规定报经批准后进行账务处理。经批准核销时，借记“其他应付款”科目，贷记“其他收入”科目。

核销的其他应付款应在备查簿中保留登记。

其他应付款的主要账务处理见表 3-10。

**表 3-10　　其他应付款的主要账务处理**

| 序号 | 业务 | | 财务会计处理 | 预算会计处理 |
|---|---|---|---|---|
| （1） | 发生暂收款项 | 取得暂收款项时 | 借：银行存款等<br>贷：其他应付款 | —— |
| | | 确认收入时 | 借：其他应付款<br>贷：事业收入等 | 借：资金结存<br>贷：事业预算收入等 |
| | | 退回（转拨）暂收款时 | 借：其他应付款<br>贷：银行存款等 | —— |
| （2） | 收到同级财政部门预拨的下期预算款和没有纳入预算的暂付款项 | 按照实际收到的金额 | 借：银行存款等<br>贷：其他应付款 | —— |
| | | 待到下一预算期或批准纳入预算时 | 借：其他应付款<br>贷：财政拨款收入 | 借：资金结存<br>贷：财政拨款预算收入 |
| （3） | 发生其他应付义务 | 确认其他应付款项时 | 借：业务活动费用 / 单位管理费用等<br>贷：其他应付款 | —— |
| | | 支付其他应付款项 | 借：其他应付款<br>贷：银行存款等 | 借：事业支出<br>贷：资金结存 |
| （4） | 无法偿付或债权人豁免偿还的其他应付款项 | | 借：其他应付款<br>贷：其他收入 | —— |

### 3.11.3 案例分析

**一、发生暂收款项**

**【例 3-22】**2×19 年 1 月 1 日，某公立医院将一座办公楼出租，收取 F 公司押金 10 000 元（不考虑相关税费），其账务处理如下：

财务会计：

借：银行存款　　10 000

　　贷：其他应付款——押金（F 公司）　　10 000

无需进行预算会计处理。

2×19 年 5 月 10 日，该医院将押金确认为收入，其账务处理如下：

财务会计：

借：其他应付款——押金（F 公司）　　10 000

　　贷：事业收入　　10 000

预算会计：

借：资金结存——货币资金　　10 000

　　贷：事业预算收入　　10 000

若该公立医院与 F 公司的租赁合约在 2×19 年 1 月到期，且 F 公司不再租用办公楼，该公立医院返还押金。该医院的账务处理如下：

借：其他应付款——押金（F 公司）　　10 000

　　贷：银行存款　　10 000

无需进行预算会计处理。

**二、预拨款项**

**【例 3-23】** 2×19 年 12 月 6 日，某公立医院收到政府财政部门预拨的下期预算款 100 000 元。2×20 年 1 月 6 日，该预算款被批准纳入该年的预算。该医院的账务处理如下：

（1）2×19 年 12 月 6 日：

财务会计：

借：银行存款　　100 000

　　贷：其他应付款　　100 000

无需进行预算会计处理。

（2）2×20 年 1 月 6 日：

财务会计：

借：其他应付款 100 000

　　贷：财政拨款收入 100 000

预算会计：

借：资金结存——货币资金 100 000

　　贷：财政拨款预算收入 100 000

**三、其他应付款的豁免**

**【例 3-24】**接【例 3-22】。F 公司因破产清算无法偿还租金。该公立医院按规定报经批准后核销该笔押金时的账务处理如下：

财务会计：

借：其他应付款——押金（F 公司） 10 000

　　贷：其他收入 10 000

无需进行预算会计处理。

## 3.12 预提费用

### 3.12.1 业务简介

“预提费用”科目用于核算公立医院预先提取的已经发生但尚未支付的费用，如预提租金费用等，也核算公立医院按规定从科研项目收入中提取的项目间接费用或管理费等。公立医院计提的借款利息费用不通过本科目核算。本科目应当按照预提费用的种类（如项目间接费用或管理费用等）进行明细核算。本科目期末的贷方余额反映的是公立医院已预提但尚未支付的各项费用。

### 3.12.2 账务处理

（一）项目间接费用或管理费

按规定从科研项目收入中提取项目间接费用或管理费时，在财务会计中，按照提取的金额，借记“单位管理费用”科目，贷记“预提费用——项目间接费用或管理费”科目；同时，在预算会计中，借记“非财政拨款结转——项目间接费用或管理费用”科目，贷记“非财政拨款结余——项目间接费用或管理费用”科目。

实际使用计提的项目间接费用或管理费时，在财务会计中，按照实际支付的金额，借记“预提费用——项目间接费用或管理费用”科目，贷记“银行存款”“库存现金”等科目；同时，在预算会计中，借记“事业支出”等科目，贷记“资金结存”科目。

（二）其他预提费用

按期预提租金等费用时，按照预提的金额，借记“业务活动费用”“单位管理费用”“经营费用”等科目，贷记“预提费用”科目。

实际支付款项时，在财务会计中，按照支付的金额，借记“预提费用”科目，贷记“零余额账户用款额度”“银行存款”等科目；同时，在预算会计中，借记“事业支出”科目，贷记“资金结存——货币资金”科目。

预提费用的主要账务处理见表 3-11。

表 3-11 预提费用的主要账务处理

| 序号 | 业务 | 财务会计处理 | 预算会计处理 |
|---|---|---|---|
| （1） | 按规定计提项目间接费用或管理费时 | 借：单位管理费用<br>贷：预提费用——项目间接费用或管理费 | 借：非财政拨款结转——项目间接费用或管理费用<br>贷：非财政拨款结余——项目间接费用或管理费用 |
| （2） | 实际使用计提的项目间接费用或管理费时 | 借：预提费用——项目间接费用或管理费<br>贷：银行存款 / 库存现金 | 借：事业支出等<br>贷：资金结存 |
| （3） | 按照规定预提每期租金等费用 | 借：业务活动费用 / 单位管理费用 / 经营费用等<br>贷：预提费用 | —— |
| （4） | 实际支付款项时 | 借：预提费用<br>贷：银行存款等 | 借：事业支出 / 经营支出等<br>贷：资金结存 |

## 3.12.3 案例分析

### 一、计提间接费用或管理费用

**【例 3-25】**2×19 年 6 月 6 日，某公立医院按规定从科研项目收入中提取项目间接费用 20 000 元，其账务处理如下：

财务会计：

借：单位管理费用 20 000

　　贷：预提费用——项目间接费用　　20 000

预算会计：

借：非财政拨款结转——项目间接费用　　20 000

　　贷：非财政拨款结余——项目间接费用　　20 000

2×19年12月6日，该公立医院实际使用计提的项目间接费用15 000元，其账务处理如下：

财务会计：

借：预提费用——项目间接费用　　15 000

　　贷：银行存款　　15 000

预算会计：

借：事业支出　　15 000

　　贷：资金结存——货币资金　　15 000

## 二、预提租金

**【例3-26】**某公立医院救护部门于2×19年1月1日租入一台救护车，合同规定租期半年，租赁期满一次付清租金6 000元，其账务处理如下：

（1）若租入设备的使用期为1月至6月，则该医院在每月月末应做如下相同分录：

财务会计：

借：营业费用　　1 000

　　贷：预提费用　　1 000

无需进行预算会计处理。

（2）2×19年6月末，开出转账支票支付租金时：

财务会计：

借：营业费用　　1 000

　　预提费用　　5 000

　　贷：银行存款　　6 000

预算会计：

借：经营支出　　6 000

　　贷：资金结存——货币资金　　6 000

# 3.13 长期借款

## 3.13.1 业务简介

“长期借款”科目用于核算公立医院经批准向银行或其他金融机构等借入的期限超过1年(不含1年)的各种借款本息，下设“本金”和“应计利息”明细科目，并按照取得贷款的金融机构和贷款种类进行明细核算。对于符合资本化条件的长期借款利息费用，公立医院应当按期将其计入所购建的在建工程成本之中。此外，对于建设项目借款，公立医院还应按照具体项目进行明细核算。本科目期末的贷方余额反映的是公立医院尚未偿还的长期借款本息金额。

## 3.13.2 账务处理

（一）借入各项长期借款时，在财务会计中，按照实际借入的金额，借记“银行存款”科目，贷记“长期借款——本金”科目；同时，在预算会计中，借记“资金结存”科目，贷记“债务预算收入”科目。

（二）对于为建造固定资产、公共基础设施等应支付的专门借款利息，按期计提利息时，分别按照以下情况进行处理。

1. 属于工程项目建设期间发生的利息，计入工程成本，按照计算确定的应支付的利息金额，借记“在建工程”科目，贷记“应付利息”科目。

2. 属于工程项目完工交付使用后发生的利息，计入当期费用，按照计算确定的应支付的利息金额，借记“其他费用”科目，贷记“应付利息”科目。

（三）按期计提其他长期借款的利息时，按照计算确定的应支付的利息金额，借记“其他费用”科目，贷记“应付利息”科目（分期付息、到期还本借款的利息）或“长期借款——应计利息”科目。

（四）到期归还长期借款本金、利息时，在财务会计中，借记“长期借款——本金、应计利息”科目，贷记“银行存款”科目。同时，在预算会计中，按支付的本金，借记“债务还本支出”科目，贷记“资金结存”科目；按支付的利息，借记“其他支出”科目，贷记“资金结存”科目。

长期借款的主要账务处理见表3-12。

表 3–12　　长期借款的主要账务处理

| 序号 | 业务 | | 财务会计处理 | 预算会计处理 |
|---|---|---|---|---|
| （1） | 借入各项长期借款时 | | 借：银行存款<br>　贷：长期借款——本金 | 借：资金结存——货币资金<br>　贷：债务预算收入［本金］ |
| （2） | 为购建固定资产、公共基础设施等应支付的专门借款利息 | 属于工程项目建设期间发生的 | 借：在建工程<br>　贷：应付利息［分期付息、到期还本］<br>　　长期借款——应计利息［到期一次还本付息］ | —— |
| | | 属于工程项目完工交付使用后发生的 | 借：其他费用<br>　贷：应付利息［分期付息、到期还本］<br>　　长期借款——应计利息［到期一次还本付息］ | —— |
| | | 实际支付利息时 | 借：应付利息<br>　贷：银行存款等 | 借：其他支出<br>　贷：资金结存 |
| （3） | 其他长期借款利息 | 计提利息时 | 借：其他费用<br>　贷：应付利息［分期付息、到期还本］<br>　　长期借款——应计利息［到期一次还本付息］ | —— |
| | | 分期实际支付利息时 | 借：应付利息<br>　贷：银行存款等 | 借：其他支出<br>　贷：资金结存 |
| （4） | 归还长期借款本息 | | 借：长期借款——本金<br>　——应计利息［到期一次还本付息］<br>　贷：银行存款 | 借：债务还本支出［支付的本金］<br>　贷：资金结存<br>借：其他支出［支付的利息］<br>　贷：资金结存 |

## 3.13.3　案例分析

### 一、借入长期借款

**【例 3–27】**某公立医院于 2×19 年 1 月 1 日从银行借入资金 300 000 元，借款期限为 5 年，年利率为 8%，按年支付利息，到期一次还本。该医院的账务处理如下：

2×19 年 1 月 1 日，取得借款时：

财务会计：

借：银行存款　300 000

　　贷：长期借款——本金　300 000

预算会计：

借：资金结存——货币资金　300 000

　　贷：债务预算收入——本金　300 000

## 二、为购建固定资产等支付利息

**【例 3-28】**接【例 3-27】。该公立医院借入的长期借款用于建设办公楼。该办公楼于 2×19 年 1 月 1 日开工，于 2×23 年 1 月 1 日完工并交付使用。2×23 年 12 月 31 日，该公立医院归还长期借款本息。

（1）2×19 年年末至 2×22 年年末的账务处理如下：

财务会计：

借：在建工程　24 000

　　贷：应付利息［分期付息、到期还本］　24 000

借：应付利息　24 000

　　贷：银行存款　24 000

预算会计：

借：其他支出　24 000

　　贷：资金结存——货币资金　24 000

（2）2×23 年年末的账务处理如下：

财务会计：

借：其他费用　24 000

　　贷：应付利息［分期付息、到期还本］　24 000

借：应付利息　24 000

　　贷：银行存款　24 000

借：长期借款——本金　300 000

　　贷：银行存款　300 000

预算会计：

借：其他支出　24 000

　　贷：资金结存——货币资金　24 000

借：债务还本支出——本金　　300 000
　　贷：资金结存——货币资金　　300 000

# 3.14　长期应付款

## 3.14.1　业务简介

“长期应付款”科目用于核算公立医院发生的偿还期限超过 1 年（不含 1 年）的应付款项，如以融资租赁方式取得固定资产时应付的租赁费、以分期付款方式购入固定资产时发生的应付款等。本科目应当按照长期应付款的类别以及债权人进行明细核算。本科目期末的贷方余额反映的是公立医院尚未支付的长期应付款金额。

## 3.14.2　账务处理

（一）发生长期应付款时，借记“固定资产”“在建工程”等科目，贷记“长期应付款”科目。

（二）支付长期应付款时，在财务会计中，按照实际支付的金额，借记“长期应付款”科目，贷记“财政拨款收入”“零余额账户用款额度”“银行存款”等科目；同时，在预算会计中，借记“事业支出”“经营支出”等科目，贷记“财政拨款预算收入”“资金结存”科目。涉及增值税业务的，相关账务处理参见“应交增值税”科目。

（三）对于无法偿付或债权人豁免偿还的长期应付款，应当按照规定报经批准后进行账务处理。经批准核销时，借记“长期应付款”科目，贷记“其他收入”科目。

核销的长期应付款应在备查簿中保留登记。

（四）涉及质保金形成长期应付款的，相关账务处理参见“固定资产”科目。

长期应付款的主要账务处理见表 3-13。

表 3-13 长期应付款的主要账务处理

| 序号 | 业务 | 财务会计处理 | 预算会计处理 |
|---|---|---|---|
| （1） | 发生长期应付款时 | 借：固定资产 / 在建工程等<br>贷：长期应付款 | —— |
| （2） | 支付长期应付款 | 借：长期应付款<br>贷：财政拨款收入 / 零余额账户用款额度 / 银行存款 | 借：事业支出 / 经营支出等<br>贷：财政拨款预算收入 / 资金结存 |
| （3） | 无法偿付或债权人豁免偿还的长期应付款 | 借：长期应付款<br>贷：其他收入 | —— |

## 3.14.3 案例分析

### 一、发生长期应付款

**【例 3-29】**某公立医院以分期付款方式从 G 公司购入一台医用治疗仪，总价款为 270 000 元。该医院分 3 年支付该款项，于每年年末支付分期款。该医院在购入医用治疗仪时的账务处理如下：

财务会计：

借：固定资产 270 000

贷：长期应付款 270 000

无需进行预算会计处理。

### 二、支付长期应付款

**【例 3-30】**接【例 3-29】。该公立医院年末使用财政直接支付方式支付款项，其账务处理如下：

财务会计：

借：长期应付款 90 000

贷：财政拨款收入 90 000

预算会计：

借：事业支出 90 000

贷：财政拨款预算收入 90 000

### 三、长期应付款的核销

**【例 3-31】**接【例 3-29】。在该医院支付该笔长期应付款两年后，G 公司豁免最后一年应付的款项。该公立医院按照规定报经批准后剩余款项予以核销，其账务处理如下：

财务会计：

借：长期应付款　　90 000

　　贷：其他收入　　90 000

无需进行预算会计处理。

## 3.15　预计负债

### 3.15.1　业务简介

“预计负债”科目用于核算公立医院对因或有事项所产生的现时义务而确认的负债，如对未决诉讼等确认的负债。或有事项具有以下特征：

（1）由过去交易或事项形成。或有事项的现存状况是过去交易或事项引起的客观存在。例如，未决诉讼虽然是正在进行中的诉讼，但该诉讼是医院因过去的经济行为导致起诉其他单位或被其他单位起诉。这是现存的一种状况，而不是未来将要发生的事项。未来可能发生的自然灾害、交通事故、经营亏损等，不属于或有事项。

（2）结果具有不确定性。或有事项的结果是否发生具有不确定性，或者或有事项的结果预计将会发生，但发生的具体时间或金额具有不确定性。例如，债务担保事项的担保方到期是否承担和履行连带责任，需要根据债务到期时被担保方能否按时还款加以确定。这一事项的结果在担保协议达成时具有不确定性。

（3）由未来事项决定。或有事项的结果由未来不确定事项的发生或不发生决定。例如，只有在债务担保事项中被担保方到期无力还款时，担保方才履行连带责任。

常见的或有事项主要包括：未决诉讼或仲裁、债务担保、产品质量保证（产品安全保证）、承诺、亏损合同、重组义务、环境污染整治等。

公立医院应当设立“预计负债”科目，核算医院对因或有事项所产生的现时义务而确认的负债。本科目应当按照预计负债的项目进行明细核算，借方反映当期医院预计负债的减少，贷方反映当期医院预计负债的增加。本科目期末贷方余额，反映医院已确认但尚未支付的预计负债金额。

## 3.15.2 账务处理

（一）确认预计负债时，按照预计的金额，借记“业务活动费用”“经营费用”“其他费用”等科目，贷记“预计负债”科目。

（二）实际偿付预计负债时，在财务会计中，按照偿付的金额，借记“预计负债”科目，贷记“银行存款”“零余额账户用款额度”等科目；同时，在预算会计中，借记“事业支出”“经营支出”“其他支出”等科目，贷记“资金结存”科目。

（三）根据确凿证据需要对已确认的预计负债账面余额进行调整的，按照调整增加的金额，借记有关科目，贷记“预计负债”科目；按照调整减少的金额，借记“预计负债”科目，贷记有关科目。

预计负债的主要账务处理见表 3-14。

**表 3-14　预计负债的主要账务处理**

| 序号 | 业务 | 财务会计处理 | 预算会计处理 |
|---|---|---|---|
| （1） | 确认预计负债 | 借：业务活动费用 / 经营费用 / 其他费用等<br>贷：预计负债 | —— |
| （2） | 实际偿付预计负债 | 借：预计负债<br>贷：银行存款等 | 借：事业支出 / 经营支出 / 其他支出等<br>贷：资金结存 |
| （3） | 对预计负债账面余额进行调整的 | 借：业务活动费用 / 经营费用 / 其他费用等<br>贷：预计负债<br>或做相反会计分录 | —— |

## 3.15.3 案例分析

**【例 3-32】**2×19 年 11 月 1 日，某公立医院因合同违约而被甲公司起诉。2×19 年 12 月 31 日，该公立医院尚未接到法院的判决。在咨询了公立医院的法律顾问后，该公立医院认为最终的法律判决很可能对自身不利。假定该公立医院预计将要支付的赔偿金额、诉讼费等费用为 1 600 000 元至 2 000 000 元之间的某一金额，而且这个区间内每个金额的可能性都大致相同。

该公立医院应在资产负债表中确认一项预计负债，金额为：

（1 600 000+2 000 000）÷2 =1 800 000（元）

同时在 2×19 年 12 月 31 日的附注中进行披露。

公立医院的有关账务处理如下：

财务会计：

借：业务活动费用　　1 800 000

　　贷：预计负债——未决诉讼　　1 800 000

无需进行预算会计处理。

2×20 年 3 月 1 日，法律判决表明该公立医院要支付赔偿金额等共计 1 900 000 元。该医院的账务处理如下：

财务会计：

借：预计负债——未决诉讼　　1 800 000

　　业务活动费用　　100 000

　　贷：银行存款　　1 900 000

预算会计：

借：事业支出　　1 900 000

　　贷：资金结存——货币资金　　1 900 000

# 3.16　受托代理负债

## 3.16.1　业务简介

“受托代理负债”科目用于核算公立医院因接受委托而取得受托代理资产时形成的负债。本科目期末贷方余额，反映公立医院尚未交付或发出受托代理资产形成的受托代理负债金额。

## 3.16.2　账务处理

参见“受托代理资产”“库存现金”“银行存款”等科目。

## 3.16.3　案例分析

**【例 3-33】**2×19 年 11 月 1 日，某公立医院接受外市公立医院委托的需转赠给科研所的一台设备。该设备价值200 000元，已被该公立医院验收入库。该公立医院的账务处理如下：

财务会计：

借：受托代理资产——受托存储保管物资 200 000

贷：受托代理负债 200 000

无需进行预算会计处理。

# 第 4 章
# 净资产

## 4.1　净资产概述

### 4.1.1　净资产概述

公立医院净资产是指医院主体拥有的资产总额扣除了单位负债总额后的资产净额，即公立医院资产总额在抵偿了一切现存义务以后的差额部分。它是属于公立医院所有，并可以自由支配的资产。

公立医院的净资产包括累计盈余、专项基金、权益法调整、本期盈余、本年盈余分配、无偿调拨净资产、以前年度盈余调整。

### 4.1.2　净资产的计量

净资产金额取决于资产和负债的计量。

净资产 = 资产 − 负债

净资产项目应当被列入资产负债表中。

## 4.2　盈余及分配

### 4.2.1　累计盈余

#### 4.2.1.1　累计盈余的概念

累计盈余是指医院历年实现的盈余扣除盈余分配后滚存的金额，以及因无偿调入、调出资产产生的净资产变动额。按照规定上缴、缴回、单位间调剂结转、结余资金时产生的净资产变动额，以及对以前年度盈余的调整金额，也通过“累计盈余”科目核算。公立医院的累计盈余包括财政项目盈余、科教医疗盈余、新旧制度转换产生的盈余等。

#### 4.2.1.2 累计盈余的账务处理

##### 一、年末将本期盈余科目余额结转

**1. 业务概述**

本期盈余中的财政项目盈余、医疗盈余中的财政基本拨款形成的余额以及本期盈余中的科教盈余科目余额应在年末转入累计盈余的对应科目。

**2. 账务处理**

医院在年末需要将“本期盈余——财政项目盈余”“本期盈余——医疗盈余”科目中财政基本拨款形成的余额以及“本期盈余——科教盈余”余额转入“累计盈余”科目，借记或贷记“本期盈余”科目，贷记或借记“累计盈余”科目。

年末本期盈余余额转入的账务处理见表 4-1。

表 4-1 年末本期盈余余额转入的账务处理

| 序号 | 业务 | 财务会计处理 | 预算会计处理 |
|---|---|---|---|
| （1） | 年末，将“本期盈余”相关科目余额转入 | 借：本期盈余——财政项目盈余<br>——医疗盈余（财政基本拨款形成）<br>——科教盈余<br>贷：累计盈余——财政项目盈余<br>——医疗盈余<br>——科教盈余<br>或做相反会计分录 | — |

**3. 案例解析**

**【例 4-1】** 2×19 年 12 月 31 日，某公立医院的“本期盈余”科目的明细为：“本期盈余财政项目盈余”科目 12 000 元，“科教盈余”科目 8 000 元。该医院的账务处理如下：

借：本期盈余——财政项目盈余 12 000

——科教盈余 8 000

贷：累计盈余 20 000

## 二、年末将本年盈余分配科目余额结转

### 1. 业务概述

“本年盈余分配”科目应当在根据有关财务会计制度和规定正确进行会计核算以后，按项目和比例正确进行核算。医院设置“本年盈余分配”科目，反映医院本年度盈余分配的情况和结果，包含“提取职工福利基金、转入累计盈余”明细科目，年末余额结转至“累计盈余”科目。

### 2. 账务处理

医院在年末需要将“本年盈余分配”科目的余额转入“累计盈余”科目，借记或贷记“本年盈余分配”科目，贷记或借记“累计盈余”科目。

年末本年盈余分配转入累计盈余时的会计处理见表 4-2。

**表 4-2　　年末本年盈余分配转入累计盈余时的会计处理**

| 序号 | 业务 | 财务会计处理 | 预算会计处理 |
| --- | --- | --- | --- |
| （1） | 年末，将“本年盈余分配”科目余额转入 | 借：本年盈余分配——转入累计盈余<br>　贷：累计盈余<br>或做相反会计分录 | — |

### 3. 案例解析

【**例 4-2**】2×19 年 12 月 31 日，某公立医院的“本年盈余——医疗盈余”科目的贷方余额为 45 000 元，其中，财政基本拨款为 0 元。该医院按照 10% 的比例提取职工福利基金。相关账务处理如下：

借：本期盈余——医疗盈余　　45 000

　贷：本年盈余分配——提取职工福利基金　　4 500

　　　　　　　　——转入累计盈余　　40 500

借：本年盈余分配——转入累计盈余　　40 500

　贷：累计盈余——医疗盈余　　40 500

## 三、年末将无偿调拨净资产科目余额结转

### 1. 业务概述

政府会计在各会计年度中发生了无偿调入或调出净资产的业务后，除了在专设的无偿调拨净资产账户内予以日常核算外，在年度终了时还要将无偿调拨净资产账户的年终余额转入累计盈余账户，从而将无偿调拨净资产账户结平。

### 2. 账务处理

公立医院在年末需要将“无偿调拨净资产”科目的余额转入“累计盈余”

科目，借记或贷记“无偿调拨净资产”科目，贷记或借记“累计盈余”科目。

年末无偿调拨净资产转入累计盈余时的账务处理见表 4-3。

表 4-3 年末无偿调拨净资产转入累计盈余时的账务处理

| 序号 | 业务 | 财务会计处理 | 预算会计处理 |
|---|---|---|---|
| (1) | 年末，将“无偿调拨净资产”科目余额转入 | 借：无偿调拨净资产<br>贷：累计盈余<br>或做相反会计分录 | —— |

3. **案例解析**

【例 4-3】2×19 年 12 月 31 日，某公立医院的“无偿调拨净资产”科目的余额为 50 000 元。相关账务处理如下：

借：无偿调拨净资产 50 000

贷：累计盈余 50 000

## 四、与其他单位发生的调入、调出资金结转

1. **业务概述**

财政拨款结余资金是指医院相关支出预算工作目标已完成，或由于受政策变化、计划调整等因素影响工作终止，当年剩余的财政拨款资金。非财政拨款结转资金是指公立医院除财政拨款收支以外的各专项资金收入与其相关支出相抵后剩余滚存的、须按规定用途使用的结转资金。财政拨款结转资金是指当年支出预算已执行但尚未完成，或因故未执行，下年需按原用途继续使用的财政拨款资金，将余额转入相关账户，留以后年度使用或上交。

2. **财务处理**

医院在年末需要按照规定上缴财政拨款结转结余、缴回非财政拨款结转资金、向其他单位调出财政拨款结转资金时，在财务会计中，按照实际上缴、缴回、调出金额，借记“累计盈余”科目，贷记“财政应返还额度”“零余额账户用款额度”“银行存款”等科目；在预算会计中，借记“财政拨款结转”“财政拨款结余”“非财政拨款结转”“非财政拨款结余”科目，贷记“资金结存——财政应返还额度”“资金结存——零余额账户用款额度”“资金结存——货币资金”科目。

在年末需要按照规定从其他单位调入财政拨款结转资金时，在财务会计中，按照实际调入的金额，借记“零余额账户用款额度”“银行存款”等科目，贷记“累计盈余”科目；在预算会计中，借记“资金结存——零余额账户用款额

度”“资金结存——货币资金”科目，贷记“财政拨款结转——归集调入”科目。

与其他单位发生的调入、调出资金结转时的账务处理见表 4-4。

**表 4-4　　与其他单位发生的调入、调出资金结转时的账务处理**

| 序号 | 业务 | 财务会计处理 | 预算会计处理 |
| --- | --- | --- | --- |
| （1） | 按照规定上缴财政拨款结转结余、缴回非财政拨款结转资金、向其他单位调出财政拨款结转资金 | 借：累计盈余<br>贷：财政应返还额度 / 零余额账户用款额度 / 银行存款等 | 借：财政拨款结转、财政拨款结余、非财政拨款结转、非财政拨款结余<br>贷：资金结存——财政应返还额度、零余额账户用款额度、货币资金 |
| | 按照规定从其他单位调入财政拨款结转资金 | 借：零余额账户用款额度 / 银行存款等<br>贷：累计盈余 | 借：资金结存——零余额账户用款额度 / 货币资金<br>贷：财政拨款结转——归集调入 |

### 3．案例解析

**【例 4-4】**某公立医院将 2×16 年财政拨款用于购置全自动医疗设备。因政府采购公开招标确定的采购中标价格低于财政拨款预算金额，形成结余资金 120 000 元。该笔款项一直挂账未使用，也未被编入下年预算该医院通过财政授权支付方式支付购置款。2×19 年 3 月 7 日，该医院按照审计整改要求上缴该项财政拨款结余资金。该医院在 2×19 年 3 月 7 日的账务处理如下：

财务会计：

借：累计盈余　　120 000

　　贷：零余额账户用款额度——项目支出额度　　120 000

预算会计：

借：财政拨款结余——归集上缴　　120 000

　　贷：资金结存——零余额账户用款额度　　120 000

**【例 4-5】**某公立医院在 2×19 年发生如下经济业务：12 月 31 日，从其他单位调入资金 20 000 元。该医院的账务处理如下：

财务会计：

借：零余额账户用款额度　　20 000

　　贷：累计盈余　　20 000

预算会计：

借：资金结存——零余额账户用款额度 20 000

贷：财政拨款结转——归集调入 20 000

## 五、年末科目余额结转

### 1. 业务概述

以前年度盈余调整是对以前年度财务报表中的重大错误的更正。这种错误包括计算错误、会计分录差错以及漏记事项。

### 2. 财务处理

医院需将“以前年度盈余调整”科目的余额转入“累计盈余”科目，借记或贷记“以前年度盈余调整”科目，贷记或借记“累计盈余”科目。

年末科目余额结转的账务处理见表 4-5。

表 4-5 年末科目余额结转的账务处理

| 序号 | 业务 | 财务会计处理 | 预算会计处理 |
| --- | --- | --- | --- |
| (1) | 将“以前年度盈余调整”科目的余额转入 | 借：以前年度盈余调整<br>贷：累计盈余<br>或做相反会计分录 | —— |

### 3. 案例解析

【例 4-6】2×19 年 12 月 31 日，某公立医院的“以前年度盈余调整”科目的借方余额为 20 000 元。该医院的账务处理如下：

借：以前年度盈余调整 20 000

贷：累计盈余 20 000

## 六、使用专用基金购置固定资产、无形资产

### 1. 业务概述

“专用基金”科目用于核算公立医院按照规定提取或设置的具有专门用途的净资产，主要包括职工福利基金、科技成果转换基金等。

### 2. 财务处理

按照规定使用专用基金购置固定资产、无形资产的，在财务会计中，按照固定资产、无形资产的成本金额，借记“固定资产”“无形资产”科目，贷记“银行存款”等科目；借记“专用结余”科目，贷记“资金结存”科目；按照专用基金使用金额，借记“专用基金”科目，贷记“累计盈余”科目。在预算会计中进行的账务处理见表 4-6。

表 4–6　　使用专用基金购置固定资产、无形资产时的账务处理

| 序号 | 业务 | 财务会计处理 | 预算会计处理 |
| --- | --- | --- | --- |
| （1） | 使用专用基金购置固定资产、无形资产的 | 按照固定资产、无形资产成本的金额<br>借：固定资产、无形资产<br>贷：银行存款<br>同时，按照专用基金使用金额<br>借：专用基金<br>贷：累计盈余 | 使用从非财政拨款结余或经营结余中提取的专用基金：<br>借：专用结余<br>贷：资金结存——货币资金<br>使用从预算收入中提取并计入费用的基金：<br>借：事业支出等<br>贷：资金结存——货币资金 |

**3. 案例解析**

**【例 4–7】**某公立医院在 2×19 年发生如下经济业务：12 月 31 日使用从非财政拨款结余或经营结余中提取的专用基金购置价值 200 000 元的医疗设备。该医院的账务处理如下：

财务会计：

借：固定资产 ——医疗设备　　200 000

　　贷：银行存款　　200 000

借：专用基金　　200 000

　　贷：累计盈余　　200 000

预算会计：

借：专用结余　　200 000

　　贷：资金结存　　200 000

## 4.2.2 专用基金

### 4.2.2.1 专用基金的概念

“专用基金”科目用于核算公立医院按照规定提取或设置的具有专门用途的资金，主要包括职工福利基金、医疗风险基金等。

职工福利基金是指按业务收支结余（不包括财政基本支出补助结转）的一定比例提取，专门用于职工集体福利设施、集体福利待遇的资金。

医疗风险基金是指从医疗业务成本中计提，专门用于支付医院购买医疗风险保险发生的支出或实际发生的医疗事故赔偿的资金。医院医疗风险基金的提

取，要严格执行规定的提取比例进行。

医疗风险基金提取额的计算公式是：

医疗风险基金提取额 = 医疗收入 × 提取比例

例如，期末医疗收入为 50 000 000 元，医疗风险基金的提取比例为 1‰，则应提取的医疗风险基金为：

医疗风险基金提取额 =50 000 000 × 1‰ =50 000（元）

医院累计提取及计提专用基金的额度遵照医院相关财务制度规定进行。各项专用基金都有专门的用途和使用范围，除法律、法规规定可以合并使用外，一般不得挪作他用或相互挤占。

#### 4.2.2.2 专用基金的账务处理

**一、年末提取专用基金**

**1. 业务概述**

公立医院在年末根据有关规定从本年度非财政拨款结余或经营结余中提取专用基金。

**2. 账务处理**

公立医院在年末需要根据有关规定从本年度非财政拨款结余或经营结余中提取专用基金的，按照预算会计下计算的提取金额，在财务会计中，借记“本年盈余分配”科目，贷记“专用基金”科目。同时，在预算会计中，借记“非财政拨款结余分配”科目，贷记“专用结余”科目。

年末提取专用基金的账务处理见表 4-7。

表 4-7 年末提取专用基金的账务处理

| 序号 | 业务 | 财务会计处理 | 预算会计处理 |
| --- | --- | --- | --- |
| 1 | 年末，按照规定从本年度非财政拨款结余或经营结余中提取专用基金的 | 借：本年盈余分配<br>贷：专用基金［按照预算会计下计算的提取金额］ | 借：非财政拨款结余分配<br>贷：专用结余 |

**3. 案例解析**

【例 4-8】某公立医院 2×19 年年终分配，非财政拨款结余总额为 400 000 元，按照结余的 10% 提取职工福利基金，其账务处理如下：

财务会计：

借：本年盈余分配——提取职工福利基金　　40 000

　　贷：专用基金——职工福利基金　　40 000

预算会计：

借：非财政拨款结余分配　　40 000

　　贷：专用结余——职工福利基金　　40 000

## 二、从收入中提取专用基金并计入费用

### 1. 业务概述

业务活动费用是指公立医院为业务经营的合理需要而支付的活动费用。公立医院一般会按照预算会计下计算的提取金额，从收入中提取专用基金并计入费用。

### 2. 账务处理

根据有关规定从收入中提取专用基金并计入费用的，一般按照基于预算会计下预算收入计算提取的金额，在财务会计中，借记“业务活动费用”等科目，贷记“专用基金”科目。国家另有规定的，从其规定。

年末提取专用基金的账务处理见表 4-8。

表 4-8　　年末提取专用基金的账务处理

| 序号 | 业务 | 财务会计处理 | 预算会计处理 |
|---|---|---|---|
| (1) | 根据规定从收入中提取专用基金并计入费用的 | 借：业务活动费用等<br>　贷：专用基金［一般按照预算收入计算提取的金额］ | —— |

### 3. 案例解析

**【例 4-9】** 2×19 年，某公立医院当月实现医疗收入 5 000 000 元。该医院的财务部门按照相关规定，提取医疗风险基金，提取比例 1‰。该医院的账务处理如下：

借：业务活动费用——计提专用基金　　5 000

　　贷：专用基金——医疗风险基金　　5 000

## 三、收到的其他专用基金

### 1. 业务概述

其他专用基金，即公立医院按照国家有关规定提取或者设置的资金。医院其他专用基金主要包括住房基金和留本基金。

留本基金是由资产提供者提供给医院，限定只能动用其本金所带来的收益，而本金不得参与医院正常经济运营的资金。资金在形式上存在 3 种情况：一是

在资金提供者规定的期限内不得动用本金，但超过规定期限后，资金提供者不收回本金，而是将其作为捐赠，归医院所有；二是期限内不准动用本金，到期后资产提供者要收回本金；三是资金提供者规定不准动用本金，只准动用其收益，即为永久限定用途的资金。

**2. 账务处理**

对于根据有关规定设置的其他专用基金，按照实际收到的基金金额，借记“银行存款”等科目，贷记“专用基金”科目。

年末提取专用基金的账务处理见表 4-9。

表 4-9 年末提取专用基金的账务处理

| 序号 | 业务 | 财务会计处理 | 预算会计处理 |
| --- | --- | --- | --- |
| （1） | 根据有关规定设置的其他专用基金 | 借：银行存款等<br>贷：专用基金 | —— |

## 四、使用专用基金

**1. 业务概述**

专用基金应当按规定提取，按规定的用途使用。

**2. 账务处理**

按照规定使用（非购置固定资产、无形资产）提取的专用基金时，在财务会计中，借记“专用基金”科目，贷记“银行存款”等科目；在预算会计中，借记“专用结余”“事业支出”等科目，贷记“资金结存”科目。

医院在使用提取的专用基金购置固定资产、无形资产时，在财务会计中，按照固定资产、无形资产成本金额，借记“固定资产”“无形资产”科目，贷记“银行存款”等科目；同时，按照专用基金的使用金额，借记“专用基金”科目，贷记“累计盈余”等科目。借记“专用结余”“事业支出”等科目，贷记“资金结存”科目。

年末提取专用基金的账务处理见表 4-10。

表 4-10　　年末提取专用基金的账务处理

<table>
<tr><th>序号</th><th>业务</th><th>财务会计处理</th><th>预算会计处理</th></tr>
<tr><td rowspan="2">（1）</td><td rowspan="2">按照规定使用专用基金时</td><td rowspan="2">使用提取的专用基金：<br>借：专用基金<br>　　贷：银行存款等<br>如果购置固定资产、无形资产：<br>借：固定资产 / 无形资产<br>　　贷：银行存款等<br>借：专用基金<br>　　贷：累计盈余</td><td>使用从收入中提取并列入费用的专用基金：<br>借：事业支出等<br>　　贷：资金结存</td></tr>
<tr><td>使用从非财政拨款结余或经营结余中提取的专用基金：<br>借：专用结余<br>　　贷：资金结存——货币资金</td></tr>
</table>

**3. 案例解析**

**【例 4-10】**某公立医院在 2×19 年利用从经营结余中提取的专用基金购置了一台医疗设备。该设备的市场公允价值为 200 000 元，应缴纳的增值税额为 26 000 元。该医院的账务处理如下：

财务会计：

借：固定资产——医疗设备　　200 000

　　应交税费——应交增值税（进项税额）　　26 000

　　贷：银行存款　　226 000

借：专用基金　　226 000

　　贷：累计盈余　　226 000

预算会计：

借：专用结余　　226 000

　　贷：资金结存——货币资金　　226 000

## 4.2.3　本期盈余

### 4.2.3.1　本期盈余的概念

“本期盈余”科目用于反映医院本年度截至报告期期末实现的累计盈余或亏损，其下设“财政项目盈余”“医疗盈余”“科教盈余”明细科目。

“财政项目盈余”明细科目用于核算医院本期接受财政项目拨款产生的各项收入、费用相抵后的余额。

“医疗盈余”明细科目用于核算医院本期开展医疗活动产生的除财政项目

拨款以外的各项收入、费用相抵后的余额。

“科教盈余”明细科目用于核算医院本期开展科研教学活动产生的除财政项目拨款以外的各项收入、费用相抵后的余额。

本科目仅在月度报表中列示，在年度报表中不列示。月度报表中“本期盈余”项目应当根据“本期盈余”科目的期末余额填列；“本期盈余”科目期末为借方余额时，以“-”号填列，即代表医院自年初至当期期末累计发生的亏损；“本期盈余”科目期末为贷方余额时，以“+”号填列，即代表医院自年初至当期期末累计实现的盈余。年末结账后，“本期盈余”科目应无余额。

### 4.2.3.2　本期盈余的账务处理

**一、期末结转**

**1. 业务概述**

期末结转，指期末结账时将某一账户的余额或差额转入另一账户的过程。这里涉及转出账户和转入账户共两个账户。一般而言，结转后，转出账户将没有余额。医院应当将财政拨款收入中的财政项目拨款收入的本期发生额转入本期盈余，将业务活动费用、单位管理费用中经费性质为财政项目拨款经费部分的本期发生额转入本期盈余。

**2. 账务处理**

医院应该在期末，将各类收入科目的本期发生额转入本期盈余，借记“财政拨款收入——财政基本拨款收入”“事业收入”“上级补助收入”“附属单位上缴收入”“经营收入”“非同级财政拨款收入”“投资收益”“捐赠收入”“利息收入”“租金收入”“其他收入”科目，贷记“本期盈余”科目；将各类费用科目本期发生额转入本期盈余，借记“本期盈余”科目，贷记“业务活动费用”“单位管理费用”“经营费用”“所得税费用”“资产处置费用”“上缴上级费用”“对附属单位补助费用”“其他费用”科目。

期末结转的账务处理见表 4-11。

表 4-11　　　　　　　　　　　　**期末结转的账务处理**

<table>
<tr><th>序号</th><th colspan="2">业务</th><th>财务会计处理</th><th>预算会计处理</th></tr>
<tr><td rowspan="2">（1）</td><td rowspan="2">期末结转</td><td>结转收入</td><td>借：财政拨款收入——财政基本拨款收入、财政项目拨款收入<br>事业收入——医疗收入、科教收入<br>上级补助收入<br>附属单位上缴收入<br>经营收入<br>非同级财政拨款收入<br>投资收益<br>捐赠收入<br>利息收入<br>租金收入<br>其他收入<br>贷：本期盈余——医疗盈余、科教盈余、财政项目盈余<br>投资收益科目为发生额借方净额时，做相反会计分录</td><td>—</td></tr>
<tr><td>结转费用</td><td>借：本期盈余——医疗盈余、科教盈余、财政项目盈余<br>贷：业务活动费用——财政基本拨款收入、其他经费<br>单位管理费用——财政基本拨款经费、科教经费、财政项目拨款经费、其他经费<br>经营费用<br>资产处置费用<br>上缴上级费用<br>对附属单位补助费用<br>所得税费用<br>其他费用</td><td>—</td></tr>
</table>

### 3. 案例解析

**【例 4-11】**某公立医院 2×19 年的相关科目的余额如下：

（1）12 月 18 日，“财政基本拨款收入”科目的余额为 20 000 元，“财政项目拨款收入”科目的余额为 180 000 元，“事业收入”科目的余额为 2 030 000 元，其中医疗收入为 2 000 000 元，科教收入为 30 000 元。

（2）12 月 18 日，“业务活动费用”科目的余额为 1 505 000 元，其中财政基本拨款经费为 15 000 元，财政项目拨款经费为 70 000 元，科教经费为 20 000 元，其他经费为 1 400 000 元。“单位管理费用”科目的余额为 515 000 元，其中财政基本拨款经费为 5 000 元，财政项目拨款经费为 10 000 元，其他经费为 500 000 元。

该医院的账务处理如下：

（1）结转本年年度收入：

借：财政拨款收入——财政基本拨款收入　　20 000

——财政项目拨款收入　　180 000

事业收入——医疗收入　　2 000 000

——科教收入　　30 000

贷：本期盈余——财政项目盈余　　180 000

——医疗盈余　　2 020 000

——科教盈余　　30 000

（2）结转本年年度费用：

借：本期盈余——财政项目盈余　　80 000

——医疗盈余　　1 920 000

——科教盈余　　20 000

贷：业务活动费用——财政基本拨款经费　　15 000

——财政项目拨款经费　　70 000

——科教经费　　20 000

——其他经费　　1 400 000

单位管理费用——财政基本拨款经费　　5 000

——财政项目拨款经费　　10 000

——其他经费　　500 000

## 二、年末结转

### 1. 业务概述

医院在每年年末，都需要将“本期盈余”科目进行结转，使其余额为零。

### 2. 账务处理

医院应该于每年年末，在完成上述结转后，将“本期盈余——财政项目盈余”“本期盈余——医疗盈余”科目中的由财政基本拨款形成的盈余余额和“本期盈余——科教盈余”科目的余额转入“累计盈余”对应的明细科目；将“本期盈余——医疗盈余”科目中的扣除由财政基本拨款形成的贷方余额转入“本年盈余分配”科目，若为借方余额，则转入“累计盈余”科目。

年末结转的账务处理见表 4-12。

表 4-12　　年末结转的账务处理

| 序号 | 业务 | | 财务会计处理 | 预算会计处理 |
|---|---|---|---|---|
| （1） | 年末结转 | “本期盈余——财政项目盈余”“本期盈余——医疗盈余”科目中财政基本拨款形成的盈余余额和“本期盈余——科教盈余”科目余额结转 | 借：本期盈余——医疗盈余（基本拨款形成）、科教盈余、财政项目盈余<br>贷：累计盈余——医疗盈余（基本拨款形成）、科教盈余、财政项目盈余<br>或做相反会计分录 | —— |
| | | “本期盈余——医疗盈余”科目中扣除财政基本拨款形成的余额结转 | 贷方余额结转：<br>借：本期盈余——医疗盈余（扣除财政基本拨款）<br>贷：本年盈余分配——提取职工福利基金<br>——转入累计盈余<br>借方余额结转：<br>借：累计盈余——医疗盈余<br>贷：本期盈余——医疗盈余（扣除财政基本拨款） | —— |

**3. 案例解析**

**【例 4-12】**接【例 4-11】。12 月 18 日之后，该公立医院没有发生其他的经济业务，12 月 31 日结转本年盈余科目，其账务处理如下：

借：本期盈余——财政项目盈余　　100 000
　　　　——科教盈余　　10 000
　贷：累计盈余——财政项目盈余　　100 000
　　　　——科教盈余　　10 000
借：本期盈余——医疗盈余　　100 000
　贷：本年盈余分配——提取职工福利基金　　10 000
　　　　——转入累计盈余　　90 000

## 4.2.4　本年盈余分配

### 4.2.4.1　本年盈余分配概述

“本年盈余分配”科目用于核算单位本年度盈余分配的情况和结果。

### 4.2.4.2 本年盈余分配账务处理

**一、本期盈余的结转**

**1．业务概述**

医院在每年年末，都需要将“本期盈余”科目进行结转，使其余额为零。

**2．账务处理**

医院每年年末“本期盈余”科目金额扣除由财政基本拨款形成的余额后为贷方余额的，借记“本期盈余”科目，贷记“本年盈余分配”科目；“本期盈余”科目金额扣除由财政基本拨款形成的余额后为借方余额的，将对应借方余额转入累计盈余。

本期盈余结转的账务处理见表 4-13。

表 4–13 本期盈余结转的账务处理

| 序号 | 业务 | | 财务会计处理 | 预算会计处理 |
|---|---|---|---|---|
| （1） | 年末将本期盈余转入本年盈余分配 | 本期盈余科目为贷方余额时 | 借：本期盈余——医疗盈余（扣除财政基本拨款）<br>贷：本年盈余分配——转入累计盈余 | —— |
| | | 本期盈余科目为借方余额时 | 借：累计盈余——医疗盈余<br>贷：本期盈余——医疗盈余（扣除财政基本拨款） | —— |

**3．案例解析**

【例 4–13】2×19 年 12 月 31 日，某公立医院的“本年盈余”科目的贷方余额为 47 000 元，其中财政基本补助 0 元。该医院的账务处理如下：

借：本期盈余——医疗盈余 47 000

贷：本年盈余分配——转入累计盈余 47 000

**二、提取专用基金**

**1．业务概述**

“本年盈余分配”科目应当根据有关财务会计制度和规定正确进行会计核算以后，按项目和比例正确进行核算。公立医院在年末根据有关规定从本年度非财政拨款结余或经营结余中提取专用基金。

**2．账务处理**

医院应该于每年年末，根据有关规定从本年度非财政拨款结余或经营结余中提取专用基金的，按照预算会计下计算的提取金额，在财务会计中，借记“本年盈余分配”科目，贷记“专用基金”科目；在预算会计中，借记“非财政拨款结余分配”科目，贷记“专用结余”科目。

提取专用基金的账务处理见表 4-14。

表 4-14　　提取专用基金的账务处理

| 序号 | 业务 | 财务会计处理 | 预算会计处理 |
|---|---|---|---|
| （1） | 年末，根据有关规定按照预算会计下计算的提取金额 | 借：本年盈余分配<br>　贷：专用基金 | 借：非财政拨款结余分配<br>　贷：专用结余 |

### 3. 案例解析

【例 4-14】2×19 年 12 月 31 日，某公立医院按预算会计下计算的应提取的专用基金的金额为 4 000 元，其账务处理如下：

财务会计：

借：本年盈余分配　　4 000

　贷：专用基金　　4 000

预算会计：

借：非财政拨款结余分配　　4 000

　贷：专用结余　　4 000

## 三、科目余额转入累计盈余

### 1. 业务概述

医院在每年年末，应当将“本年盈余分配”科目的余额进行结转，使其余额为零。

### 2. 账务处理

医院应该于每年年末，按照规定完成上述处理后，将“本年盈余分配”科目的余额转入累计盈余，账务处理见表 4-15。

表 4-15　　“本年盈余分配”科目的余额转入累计盈余的账务处理

| 序号 | 业务 | | 财务会计处理 | 预算会计处理 |
|---|---|---|---|---|
| （1） | 年末，将本期盈余分配余额转入累计盈余 | 本期盈余科目为贷方余额时 | 借：本年盈余分配——转入累计盈余<br>　贷：累计盈余——医疗盈余 | —— |

**3. 案例解析**

**【例 4-15】**2×19 年 12 月 31 日，某公立医院的“本年盈余分配”科目的余额为 43 000 元，其账务处理如下：

借：本年盈余分配——转入累计盈余 43 000

贷：累计盈余——医疗盈余 43 000

# 4.3 净资产调整

## 4.3.1 权益法调整

### 4.3.1.1 权益法调整概述

“权益法调整”科目反映公立医院期末在被投资单位除净损益和利润分配以外的所有者权益变动中累积享有的份额。如“权益法调整”科目期末为借方余额，以“-”号填列。

### 4.3.1.2 权益法调整的账务处理

**一、年末长期股权投资引起的权益法调整**

**1. 业务概述**

年末，对于被投资单位除了净损益和利润分配以外的所有者权益变动应享有（或应分担）的份额，应当调整长期股权投资的账面余额，并将其计入其他权益变动的二级科目。

**2. 账务处理**

年末，医院应该按照被投资单位除净损益和利润分配以外的所有者权益变动应享有（或应分担）的份额，借记或贷记“长期股权投资——其他权益变动”科目，贷记或借记“权益法调整”科目。

年末长期股权投资引起的权益法调整的账务处理见表 4-16。

表 4-16　　年末长期股权投资引起的权益法调整的账务处理

| 序号 | 业务 | | 财务会计处理 | 预算会计处理 |
|---|---|---|---|---|
| （1） | 资产负债表日 | 按照被投资单位除净损益和利润分配以外的所有者权益变动的份额（增加） | 借：长期股权投资——其他权益变动<br>贷：权益法调整 | —— |
| | | 按照被投资单位除净损益和利润分配以外的所有者权益变动的份额（减少） | 借：权益法调整<br>贷：长期股权投资——其他权益变动 | —— |

**3．案例解析**

**【例 4-16】** 2×19 年，某公立医院进行长期股权投资的被投资单位除净损益和利润分配以外的所有者权益变动的金额为 100 000 元。假设该医院持有被投资单位 30% 的股权，不考虑相关税费，则其账务处理如下：

借：长期股权投资——其他权益变动　　30 000

　贷：权益法调整　　30 000

## 二、处置长期股权投资时引起的权益法调整

**1．业务概述**

对于因被投资单位除净损益和利润分配以外的所有者权益变动而将应享有（或应分担）的份额计入单位净资产的，应结转因处置该项长期股权投资而引起的权益法调整。

**2．账务处理**

公立医院应该对采用权益法核算的长期股权投资，因被投资单位除净损益和利润分配以外的所有者权益变动而将应享有（或应分担）的份额计入单位净资产的，处置该项投资时，按照原计入净资产的相应部分金额，借记或贷记“权益法调整”科目，贷记或借记“投资收益”科目。

年末长期股权投资引起的权益法调整的账务处理见表 4-17。

表 4–17　　年末长期股权投资引起的权益法调整的账务处理

<table>
<tr><th>序号</th><th colspan="2">业务</th><th>财务会计处理</th><th>预算会计处理</th></tr>
<tr><td rowspan="2">（1）</td><td rowspan="2">长期股权投资处置时</td><td>权益法调整科目为借方余额</td><td>借：投资收益<br>贷：权益法调整［与所处置投资对应部分的金额］</td><td>——</td></tr>
<tr><td>权益法调整科目为贷方余额</td><td>借：权益法调整［与所处置投资对应部分的金额］<br>贷：投资收益</td><td>——</td></tr>
</table>

**3．案例解析**

**【例 4–17】**2×19 年，某公立医院进行长期股权投资的被投资单位除净损益和利润分配以外的所有者权益变动的金额为 100 000 元。该医院持有被投资单位 30% 的股权，之后在 2×20 年处置了该项投资。假设不考虑相关税费，则该医院的账务处理如下：

借：长期股权投资——其他权益变动　　30 000

　　贷：权益法调整　　30 000

借：权益法调整　　30 000

　　贷：投资收益　　30 000

## 4.3.2　以前年度盈余调整

### 4.3.2.1　以前年度盈余调整概述

“以前年度盈余调整”科目用于核算医院本年度发生的调整以前年度盈余的金额，包括本年度发生的重要前期差错更正涉及调整以前年度盈余的金额。本科目结转后应无余额。

### 4.3.2.2　以前年度盈余调整的账务处理

**一、以前年度收入调整**

**1．业务概述**

当存在以前年度收入漏记的情况时，医院应及时通过“以前年度盈余调整”科目进行账务处理。

### 2. 账务处理

医院在调整增加以前年度收入时，在财务会计中，按照增加的金额，借记有关科目，贷记“以前年度盈余调整”科目；在预算会计中，借记“资金结存”科目，贷记“财政拨款结转”“财政拨款结余”“非财政拨款结转”“非财政拨款结余”科目。若需减少以前年度收入，则应做相反的会计分录。

进行以前年度收入调整时的账务处理见表 4-18。

表 4-18　　进行以前年度收入调整时的账务处理

| 序号 | 业务 | | 财务会计处理 | 预算会计处理 |
|---|---|---|---|---|
| （1） | 调整以前年度收入 | 增加以前年度收入时 | 借：有关资产或负债科目<br>　贷：以前年度盈余调整 | 按照实际收到的金额：<br>借：资金结存<br>　贷：财政拨款结转 / 财政拨款结余 / 非财政拨款结转 / 非财政拨款结余（年初余额调整） |
| | | 减少以前年度收入时 | 借：以前年度盈余调整<br>　贷：有关资产或负债科目 | 按照实际支付的金额：<br>借：财政拨款结转 / 财政拨款结余 / 非财政拨款结转 / 非财政拨款结余（年初余额调整）<br>　贷：资金结存 |

### 3. 案例解析

**【例 4-18】**某公立医院于 2×19 年 3 月在财务部门账务自查中发现，其存在本年度应该确认但是没有确认的收入 200 000 元。相关账务处理如下：

财务会计：

借：预收账款　　200 000

　贷：以前年度盈余调整　　200 000

预算会计：

借：资金结存　　200 000

　贷：财政拨款结转　　200 000

## 二、以前年度费用调整

### 1. 业务概述

当存在以前年度费用漏记的情况时，医院应当及时通过“以前年度盈余调整”科目进行账务处理。

### 2. 账务处理

医院在调整增加以前年度费用时，在财务会计中，按照增加的金额，借记“以前年度盈余调整”科目，贷记有关科目；在预算会计中，借记“财政拨款结转”“财政拨款结余”“非财政拨款结转”“非财政拨款结余”（年初余额调整）科目，贷记“资金结存”科目。若需减少以前年度费用，则做相反的会计分录。

进行以前年度费用调整时的账务处理见表 4-19。

表 4-19 进行以前年度费用调整时的账务处理

| 序号 | 业务 | | 财务会计处理 | 预算会计处理 |
|---|---|---|---|---|
| （1） | 调整以前年度费用 | 增加以前年度费用时 | 借：以前年度盈余调整<br>贷：有关资产或负债科目 | 按照实际支付的金额<br>借：财政拨款结转 / 财政拨款结余 / 非财政拨款结转 / 非财政拨款结余（年初余额调整）<br>贷：资金结存 |
| | | 减少以前年度费用时 | 借：有关资产或负债科目<br>贷：以前年度盈余调整 | 按照实际收到的金额<br>借：资金结存<br>贷：财政拨款结转 / 财政拨款结余 / 非财政拨款结转 / 非财政拨款结余（年初余额调整） |

### 3. 案例解析

【例 4-19】2×19 年 5 月 2 日，审计部门审计时发现，某公立医院 2×19 年度因评估工作失误，导致多发放某项财政贴息补助 500 000 元，责令其收回多发放的贴息补助并调账。9 月 1 日，该公立医院收回上述多发放的贴息补助，其账务处理如下：

（1）2×19 年 5 月 1 日，通知该医院退回多收到的贴息补助时：

财务会计：

借：其他应收款——该医院 500 000

贷：以前年度盈余调整 500 000

（2）2×19 年 9 月，实际收到退回款项时：

财务会计：

借：零余额账户用款额度——基本支出用款额度 500 000

贷：其他应收款——该医院 500 000

预算会计：

借：资金结存——零余额账户用款额度　　500 000

　　贷：财政拨款结转——年初余额调整　　500 000

## 三、盘盈非流动资产

### 1．业务概述

非流动资产盘盈是通过“以前年度盈余调整”科目来核算的。之所以出现非流动资产盘盈情况，基本上也是因为以前的记录错误，因此盘盈非流动资产不属于收入，而应该通过“以前年度盈余调整”科目进行调整。

### 2．账务处理

若医院存在盘盈的非流动资产，则应在报经批准后处理时，借记“待处理财产损溢”科目，贷记“以前年度盈余调整”科目。与盘盈非流动资产相关的账务处理见表 4-20。

表 4-20　　盘盈非流动资产相关的账务处理

| 序号 | 业务 | | 财务会计处理 | 预算会计处理 |
|---|---|---|---|---|
| （1） | 盘盈非流动资产 | 报经批准处理时 | 借：待处理财产损溢<br>　贷：以前年度盈余调整 | —— |

### 3．案例解析

【例 4-20】2×18 年 12 月，某公立医院年终结算前进行资产盘点，盘盈台式计算机 3 台，按照重置成本确认这 3 台计算机价值 24 000 元。2×19 年 6 月 1 日，盘盈资产经批准入账。该医院的账务处理如下：

2×19 年 6 月 1 日：

借：固定资产——通用设备　　24 000

　　贷：待处理财产损溢——固定资产——待处理资产价值　　24 000

借：待处理财产损溢——固定资产——待处理资产价值　　24 000

　　贷：以前年度盈余调整　　24 000

## 四、本年科目余额的结转

### 1．业务概述

医院在每年年末应当将“以前年度盈余调整”科目的余额进行结转，使其年末余额为零。

### 2．账务处理

医院应该在每年年末将“以前年度盈余调整”科目的余额转入累计盈余，

借记或贷记“累计盈余”科目，贷记或借记“以前年度盈余调整”科目。

本年科目余额的结转的账务处理见表4-21。

表4-21 结转“以前年度盈余调整”时的账务处理

| 序号 | 业务 | | 财务会计处理 | 预算会计处理 |
|---|---|---|---|---|
| （1） | 将本科目余额转入累计盈余 | 本科目为借方余额时 | 借：累计盈余<br>贷：以前年度盈余调整 | — |
| | | 本科目为贷方余额时 | 借：以前年度盈余调整<br>贷：累计盈余 | — |

**3. 案例解析**

【例4-21】2×19年末，某公立医院将“以前年度盈余调整”科目的余额500 000元转入累计盈余，其账务处理如下：

借：以前年度盈余调整 500 000

贷：累计盈余 500 000

## 4.3.3 无偿调拨净资产

### 4.3.3.1 无偿调拨净资产概述

“无偿调拨净资产”科目用于反映医院本年度截至报告期期末无偿调入的非现金资产的价值扣减无偿调出的非现金资产的价值后的净值。本科目仅在月度报表中列示，在年度报表中不列示。月度报表中“无偿调拨净资产”科目应当根据“无偿调拨净资产”科目的期末余额填列；“无偿调拨净资产”科目期末为借方余额时，以“-”号填列。

### 4.3.3.2 无偿调拨净资产的账务处理

单位与单位之间调拨净资产存在调入和调出两种形式，分别对应取得无偿调入的资产和经批准无偿调出资产。

**一、调入净资产**

**1. 账务处理**

医院应该将按照规定取得无偿调入的存货、长期股权投资、 固定资产、无形资产、公共基础设施、政府储备物资、文物文化资产、保障性住房等，按照其确定的成本，借记“库存物品”“长期股权投资”“固定资产”“无形资产”“公共基础设施”“政府储备物资”“文物文化资产”“保障性住房”等科目，按照调入过程中发生的归属于调入方的相关费用，贷记“零余额账户用款额度”“银行存款”等科目，按照其差额，贷记“无偿调拨净资产”科目。

调入净资产时的账务处理见表 4-22。

**表 4-22　调入净资产时的账务处理**

| 序号 | 业务 | 财务会计处理 | 预算会计处理 |
|---|---|---|---|
| （1） | 取得无偿调入的资产 | 借：库存物品 / 固定资产 / 无形资产 / 长期股权投资 / 公共基础设施 / 政府储备物资 / 保障性住房等<br>贷：无偿调拨净资产<br>零余额账户用款额度 / 银行存款等［发生的归属于调入方的相关费用］ | 借：其他支出［发生的归属于调入方的相关费用］<br>贷：资金结存等 |

**2. 案例解析**

**【例 4-22】**某公立医院 2×19 年取得无偿调入的存货 20 000 元，另外，长期股权投资 10 000 元，固定资产 5 000 元，同时发生调入费用 5 000 元，以银行存款支付。其账务处理如下：

财务会计：

借：资产处置费用　5 000

　　贷：银行存款　5 000

借：库存物品　20 000

　　固定资产　5 000

　　长期股权投资　10 000

　　贷：无偿调拨净资产　35 000

预算会计：

借：其他支出　5 000

　　贷：资金结存　5 000

**【例 4-23】**2×19 年 5 月 5 日，某公立医院接受一批由其他部门无偿调入的物资，该批物资在调出方的账面价值为 20 000 元，经验收合格后入库。在调入物资的过程中，该公立医院以银行存款支付了运输费 1 000 元，不考虑相关税费。该医院的账务处理如下：

财务会计：

借：库存物品 21 000

贷：银行存款 1 000

无偿调拨净资产 20 000

预算会计：

借：其他支出 1 000

贷：资金结存——货币资金 1 000

## 二、调出净资产

### 1. 账务处理

医院应该将按照规定经批准无偿调出的存货、长期股权投资、固定资产、无形资产、公共基础设施、政府储备物资、文物文化资产、保障性住房等，按照调出资产的账面余额或账面价值，借记“无偿调拨净资产”科目，按照固定资产累计折旧、无形资产累计摊销、公共基础设施累计折旧或摊销、保障性住房累计折旧的金额，借记“固定资产累计折旧”“无形资产累计摊销”“公共基础设施累计折旧（摊销）”“保障性住房累计折旧”科目，按照调出资产的账面余额，贷记“库存物品”“长期股权投资”“固定资产”“无形资产”“公共基础设施”“政府储备物资”“文物文化资产”“保障性住房”等科目；同时，按照调出过程中发生的归属于调出方的相关费用，借记“资产处置费用”科目，贷记“零余额账户用款额度”“银行存款”等科目。同时，在预算会计中，按发生的归属于调出方的相关费用金额，借记“其他支出”科目，贷记“资金结存”科目。

调出净资产时的账务处理见表 4-23。

表 4-23 调出净资产时的账务处理

| 序号 | 业务 | 财务会计处理 | 预算会计处理 |
|---|---|---|---|
| （1） | 经批准无偿调出资产 | 借：无偿调拨净资产<br>固定资产累计折旧 / 无形资产累计摊销 / 公共基础设施累计折旧（摊销）/ 保障性住房累计折旧<br>贷：库存物品 / 固定资产 / 无形资产 / 长期股权投资 / 公共基础设施 / 政府储备物资等［账面余额］<br>借：资产处置费用<br>贷：银行存款 / 零余额账户用款额度等［发生的归属于调出方的相关费用］ | 借：其他支出［发生的归属于调出方的相关费用］<br>贷：资金结存等 |

**2. 案例解析**

**【例 4-24】**某公立医院 2×19 年无偿调出的无形资产的原价为 20 000 元，累计摊销 2 000 元。同年，该医院无偿调出存货 10 000 元，无偿调出公共基础设施 2 000 元。该医院的账务处理如下：

借：无偿调拨净资产　　30 000
　　无形资产累计摊销　　2 000
　　贷：无形资产　　20 000
　　　　库存商品　　10 000
　　　　公共基础设施　　2 000

**【例 4-25】**2×19 年 7 月 5 日，某公立医院经批准对外无偿调出一套医疗设备，该医疗设备的账面价值为 100 000 元，已计提折旧 40 000 元。在调出该设备的过程中，该医院以现金支付了运输费 1 000 元。假设不考虑相关税费，则该医院的账务处理如下：

财务会计：

借：无偿调拨净资产　　60 000
　　固定资产累计折旧　　40 000
　　贷：固定资产　　100 000
借：资产处置费用　　1 000
　　贷：库存现金　　1 000

预算会计：

借：其他支出　　1 000
　　贷：资金结存　　1 000

## 三、年末余额结转

**1. 业务概述**

如果医院在各会计年度中发生了无偿调入或调出净资产的业务，除了在专设的“无偿调拨净资产”科目中进行日常核算外，在年度终了还要将“无偿调拨净资产”科目的年终余额转入“累计盈余”科目，从而将“无偿调拨净资产”科目结平。

**2. 账务处理**

医院应该于每年年末，将“无偿调拨净资产”科目的余额转入累计盈余，借记或贷记“无偿调拨净资产”科目，贷记或借记“累计盈余”科目。年末结账后，“无偿调拨净资产”科目应无余额。

公立医院年末结转“无偿调拨净资产”科目时的账务处理见表 4-24。

表 4-24 医院年末结转“无偿调拨净资产”科目时的账务处理

| 序号 | 业务 | 财务会计处理 | | 预算会计处理 |
|---|---|---|---|---|
| （1） | 年末，将本科目余额转入累计盈余 | 科目余额在贷方时 | 借：无偿调拨净资产<br>　　贷：累计盈余 | —— |
| | | 科目余额在借方时 | 借：累计盈余<br>　　贷：无偿调拨净资产 | —— |

### 3. 案例解析

**【例 4-26】**2×19 年年末，某公立医院的“无偿调拨净资产”科目的余额为 5 000 元。该医院的账务处理如下：

借：无偿调拨净资产　　5 000

　　贷：累计盈余　　5 000

# 第 5 章 收入与预算收入

## 5.1　收入与预算收入概述

### 5.1.1　收入与预算收入的概念与分类

**一、收入的概念与分类**

公立医院的收入是指各级公立医院因开展业务及其他活动而依法取得的非偿还性资金。各级公立医院虽是公益性社会组织，但在向社会提供服务时有一定的收入作为保障，其收入的来源可以是财政补助资金，也可以是各级公立医院的提供医疗服务收费，还可以是通过社会捐赠等其他渠道得到的资金。一般来说，各级公立医院依法取得的各项资金不需要在未来偿还，即可确认为收入。

各级公立医院的收入包括财政补助收入、事业收入、上级补助收入、附属单位上缴收入、经营收入和其他收入等。按各级公立医院收入的取得方式划分，收入分为补助收入、业务活动收入和其他活动收入。

各级公立医院的收入按资金性质划分，分为财政性资金收入、非财政性资金收入；按限定性要求划分，分为基本支出补助和项目支出补助、专项资金收入和非专项资金收入。各级公立医院收入类会计科目的分类标准见表 5-1。

表 5-1　　各级公立医院收入类会计科目的分类标准

<table>
<tr><th>类型</th><th>会计科目</th><th>性质</th><th>限定性划分</th></tr>
<tr><td rowspan="3">补助收入</td><td>4001 财政拨款收入</td><td rowspan="3">财政性资金</td><td>基本支出</td></tr>
<tr><td>4201 上级补助收入</td><td rowspan="2">项目支出</td></tr>
<tr><td>4601 非同级财政拨款收入</td></tr>
</table>

续表

<table>
<tr><th>类型</th><th>会计科目</th><th>性质</th><th>限定性划分</th></tr>
<tr><td rowspan="2">业务活动收入</td><td>4101 事业收入</td><td rowspan="4">非财政性资金</td><td rowspan="4">专项资金<br>非专项资金</td></tr>
<tr><td>4401 经营收入</td></tr>
<tr><td rowspan="2">其他活动收入</td><td>4301 附属单位上缴收入</td></tr>
<tr><td>4501 其他收入</td></tr>
</table>

### 二、预算收入的概念与分类

预算收入是指各级公立医院在履行职责或开展业务活动中依法取得的被纳入部门预算管理的资金。各级公立医院的预算收入按照不同的来源渠道和资金性质分为财政拨款预算收入、事业预算收入、上级补助预算收入、附属单位上缴预算收入、经营预算收入、债务预算收入、非同级财政拨款预算收入、投资预算收益和其他预算收入等种类。

## 5.1.2 收入与预算收入的确认

各级公立医院会计中的收入被定义为“非偿还性资金”，强调在取得时予以确认。根据《政府会计制度》的相关规定，收入以收付实现制为主要确认基础的单位在特定情况下采用权责发生制基础确认。

（1）在收付实现制基础上，收入应当在收到款项时予以确认，并按照实际收到的金额进行计量。此时，经济利益或服务潜力已经流入各级公立医院，并且导致各级公立医院资产增加或者负债减少。一般要求各级公立医院对补助收入、专业业务收入、其他业务收入以收付实现制为基础进行确认。

（2）在权责发生制基础上，收入应当在发生时予以确认，并按照实际发生的数额计量。此时，经济利益或服务潜力能够流入各级公立医院，并且能够导致各级公立医院资产增加或者负债减少。各级公立医院应将经营业务收入以权责发生制为基础进行确认，即在提供服务或者发出存货、同时收讫价款或者取得索取价款的凭据时予以确认，并按照实际收到的金额或者有关凭据注明的金额计量。各级公立医院的经营收入以外的各项收入如果采用权责发生制基础确认，则应当符合会计制度的规定。

公立医院预算收入应当按照收付实现制基础进行确认和计量。

## 5.2　财政拨款收入与财政拨款预算收入的核算

### 5.2.1　财政拨款收入与财政拨款预算收入

#### 5.2.1.1　核算内容

财政拨款收入是指从同级政府财政部门取得的各类财政拨款，包括基本支出补助和项目支出补助。同级政府财政部门预拨的下期预算款和没有纳入预算的暂付款项，以及采用实拨资金方式通过本单位转拨给下属单位的财政拨款，通过“其他应收款”科目核算，不通过“财政拨款收入”科目进行核算。

财政预算拨款收入是指财政部门核拨给各级公立医院的财政预算拨款，包括市局核拨给单位的财政预算资金、区财政核拨给单位的财政预算资金。这些资金通过“财政拨款预算收入”总账科目核算。该科目下设“基本支出”和“项目支出”两个明细科目；按照《政府收支分类科目》中“支出功能分类科目”的项级科目，在“基本支出”明细科目下按照“人员经费”和“日常公用经费”进行明细核算；在“项目支出”明细科目下按照具体项目进行明细核算。有一般公共预算财政拨款、政府性基金预算财政拨款等两种或两种以上财政拨款的单位，还应当按照财政拨款的种类进行明细核算。

#### 5.2.1.2　账务处理

**一、收到拨款**

**1. 业务概述**

取得财政拨款收入主要是指从同级政府财政部门取得各类财政拨款，主要包括财政直接支付方式、财政授权支付方式和其他方式支付 3 种形式。

**2. 账务处理**

（1）财务会计下的账务处理：

在财政直接支付方式下，根据收到的“财政直接支付入账通知书”及相关原始凭证，按照通知书中登记的直接支付入账金额，借记“库存物品”“固定资产”“业务活动费用”“单位管理费用”“应付职工薪酬”等科目，贷记“财政拨款收入”科目。涉及增值税业务的，相关账务处理参见“应交增值税”科目。

在财政授权支付方式下，根据收到的“财政授权支付额度到账通知书”，按照通知书中的授权支付额度，借记“零余额账户用款额度”科目，贷记“财政拨款收入”科目。

对于其他方式下收到的财政拨款收入，按照实际收到的金额，借记“银行存款”等科目，贷记“财政拨款收入”科目。

（2）预算会计下的账务处理：

财政直接支付方式下，根据收到的“财政直接支付入账通知书”及相关原始凭证，按照通知书中的直接支付金额，借记“事业支出”等科目，贷记“财政拨款预算收入”科目。年末，根据本年度财政直接支付预算指标数与当年财政直接支付实际支出数的差额，借记“资金结存——财政应返还额度”科目，贷记“财政拨款预算收入”科目。因差错更正、购货退回等发生国库直接支付款项退回的，属于本年度支付的款项，按照退回的金额，借记“财政拨款预算收入”科目，贷记“事业支出”等科目。

在财政授权支付方式下，根据收到的“财政授权支付额度到账通知书”，按照通知书中的授权支付额度，借记“资金结存——零余额账户用款额度”科目，贷记“财政拨款预算收入”科目。年末，公立医院本年度财政授权支付预算指标数大于零余额账户用款额度下达数的，按照两者的差额，借记“资金结存——财政应返还额度”科目，贷记“财政拨款预算收入”科目。

通过财政实拨资金方式取得的财政拨款预算收入，在其他方式主要是财政实拨资金方式下，公立医院按照本期预算收到财政拨款预算收入时，按照实际收到的金额，借记“资金结存——货币资金”科目，贷记“财政拨款预算收入”科目。若公立医院收到了下期预算的财政预拨款，则应当在下个预算期，按照预收的金额，借记“资金结存——货币资金”科目，贷记“财政拨款预算收入”科目。

在同时有一般公共预算财政拨款和政府性基金预算财政拨款的情况下，财政拨款预算收入应当分别针对一般公共预算财政拨款和政府性基金预算财政拨款，根据以上不同的财政资金支付方式，在相应的时点按照相应的金额进行确认。

年末，将“财政拨款预算收入”科目本年发生额转入财政拨款结转，借记“财政拨款预算收入”科目，贷记“财政拨款结转——本年收支结转”科目。年末结转后，“财政拨款预算收入”科目应无余额。

收到拨款的账务处理见表 5-2。

表 5-2　　收到拨款的账务处理

| 序号 | 业务 | 财务会计处理 | 预算会计处理 |
|---|---|---|---|
| （1） | 财政直接支付方式下 | 借：库存物品 / 固定资产 / 业务活动费用 / 单位管理费用 / 应付职工薪酬等<br>贷：财政拨款收入 | 借：事业支出等<br>贷：财政拨款预算收入 |
|  | 财政授权支付方式下 | 借：零余额账户用款额度<br>贷：财政拨款收入 | 借：资金结存——零余额账户用款额度<br>贷：财政拨款预算收入 |
|  | 其他方式下 | 借：银行存款等<br>贷：财政拨款收入 | 借：资金结存——货币资金<br>贷：财政拨款预算收入 |

**3．案例解析**

**【例 5-1】**某公立医院收到财政部门委托代理银行转来的“财政直接支付入账通知书”，其中登记的事项有：财政部门为事业部门支付 150 000 元的日业务活动经费、200 000 元的在职人员工资、70 000 元的为开展某项专业业务活动所发生的费用。该医院的账务处理如下：

财务会计：

借：业务活动费用　　220 000

　　应付职工薪酬　　200 000

　　贷：财政拨款收入　　420 000

预算会计：

借：事业支出　　420 000

　　贷：财政拨款预算收入　　420 000

**二、年末确认拨款差额**

**1．业务概述**

每年年末，本年度财政直接支付预算指标数通常和当年财政直接支付实际支付数不一样，会存在一个差额，此时单位需要确认拨款差额。

**2．账务处理**

（1）财务会计下，根据本年度财政直接支付预算指标数与当年财政直接支付实际支付数的差额，借记“财政应返还额度——财政直接支付”科目，贷记“财政拨款收入”科目。

（2）预算会计下，本年度财政授权支付预算指标数大于零余额账户用款额度下达数的，根据未下达的用款额度，借记“资金结存——财政应返还额度”科目，贷记“财政拨款收入”科目。

年末确认拨款差额时的账务处理见表5-3。

表5-3 年末确认拨款差额时的账务处理

| 序号 | 业务 | 财务会计处理 | 预算会计处理 |
| --- | --- | --- | --- |
| （1） | 根据本年度财政直接支付预算指标数与当年财政直接支付实际支付数的差额 | 借：财政应返还额度——财政直接支付<br>贷：财政拨款收入 | 借：资金结存——财政应返还额度<br>贷：财政拨款预算收入 |
|  | 本年度财政授权支付预算指标数大于零余额账户用款额度下达数的差额 | 借：财政应返还额度——财政授权支付<br>贷：财政拨款收入 | 借：资金结存——财政应返还额度<br>贷：财政拨款预算收入 |

### 3. 案例解析

【例5-2】某公立医院本年度可使用财政直接支付方式支付的基本支出拨款预算指标数为800 000元，而当年使用财政直接支付方式实际支付的金额730 000元。年末，该医院应收财政返还的资金额度为70 000元。该医院的账务处理如下：

财务会计：

借：财政应返还额度——财政直接支付 70 000

贷：财政拨款收入 70 000

预算会计：

借：资金结存——财政应返还额度 70 000

贷：财政拨款预算收入 70 000

## 三、拨款退回

### 1. 业务概述

拨款退回可分为以前年度支付的款项退回和本年度支付的款项退回。如果是因差错更正或购货退回等发生的国库支付款项直接退回，通常为以前年度支付款项退回；如果是本期的购货退回等，通常为本年度支付的款项退回。

### 2. 账务处理

①财务会计下，因差错更正或购货退回等发生国库直接支付款项退回的，属于以前年度支付的款项，按照退回金额，借记“财政应返回额度——财政直接支付”科目，贷记“以前年度盈余调整”“库存商品”等科目；属于本年度支付的款项，按照退回金额，借记“财政拨款收入”科目，贷记“业务活动费

用”“库存商品”等科目。

②预算会计下，因差错更正或购货退回等发生国库直接支付款项退回的，属于以前年度支付的款项，按照退回的金额，属于财政拨款结转资金的，借记“资金结存——财政应返还额度”科目，贷记“财政拨款结转——年初余额调整”科目；属于财政拨款结余资金的，借记“资金结存——财政应返还额度”科目，贷记“财政拨款结余——年初余额调整”。属于本年度支付的款项，按照退回的金额，借记“财政拨款收入”科目，贷记“事业支出”等科目。

拨款退回的账务处理见表 5-4。

**表 5-4　　　　拨款退回的账务处理**

<table>
<tr><th>序号</th><th>业务</th><th>财务会计处理</th><th>预算会计处理</th></tr>
<tr><td rowspan="3">（1）</td><td>属于本年度支付的款项</td><td>借：财政拨款收入<br>　贷：业务活动费用 / 库存物品等</td><td>借：财政拨款预算收入<br>　贷：事业支出等</td></tr>
<tr><td>属于以前年度支付的款项（财政拨款结转资金）</td><td rowspan="2">借：财政应返还额度——财政直接支付<br>　贷：以前年度盈余调整 / 库存物品等</td><td>借：资金结存——财政应返还额度<br>　贷：财政拨款结转——年初余额调整</td></tr>
<tr><td>属于以前年度支付的款项（财政拨款结余资金）</td><td>借：资金结存——财政应返还额度<br>　贷：财政拨款结余—年初余额调整</td></tr>
</table>

**3．案例解析**

**【例 5-3】**某公立医院本年度发生了一笔由购货退回引起的国库直接支付款项退回的业务，经相关人员查证，属于本年度支付的款项，退货物品的金额为 70 000 元。该医院的账务处理如下：

财务会计：

借：财政拨款收入　　　　70 000

　贷：库存商品　　　　　　70 000

预算会计：

借：财政拨款预算收入　　70 000

　贷：事业支出　　　　　　70 000

### 四、年末结转

#### 1. 业务概述

单位在每年年末，都需要将“财政拨款收入”科目和“财政拨款预算收入”科目的余额进行结转，使其余额为零。

#### 2. 账务处理

（1）财务会计下，期末，将“财政拨款收入”科目的本期发生额转入本期盈余，借记“财政拨款收入”科目，贷记“本期盈余”科目。

（2）预算会计下，借记“财政拨款预算收入”科目，贷记“财政拨款结转——本年收支结转”科目。

年末结转“财政拨款收入”和“财政拨款预算收入”科目的账务处理见表5-5。

表 5-5 年末结转“财政拨款收入”和“财政拨款预算收入”科目的账务处理

| 序号 | 业务 | 财务会计处理 | 预算会计处理 |
| --- | --- | --- | --- |
| （1） | 期末 / 年末结转 | 借：财政拨款收入<br>贷：本期盈余 | 借：财政拨款预算收入<br>贷：财政拨款结转——本年收支结转 |

#### 3. 案例解析

**【例 5-4】**某公立医院年终进行结账时，“财政拨款收入”科目的贷方余额为7 900 000元。该医院的账务处理如下：

财务会计：

借：财政拨款收入 7 900 000

贷：本期盈余 7 900 000

预算会计：

借：财政拨款预算收入 7 900 000

贷：财政拨款结转——本年收支结转 7 900 000

## 5.2.2 非同级财政拨款收入与非同级财政拨款预算收入

### 5.2.2.1 核算内容

“非同级财政拨款收入”科目用于核算医院从非同级政府财政部门取得的经费拨款，包括从同级政府其他部门取得的横向转拨财政款、从上级或下级政府财政部门取得的经费拨款等。各级公立医院因开展科研及其辅助活动而从非同级政府财政部门取得的经费拨款，应通过“事业收入——非同级财政拨款”科目核算，不通过本科目核算。

非同级财政拨款预算收入是指各级公立医院从非同级政府财政部门取得的财政拨款，包括本级横向转拨财政款和非本级财政拨款。各级公立医院应设置“非同级财政拨款预算收入”总账科目进行核算。对于因开展科研及其辅助活动从非同级政府财政部门取得的经费拨款，应当通过“事业预算收入——非同级财政拨款”科目进行核算，不通过本科目核算。本科目应当按照非同级财政拨款预算收入的类别、来源、《政府收支分类科目》中“支出功能分类科目”的项级科目等进行明细核算。非同级财政拨款预算收入中如有专项资金收入，还应按照具体项目进行明细核算。

### 5.2.2.2　账务处理

**一、确认非同级财政拨款收入时**

**1. 业务概述**

非同级财政拨款收入是指公立医院的应缴未缴的事业性收费、罚没收入、用医院资产从事的经营服务性收入、上级主管部门直接下拨的款项、下属单位上缴收入等。公立医院应当根据实际收到或应收的款项，确认非同级财政拨款收入。

**2. 账务处理**

（1）财务会计下，确认非同级财政拨款收入时，按照应收或实际收到的金额，借记“其他应收款”“银行存款”等科目，贷记“非同级财政拨款收入”科目。

（2）预算会计下，公立医院取得非同级财政拨款预算收入时，按照实际收到的金额，借记“资金结存——货币资金”科目，贷记“非同级财政拨款预算收入”科目。

确认非同级财政拨款收入时的账务处理见表 5-6。

表 5-6 确认非同级财政拨款收入时的账务处理

<table>
<tr><th>序号</th><th>业务</th><th>财务会计处理</th><th>预算会计处理</th></tr>
<tr><td rowspan="2">（1）</td><td>确认收入时</td><td>借：其他应收款 / 银行存款等<br>贷：非同级财政拨款收入</td><td rowspan="2">借：资金结存——货币资金<br>贷：非同级财政拨款预算收入</td></tr>
<tr><td>收到应收的款项时</td><td>借：银行存款<br>贷：其他应收款</td></tr>
</table>

**3. 案例解析**

【例 5-5】某公立医院收到了非同级财政部门委托代理银行转来的“财政直接支付入账通知书”。该通知书点明该医院的银行存款增加 900 000 元。该医院的账务处理如下：

财务会计：

借：银行存款 900 000

贷：非同级财政拨款收入 900 000

预算会计：

借：资金结存——货币资金 900 000

贷：非同级财政拨款预算收入 900 000

## 二、年末结转

**1. 业务概述**

各级公立医院在每年年末，都需要将“非同级财政拨款收入”科目和“非同级财政拨款预算收入”科目的余额进行结转。

**2. 账务处理**

（1）财务会计下，期末，将“非同级财政拨款预算收入”科目本期的发生额转入本期盈余，借记“非同级财政拨款收入”科目，贷记“本期盈余”科目。

（2）预算会计下，年末，将“非同级财政拨款预算收入”科目的本年发生额中的专项资金收入转入非财政拨款结转，借记“非同级财政拨款预算收入”科目下各专项资金收入明细科目，贷记“非财政拨款结转——本年收支结转”科目；将“非同级财政拨款预算收入”科目本年发生额中的非专项资金收入转入其他结余，借记“非同级财政拨款预算收入”科目下各非专项资金收入明细科目，贷记“其他结余”科目。年末结转后，“非同级财政拨款预算收入”科目应无余额。

年末结转“非同级财政拨款收入”和“非同级财政拨款预算收入”科目时

的账务处理见表 5-7。

**表 5-7　年末结转“非同级财政拨款收入”和“非同级财政拨款预算收入”科目时的账务处理**

<table>
<tr><th>序号</th><th>业务</th><th>财务会计处理</th><th>预算会计处理</th></tr>
<tr><td rowspan="2">（1）</td><td>专项资金</td><td rowspan="2">借：非同级财政拨款收入<br>　贷：本期盈余</td><td>借：非同级财政拨款预算收入<br>　贷：非财政拨款结转——本年收支结转</td></tr>
<tr><td>非专项资金</td><td>借：非同级财政拨款预算收入<br>　贷：其他结余</td></tr>
</table>

**3. 案例解析**

**【例 5–6】**某公立医院年终进行结账时，“非同级财政拨款收入”科目的贷方余额为 900 000 元，其中，专项资金收入为 300 000 元，非专项资金收入为 600 000 元。该医院的账务处理如下：

财务会计：

借：非同级财政拨款收入　　900 000

　贷：本期盈余　　900 000

预算会计：

借：非同级财政拨款预算收入　　900 000

　贷：非财政拨款结转——本年收支结转　　300 000

　　其他结余　　600 000

# 5.3　业务收入与业务预算收入的核算

## 5.3.1　事业收入与事业预算收入

### 5.3.1.1　核算内容

“事业收入”科目用于核算各级公立医院因开展专业业务活动及其辅助活动而实现的收入，不包括从同级政府财政部门取得的各类财政拨款。

事业预算收入是指各级公立医院开展专业业务活动时及其辅助活动时取得的现金流入。为核算事业预算收入，各级公立医院应设置“事业预算收入”总账科目。各级公立医院因开展科研及其辅助活动而从非同级政府财政部门取得的经费拨款，也通过本科目核算。本科目应当按照事业预算收入类别、项目、来源、《政府收支分类科目》中的“支出功能分类科目”项级科目等进行明细核算。对于因开展科研及其辅助活动从非同级政府财政部门取得的经费拨款，应当在该科目下单设财政拨款明细科目进行明细核算；事业预算收入中如有专项资金收入，还应按照具体项目进行明细核算。

“事业预算收入”总账科目下明细核算科目的设置原理如同“财政拨款预算收入”科目的。

### 5.3.1.2 账务处理

**一、财政专户返还方式**

**1. 业务概述**

财政专户返还收入是采用财政专户返还方式管理的事业收入。对于承担政府规定的社会公益性服务任务的各级公立医院，其面向社会提供的公益服务是无偿的，或只按政府指导价格部分收费，其事业收费需要纳入财政专户管理。

如果公立医院的某项事业收费纳入了财政专户管理，则公立医院需要对事业收入按“收支两条线”的方式管理。在这种管理方式下，各级公立医院取得的各项事业型收费不能立即安排支出，而需要上缴统计财政部门设立的财政资金专户，支出时同级财政部门按资金收支计划从财政专户中拨付。各级公立医院经过审批取得从财政专户核拨的款项时，方可将其确认为事业收入。

**2. 账务处理**

（1）财务会计下，实现应上缴财政专户的事业收入时，按照实际收到或应收的金额，借记“银行存款”“应收账款”等科目，贷记“应缴财政款”科目；向财政专户上缴款项时，按照实际上缴的款项金额，借记“应缴财政款”科目，贷记“银行存款”等科目；收到从财政专户返还的事业收入时，按照实际收到的返还金额，借记“银行存款”等科目，贷记“事业收入”科目。

（2）预算会计下，采用财政专户返还方式管理的事业预算收入，收到从财政专户返还的事业预算收入时，按照实际收到的返还金额，借记“资金结存——货币资金”科目，贷记“事业预算收入”科目。

财政专户返还方式下的账务处理见表 5-8。

表 5-8　　财政专户返还方式下的账务处理

| 序号 | 业务 | 财务会计处理 | 预算会计处理 |
| --- | --- | --- | --- |
| （1） | 实际收到或应收应上缴财政专户的事业收入时 | 借：银行存款 / 应收账款等<br>　贷：应缴财政款 | —— |
| | 向财政专户上缴款项时 | 借：应缴财政款<br>　贷：银行存款等 | —— |
| | 收到从财政专户返还的款项 | 借：银行存款等<br>　贷：事业收入 | 借：资金结存——货币资金<br>　贷：事业预算收入 |

**3．案例解析**

【例 5-7】某公立医院因开展专业业务活动而收到事业服务费 10 000 元，款项已经存入银行账户。此款项纳入财政专户管理，按规定需要全额上缴财政专户。该医院的账务处理如下：

借：银行存款　　10 000

　贷：应缴财政款　　10 000

【例 5-8】某公立医院收到银行通知称其申请的财政专户核拨的基本经费 50 000 元已经到账。此款项源自各级公立医院上缴的检测服务收费。该医院的账务处理如下：

财务会计：

借：银行存款　　50 000

　贷：事业收入——检测业务——×× 收费项目　　50 000

预算会计：

借：资金结存——货币资金　　50 000

　贷：事业预算收入　　50 000

【例 5-9】某公立医院收到国库支付执行机构委托代理银行转来的“财政直接支付入账通知书”。该通知书称，财政部门通过直接支付的方式，用财政专户管理的资金为该公立医院支付了相关费用 100 000 元。此款项源自各级公立医院上缴的检验服务收费。该医院的账务处理如下：

借：事业支出——财政补助支出——基本支出　　100 000

　贷：事业收入——检验业务——×× 收费项目　　100 000

“事业收入”科目在上述明细科目下，还需要根据各级公立医院的行业属性按“支出功能分类”的类、款、项进行明细核算。为了方便，这里省略了事业收入的功能分类。

【例 5-10】某公立医院收到代理银行转来的“授权支付到账通知书”。该通知书称，财政部门通过授权支付方式核拨的财政专户管理资金 10 000 元已经下达。此款项源自各级公立医院上缴的咨询服务收费，限定用于支付相关的课题经费。该医院的账务处理如下：

财务会计：

借：零余额账户用款额度 10 000

贷：事业收入——科技咨询业务——×× 收费项目（课题经费）10 000

预算会计：

借：资金结存——货币资金 10 000

贷：事业预算收入 10 000

## 二、预收款方式

### 1. 业务概述

预收款是指企业向购货方预收的购货订金或部分货款。企业预收的货款待实际出售商品、产品或者提供劳务时再行冲减。预收款是以买卖双方协议或合同为依据，由购货方预先支付一部分（或全部）货款给供应方而发生的一项负债。这项负债要用以后的商品或劳务来偿付。

### 2. 账务处理

（1）财务会计下，实际收到预收款项时，按照收到的款项金额，借记“银行存款”等科目，贷记“预收账款”科目。以合同完成进度确认事业收入时，按照基于合同完成进度计算的金额，借记“预收账款”科目，贷记“事业收入”科目。

（2）预算会计下，实际收到预收款项时，按照收到的款项金额，借记“资金结存——货币资金”科目，贷记“事业预算收入”科目。

预收款方式下的账务处理见表 5-9。

表 5-9 预收款方式下的账务处理

| 序号 | 业务和事项 | 财务会计处理 | 预算会计处理 |
|---|---|---|---|
| （1） | 实际收到款项时 | 借：银行存款等<br>贷：预收账款 | 借：资金结存——货币资金<br>贷：事业预算收入 |
| | 按合同完成进度确认收入时 | 借：预收账款<br>贷：事业收入 | —— |

### 3. 案例解析

**【例 5-11】**某公立医院 7 月初开展了一项鉴证服务，付服务费 10 000 元，预计 2 个月完成。该医院 7 月初预收了 10 000 元的款项，7 月底按照服务完成进度确认了一半的事业收入。该医院的账务处理如下：

（1）7 月初：

财务会计：

借：银行存款　　10 000

　　贷：预收账款　　10 000

预算会计：

借：资金结存——货币资金　　10 000

　　贷：事业预算收入　　10 000

（2）7 月底：

财务会计：

借：预收账款　　5 000

　　贷：事业收入　　5 000

## 三、应收款方式

### 1. 业务概述

应收款是指企业在正常的经营过程中因销售商品、产品、提供劳务等业务，应向购买单位收取的款项，包括应由购买单位或接受劳务单位负担的税金、代购买方垫付的各种运杂费等。

### 2. 账务处理

（1）财务会计下，根据合同完成进度计算本期应收的款项，借记“应收账款”科目，贷记“事业收入”科目；实际收到款项时，借记“银行存款”等科目，贷记“应收账款”科目。

（2）预算会计下，实际收到款项时，借记“资金结存——货币资金”科目，贷记“事业预算收入”科目。

应收款方式下的账务处理见表 5-10。

表 5-10 应收款方式下的账务处理

| 序号 | 业务 | 财务会计处理 | 预算会计处理 |
| --- | --- | --- | --- |
| （1） | 根据合同完成进度计算本期应收的款项 | 借：应收账款<br>贷：事业收入 | —— |
| | 实际收到款项时 | 借：银行存款等<br>贷：应收账款 | 借：资金结存——货币资金<br>贷：事业预算收入 |

**3. 案例解析**

【例 5-12】某公立医院开展咨询服务，应收取咨询服务费 10 000 元，款项尚未收到，其账务处理如下：

借：应收账款 10 000

贷：事业收入——科技咨询业务 10 000

## 四、其他方式

**1. 业务概述**

除采用财政专户返还方式、预收款方式和应收款方式外，采用其他方式确认的事业收入一般表现为收到银行存款或库存现金。

**2. 账务处理**

（1）财务会计下，其他方式下确认的事业收入，按照实际收到的金额，借记“银行存款”“库存现金”等科目，贷记“事业收入”科目。

（2）预算会计下，借记“资金结存”科目，贷记“事业预算收入”科目。

其他方式下的账务处理见表 5-11。

表 5-11 其他方式下的账务处理

| 序号 | 业务 | 财务会计处理 | 预算会计处理 |
| --- | --- | --- | --- |
| （1） | 其他方式下 | 借：银行存款 / 库存现金等<br>贷：事业收入 | 借：资金结存——货币资金<br>贷：事业预算收入 |

**3. 案例解析**

【例 5-13】某公立医院以 250 元的单位销售 800 件的科研中间产品，增值税税额为 26 000 元，款已收到。该医院的账务处理如下：

财务会计：

借：银行存款 226 000

贷：事业收入 200 000

应交增值税——应交税金（销项税额） 26 000

预算会计：

借：资金结存——货币资金　　226 000

　　贷：事业预算收入　　226 000

## 五、年末结转

### 1. 业务概述

各级公立医院在每年年末，都需要将“事业收入”科目和“事业预算收入”科目的余额进行结转。

### 2. 账务处理

（1）财务会计下，期末，将“事业收入”科目本期发生额转入本期盈余，借记“事业收入”科目，贷记“本期盈余”科目。

（2）预算会计下，年末，将“事业预算收入”科目本年发生额中的专项资金收入转入非财政拨款结转，借记“事业预算收入”科目下各专项资金收入明细科目，贷记“非财政拨款结转——本年收支结转”科目；将“事业预算收入”科目本年发生额中的非专项资金收入转入其他结余，借记“事业预算收入”科目下各非专项资金收入明细科目，贷记“其他结余”科目。年末结转后，“事业预算收入”科目应无余额。

年末结转“事业收入”科目和“事业预算收入”科目时的账务处理见表5-12。

**表 5-12　年末结转“事业收入”科目和“事业预算收入”科目时的账务处理**

| 序号 | 业务 | 财务会计处理 | 预算会计处理 |
|---|---|---|---|
| （1） | 专项资金收入 | 借：事业收入<br>　贷：本期盈余 | 借：事业预算收入<br>　贷：非财政拨款结转——本年收支结转 |
| | 非专项资金收入 | | 借：事业预算收入<br>　贷：其他结余 |

### 3. 案例解析

【例 5-14】某公立医院年终进行结账时，“事业收入”科目的贷方余额为 7 900 000元，均为专项资金收入。该医院的账务处理如下：

财务会计：

借：事业收入　　7 900 000

　　贷：本期盈余　　7 900 000

预算会计：

借：事业预算收入 7 900 000

贷：非财政拨款结转——本年收支结转 7 900 000

## 5.3.2 经营收入与经营预算收入

### 5.3.2.1 核算内容

“经营收入”科目用于核算各级公立医院在专业业务活动及辅助活动之外开展非独立核算经营活动时取得的现金流入。经营收入是一种有偿收入，以提供各项服务或商品为前提，是各级公立医院在经营活动中通过收费等方式取得的。各级公立医院的主营业务活动是专业业务活动，在专业业务活动及辅助活动以外开展的各项业务活动即为经营活动。各级公立医院开展经营活动的目的是通过经营活动获取一定的收入，来弥补事业经费的不足。

经营预算收入是指各级公立医院在专业业务活动及其辅助活动之外开展非独立核算经营活动时取得的现金流入。

### 5.3.2.2 账务处理

**一、确认经营收入时**

**1. 业务概述**

各级公立医院经营收入的确认，有两个条件：一是经营收入是各级公立医院在专业业务活动及辅助活动之外取得的收入；二是经营收入是各级公立医院非独立核算单位取得的收入。一个收入事项同时具备以上两个条件方能被确认为事业收入。

经营收入的分类标准及其主要内容如表 5-13 所示。

表 5-13 经营收入的分类标准及其主要内容

| 分类标准 | 分类名称 | 主要内容 |
|---|---|---|
| 经营业务类型 | 服务收入 | 是各级公立医院非独立核算部门对外提供经营服务时取得的收入 |
| | 销售收入 | 是各级公立医院非独立核算部门开展商品生产、加工对外销售商品时取得的收入 |
| | 租赁收入 | 是各级公立医院对外出租房屋、场地和设备等时取得的收入 |
| | 其他经营收入 | 是除上述收入以外的各项经营类业务收入 |

**2. 账务处理**

（1）财务会计下，实现经营收入时，按照确定的收入金额，借记“银行存款”“应收账款”“应收票据”等科目，贷记“经营收入”科目。涉及增值税业务的，相关账务处理参见“应交增值税”科目。

（2）预算会计下，各级公立医院收到经营预算收入时，按照实际收到的金额，借记“资金结存——货币资金”科目，贷记“经营预算收入”科目。

确认经营收入时的账务处理见表 5-14。

表 5-14　　确认经营收入时的账务处理

| 序号 | 业务 | 财务会计处理 | 预算会计处理 |
| --- | --- | --- | --- |
| （1） | 确认经营收入时 | 借：银行存款 / 应收账款 / 应收票据等<br>贷：经营收入 | 借：资金结存——货币资金<br>贷：经营预算收入 |
| | 收到应收的款项时 | 借：银行存款等<br>贷：应收账款 / 应收票据 | |

**3. 案例解析**

**【例 5-15】**某公立医院附属的服务部提供打印服务应收取打印费 1 000 元，实际收到 800 元，款项已经存入银行。该医院的账务处理如下：

财务会计：

借：银行存款　　800

　应收账款　　200

　贷：经营收入——打印服务　　1 000

预算会计：

借：资金结存——货币资金　　800

　贷：经营预算收入——打印服务　　800

## 二、年末结转

**1. 业务概述**

各级公立医院在每年年末，都需要将“经营收入”科目和“经营预算收入”科目的余额进行结转。

**2. 账务处理**

（1）财务会计下，年末，将“经营收入”科目的本年发生额转入本期盈余，借记“经营收入”科目，贷记“本期盈余”科目。

（2）预算会计下，年末，将“经营预算收入”科目的本年发生额转入经营结余，借记“经营预算收入”科目，贷记“经营结余”科目。年末结转后，“经营预算收入”科目应无余额。

年末结转“经营收入”科目和“经营预算收入”科目时的账务处理见表5-15。

表 5-15 年末结转“经营收入”科目和“经营预算收入”科目时的账务处理

| 序号 | 业务和事项 | 财务会计的账务处理 | 预算会计的账务处理 |
|---|---|---|---|
| （1） | 期末 / 年末结转 | 借：经营收入<br>贷：本期盈余 | 借：经营预算收入<br>贷：经营结余 |

**3. 案例解析**

**【例 5-16】**某公立医院年终进行结账时，“经营收入”科目的贷方余额为 800 000 元。该医院的账务处理如下：

财务会计：

借：经营收入 800 000

贷：本期盈余 800 000

预算会计：

借：经营预算收入 800 000

贷：经营结余 800 000

## 5.3.3 投资收益与投资预算收益

### 5.3.3.1 核算内容

“投资收益”科目用于核算各级公立医院因进行股权投资和债券投资而实现的收益或发生的损失。本科目应当按照投资的种类等进行明细核算。

投资预算收益是指各级公立医院取得的按照规定纳入部门预算管理的属于投资收益性质的现金流入，包括股权投资收益、因出售或收回债券投资而取得的收益和债券投资利息收入。为核算投资预算收益业务，各级公立医院应设置“投资预算收益”总账科目。该科目应当按照《政府收支分类科目》中的“支出功能分类科目”的项级科目等进行明细核算。

### 5.3.3.2　账务处理

**一、出售或到期收回短期债券本息**

**1. 业务概述**

短期债券是为筹集短期资金而发行的债券，其期限一般在 1 年以内（含 1 年）。有些在市场上流通的中长期债券，其到期日不足一年的，也视作短期债券。短期债券具有流动性强、风险低的优点。

**2. 账务处理**

（1）财务会计下，出售或到期收回短期债券本息时，按照实际收到的金额，借记“银行存款”科目，贷记“投资收益”科目；按照出售或收回短期投资的成本，贷记“短期投资”科目；按照其差额，贷记或借记“投资收益”科目。涉及增值税业务的，相关账务处理参见“应交增值税”科目。

（2）预算会计下，各级公立医院出售或到期收回本年度取得的短期、长期债券时，按照实际取得的价款或实际收到的本息金额，借记“资金结存——货币资金”科目；按照取得债券时“投资支出”科目的发生额，贷记“投资支出”科目；按照其差额，贷记或借记“投资预算收益”科目。出售或到期收回以前年度取得的短期、长期债券时，按照实际取得的价款或实际收到的本息金额，借记“资金结存——货币资金”科目；按照取得债券时“投资支出”科目的发生额，贷记“其他结余”科目；按照其差额，贷记或借记“投资预算收益”科目。出售、转让以货币资金取得的长期股权投资时，其账务处理参照出售或到期收回债券本息的账务处理。相关账务处理如表 5-16 所示。

**表 5-16　　　出售或到期收回短期债券本息时的账务处理**

| 序号 | 业务 | 财务会计处理 | 预算会计处理 |
|---|---|---|---|
| （1） | 出售或到期收回短期债券本息 | 借：银行存款<br>投资收益［借差］<br>贷：短期投资［成本］<br>投资收益［贷差］ | 借：资金结存——货币资金［实际收到的款项］<br>投资预算收益［借差］<br>贷：投资支出 / 其他结余［投资成本］<br>投资预算收益［贷差］ |

**3. 案例解析**

**【例 5-17】**某公立医院所持有的一项短期国债投资到期兑付，其收到国债投资本息 61 200 元，其中短期投资成本为 60 000 元、利息为 1 200 元。该医院的账务处理如下：

财务会计：

借：银行存款 61 200

贷：短期投资 60 000

投资收益 1 200

预算会计：

借：资金结存——货币资金 61 200

贷：投资支出 60 000

投资预算收益 1 200

## 二、持有分期付息、一次还本的长期债券

### 1. 业务概述

长期债券是发行者为筹集长期资金而发行的债券。各资本市场对债券期限划分的标准不同。一般来说，偿还期限为10年以上的为长期债券。长期债券主要用于筹集大型工程、市政设施及一些期限较长的建设项目的建设资金。分期付息、一次还本的长期债券是指每期偿还一定金额的利息，到期再还本。

### 2. 账务处理

（1）财务会计下，因持有分期付息、一次还本的长期债券而按期确认利息收入时，按照计算确定的应收未收利息，借记“应收利息”科目，贷记“投资收益”科目。

（2）预算会计下，因持有短期投资以及分期付息、一次还本的长期债券投资而收到利息时，按照实际收到的金额，借记“资金结存——货币资金”科目，贷记“投资预算收益”科目。因进行长期股权投资而取得被投资单位分派的现金股利或利润时，按照实际收到的金额，借记“资金结存——货币资金”科目，贷记“投资预算收益”科目。

持有分期付息、一次还本的长期债券时的账务处理见表5-17。

表5-17 持有分期付息、一次还本的长期债券时的账务处理

| 序号 | 业务 | 财务会计处理 | 预算会计处理 |
| --- | --- | --- | --- |
| （1） | 确认应收未收利息 | 借：应收利息<br>贷：投资收益 | —— |
| | 实际收到利息时 | 借：银行存款<br>贷：应收利息 | 借：资金结存——货币资金<br>贷：投资预算收益 |

**3. 案例解析**

【例 5-18】某公立医院投资了一项长期债券。该债券采用的是分期付息、一次还本的支付方式。该医院每期应计的利息为 5 000 元，利息已收到，其账务处理如下：

财务会计：

借：应收利息　　5 000

　　贷：投资收益　　5 000

借：银行存款　　5 000

　　贷：应收利息　　5 000

预算会计：

借：资金结存——货币资金　　5 000

　　贷：投资预算收益　　5 000

## 三、持有一次还本付息的长期债券

**1. 业务概述**

一次还本付息的长期债券是指到期一次性偿还本金和利息的长期债券。

**2. 账务处理**

（1）财务会计下，对于持有的到期一次还本付息的债券投资，按期确认利息收入时，按照计算确定的应收未收利息，借记“长期债券投资——应计利息”科目，贷记“投资收益”科目。

（2）预算会计下，无需进行账务处理。

持有一次还本付息的长期债券时的账务处理见表 5-18。

表 5-18　　持有一次还本付息的长期债券时的账务处理

| 序号 | 业务和事项 | | 财务会计的账务处理 | 预算会计的账务处理 |
|---|---|---|---|---|
| （1） | 持有的一次还本付息的长期债券投资 | 计算确定的应收未收利息 | 借：长期债券投资——应计利息<br>　贷：投资收益 | —— |

**3. 案例解析**

【例 5-19】某公立医院投资的一项长期债券，采用的是一次还本付息的支付方式。该医院当期应计利息 5 000 元，其账务处理如下：

借：长期债券投资——应计利息　　5 000

　　贷：投资收益　　5 000

## 四、出售长期债券或到期收回长期债券投资本息

### 1. 业务概述

公司可能在长期债券未到期时对其进行出售，或在长期债券到期时收回本金和利息。

### 2. 账务处理

（1）财务会计下，出售长期债券或到期收回长期债券投资本息时，按照实际收到的金额，借记“银行存款”等科目，按照债券初始投资成本和已计未收利息金额，贷记“长期债券投资——成本、应计利息”科目 [ 到期一次还本付息债券 ] 或“长期债券投资”“应收利息”科目 [ 分期付息债券 ]，按照其差额，贷记或借记“投资收益”科目。涉及增值税业务的，相关账务处理参见“应交增值税”科目。

（2）预算会计下，出售、转让以非货币性资产取得的长期股权投资时，按照实际取得的价款扣减支付的相关费用和应缴财政款后的余额（按照规定纳入单位预算管理的），借记“资金结存——货币资金”科目，贷记“投资预算收益”科目。

出售长期债券或到期收回长期债券投资本息时的账务处理见表 5-19。

表 5-19 出售长期债券或到期收回长期债券投资本息时的账务处理

| 序号 | 业务 | 财务会计处理 | 预算会计处理 |
|---|---|---|---|
| (1) | 出售长期债券或到期收回长期债券投资本息 | 借：银行存款<br>投资收益［借差］<br>贷：长期债权投资<br>应收利息<br>投资收益［贷差］ | 借：资金结存——货币资金［实际收到的款项］<br>投资预算收益［借差］<br>贷：投资支出 / 其他结余<br>投资预算收益［贷差］ |

## 五、成本法下被投资单位宣告分派利润或股利

### 1. 业务概述

成本法是指长期股权投资按投资的实际成本计价的方法。该方法要求当企业增加对外长期投资时才增加长期股权投资的账面价值。

### 2. 账务处理

（1）财务会计下，持有采用成本法核算的长期股权投资期间，被投资单位宣告分派现金股利或利润时，按照宣告分派的现金股利或利润中属于单位应享有的份额，借记“应收股利”科目，贷记“投资收益”科目。

（2）预算会计下，宣告分派的利润或股利时，不做处理。取得分派的利

润或股利时，按照实际收到的金额，借记“资金结存——货币资金”科目，贷记“投资预算收益”科目。

成本法下被投资单位宣告分派利润或股利时的账务处理见表 5-20。

**表 5-20　　成本法下被投资单位宣告分派利润或股利时的账务处理**

| 序号 | 业务 | 财务会计处理 | 预算会计处理 |
| --- | --- | --- | --- |
| （1） | 按照宣告分派的利润或股利中属于单位应享有的份额 | 借：应收股利<br>　贷：投资收益 | —— |
| | 取得分派的利润或股利，按照实际收到的金额 | 借：银行存款<br>　贷：应收股利 | 借：资金结存——货币资金<br>　贷：投资预算收益 |

**3．案例解析**

**【例 5-20】**某公立医院对一项长期股权投资按成本法核算。被投资单位次年宣告分配股利 20 000 元。该医院将分得股利 12 000 元，其尚未收到股利。该医院的账务处理如下：

借：应收股利　　12 000

　贷：投资收益　　12 000

**【例 5-21】**某公立医院持有 B 公司 10% 的股份，相应的长期股权投资采用成本法核算。某日，该公立医院收到 B 公司数日前宣告分派的现金股利 11 800 元。款项已被该医院存入开户银行。该医院的账务处理如下：

财务会计：

借：银行存款　　11 800

　贷：应收股利　　11 800

预算会计：

借：资金结存——货币资金　　11 800

　贷：投资预算收益　　11 800

## 六、权益法下长期股权投资持有期间

**1．业务概述**

权益法是指长期股权投资按投资单位在被投资单位权益资本中所占比例计价的方法。采用权益法核算长期股权投资时，除增加、减少因股权影响长期股权投资而引起的账面价值的增减变动外，被投资单位发生利润或亏损时，投资单位要相应增加或减少相关长期股权投资的账面价值。

**2. 账务处理**

（1）财务会计下，持有用权益法核算的长期股权投资期间，按照应享有或应分担的被投资单位实现的净损益的份额，借记或贷记“长期股权投资——损益调整”科目，贷记或借记“投资收益”科目；被投资单位发生净亏损，但以后年度又实现净利润的，医院在其收益分享额弥补未确认的亏损分担额等后，恢复确认投资收益，借记“长期股权投资——损益调整”科目，贷记“投资收益”科目。

（2）预算会计下，只有在收到被投资单位发放的现金股利时，才按照实际收到的金额，借记“资金结存——货币资金”科目，贷记“投资预算收益”科目。

在权益法下持有长期股权投资期间的账务处理见表5-21。

**表5-21 在权益法下持有长期股权投资期间的账务处理**

| 序号 | 业务 | 财务会计处理 | 预算会计处理 |
|---|---|---|---|
| （1） | 按照应享有或应分担的被投资单位实现的净损益的份额 | 借：长期股权投资——损益调整<br>贷：投资收益［被投资单位实现净利润］<br>借：投资收益［被投资单位发生净亏损］<br>贷：长期股权投资——损益调整 | — |
|  | 收到被投资单位发放的现金股利 | 借：银行存款<br>贷：应收股利 | 借：资金结存——货币资金<br>贷：投资预算收益 |
|  | 被投资单位发生净亏损，但以后年度又实现净利润的，按规定恢复确认投资收益 | 借：长期股权投资——损益调整<br>贷：投资收益 | — |

**3. 案例解析**

**【例5-22】**某公立医院将一项长期股权投资按权益法核算。年底，被投资单位实现净利润60 000元。按投资份额计算，属于该医院享有的被投资单位的净利润为30 000元。该医院的账务处理如下：

借：长期股权投资——损益调整 30 000

贷：投资收益 30 000

被投资单位次年3月宣告分配股利20 000元，其中属于应分配给该医院的股利为

10 000 元，股利尚未收到。其账务处理如下：

借：应收股利　10 000

　贷：长期股权投资——损益调整　10 000

## 七、年末结转

### 1. 业务概述

各级公立医院在每年年末，都需要将“投资收益”科目和“投资预算收益”科目的余额进行结转。

### 2. 账务处理

（1）财务会计下，期末，将“投资收益”科目的本期发生额转入本期盈余，借记或贷记“投资收益”科目，贷记或借记“本期盈余”科目。

（2）预算会计下，期末，按照结转金额，借记或贷记“投资预算收益”科目，贷记或借记“其他结余”科目。

年末结转“投资收益”“投资预算收益”科目时的账务处理见表 5-22。

表 5-22　年末结转“投资收益”“投资预算收益”科目时的账务处理

| 序号 | 业务 | | 财务会计处理 | 预算会计处理 |
|---|---|---|---|---|
| （1） | 期末/年末结转 | 投资收益为贷方余额时 | 借：投资收益<br>　贷：本期盈余 | 借：投资预算收益<br>　贷：其他结余 |
| | | 投资收益为借方余额时 | 借：本期盈余<br>　贷：投资收益 | 借：其他结余<br>　贷：投资预算收益 |

### 3. 案例解析

**【例 5-23】**某公立医院年终进行结账时，“投资收益”科目的贷方余额为 900 000 元。该医院的账务处理如下：

财务会计：

借：投资收益　900 000

　贷：本期盈余　900 000

预算会计：

借：投资预算收益　900 000

　贷：其他结余　900 000

**【例 5-24】**某公立医院出售一项本年度取得的短期投资，实际收到款项 11 800 元，款项已存入开户银行。该项短期投资的账面余额为 11 500 元，取得时“投资支出”科目的发生额也为 11 500 元。按照规定，本次短期投资出售取得的投资收益纳入单位预算管理。该医院的账务处理如下：

财务会计：

借：银行存款　　11 800

　　贷：短期投资　　11 500

　　　　投资收益　　300

预算会计：

借：资金结存——货币资金　　11 800

　　贷：投资支出　　11 500

　　　　投资预算收益　　300

## 5.3.4 捐赠收入

### 5.3.4.1 核算内容

“捐赠收入”科目用于核算单位接受其他单位或者个人捐赠取得的收入。本科目应当按照捐赠资产的用途和捐赠单位等进行明细核算。

### 5.3.4.2 账务处理

**一、接受捐赠的货币资金**

**1. 业务概述**

单位接受其他单位或者个人捐赠的收入表现为货币资金。

**2. 账务处理**

（1）财务会计下，接受捐赠的货币资金时，按照实际收到的金额，借记“银行存款”“库存现金”等科目，贷记“捐赠收入”科目。

（2）预算会计下，借记“资金结存”科目，贷记“其他预算收入”。

接受捐赠的货币资金时的账务处理见表 5-23。

表 5-23　接受捐赠的货币资金时的账务处理

| 序号 | 业务 | 财务会计处理 | 预算会计处理 |
|---|---|---|---|
| （1） | 接受捐赠的货币资金 | 借：银行存款 / 库存现金<br>贷：捐赠收入 | 借：资金结存——货币资金<br>贷：其他预算收入——捐赠收入 |

### 3. 案例解析

【例 5-25】某公立医院接受了其他单位捐赠的货币资金，金额为 30 000 元，其账务处理如下：

财务会计：

借：银行存款　　30 000

　　贷：捐赠收入　　30 000

预算会计：

借：资金结存——货币资金　　30 000

　　贷：其他预算收入——捐赠收入　　30 000

## 二、接受捐赠的存货、固定资产等

### 1. 业务概述

公立医院接受其他单位或者个人捐赠的收入表现为存货或固定资产。

### 2. 账务处理

（1）接受捐赠的存货、固定资产等非现金资产时，在财务会计中，按照确定的成本，借记“库存物品”“固定资产”等科目；按照发生的相关税费、运输费等，贷记“银行存款”等科目；按照其差额，贷记“捐赠收入”科目。预算，在预算会计中，借记“其他支出”科目，贷记“资金结存”科目。

（2）接受捐赠的资产按照名义金额入账的，财务会计下，按照名义金额，借记“库存物品”“固定资产”等科目；按照发生的相关税费、运输费等，借记“其他费用”科目，贷记“银行存款”等科目。同时，在预算会计中，借记“其他支出”科目，贷记“资金结存”科目。

接受捐赠的存货、固定资产等时的账务处理见表 5-24。

表 5-24　　接受捐赠的存货、固定资产等时的账务处理

<table>
<tr><th>序号</th><th colspan="2">业务</th><th>财务会计处理</th><th>预算会计处理</th></tr>
<tr><td rowspan="2">（1）</td><td rowspan="2">接受捐赠的存货、固定资产等</td><td>按照确定的成本</td><td>借：库存物品/固定资产等<br>　贷：银行存款等［相关税费支出］<br>　　捐赠收入</td><td>借：其他支出［支付的相关税费等］<br>　贷：资金结存</td></tr>
<tr><td>如按照名义金额入账</td><td>借：库存物品/固定资产等［名义金额］<br>　贷：捐赠收入<br>借：其他费用<br>　贷：银行存款等［相关税费支出］</td><td>借：其他支出［支付的相关税费等］<br>　贷：资金结存</td></tr>
</table>

### 3. 案例解析

【例 5-26】某公立医院接受了其他单位捐赠的固定资产，成本为 31 000 元，其中发生的相关税费和运费为 1 000 元，其账务处理如下：

财务会计：

借：固定资产　　31 000

　　贷：捐赠收入　　30 000

　　　　银行存款　　1 000

预算会计：

借：其他支出　　1 000

　　贷：资金结存　　1 000

## 三、年末结转

### 1. 业务概述

公立医院在每年年末，都需要将“捐赠收入”科目的余额进行结转，使其余额为零。

### 2. 账务处理

（1）财务会计下，期末，将“捐赠收入”科目本期发生额转入本期盈余，借记“捐赠收入”科目，贷记“本期盈余”科目。

（2）预算会计下，专项资金的部分，按金额借记“其他预算收入——捐赠收入”科目，贷记“非财政拨款结转”科目；非专项资金部分，按金额借记“其他预算收入——捐赠收入”科目，贷记“其他结余”科目。

年末结转捐赠收入时的账务处理见表 5-25。

表 5-25　　年末结转捐赠收入时的账务处理

<table>
<tr><th>序号</th><th colspan="2">业务</th><th>财务会计处理</th><th>预算会计处理</th></tr>
<tr><td rowspan="2">（1）</td><td rowspan="2">期末/年末结转</td><td>专项资金</td><td rowspan="2">借：捐赠收入<br>　贷：本期盈余</td><td>借：其他预算收入——捐赠收入<br>　贷：非财政拨款结转——本年收支结转</td></tr>
<tr><td>非专项资金</td><td>借：其他预算收入——捐赠收入<br>　贷：其他结余</td></tr>
</table>

### 3. 案例解析

【例 5-27】某公立医院年终进行结账时，“捐赠收入”科目的贷方余额为 600 000 元，均为非专项资金收入。该医院的账务处理如下：

财务会计：

借：捐赠收入　　　　　　　　　　　　　　　　　　600 000

　　贷：本期盈余　　　　　　　　　　　　　　　　　　600 000

预算会计：

借：其他预算收入——捐赠收入　　　　　　　　　　600 000

　　贷：其他结余　　　　　　　　　　　　　　　　　　600 000

## 5.3.5　利息收入

### 5.3.5.1　核算内容

“利息收入”科目用于核算公立医院取得的银行存款利息收入。本科目可以按照不同开户银行设置明细。

### 5.3.5.2　账务处理

**一、确认银行存款利息收入**

**1. 业务概述**

公立医院当实际收到利息时，需要确认银行存款利息收入。

**2. 账务处理**

（1）财务会计下，取得银行存款利息时，按照实际收到的金额，借记“银行存款”科目，贷记“利息收入”科目。

（2）预算会计下，按照实际收到的金额，借记“资金结存”科目，贷记“其他预算收入”科目。

确认银行存款利息收入时的账务处理见表 5-26。

表 5-26　　　　确认银行存款利息收入时的账务处理

| 序号 | 业务 | 财务会计处理 | 预算会计处理 |
| --- | --- | --- | --- |
| (1) | 确认银行存款利息收入 | 借：银行存款<br>　贷：利息收入 | 借：资金结存——货币资金<br>　贷：其他预算收入——利息收入 |

**3. 案例解析**

【例 5-28】某公立医院在银行存了一笔款项，当期收到了银行存款利息收入

1 000 元，其账务处理如下：

财务会计：

借：银行存款 1 000

贷：利息收入 1 000

预算会计：

借：资金结存——货币资金 1 000

贷：其他预算收入——利息收入 1 000

## 二、年末结转

### 1. 业务概述

各级公立医院在每年年末，都需要将“利息收入”科目的余额进行结转，使其余额为零。

### 2. 账务处理

（1）财务会计下，期末，将“利息收入”科目本期发生额转入本期盈余，借记“利息收入”科目，贷记“本期盈余”科目。

（2）预算会计下，借记“其他预算收入”科目，贷记“其他结余”科目。

年末结转利息收入时的账务处理见表 5-27。

表 5-27 年末结转利息收入时的账务处理

| 序号 | 业务 | 财务会计处理 | 预算会计处理 |
| --- | --- | --- | --- |
| （1） | 期末 / 年末结转 | 借：利息收入<br>贷：本期盈余 | 借：其他预算收入——利息收入<br>贷：其他结余 |

### 3. 案例解析

【例 5-29】某公立医院年终进行结账时，“利息收入”科目的贷方余额为 900 000 元。该医院的账务处理如下：

财务会计：

借：利息收入 900 000

贷：本期盈余 900 000

预算会计：

借：其他预算收入——利息收入 900 000

贷：其他结余 900 000

## 5.3.6　租金收入

### 5.3.6.1　核算内容

“租金收入”科目用于核算公立医院经批准利用国有资产出租取得并按照规定纳入其自身预算管理的租金收入。

本科目应当按照出租国有资产的类别和收入来源等进行明细核算。

### 5.3.6.2　账务处理

**一、预收租金方式**

**1. 业务概述**

预收租金是属于预收账款大类中的一种，属于负债。公立医院在收到这笔租金时，劳务的销售合同尚未履行，因而不能将其作为收入入账，只能将其确认为一项负债。公立医院按合同规定提供劳务后，再根据合同的履行情况，逐期将未实现收入转成已实现收入。

**2. 账务处理**

公立医院应当在租赁期内各个期间按照直线法将国有资产出租收入予以确认。

采用预收租金方式的，预收租金时，按照收到的金额，财务会计下，借记“银行存款”等科目，贷记“预收账款”等科目；预算会计下，借记“资金结存”科目，贷记“其他预算收入”科目。分期确认租金收入时，按照各期租金金额，借记“预收账款”科目，贷记“租金收入”科目。涉及增值税业务的，相关账务处理参见“应交增值税”科目。

预收租金方式的账务处理见表 5-28。

**表 5-28　　预收租金方式的账务处理**

| 序号 | 业务 | 财务会计处理 | 预算会计处理 |
| --- | --- | --- | --- |
| （1） | 收到预付的租金时 | 借：银行存款等<br>　贷：预收账款 | 借：资金结存——货币资金<br>　贷：其他预算收入——租金收入 |
| | 按照直线法分期确认租金收入时 | 借：预收账款<br>　贷：租金收入 | —— |

### 3. 案例解析

【例 5-30】A 公立医院和 B 公立医院签订了一份办公楼租赁合同，约定租金支付方式为预收租金方式，当期预收款项为 100 000 元，租期为 10 个月。A 公立医院的账务处理如下：

财务会计：

借：银行存款　　100 000

　　贷：预收账款　　100 000

预算会计：

借：资金结存——货币资金　　100 000

　　贷：其他预算收入——租金收入　　100 000

确认当月的租金收入时，

借：预收账款　　10 000

　　贷：租金收入　　10 000

## 二、后付租金方式

### 1. 业务概述

后付租金，即承租人在各付租金间隔期的期末支付租金的方法。这种方法能使租金支付时间向后推迟整整一个间隔期（半年或 1 年），对资金短缺的承租人有利。

### 2. 账务处理

采用后付租金方式的，每期确认租金收入时，在财务会计中，按照各期租金金额，借记“应收账款”科目，贷记“租金收入”科目；收到租金时，按照实际收到的金额，借记“银行存款”等科目，贷记“应收账款”科目。预算会计下，在收到租金时，借记“资金结存”科目，贷记“其他预算收入”科目。涉及增值税业务的，相关账务处理参见“应交增值税”科目。

后付租金方式下的账务处理见表 5-29。

表 5-29　　后付租金方式下的账务处理

| 序号 | 业务 | 财务会计处理 | 预算会计处理 |
|---|---|---|---|
| （1） | 确认租金收入时 | 借：应收账款<br>　贷：租金收入 | —— |
| | 收到租金时 | 借：银行存款等<br>　贷：应收账款 | 借：资金结存——货币资金<br>　贷：其他预算收入——租金收入 |

### 3. 案例解析

**【例5-31】**某公立医院和另一单位签订了一份办公楼租赁合同，约定租金支付方式为后付租金方式，租金总额为100 000元，租期为10个月，每期确认10 000元租金收入。该医院的账务处理如下：

（1）每期确认租金收入时：

财务会计：

借：应收账款　　10 000

　　贷：租金收入　　10 000

（2）每期收到租金时：

财务会计：

借：银行存款　　10 000

　　贷：应收账款　　10 000

预算会计：

借：资金结存——货币资金　　10 000

　　贷：其他预算收入——租金收入　　10 000

## 三、分期收取租金

### 1. 业务概述

分期收取租金是指出租人按合同或条款上规定的期间收取租金的方法。

### 2. 账务处理

（1）财务会计下，每期收取租金时，按照租金金额，借记“银行存款”等科目，贷记“租金收入”科目。涉及增值税业务的，相关账务处理参见“应交增值税”科目。

（2）预算会计下，借记“资金结存”科目，贷记“其他预算收入”科目。

分期收取租金时的账务处理见表5-30。

表5-30　　分期收取租金时的账务处理

| 序号 | 业务 | | 财务会计处理 | 预算会计处理 |
|---|---|---|---|---|
| （1） | 分期收取租金 | 按期收取租金 | 借：银行存款等<br>　贷：租金收入 | 借：资金结存——货币资金<br>　贷：其他预算收入——租金收入 |

### 3. 案例解析

**【例5-32】**某公立医院和另一单位签订了一份办公楼租赁合同，预定租金支付方式为分期收取租金方式，租金总额为100 000元，租期为10个月，每期收取

10 000 元租金收入。该医院的账务处理如下：

分期收取租金时：

财务会计：

借：银行存款　　10 000

　　贷：租金收入　　10 000

预算会计：

借：资金结存——货币资金　　10 000

　　贷：其他预算收入——租金收入　　10 000

## 四、年末结转

### 1. 业务概述

公立医院在每年年末，都需要将“租金收入”科目的余额进行结转，使其余额为零。

### 2. 账务处理

（1）财务会计下，期末，将“租金收入”科目本期发生额转入本期盈余，借记“租金收入”科目，贷记“本期盈余”科目。

（2）预算会计下，借记“其他预算收入——租金收入”科目，贷记“其他结余”科目。

年末结转租金收入时的账务处理见表 5-31。

表 5-31　　年末结转租金收入时的账务处理

| 序号 | 业务 | 财务会计处理 | 预算会计处理 |
|---|---|---|---|
| （1） | 期末 / 年末结转 | 借：租金收入<br>　贷：本期盈余 | 借：其他预算收入——租金收入<br>　贷：其他结余 |

### 3. 案例解析

**【例 5-33】**某公立医院年终进行结账时，“租金收入”科目的贷方余额为 400 000 元。该医院的账务处理如下：

财务会计：

借：租金收入　　400 000

　　贷：本期盈余　　400 000

预算会计：

借：其他预算收入——租金收入　　400 000

　　贷：其他结余　　400 000

## 5.3.7　其他收入和其他预算收入

### 5.3.7.1　核算内容

“其他收入”科目用于核算公立医院取得的除财政拨款收入、事业收入、上级补助收入、附属单位上缴收入、经营收入、非同级财政拨款收入、投资收益、捐赠收入、利息收入、租金收入以外的各项收入，包括现金盘盈收入、按照规定纳入公立医院预算管理的科技成果转化收入、无法偿付的应付及预收款项、置换换出资产评估增值等。

### 5.3.7.2　账务处理

**一、现金盘盈收入**

**1. 业务概述**

现金盘盈是指实物比账面记录的数量多的情况，一般是由管理制度的漏洞和收款人员的工作失误造成的，不存在恶意作弊的问题。

**2. 账务处理**

每日现金账款核对中发现的现金溢余，属于无法查明原因的部分，报经批准后入账，借记“待处理财产损溢”科目，贷记“其他收入”科目。

对现金盘盈收入的账务处理见表 5-32。

表 5-32　对现金盘盈收入的账务处理

| 序号 | 业务 | | 财务会计处理 | 预算会计处理 |
|---|---|---|---|---|
| （1） | 现金盘盈收入 | 属于无法查明原因的部分，报经批准后 | 借：待处理财产损溢<br>　贷：其他收入 | —— |

**3. 案例解析**

【例 5-34】某公立医院某日在进行现金账款核对时，盘盈现金 10 000 元，无法查明原因，报经批准后入账。该医院的账务处理如下：

借：待处理财产损溢　　10 000

　贷：其他收入　　10 000

**二、科技成果转化收入**

**1. 业务概述**

科技成果转化，是指为提高生产力水平而对科学研究与技术开发所产生的具有实用价值的科技成果所进行的后续试验、开发、应用、推广直至形成新产品、新工艺、新材料，发展新产业等活动。科技成果转化收入即因科技成果转化而实现的收入。

**2. 账务处理**

公立医院因进行科技成果转化而取得的收入，按照规定留归本医院的，按照所取得的收入扣除相关费用之后的净收益，借记“银行存款”等科目，贷记“其他收入”科目。预算会计下，借记“资金结存”科目，贷记“其他预算收入”科目。

与科技成果转化收入相关的账务处理见表 5-33。

表 5-33 与科技成果转化收入相关的账务处理

| 序号 | 业务 | | 财务会计处理 | 预算会计处理 |
|---|---|---|---|---|
| （1） | 科技成果转化收入 | 按照规定留归本单位的 | 借：银行存款等<br>贷：其他收入 | 借：资金结存——货币资金<br>贷：其他预算收入 |

**3. 案例解析**

【例 5-35】某公立医院进行科技成果转化，取得转化收入 100 000 元，其账务处理如下：

财务会计：

借：银行存款 100 000

贷：其他收入 100 000

预算会计：

借：资金结存——货币资金 100 000

贷：其他预算收入 100 000

**三、收回已核销的其他应收款**

**1. 业务概述**

已核销的其他应收款是指各级公立医院凭相关法律文书对确认无法收回的其他应收款进行注销的部分。收回已核销的其他应收款指在以后期间收回的其他应收款。

**2. 账务处理**

各级公立医院已核销的其他应收款在以后期间收回的，按照实际收回的金额，在财务会计下，借记“银行存款”等科目，贷记“其他收入”科目；在预算会计下，借记“资金结存”科目，贷记“其他预算收入”科目。

收回已核销的其他应收款时的账务处理见表 5-34。

表 5-34　收回已核销的其他应收款时的账务处理

| 序号 | 业务 | | 财务会计处理 | 预算会计处理 |
| --- | --- | --- | --- | --- |
| (1) | 各级公立医院收回已核销的其他应收款 | 按照实际收回的金额 | 借：银行存款等<br>贷：其他收入 | 借：资金结存——货币资金<br>贷：其他预算收入 |

**3. 案例解析**

**【例 5-36】** 某公立医院收回了一笔已核销的其他应收款，金额为 50 000 元，其账务处理如下：

财务会计：

借：银行存款　50 000

贷：其他收入　50 000

预算会计：

借：资金结存——货币资金　50 000

贷：其他预算收入　50 000

## 四、无法偿付的应付及预收款项

**1. 业务概述**

无法偿付的应付及预收款项是指公立医院确实无法偿付或者债权人豁免偿还应付及预收款项业务。

**2. 账务处理**

发生无法偿付或债权人豁免偿还的应付账款、预收账款、其他应付款及长期应付款时，借记“应付账款”“预收账款”“其他应付款”“长期应付款”等科目，贷记“其他收入”科目。

无法偿付应付及预收款项时的账务处理见表 5-35。

表 5-35　无法偿付应付及预收款项时的账务处理

| 序号 | 业务 | 财务会计处理 | 预算会计处理 |
| --- | --- | --- | --- |
| (1) | 无法偿付的应付及预收款项 | 借：应付账款 / 预收账款 / 其他应付款 / 长期应付款<br>贷：其他收入 | —— |

## 五、置换换出资产评估增值

### 1. 业务概述

公立医院在进行资产置换的过程中，可能会遇到资产评估增值的情况。资产评估增值是指对公立医院的资产进行评估，并按资产评估确认的价值调增相应资产的原账面价值的过程。

### 2. 账务处理

资产置换过程中，换出资产评估增值的，按照评估价值高于资产的账面价值或账面余额的金额，借记有关科目，贷记“其他收入”科目。具体账务处理参见“库存物品”等科目。

以未入账的无形资产取得的长期股权投资，按照评估价值加相关税费作为投资成本，借记“长期股权投资”科目，按照发生的相关税费，贷记“银行存款”“其他应交税费”等科目，按其差额，贷记“其他收入”科目。

置换换出资产评估增值时的账务处理见表 5-36。

表 5-36　　置换换出资产评估增值时的账务处理

| 序号 | 业务 | | 财务会计处理 | 预算会计处理 |
|---|---|---|---|---|
| (1) | 置换换出资产评估增值 | 按照换出资产的评估价值高于资产的账面价值的金额 | 借：有关科目<br>贷：其他收入 | —— |

### 3. 案例解析

【例 5-37】在某公立医院进行固定资产置换的过程中，换出的固定资产被评估为增值，评估价值高于该固定资产的账面价值 10 000 元。该医院的账务处理如下：

借：固定资产　　10 000

　贷：其他收入　　10 000

## 六、其他情况

### 1. 业务概述

其他情况是指除了现金盘盈收入、科技成果转化收入、收回已核销的其他应收款、无法偿付的应付及预付款项和置换换出资产评估增值之外的收入。

### 2. 账务处理

确认上述 5 种收入以外的其他收入时，在财务会计中，按照应收或实际收到的金额，借记“其他应收款”“银行存款”“库存现金”等科目，贷记“其他收入”科目；在预算会计中，借记“资金结存”科目，贷记“其他预算收入”

科目。涉及增值税业务的，相关账务处理参见“应交增值税”科目。

确认其他情况下取得的收入时的账务处理见表 5-37。

**表 5-37　　确认其他情况下取得的收入时的账务处理**

| 序号 | 业务 | 财务会计处理 | 预算会计处理 |
| --- | --- | --- | --- |
| （1） | 按照应收或实际收到的金额 | 借：其他应收款 / 银行存款 / 库存现金等<br>贷：其他收入 | 借：资金结存——货币资金［按照实际收到的金额］<br>贷：其他预算收入 |

## 七、年末结转

### 1. 业务概述

公立医院在每年年末，都需要将“其他收入”“其他预算收入”科目的余额进行结转，使其余额为零。

### 2. 账务处理

期末，在财务会计中，将“其他收入”科目的本期发生额转入本期盈余，借记“其他收入”科目，贷记“本期盈余”科目。同时，在预算会计中，属于专项资金的部分，借记“其他预算收入”科目，贷记“非财政拨款结转”科目；属于非专项资金的部分，借记“其他预算收入”科目，贷记“其他结余”科目。

年末结转“其他收入”“其他预算收入”科目时的账务处理见表 5-38。

**表 5-38　　年末结转“其他收入”“其他预算收入”科目时的账务处理**

<table>
<tr><th>序号</th><th colspan="2">业务</th><th>财务会计处理</th><th>预算会计处理</th></tr>
<tr><td rowspan="2">（1）</td><td rowspan="2">期末 / 年末结转</td><td>专项资金</td><td rowspan="2">借：其他收入<br>贷：本期盈余</td><td>借：其他预算收入<br>贷：非财政拨款结转——本年收支结转</td></tr>
<tr><td>非专项资金</td><td>借：其他预算收入<br>贷：其他结余</td></tr>
</table>

### 3. 案例解析

**【例 5-38】**某公立医院年终进行结账时，“其他收入”科目的贷方余额为 900 000 元，其中，专项资金收入为 500 000 元，非专项资金收入为 400 000 元。该医院的账务处理如下：

财务会计：

借：其他收入　　900 000

　　贷：本期盈余　　900 000

预算会计：

借：其他预算收入　　　　900 000

　　贷：非财政拨款结转——本年收支结转　　　　500 000

　　　　其他结余　　　　400 000

## 5.3.8 债务预算收入

### 5.3.8.1 核算内容

“债务预算收入”科目用于核算各级公立医院按照规定从银行和其他金融机构等借入的、纳入部门预算管理的、不以财政资金作为偿还来源的债务本金。

本科目应当按照贷款单位、贷款种类、《政府收支分类科目》中的“支出功能分类科目”的项级科目等进行明细核算。债务预算收入中如有专项资金收入，还应按照具体项目进行明细核算。

### 5.3.8.2 账务处理

**一、短期、长期借款**

**1. 业务概述及账务处理**

（1）财务会计下，借入短期借款时，借记“银行存款”科目，贷记“短期借款”科目；归还短期借款本金时，借记“短期借款”科目，贷记“银行存款”科目。借入长期借款时，借记“银行存款”科目，贷记“长期借款——本金”科目；归还长期借款本金时，借记“长期借款——本金”科目，贷记“银行存款”科目。

（2）预算会计下，借入短期借款或长期借款时，借记“资金结存”科目，贷记“债务预算收入”科目；归还本金时，借记“债务还本支出”科目，贷记“资金结存”科目。

短期、长期借款的账务处理见表5-39。注意，相关利息的处理参见前文。

表5-39　　短期、长期借款的账务处理

| 序号 | 业务 | | 财务会计处理 | 预算会计处理 |
|---|---|---|---|---|
| （1） | 短期借款 | 借入各种短期借款 | 借：银行存款<br>贷：短期借款 | 借：资金结存——货币资金<br>贷：债务预算收入 |
| | | 归还短期借款本金 | 借：短期借款<br>贷：银行存款 | 借：债务还本支出<br>贷：资金结存——货币资金 |

续表

| 序号 | 业务 | | 财务会计处理 | 预算会计处理 |
|---|---|---|---|---|
| （2） | 长期借款 | 借入各种长期借款 | 借：银行存款<br>　　贷：长期借款——本金 | 借：资金结存——货币资金<br>　　贷：债务预算收入 |
| | | 归还长期借款本金 | 借：长期借款——本金<br>　　贷：银行存款 | 借：债务还本支出<br>　　贷：资金结存——货币资金 |

**2. 案例解析**

**【例 5-39】**2×19 年 5 月 30 日，某公立医院经上级主管部门批准，从当地工商银行借入 1 000 000 元，为期 3 年，年利率 5.2%，纳入部门预算管理，以自有资金作为偿还来源，作为单位工程项目专用。6 月 1 日，该医院在收到该资金时的账务处理如下：

财务会计：

借：银行存款——基本账户存款　　1 000 000

　　贷：长期借款　　1 000 000

预算会计：

借：资金结存——货币资金——银行存款　　1 000 000

　　贷：债务预算收入——专项资金收入　　1 000 000

## 二、年末结转

**1. 业务概述**

（1）财务会计下，借记“债务收入”科目，贷记“本期盈余”科目。

（2）预算会计下，年末，将“债务预算收入”科目的本年发生额中的专项资金收入转入非财政拨款结转，借记“债务预算收入”科目下各专项资金收入明细科目，贷记“非财政拨款结转——本年收支结转”科目；将“债务预算收入”科目的本年发生额中的非专项资金收入转入其他结余，借记“债务预算收入”科目下各非专项资金收入明细科目，贷记“其他结余”科目。

**2. 账务处理**

年末结转“债务收入”“债务预算收入”科目时的账务处理见表 5-40。

表 5–40 年末结转“债务收入”“债务预算收入”科目时的账务处理

<table>
<tr><th>序号</th><th colspan="2">业务</th><th>财务会计处理</th><th>预算会计处理</th></tr>
<tr><td rowspan="2">（1）</td><td rowspan="2">年末结转</td><td>专项资金收入</td><td rowspan="2">借：债务收入<br>贷：本期盈余</td><td>借：债务预算收入<br>贷：非财政拨款结转——本年收支结转</td></tr>
<tr><td>非专项资金收入</td><td>借：债务预算收入<br>贷：其他结余</td></tr>
</table>

# 5.4 调剂性收入的核算

## 5.4.1 上级补助收入与上级补助预算收入

### 5.4.1.1 核算内容

上级补助收入是各级公立医院收到主管部门或上级单位拨入的非财政补助资金。根据各级公立医院的管理体制，每个公立医院均有主管部门或上级单位，主管部门或是上级单位可以利用自身的收入或集中的收入，对所属各级公立医院给予补助，以调剂各级公立医院的资金余缺。“上级补助收入”科目用于核算公立医院从主管部门和上级单位取得的非财政补助现金流入。

上级补助预算收入是指各级公立医院从主管部门和上级单位取得的非财政补助现金流入。为核算上级补助预算收入业务，各级公立医院应设置“上级补助预算收入”总账科目。该科目应当按照发放补助单位、补助项目、《政府收支分类科目》中的“支出功能分类科目”的项级科目等进行明细核算。上级补助预算收入中如有专项资金收入，还应按照具体项目进行明细核算。

### 5.4.1.2 账务处理

**一、日常核算**

**1．业务概述**

上级补助收入不同于财政补助收入，上级补助收入并非来源于财政部门，也不是财政部门安排的财政预算资金，而是由主管部门或上级单位拨入的非财政性资金。上级补助收入并不是各级公立医院的常规收入，主管单位或上级单位一般根据自身的资金情况和各级公立医院的需要进行拨付。

**2. 账务处理**

（1）财务会计下，收到上级补助收入时，按照实际收到的金额，借记“银行存款”等科目，贷记“上级补助收入”科目。

（2）预算会计下，各级公立医院在确认一项尚未收到的上级补助收入时，不做账务处理。之后，各级公立医院收到以前确认的上级补助收入款项时，借记“资金结存——货币资金”科目，贷记“上级补助预算收入”科目。

日常核算的账务处理见表 5-41。

**表 5-41　日常核算的账务处理**

| 序号 | 业务 | 财务会计处理 | 预算会计处理 |
| --- | --- | --- | --- |
| （1） | 确认时，按照应收或实际收到的金额 | 借：其他应收款 / 银行存款等<br>贷：上级补助收入 | —— |
| | 收到应收的上级补助收入时 | 借：银行存款等<br>贷：其他应收款 | 借：资金结存——货币资金<br>贷：上级补助预算收入 |

**3. 案例解析**

**【例 5-40】**某公立医院收到主管部门拨来的补助款 100 000 元，款项已经到账。此款项是上级单位用其所集中的款项对作为附属单位的该医院的基本支出进行的调剂。该医院的账务处理如下：

财务会计：

借：银行存款　　100 000

　　贷：上级补助收入——主管部门　　100 000

预算会计：

借：资金结存——货币资金　　100 000

　　贷：上级补助预算收入　　100 000

**二、年末结转**

（1）财务会计下，年末，将“上级补助收入”科目的本年发生额中的专项资金收入转入非财政拨款结转，借记“上级补助收入”科目下各专项资金收入明细科目，贷记“本期盈余”科目。

（2）预算会计下，各级公立医院除了需要对财政拨款预算收支情况和非财政拨款预算收支情况进行分别核算外，还需要对专项资金预算收支情况和非专项资金预算收支情况进行分别核算。对于专项资金预算收支情况，各级公立医院还需要进行单独的报告，并进行绩效评价。公立医院分别设置“非财政拨款结转”和“其他结余”科目，体现了这一基本要求。

年末结转“上级补助收入”“上级补助预算收入”科目时的账务处理见表5-42。

**表 5-42 年末结转“上级补助收入”“上级补助预算收入”科目时的账务处理**

<table>
<tr><th>序号</th><th>业务</th><th>财务会计处理</th><th>预算会计处理</th></tr>
<tr><td rowspan="2">（1）</td><td>专项资金收入</td><td rowspan="2">借：上级补助收入<br>贷：本期盈余</td><td>借：上级补助预算收入<br>贷：非财政拨款结转——本年收支结转</td></tr>
<tr><td>非专项资金收入</td><td>借：上级补助预算收入<br>贷：其他结余</td></tr>
</table>

**3. 案例解析**

**【例 5-41】**年终，某公立医院结转“上级补助收入”科目的余额，其中专项资金 600 000 元，非专项资金 300 000 元。该医院的账务处理如下：

财务会计：

借：上级补助收入 900 000

  贷：本期盈余 900 000

预算会计：

借：上级补助预算收入 900 000

  贷：非财政拨款结转——本年收支结转 600 000

    其他结余 300 000

## 5.4.2 附属单位上缴收入与附属单位上缴预算收入

### 5.4.2.1 核算内容

“附属单位上缴收入”科目用于核算各级公立医院取得的附属独立核算单位按规定标准或比例上缴的各项收入。各级公立医院一般下设一些独立核算的附属单位。这些单位按规定应当上缴一定的收入，形成各级公立医院的附属单位上缴收入。

附属单位上缴预算收入是指各级公立医院取得的附属独立核算单位根据有关规定上缴的现金流入。为核算附属单位上缴的预算收入，各级公立医院应设置“附属单位上缴预算收入”总账科目。本科目应当按照附属单位、缴款项目、

《政府收支分类科目》中的“支出功能分类科目”的项级科目等进行明细核算。附属单位上缴预算收入中如有专项资金收入，还应按照具体项目进行明细核算。

### 5.4.2.2　账务处理

**一、日常核算**

**1. 业务概述**

所谓附属单位，是指各级公立医院内部设立的、实行独立核算的下级单位，其与上级单位存在一定的体制关系。附属单位缴款是各级公立医院收到的附属单位上缴的款项，各级公立医院与附属单位之间的往来款项，不通过附属单位缴款核算，各级公立医院对外投资获得的投资收益也不通过附属单位缴款核算。

**2. 账务处理**

（1）财务会计下，确认附属单位上缴收入时，按照应收的金额，借记“其他应收款”科目，贷记“附属单位上缴收入”科目。实际收到应收附属单位上缴款时，按照实际收到的金额，借记“银行存款”等科目，贷记“其他应收款”科目。

（2）预算会计下，各级公立医院收到附属单位缴来款项时，按照实际收到的金额，借记“资金结存——货币资金”科目，贷记“附属单位上缴预算收入”科目。

与“附属单位上缴收入”“附属单位上缴预算收入”科目相关的账务处理见表 5-43。

**表 5-43　与“附属单位上缴收入”“附属单位上缴预算收入”科目相关的账务处理**

| 序号 | 业务 | 财务会计处理 | 预算会计处理 |
|---|---|---|---|
| （1） | 确认时，按照应收的金额 | 借：其他应收款<br>　贷：附属单位上缴收入 | —— |
| | 实际收到应收附属单位上缴收入时 | 借：银行存款等<br>　贷：其他应收款 | 借：资金结存——货币资金<br>　贷：附属单位上缴预算收入 |

**3. 案例解析**

【**例 5-42**】某公立医院下属的招待所为独立核算单位。按各级公立医院与招待所签订的收入分配办法规定，2×13 年招待所应缴纳分成款 60 000 元。该公立医院已收到招待所上缴的款项，其账务处理如下：

财务会计：

借：银行存款　　60 000

贷：附属单位上缴收入 60 000

预算会计：

借：资金结存——货币资金 60 000

贷：附属单位上缴预算收入 60 000

## 二、年末结转

（1）财务会计下，期末，将“附属单位上缴收入”科目的本期发生额转入本期盈余，借记“附属单位上缴收入”科目，贷记“本期盈余”科目。

（2）预算会计下，年末，将“附属单位上缴预算收入”科目的本年发生额中的专项资金收入转入非财政拨款结转，借记“附属单位上缴预算收入”科目下各专项资金收入明细科目，贷记“非财政拨款结转——本年收支结转”科目；将“附属单位上缴预算收入”科目的本年发生额中的非专项资金收入转入其他结余，借记“附属单位上缴预算收入”科目下各非专项资金收入明细科目，贷记“其他结余”科目。年末结转后，“附属单位上缴预算收入”科目应无余额。

年末结转“附属单位上缴收入”“附属单位上缴预算收入”科目时的账务处理见表 5-44。

**表 5-44 年末结转“附属单位上缴收入”“附属单位上缴预算收入”科目时的账务处理**

| 序号 | 业务 | 财务会计处理 | 预算会计处理 |
|---|---|---|---|
| （1） | 专项资金收入 | 借：附属单位上缴收入<br>贷：本期盈余 | 借：附属单位上缴预算收入<br>贷：非财政拨款结——本年收支结转 |
| | 非专项资金收入 | | 借：附属单位上缴预算收入<br>贷：其他结余 |

### 3. 案例解析

**【例 5-43】**某公立医院年终进行结账时，“附属单位上缴收入”科目的贷方余额为 900 000 元，均为专项资金收入。该医院的账务处理如下：

财务会计：

借：附属单位上缴收入 900 000

贷：本期盈余 900 000

预算会计：

借：附属单位上缴预算收入 900 000

贷：非财政拨款结转——本年收支结转 900 000

# 第 6 章
# 费用与预算支出

## 6.1　费用与预算支出概述

### 6.1.1　费用与预算支出的概念

**一、费用**

《基本准则》第四十五条指出，费用是指报告期内导致政府会计主体净资产减少的、含有服务潜力或者经济利益的经济资源的流出。应用于公立医院中，费用为公立医院在日常经营过程中所付出的经济利益的流出额，如公立医院的医疗器械折旧费、医护人员工资薪金等。

**二、预算支出**

《基本准则》第二十一条规定，预算支出是指政府会计主体在预算年度内依法发生并纳入预算管理的现金流出。公立医院的预算支出是指医院在其会计年度内发生的依据准则规定应当纳入预算管理的现金流出。

### 6.1.2　费用与预算支出的确认

**一、费用**

《基本准则》第四十六条规定，费用的确认应当同时满足以下条件：

（1）与费用相关的含有服务潜力或者经济利益的经济资源很可能流出政府会计主体；

（2）含有服务潜力或者经济利益的经济资源流出会导致政府会计主体资产减少或者负债增加；

（3）流出金额能够可靠地计量。

**二、预算支出**

《基本准则》第二十条规定，预算收入一般在实际收到时予以确认，以实际收到的金额计量。

## 6.2 单位管理费用与事业支出

“单位管理费用”科目用于核算公立医院本级行政及后勤管理部门开展管理活动发生的各项费用，包括单位行政及后勤管理部门发生的人员经费、公用经费、资产折旧（摊销）等费用，以及由单位统一负担的离退休人员经费、工会经费、诉讼费、中介费等。本科目应当按照项目、费用类别、支付对象等进行明细核算。

事业支出是指公立医院开展各项专业业务活动及辅助活动发生的支出，包括基本支出和项目支出。事业支出与事业收入相对应，是公立医院支出的核心内容。公立医院是提供各种社会服务的公益性组织，在提供专业服务和辅助服务活动时，必然会发生一定的耗费。由于公立医院活动的领域不同，事业支出的内容也有所不同。对于具体的公立医院来说，该项事业支出为医疗事业支出。在具体的账务处理中可在事业支出下设明细科目“医疗支出”用来专门核算公立医院日常活动中的事业支出事项，也可以直接将“事业支出”科目替换为“医疗支出”科目来进行核算。

### 6.2.1 为开展管理活动的本单位人员和外部人员计提并支付薪酬和劳务费

**一、业务概述**

该业务所指的“薪酬和劳务费”不包括计入在建工程、加工物品、无形资产成本的人员费用，薪酬和劳务费的发生涉及资本化的，应当予以资本化计入相关资产成本。例如，公立医院建造住院部时，相关工作人员的职工薪酬应当予以资本化计入相关固定成本之中，其中，医院工作人员的薪酬在“应付职工薪酬”科目中核算，外部人员的劳务费用在“其他应付款”科目中核算。

**二、账务处理**

**1. 计提薪酬和劳务费时**

为开展管理活动的本单位人员以及外部人员计提薪酬和劳务费时，按照计算的金额，借记“单位管理费用”科目，贷记“应付职工薪酬”或“其他应付款”科目。由于没有涉及预算资金的现金流出，所以不做预算会计账务处理。

**2. 实际支付并代扣个人所得税时**

实际支付时，在财务会计中，按照代扣代缴个人所得税的金额，贷记“其他应交税费——应交个人所得税”科目，按照扣税后应付或实际支付的金额，贷记“财政拨款收入”“零余额账户用款额度”“银行存款”等科目，借记“应付职工薪酬”或“其他应付款”科目。

同时，在预算会计中，按照实际支付给个人的金额，借记“事业支出”科目，贷记“财政拨款预算收入”“资金结存”等科目。

**3．实际缴纳税款时**

实际缴纳税款时，在财务会计中，按实际缴纳的金额，借记“其他应交税费——应交个人所得税”科目，贷记“银行存款”“零余额账户用款额度”等科目。

同时，在预算会计中，按照实际缴纳的金额，借记“事业支出”科目，贷记“资金结存”等科目。

单位管理费用与事业支出的账务处理见表 6-1。

**表 6-1　　单位管理费用与事业支出的账务处理**

| 序号 | 业务 | | 财务会计处理 | 预算会计处理 |
|---|---|---|---|---|
| （1） | 管理活动人员职工薪酬 | 计提时，按照计算的金额 | 借：单位管理费用<br>贷：应付职工薪酬 | —— |
| | | 实际支付给职工并代扣个人所得税时 | 借：应付职工薪酬<br>贷：财政拨款收入 / 零余额账户用款额度 / 银行存款等<br>其他应交税费——应交个人所得税 | 借：事业支出［按照支付给个人部分］<br>贷：财政拨款预算收入 / 资金结存 |
| | | 实际缴纳税款时 | 借：其他应交税费——应交个人所得税<br>贷：银行存款 / 零余额账户用款额度等 | 借：事业支出［按照实际缴纳额］<br>贷：资金结存等 |
| （2） | 为开展管理活动发生的外部人员劳务费 | 计提时，按照计算的金额 | 借：单位管理费用<br>贷：其他应付款 | —— |
| | | 实际支付并代扣个人所得税时 | 借：其他应付款<br>贷：财政拨款收入 / 零余额账户用款额度 / 银行存款等<br>其他应交税费——应交个人所得税 | 借：事业支出［按照实际支付给个人部分］<br>贷：财政拨款预算收入 / 资金结存 |
| | | 实际支付税款时 | 借：其他应交税费——应交个人所得税<br>贷：银行存款 / 零余额账户用款额度等 | 借：事业支出［按照实际缴纳额］<br>贷：资金结存等 |

## 三、案例分析

【例 6-1】某公立医院本月应发放的住院部门工作人员的薪酬总额为 80 000 元，代扣代缴个人所得税 10 000 元。该医院使用财政直接支付方式支付职工薪酬和个人所得税，其账务处理如下：

（1）计提工资时：

财务会计：

借：单位管理费用——工资福利费用　　80 000

　　贷：应付职工薪酬——工资　　80 000

无需进行预算会计处理。

（2）实际支付给职工并代扣个人所得税时：

财务会计：

借：应付职工薪酬——工资　　80 000

　　贷：财政拨款收入　　70 000

　　　　其他应交税费——应交个人所得税　　10 000

预算会计：

借：事业支出　　70 000

　　贷：财政拨款预算收入——基本支出（人员经费）　　70 000

（3）实际缴纳税款时：

财务会计：

借：其他应交税费——应交个人所得税　　10 000

　　贷：银行存款　　10 000

预算会计：

借：事业支出　　10 000

　　贷：资金结存——货币资金　　10 000

### 6.2.2 开展管理活动发生的预付款项

## 一、业务概述

公立医院一般会在两种情况下出现为开展管理活动发生的预付款项：一是公立医院按照购货、服务合同或协议规定预付给供应单位（或个人）的款项，即预付账款；二是公立医院在业务活动中与其他单位、所属单位或本单位职工发生的临时性待结算款项，如职工预借的差旅费、报销单位领用的备用金等，即暂付款项。

## 二、账务处理

### 1. 预付账款

（1）财务会计下，发生预付账款时，按照预付的金额，借记“预付账款”科目，贷记“财政拨款收入”“零余额账户用款额度”“银行存款”等科目；结算时，按照实际的成本，借记“单位管理费用”科目，按照相关预付账款的账面余额，贷记“预付账款”科目，并按照实际补付的金额，贷记“财政拨款收入”“零余额账户用款额度”“银行存款”等科目。

（2）预算会计下，支付款项时，按照预付的金额，借记“事业支出”科目，贷记“财政拨款预算收入”“资金结存”科目；结算时，按照补付的金额，借记“事业支出”科目，贷记“财政拨款预算收入”“资金结存”科目。

### 2. 代垫与暂付款项

（1）财务会计下，支付款项时，借记“其他应收款”科目，贷记“银行存款”等科目；结算或报销时，借记“单位管理费用”科目，贷记“其他应收款”科目。

（2）预算会计下，在支付款项时，不做账务处理；结算或报销时，借记“事业支出”科目，贷记“资金结存”等科目。

开展管理活动发生的预付款项的账务处理见表 6-2。

**表 6-2　　开展管理活动发生的预付款项的账务处理**

<table>
<tr><th>序号</th><th colspan="3">业务</th><th>财务会计处理</th><th>预算会计处理</th></tr>
<tr><td rowspan="4">(1)</td><td rowspan="4">开展管理活动发生的预付款项</td><td rowspan="2">预付账款</td><td>支付款项时</td><td>借：预付账款<br>贷：财政拨款收入 / 零余额账户用款额度 / 银行存款等</td><td>借：事业支出<br>贷：财政拨款预算收入 / 资金结存</td></tr>
<tr><td>结算时</td><td>借：单位管理费用<br>贷：预付账款<br>财政拨款收入 / 零余额账户用款额度 / 银行存款等［补付金额］</td><td>借：事业支出<br>贷：财政拨款预算收入 / 资金结存［补付金额］</td></tr>
<tr><td rowspan="2">暂付款项</td><td>支付款项时</td><td>借：其他应收款<br>贷：银行存款等</td><td>——</td></tr>
<tr><td>结算或报销时</td><td>借：单位管理费用<br>贷：其他应收款</td><td>借：事业支出<br>贷：资金结存等</td></tr>
</table>

### 三、案例解析

**【例 6-2】**某公立医院用银行存款支付行政人员预借差旅费 5 000 元。行政人员出差回来后，该医院的财务部门审核所有发票并予以报销，没有发生资金退回或补付。该医院的账务处理如下：

（1）支付款项时：

财务会计：

借：其他应收款　　5 000

　　贷：银行存款　　5 000

无需进行预算会计处理。

（2）报销时：

财务会计：

借：单位管理费用　　5 000

　　贷：其他应收款　　5 000

预算会计：

借：事业支出　　5 000

　　贷：资金结存——货币资金　　5 000

## 6.2.3 为开展管理活动而购买资产或支付在建工程款

### 一、业务概述

为开展管理活动购买存货、固定资产、无形资产等以及支付在建工程款项时，其初始成本不应直接计入单位管理费用，应在未来期间内通过计提折旧或摊销的方式计入单位管理费用。在预算会计中，应按实际支付的金额直接计入事业支出，而在未来期间计提折旧或摊销时不做预算会计账务处理。

### 二、账务处理

为开展管理活动购买资产或支付在建工程款时，应按照实际支付或应付的价款，在财务会计中，借记“库存物品”“固定资产”“无形资产”“在建工程”等科目，贷记“财政拨款收入”“零余额账户用款额度”“银行存款”“应付账款”等科目。

同时，在预算会计中，按照实际支付的价款，借记“事业支出”科目，贷记“财政拨款预算收入”“资金结存”等科目。

为开展管理活动而购买资产或支付在建工程款时的账务处理见表 6-3。

表 6-3　为开展管理活动而购买资产或支付在建工程款时的账务处理

| 序号 | 业务 | | 财务会计处理 | 预算会计处理 |
|---|---|---|---|---|
| （1） | 为开展管理活动购买资产或支付在建工程款 | 按照实际支付或应付的价款 | 借：库存物品 / 固定资产 / 无形资产在建工程等<br>贷：财政拨款收入 / 零余额账户用款额度 / 银行存款 / 应付账款等 | 借：事业支出［按照实际支付价款］<br>贷：财政拨款预算收入 / 资金结存 |

**三、案例解析**

**【例 6-3】**某公立医院购入不需要安装的打印机一台，用于管理活动，设备价款为 30 000 元，运输及保险费为 5 000 元，全部价款使用财政直接支付方式进行支付。相关账务处理如下：

财务会计：

借：固定资产　35 000

　　贷：财政拨款收入　35 000

预算会计：

借：事业支出　35 000

　　贷：财政拨款预算收入——基本支出（日常公用经费）　35 000

## 6.2.4　管理活动所用固定资产、无形资产计提的折旧（摊销）

**一、业务概述**

对与管理活动相关的固定资产、无形资产计提的累计折旧（摊销）应计入“单位管理费用”科目。

**二、账务处理**

按照计提的金额，借记“单位管理费用”科目，贷记“固定资产累计折旧”“无形资产累计摊销”科目。由于没有实际的现金流出，所以不做预算会计账务处理。

管理活动所用固定资产、无形资产计提折旧、摊销时的账务处理见表 6-4。

表 6-4　管理活动所用固定资产、无形资产计提折旧、摊销时的账务处理

| 序号 | 业务 | | 财务会计处理 | 预算会计处理 |
|---|---|---|---|---|
| （1） | 管理活动所用固定资产、无形资产计提的折旧、摊销 | 按照计提的折旧、摊销额 | 借：单位管理费用<br>贷：固定资产累计折旧 / 无形资产累计摊销 | —— |

**三、案例解析**

【例 6-4】某公立医院将设备A专门用于管理部门日常办公活动，对该设备采用直线法计提折旧。该设备的原价为60 000元，预计使用年限为5年，预计净残值为零。截至2×19年3月31日，该设备已计提折旧30 000元，则2×19年4月30日，该医院在计提折旧时的账务处理如下：

每月折旧金额 =60 000÷5÷12=1 000（元）

财务会计：

借：单位管理费用——固定资产折旧费　　1 000

　　贷：固定资产累计折旧——设备A　　1 000

无需进行预算会计处理。

## 6.2.5 因开展管理活动而领用库存物品

**一、业务概述**

该业务中的库存物品仅指公立医院因开展管理活动而领用的库存物品，不包括按照规定自主出售发出或加工发出的库存物品。

**二、账务处理**

为开展管理活动而领用库存物品时，按照领用的库存物品的成本，借记“单位活动费用”科目，贷记“库存物品”科目。由于没有实际的现金流出，不做预算会计账务处理。

开展管理活动领用库存商品的账务处理见表 6-5。

**表 6-5　　开展管理活动领用库存物品的账务处理**

| 序号 | 业务 | | 财务会计处理 | 预算会计处理 |
|---|---|---|---|---|
| （1） | 开展管理活动内部领用库存物品 | 按照库存物品的成本 | 借：单位管理费用<br>　贷：库存物品 | —— |

**三、案例解析**

【例 6-5】2×19年1月，某公立医院后勤部门领用成本为3 000元的库存物品。该医院的账务处理如下：

财务会计：

借：单位管理费用——商品和服务费用　　3 000

贷：库存物品　　3 000

无需进行预算会计处理。

## 6.2.6　开展管理活动发生应负担的税金及附加

### 一、业务概述

公立医院的税金及附加是指公立医院因开展管理活动而应负担的相关税费，主要包括城市维护建设税、教育费附加、地方教育费附加、车船税、房产税、城镇土地使用税等。公立医院应当设置“税金及附加”科目，核算其因管理活动而发生的相关税费。其中，针对按规定计算确定的与管理活动相关的税费，公立医院在进行账务处理时应当借记“单位管理费用”科目，贷记“其他应交税费”科目。

### 二、账务处理

在财务会计中，在确认其他应交税费时，按照计算确定的金额，借记“单位管理费用”科目，贷记“其他应交税费”科目；实际支付时，借记“其他应交税费”科目，贷记“银行存款”等科目。

在预算会计中，在确认其他应交税费时，不做账务处理；实际支付时，借记“事业支出”科目，贷记“资金结存”等科目。

开展管理活动发生的税金及附加的账务处理见表 6-6。

表 6-6　　开展管理活动发生的税金及附加的账务处理

| 序号 | 业务 | | 财务会计处理 | 预算会计处理 |
|---|---|---|---|---|
| （1） | 开展管理活动发生应负担的税金及附加时 | 按照计算确定应交纳的金额 | 借：单位管理费用<br>贷：其他应交税费 | — |
| | | 实际缴纳时 | 借：其他应交税费<br>贷：银行存款等 | 借：事业支出<br>贷：资金结存等 |

### 三、案例解析

**【例 6-6】**2×19 年，某公立医院管理用车辆发生车船税 460 元，已用银行存款支付。该医院的账务处理如下：

（1）确认其他应交税费时：

借：单位管理费用——商品和服务费用　　460

贷：其他应交税费——车船税　　460

（2）缴纳税款时：

财务会计：

借：其他应交税费——车船税 460

贷：银行存款 460

预算会计：

借：事业支出 460

贷：资金结存——货币资金 460

## 6.2.7 购货退回等

**一、业务概述**

发生当年购货退回等业务时，如果已领用并计入了公立医院的单位管理费用之中，则应冲减本期单位管理费用；如果还未领用，则应冲减相应的库存物品，同时按照收回或应收的方式增加相应的收入或资产。

**二、账务处理**

在财务会计中，发生当年购货退回等业务时，对于已计入本年单位管理费用的部分，按照收回或应收的金额，借记“财政拨款收入”“零余额账户用款额度”“银行存款”“应收账款”等科目，贷记“单位管理费用”科目。

在预算会计中，因购货退回等发生款项退回，或者发生差错更正，并属于当年支出收回的，按照收回或更正的金额，借记“财政拨款预算收入”“资金结存”等科目，贷记“事业支出”科目。

发生购货退回等时的账务处理见表 6-7。

**表 6-7 发生购货退回等时的账务处理**

| 序号 | 业务 | | 财务会计处理 | 预算会计处理 |
|---|---|---|---|---|
| （1） | 购货退回等 | 当年发生的 | 借：财政拨款收入 / 零余额账户用款额度 / 银行存款 / 应收账款等<br>贷：库存物品 / 单位管理费用等 | 借：财政拨款预算收入 / 资金结存<br>贷：事业支出 |

**三、案例解析**

**【例 6-7】**某公立医院已领用的部分库存物品存在质量问题，价值 3 000 元，系当年用财政授权支付方式购入的存货，领用当时计入单位管理费用。对此，该医院已做退回处理，收到来自供应商的退款，其账务处理如下：

财务会计：

借：零余额账户用款额度　　3 000

　　贷：单位管理费用——商品和服务费用　　3 000

预算会计：

借：资金结存——零余额账户用款额度　　3 000

　　贷：事业支出　　3 000

### 6.2.8　其他与管理活动相关的各项费用

**一、业务概述**

除上述业务之外，为开展管理活动而发生的其他各项费用，应将确认费用的金额计入“单位管理”科目费用。

**二、账务处理**

在财务会计中，按照费用确认的金额，借记“单位管理费用”科目，贷记“财政拨款收入”“零余额账户用款额度”“银行存款”“应付账款”等科目。同时，在进行预算会计处理时，按照实际支付的金额，借记“事业支出”科目，贷记“财政拨款预算收入”“资金结存”等科目。

其他与管理活动相关的费用的账务处理见表 6-8。

**表 6-8　其他与管理活动相关的费用的账务处理**

| 序号 | 业务 | 财务会计处理 | 预算会计处理 |
| --- | --- | --- | --- |
| （1） | 发生的其他与管理活动相关的各项费用 | 借：单位管理费用<br>贷：财政拨款收入 / 零余额账户用款额度 / 银行存款 / 应付账款等 | 借：事业支出[ 按照实际支付的金额 ]<br>贷：财政拨款预算收入 / 资金结存 |

**三、案例解析**

**【例 6-8】**某公立医院管理用固定资产发生日常维修费用 7 000 元。该费用不计入固定资产成本，用财政授权支付方式进行支付。该医院的账务处理如下：

财务会计：

借：单位管理费用——商品和服务费用　　7 000

　　贷：零余额账户用款额度　　7 000

预算会计：

借：事业支出　　7 000

　　贷：资金结存——零余额账户用款额度　　7 000

## 6.2.9 期末 / 年末结转

### 一、业务概述

期末，“单位管理费用”科目的本期发生额应转入本期盈余，期末应无余额；“事业支出”科目的本年发生额应分类结转至相应科目，年末应无余额。

### 二、账务处理

期末，“单位管理费用”科目的本期发生额转入本期盈余时，借记“本期盈余”科目，贷记“单位管理费用”科目。

年末，将“事业支出”科目的本年发生额中的财政拨款支出转入财政拨款结转，借记“财政拨款结转——本年收支结转”科目，贷记“事业支出”科目下各财政拨款支出明细科目；将“事业支出”科目的本年发生额中的非财政专项资金支出转入非财政拨款结转，借记“非财政拨款结转——本年收支结转”科目，贷记“事业支出”科目下各非财政专项资金支出明细科目；将“事业支出”科目的本年发生额中的其他资金支出（非财政非专项资金支出）转入其他结余，借记“其他结余”科目，贷记“事业支出”科目下其他资金支出明细科目。

期末 / 年末结转“单位管理费用”“事业支出”科目时的账务处理见表 6–9。

**表 6–9 期末 / 年末结转“单位管理费用”事业支出”科目时的账务处理**

| 序号 | 业务 | 财务会计处理 | 预算会计处理 |
|---|---|---|---|
| (1) | 期末 / 年末结转 | 借：本期盈余<br>贷：单位管理费用 | 借：财政拨款结转——本年收支结转［财政拨款支出］<br>非财政拨款结转——本年收支结转［非财政专项资金支出］<br>其他结余［非财政、非专项资金支出］<br>贷：事业支出 |

### 三、案例解析

**【例 6–9】** 2×19 年 11 月 30 日，某公立医院的“业务活动费用”科目的余额为 5 000 元，“单位管理费用”科目的余额为 2 000 元，“经营费用”科目的余额为 2 000 元，“资产处置费用”科目的余额为 1 000 元，“所得税费用”科目的余额为 5 000 元，“其他费用”科目的余额为 5 000 元。

期末结转账务处理如下：

借：本期盈余 20 000

  贷：业务活动费用 5 000

    单位管理费用 2 000

| | |
|---|---|
| 经营费用 | 2 000 |
| 资产处置费用 | 1 000 |
| 所得税费用 | 5 000 |
| 其他费用 | 5 000 |

## 6.3 经营费用与经营支出

公立医院应当设置“经营费用”科目，以核算公立医院在专业业务活动及其辅助活动之外开展非独立核算经营活动发生的各项费用，经营费用属于公立医院专有费用。本科目应当按照经营活动的类别、项目、支付对象等进行明细核算。为了满足成本的核算需要，本科目下还可按照“工资福利费用”“商品和服务费用”“对个人和家庭的补助费用”“固定资产折旧费”“无形资产摊销费”等成本项目设置明细科目，归集能够直接计入公立医院经营活动或采用一定方法计算后计入公立医院经营活动的费用。本科目期末结转后应无余额。

### 6.3.1 向经营活动人员支付薪酬以及劳务费

**一、业务概述**

公立医院开展专业业务活动及其辅助活动的人员的薪酬以及劳务费计入业务活动费用，而开展非独立核算经营活动的人员的薪酬计入经营费用。

**二、账务处理**

**1. 计提工资时**

计提开展经营活动的职工以及外部人员的薪酬时，按照计算的金额，借记“经营费用”科目，贷记“应付职工薪酬”或“其他应付款”科目。计提时没有实际的现金流出，因此不做预算会计的账务处理。

**2. 实际支付并代扣个人所得税时**

在财务会计中，实际支付时，按照代扣代缴个人所得税的金额，贷记“其他应交税费——应交个人所得税”科目；按照扣税后应付或实际支付的金额，贷记“银行存款”等科目，借记“应付职工薪酬”“其他应付款”科目。

同时，在预算会计中，按照实际支付给个人的金额，借记“经营支出”科目，贷记“资金结存”科目。

### 3. 实际缴纳税时

在财务会计中，实际缴纳税款时，按实际缴纳的金额，借记“其他应交税费——应交个人所得税”科目，贷记“银行存款”等科目。

同时，在预算会计中，按照实际缴纳的金额，借记“经营支出”科目，贷记“资金结存”等科目。

向经营活动人员支付薪酬以及劳务费时的账务处理见表 6-10。

表 6-10 向经营活动人员支付薪酬以及劳务费时的账务处理

<table>
<tr><th>序号</th><th colspan="2">业务</th><th>财务会计处理</th><th>预算会计处理</th></tr>
<tr><td rowspan="3">(1)</td><td rowspan="3">为经营活动人员支付职工薪酬</td><td>计提时，按照计算的金额</td><td>借：经营费用<br>贷：应付职工薪酬</td><td>——</td></tr>
<tr><td>实际支付给职工时</td><td>借：应付职工薪酬<br>贷：财政拨款收入 / 零余额账户用款额度 / 银行存款等<br>其他应交税费——应交个人所得税</td><td>借：经营支出［按照支付给个人部分］<br>贷：资金结存——货币资金</td></tr>
<tr><td>实际支付税款时</td><td>借：其他应交税费——应交个人所得税<br>贷：银行存款等</td><td>借：经营支出［按照实际缴纳额］<br>贷：资金结存——货币资金</td></tr>
</table>

## 三、案例解析

**【例 6-10】**2×19 年 4 月，某公立医院应向经营活动人员支付的薪酬总额为 70 000 元，代扣代缴个人所得税 3 000 元。该医院使用银行存款支付职工薪酬和个人所得税。该医院的账务处理如下：

（1）计提工资时：

财务会计：

借：经营费用——工资福利费用 70 000

贷：应付职工薪酬——工资 70 000

无需进行预算会计处理。

（2）实际支付给职工并代扣个人所得税时：

财务会计：

借：应付职工薪酬——工资 70 000

　　贷：银行存款　　　　　　　　　　　　　　　　67 000
　　　　其他应交税费——应交个人所得税　　　　　　3 000

预算会计：

借：经营支出——工资福利支出　　　　　　　67 000
　　贷：资金结存——货币资金　　　　　　　　　　67 000

（3）实际缴纳税款时：

财务会计：

借：其他应交税费——应交个人所得税　　　　3 000
　　贷：银行存款　　　　　　　　　　　　　　　　3 000

预算会计：

借：经营支出　　　　　　　　　　　　　　3 000
　　贷：资金结存——货币资金　　　　　　　　　　3 000

### 6.3.2 为开展经营活动购买资产或支付在建工程款

**一、业务概述**

为开展经营活动购买存货、固定资产、无形资产等以及支付在建工程款项时，相关初始成本不应直接计入经营费用，应在未来期间内通过计提折旧或摊销的方式计入经营费用。在预算会计中，应按实际支付的金额直接计入经营支出或者事业支出，在未来期间计提折旧或摊销时不做预算会计账务处理。例如，公立医院购建一栋住院楼时，相关建造材料与房屋成本形成固定资产的初始建造成本，在住院楼投入使用后可采用直线法，通过计提折旧或摊销的方式将相关资产成本逐期计入经营费用。

**二、账务处理**

在财务会计中，为开展经营活动购买资产或支付在建工程款时，应按照实际支付或应付的价款，借记“库存物品”“固定资产”“无形资产”“在建工程”等科目，贷记“银行存款”“应付账款”等科目。

同时，在预算会计中，按照实际支付的价款，借记“经营支出”科目，贷记“资金结存”科目。

为开展经营活动购买资产或支付在建工程款时的账务处理见表 6-11。

表 6-11 为开展经营活动购买资产或支付在建工程款时的账务处理

| 序号 | 业务 | | 财务会计处理 | 预算会计处理 |
|---|---|---|---|---|
| （1） | 为开展管理活动购买资产或支付在建工程款 | 按照实际支付或应付的价款 | 借：库存物品 / 固定资产 / 无形资产 / 在建工程<br>贷：银行存款 / 应付账款等 | 借：经营支出<br>贷：资金结存——货币资金［按照实际支付金额］ |

三、案例解析

【例 6-11】2×19 年 1 月，某公立医院购买一项价值 240 000 元的专利权。该专利权被用于开展经营活动。该医院使用银行存款支付全部价款，其账务处理如下：

财务会计：

借：无形资产 240 000

贷：银行存款 240 000

预算会计：

借：经营支出——资本性支出 240 000

贷：资金结存——货币资金 240 000

## 6.3.3 经营活动用固定资产、无形资产计提的折旧、摊销

一、业务概述

计提的与经营活动相关的固定资产、无形资产的累计折旧（摊销）应计入经营费用。

二、账务处理

按照计提的金额，借记“经营费用”科目，贷记“固定资产累计折旧”“无形资产累计摊销”科目。由于没有实际的现金流出，所以不做预算会计账务处理。

计提经营活动用固定资产、无形资产的折旧、摊销时的账务处理见表 6-12。

表 6-12 计提经营活动用固定资产、无形资产的折旧、摊销时的账务处理

| 序号 | 业务 | | 财务会计处理 | 预算会计处理 |
|---|---|---|---|---|
| （1） | 经营活动用固定产、无形资产计的折旧、摊销 | 按照计提的折旧、摊销额 | 借：经营费用<br>贷：固定资产累计折旧 / 无形资产累计摊销 | —— |

三、案例解析

【例 6-12】接【例 6-11】。假如该项专利权的摊销年限为 10 年，则该医院在 2×19 年 5 月计提无形资产摊销的账务处理如下：

无形资产摊销金额 =240 000÷10÷12=2 000（元）

借：经营费用——无形资产摊销费　　2 000

　　贷：无形资产累计摊销　　2 000

## 6.3.4　为开展经营活动而领用材料或出售发出物品等

一、业务概述

为开展经营活动而领用材料或出售发出物品时，应将相关成本计入经营费用。由于在最初购买该资产时已将相关成本计入预算支出类科目，因此在领用或发出时不需再做预算会计处理。

二、账务处理

为开展经营活动领用或出售库存物品时，按照领用的库存物品的成本，借记“经营费用”科目，贷记“库存物品”科目。

为开展经营活动而领用材料或出售发出物品时的账务处理见表 6-13。

表 6-13　　为开展经营活动而领用材料或出售发出物品时的账务处理

| 序号 | 业务 | | 财务会计处理 | 预算会计处理 |
|---|---|---|---|---|
| （1） | 开展经营活动部领用材料或出售发出物品等 | 按照实际成本 | 借：经营费用<br>　　贷：库存物品 | —— |

三、案例解析

【例 6-13】某公立医院于 2×19 年 1 月出售一批库存物品。该批物品已发出，相关成本为 30 000 元。该医院的账务处理如下：

财务会计：

借：经营费用——商品和服务费用　　30 000

　　贷：库存物品　　30 000

无需进行预算会计处理。

## 6.3.5 开展经营活动时发生的预付款项

### 一、业务概述

对于经营活动相关的预付款项，可通过在“经营费用”科目下设置“待处理”明细科目进行明细核算，待确认具体支出项目后再转入“经营费用”科目下相关明细科目。年末结账前，应将“经营费用”科目下的“待处理”明细科目余额全部转入“经营费用”科目下的相关明细科目。

### 二、账务处理

#### 1. 预付时的账务处理

在财务会计中，预付时，按照预付的金额，借记“预付账款”科目，贷记“银行存款”等科目。同时，在预算会计中，按照预付的金额，借记“经营支出”科目，贷记“资金结存——货币资金”科目。

#### 2. 结算时的账务处理

在财务会计中，结算时，按照最终结算的金额，借记“经营费用”科目；按照相关预付账款的账面余额，贷记“预付账款”科目；按照差额补足预付款，贷记“银行存款”等科目。同时，在预算会计中，按照补付的金额，借记“经营支出”科目，贷记“资金结存——货币资金”科目。

与开展经营活动发生的预付款项相关的账务处理见表 6-14。

表 6-14　　与开展经营活动发生的预付款项相关的账务处理

| 序号 | 业务 | | 财务会计处理 | 预算会计处理 |
|---|---|---|---|---|
| （1） | 开展经营活动发生的预付款项 | 预付时，按照预付的金额 | 借：预付账款<br>　贷：银行存款等 | 借：经营支出<br>　贷：资金结存——货币资金 |
| | | 结算时 | 借：经营费用<br>　贷：预付账款<br>　　银行存款等［补付金额］ | 借：经营支出<br>　贷：资金结存——货币资金<br>　［补付金额］ |

### 三、案例解析

**【例 6-14】** 某公立医院开展经营活动，拟向 A 公司购入出售用商品，价值 200 000 元。2×19 年 1 月 17 日，该医院用银行存款向 A 公司预付 30% 的款项；1 月 28 日，收到货物，验货后向 A 公司支付余下 70% 的款项。该医院的账务处理如下：

（1）预付 30% 价款时：

财务会计：

借：预付账款——A 公司　　60 000
　　贷：银行存款　　60 000

预算会计：

借：经营支出——商品和服务费用　　60 000
　　贷：资金结存——货币资金　　60 000

（2）验货后支付剩余 70% 价款时：

财务会计：

借：经营费用——待处理　　200 000
　　贷：预付账款——A 公司　　60 000
　　　　银行存款　　140 000

预算会计：

借：经营支出——商品和服务费用　　140 000
　　贷：资金结存——货币资金　　140 000

### 6.3.6 开展经营活动时发生应负担的税金及附加

**一、业务概述**

公立医院应当设置“税金及附加”科目，核算相关税费，其中，按规定计算确定的与经营活动相关税费，在进行账务处理时应当借记“经营费用”科目，贷记“其他应交税费”科目。

**二、账务处理**

在财务会计中，在确认其他应交税费时，按照计算确定的金额，借记“经营费用”科目，贷记“其他应交税费”科目；实际支付时，借记“其他应交税费”科目，贷记“银行存款”等。

在预算会计中，在确认其他应交税费时，不做账务处理；实际支付时，借记“经营支出”科目，贷记“资金结存”等科目。

与开展经营活动发生的税金及附加相关的账务处理见表 6-15。

表 6-15 与开展经营活动发生的税金及附加相关的账务处理

<table>
<tr><th>序号</th><th colspan="2">业务</th><th>财务会计处理</th><th>预算会计处理</th></tr>
<tr><td rowspan="2">（1）</td><td rowspan="2">开展经营活动发生应负担的税金及附加时</td><td>按照计算确定的缴纳金额</td><td>借：经营费用<br>贷：其他应交税费</td><td>——</td></tr>
<tr><td>实际缴纳时</td><td>借：其他应交税费<br>贷：银行存款等</td><td>借：经营支出<br>贷：资金结存——货币资金</td></tr>
</table>

## 三、案例解析

**【例 6-15】**某公立医院开展经营活动，2×19 年 1 月，出售库存物品取得收入 20 000 元，增值税销项税额为 3 400 元，城市维护建设税以及教育费附加的税率分别为 7% 和 3%。计提并缴纳城市维护建设税以及教育费附加的账务处理如下：

应缴城市维护建设税 =3 400×7%=238（元）

应缴教育费附加 =3 400×3%=102（元）

（1）计算应交税费时：

财务会计：

借：经营费用——商品和服务费用 340

贷：其他应交税费——城市建设维护税 238

——教育费附加 102

无需进行预算会计处理。

（2）支付税费时：

财务会计：

借：其他应交税费——城市建设维护税 238

——教育费附加 102

贷：银行存款 340

预算会计：

借：经营支出 340

贷：资金结存——货币资金 340

# 6.3.7 计提专用基金

## 一、业务概述

专用基金是指公立医院按照规定提取或者设置的有专门用途的资金，包括修购基金、职工福利基金、医疗基金和其他基金。根据有关规定，专用基金主要从事业收入和经营收入以及单位结余中提取，其中，从经营收入中提取的专用基金依据制度规定应当计入费用的，应计入经营费用。

**二、账务处理**

根据有关规定从经营收入中提取专用基金并计入费用的，按照计算提取的金额，借记“经营费用”科目，贷记“专用基金”科目。

从经营收入计提专用基金时的账务处理见表 6-16。

表 6-16　　从经营收入计提专用基金时的账务处理

| 序号 | 业务 | | 财务会计处理 | 预算会计处理 |
|---|---|---|---|---|
| （1） | 计提专用基金 | 按照预算收入的一定比例计提并计入费用 | 借：经营费用<br>　贷：专用基金 | — |

**三、案例解析**

**【例 6-16】**2×19 年，某公立医院按照规定从经营收入中提取 80 000 元作为修购基金，其账务处理如下：

借：经营费用——计提专用基金　　80 000

　贷：专用基金——修购基金　　80 000

## 6.3.8　购货退回等

**一、业务概述**

发生当年购货退回等业务时，如果已领用或发出并计入经营费用，则应冲减经营费用；如果还未领用，则应减少相应的库存物品，同时按照收回或应收的方式增加相应的收入或资产。

**二、账务处理**

在财务会计中，发生当年购货退回等业务时，对于已计入本年经营费用的，按照收回或应收的金额，借记“银行存款”“应收账款”等科目，贷记“经营费用”等科目。

在预算会计中，开展经营活动中因购货退回等发生款项退回，或者发生差错更正，并属于当年支出收回的，按照收回或更正的金额，借记“资金结存”等科目，贷记“经营支出”科目。

经营活动购货退回的账务处理见表 6-17。

表 6-17 经营活动购货退回的账务处理

| 序号 | 业务 | | 财务会计处理 | 预算会计处理 |
|---|---|---|---|---|
| (1) | 购货退回等 | 当年发生的 | 借：银行存款 / 应收账款等<br>贷：库存物品 / 经营费用等 | 借：资金结存——货币资金［按照实际收到的金额］<br>贷：经营支出 |

### 三、案例解析

**【例 6-17】**某公立医院经营部门已发出的部分库存物品存在质量问题，价值 2 000 元，系当年用银行存款支付方式购入的存货，领用当时计入经营费用，已收回并做退货处理。该医院收到来自供应商的退款，其账务处理如下：

财务会计：

借：银行存款 2 000

　贷：经营费用 2 000

预算会计：

借：资金结存——货币资金 2 000

　贷：经营支出 2 000

## 6.3.9 开展经营活动时发生的其他各项费用

### 一、业务概述

除上述业务之外，为开展经营活动发生的其他各项费用，应按照费用确认的金额计入“经营费用”科目。

### 二、账务处理

在财务会计中，按照费用确认的金额，借记“经营费用”科目，贷记“银行存款”“应付账款”等科目。同时，在预算会计中，按照实际支付的金额，借记“经营支出”科目，贷记“资金结存”等科目。

经营活动中产生其他费用时的账务处理见表 6-18。

表 6-18 经营活动中产生其他费用时的账务处理

| 序号 | 业务 | | 财务会计处理 | 预算会计处理 |
|---|---|---|---|---|
| (1) | 开展经营活动发生的其他各项费用 | 当年发生的 | 借：经营费用<br>贷：银行存款 / 应付账款等 | 借：经营支出［按照实际支付的金额］<br>贷：资金结存——货币资金 |

三、案例解析

【例 6–18】2×19年5月，某公立医院发生经营部门退职人员生活补贴3 000元，已用银行存款支付。该医院的账务处理如下：

财务会计：

借：经营费用——对个人和家庭的补助费用　　3 000

　　贷：银行存款　　3 000

预算会计：

借：经营支出——对个人和家庭的补助　　3 000

　　贷：资金结存——货币资金　　3 000

### 6.3.10 期末 / 年末结转

一、业务概述

期末，"经营费用"科目的本期发生额应转入本期盈余，期末应无余额；"经营支出"科目的本年发生额结转至经营结余，年末应无余额。

二、账务处理

期末，"经营费用"科目的本期发生额转入本期盈余，借记"本期盈余"科目，贷记"经营费用"科目。

年末，"经营支出"科目的本年发生额转入经营结余，借记"经营结余"科目，贷记"经营支出"科目。

期末 / 年末结转经营费用与经营支出时的账务处理见表 6–19。

表 6–19　　期末 / 年末结转经营费用与经营支出时的账务处理

| 序号 | 业务 | 财务会计处理 | 预算会计处理 |
|---|---|---|---|
| (1) | 期末 / 年末结转 | 借：本期盈余<br>　　贷：经营费用 | 借：经营结余<br>　　贷：经营支出 |

三、案例解析

【例 6–19】2×19年12月，某公立医院开展经营活动时产生的经营费用为60 000元。相关结转分录如下：

财务会计：

借：本期盈余　　60 000

　　贷：经营费用　　60 000

预算会计：

借：经营结余 60 000

贷：经营支出 60 000

【例6-20】2×19年年末，某公立医院的“经营支出”科目的借方余额为250 000元，相关结转分录如下：

借：经营结余 250 000

贷：经营支出 250 000

## 6.4 上缴上级费用与上缴上级支出

### 一、业务概述

公立医院应设置“上缴上级费用”科目，以核算按照财政部门和主管部门的规定上缴上级单位的款项。

上缴上级支出，是指公立医院按规定的定额或者比例上缴上级单位的支出。但公立医院返还上级单位在其事业支出中垫支的工资、水电费、房租、住房公积金和福利费等各种费用时，将其计入相应支出，而不能将其作为上缴上级支出处理。

### 二、账务处理

#### 1. 单位发生上缴上级支出时

在财务会计下，按照实际上缴的金额或者按照规定计算应当上缴上级单位的金额，借记“上缴上级费用”科目，贷记“银行存款”“其他应付款”等科目；在实际支付时，借记“其他应付款”科目，贷记“银行存款”等科目。

同时，在预算会计下，实际缴纳上缴上级支出时，借记“上缴上级支出”科目，贷记“资金结存——货币资金”科目。

#### 2. 期末/年末结转时

期末，将“上缴上级费用”科目本期发生额转入本期盈余，借记“本期盈余”科目，贷记“上缴上级费用”科目。

年末，将“上缴上级支出”年末发生额转入其他结余，借记“其他结余”科目，贷记“上缴上级支出”科目。

上缴上级费用与上缴上级支出的账务处理见表6-20。

表 6-20　　上缴上级费用与上缴上级支出的账务处理

| 序号 | 业务 | 财务会计处理 | 预算会计处理 |
| --- | --- | --- | --- |
| （1） | 按照实际上缴的金额或者按照规定计算出应当上缴的金额 | 借：上缴上级费用<br>　贷：银行存款 / 其他应付款等 | —— |
| （2） | 实际上缴应缴的金额 | 借：其他应付款<br>　贷：银行存款等 | 借：上缴上级支出［实际上缴的金额］<br>　贷：资金结存——货币资金 |
| （3） | 期末 / 年末结转 | 借：本期盈余<br>　贷：上缴上级费用 | 借：其他结余<br>　贷：上缴上级支出 |

**三、案例解析**

**【例 6-21】**2×19 年 12 月，某公立医院根据体制安排和本年事业收入的数额，经过计算，本年应上缴上级单位的款项为 100 000 元。该医院通过银行转账上缴了款项，其账务处理如下：

财务会计：

借：上缴上级费用——上缴单位 ×× 　　100 000

　贷：银行存款 　　100 000

预算会计：

借：上缴上级支出——上缴单位 ×× 　　100 000

　贷：资金结存——货币资金 　　100 000

**【例 6-22】**接【例 6-21】。假如该公立医院在 2×19 年没有发生其他的上缴上级支出，则期末和年末结转时的账务处理如下：

财务会计：

借：本期盈余 　　100 000

　贷：上缴上级费用 　　100 000

预算会计：

借：其他结余 　　100 000

　贷：上缴上级支出 　　100 000

## 6.5　对附属单位补助费用与对附属单位补助支出

**一、业务概述**

公立医院应当设置“对附属单位补助支出”科目核算公立医院用财政拨款

预算收入之外的收入对附属单位进行补助时发生的现金流出。本科目应当按照接受补助单位、补助项目等进行明细核算。本科目年末结转后应无余额。

对附属单位的补助支出为国家预算以外的资金，其资金来源主要是收入较多的附属单位上缴的款项以及公立医院自身组织的除财政补助收入以外的其他资金。

## 二、账务处理

### 1. 发生对附属单位补助支出时

在财务会计下，按照实际补助的金额或者按照规定计算出应当对附属单位补助的金额，借记“对附属单位补助费用”科目，贷记“银行存款”“其他应付款”等科目；在实际支付时，借记“其他应付款”科目，贷记“银行存款”等科目。

同时，在预算会计下，实际支付补助费用时，借记“对附属单位补助支出”科目，贷记“资金结存——货币资金”科目。

### 2. 期末 / 年末结转时

期末，将“对附属单位补助费用”科目的本期发生额转入本期盈余，借记“本期盈余”科目，贷记“对附属单位补助费用”科目。

年末，将“对附属单位补助支出”科目的本年发生额转入其他结余，借记“其他结余”科目，贷记“对附属单位补助支出”科目。

对附属单位补助费用与对附属单位补助支出的账务处理见表 6-21。

表 6-21 对附属单位补助费用与对附属单位补助支出的账务处理

| 序号 | 业务 | 财务会计处理 | 预算会计处理 |
| --- | --- | --- | --- |
| （1） | 按照实际补助的金额或者按照规定计算出应当补助的金额 | 借：对附属单位补助费用<br>贷：银行存款 / 其他应付款等 | —— |
| （2） | 实际支出应补助的金额 | 借：其他应付款<br>贷：银行存款等 | 借：对附属单位补助支出［实际补助的金额］<br>贷：资金结存——货币资金 |
| （3） | 期末 / 年末结转支出 | 借：本期盈余<br>贷：对附属单位补助费用 | 借：其他结余<br>贷：对附属单位补助支出 |

## 三、案例解析

**【例 6-23】** 2×19 年 12 月，某公立医院用自有经费对所属独立核算的专科医院补助 10 000 元，以银行存款支付该款项。该医院的账务处理如下：

财务会计：

借：对附属单位补助费用——专科医院　　10 000

　　贷：银行存款　　10 000

预算会计：

借：对附属单位补助支出——专科医院　　10 000

　　贷：资金结存——货币资金　　10 000

**【例 6-24】**接【例 6-23】。假如该公立医院在 2×19 年没有发生其他的对附属单位的补助支出，则期末和年末结转时的账务处理如下：

财务会计：

借：本期盈余　　10 000

　　贷：对附属单位补助费用　　10 000

预算会计：

借：其他结余　　10 000

　　贷：对附属单位补助支出　　10 000

## 6.6　所得税费用

公立医院应当设置“所得税费用”科目，以核算企业所得税。本科目年末结转后应无余额。

**一、业务概述**

公立医院在取得生产、经营所得以及其他应税所得时，应缴纳所得税。应纳税的公立医院以实行独立经济核算的单位为纳税人。

**二、账务处理**

**1. 发生企业所得税纳税义务时**

在财务会计下，企业所得税纳税义务发生时，按照税法规定计算的应交税金数额，借记“所得税费用”科目，贷记“其他应交税费——单位应交所得税”科目；实际缴纳时，按照缴纳的金额，借记“其他应交税费——单位应交所得税”科目，贷记“银行存款”科目。

同时，在预算会计下，按照实际缴纳的金额，借记“非财政拨款结余——累计结余”科目，贷记“资金结存——货币资金”科目。

### 2. 年末结转时

年末，将“所得税费用”科目的本年发生额转入本期盈余，借记“本期盈余”科目，贷记“所得税费用”科目。

年末结转所得税费用时的账务处理见表 6-22。

表 6-22 年末结转所得税费用时的账务处理

<table>
<tr><th>序号</th><th colspan="2">业务</th><th>财务会计处理</th><th>预算会计处理</th></tr>
<tr><td rowspan="2">（1）</td><td rowspan="2">发生企业所得税纳税义务</td><td>按照税法规定计算应交税金数额</td><td>借：所得税费用<br>贷：其他应交税费——单位应交所得税</td><td>——</td></tr>
<tr><td>实际缴纳时</td><td>借：其他应交税费——单位应交所得税<br>贷：银行存款等</td><td>借：非财政拨款结余——累计结余<br>贷：资金结存——货币资金</td></tr>
<tr><td>（2）</td><td colspan="2">年末结转</td><td>借：本期盈余<br>贷：所得税费用</td><td>——</td></tr>
</table>

## 三、案例解析

**【例 6-25】**2×19 年，某公立医院按照税法规定应交所得税为 2 500 元，已用银行存款支付，其账务处理如下：

（1）计算并支付所得税费用时：

财务会计：

借：所得税费用 2 500

贷：其他应交税费——单位应交所得税 2 500

借：其他应交税费——单位应交所得税 2 500

贷：银行存款 2 500

预算会计：

借：非财政拨款结余——累计结余 2 500

贷：资金结存——货币资金 2 500

（2）年末结转时：

借：本期盈余 2 500

贷：所得税费用 2 500

# 6.7　资产处置费用

公立医院处置资产的形式包括无偿调拨、出售、出让、转让、置换、对外捐赠、报废、损毁以及货币性资产损失核销等。公立医院应当设置“资产处置费用”科目，以核算经批准处置资产时发生的费用，包括转销的被处置资产价值，以及在处置过程中发生的相关费用或者处置收入小于相关费用形成的净支出。本科目应当按照处置资产的类别、资产处置的形式等进行明细核算。本科目期末结转后应无余额。

存货、固定资产、无形资产、公共基础设施、文化文物资产、保障性住房、政府储备物资等资产的处置应通过本科目核算，但应收款项、短期投资、长期股权、债券投资资产的处置不通过本科目核算，而应按照相关科目进行账务处理。

## 6.7.1　不通过“待处理财产损溢”科目核算的资产处置

**一、业务概述**

通过无偿调拨、出售、出让、转让、置换、对外捐赠等方式处置的固定资产、无形资产、公共基础设施、保障性住房等资产不通过“待处理财产损溢”科目核算，而直接通过“资产处置费用”科目核算。此外，对于超过规定年限、确认无法收回的其他应收款，公立医院按照规定报经批准后予以核销的亦通过“资产处置费用”科目核算。

**二、账务处理**

**1. 转销被处置资产账面价值**

在财务会计中，按照处置资产的账面价值，借记“资产处置费用”科目；处置固定资产、无形资产、公共基础设施、保障性住房的，还应借记“固定资产累计折旧”“无形资产累计摊销”“公共基础设施累计折旧（摊销）”“保障性住房累计折旧”等科目；按照处置资产的账面余额，贷记“库存物品”“固定资产”“无形资产”“公共基础设施”“政府储备物资”“文物文化资产”“保障性住房”“其他应收款”“在建工程”等科目。由于没有实际的现金流入或流出，所以不做预算会计账务处理。

**2. 处置资产过程中仅发生相关费用的**

在财务会计中，处置资产过程中仅发生相关费用的，按照实际发生的金额，借记“资产处置费用”科目，贷记“银行存款”“库存现金”等科目。

同时，在预算会计下，按照实际发生的金额，借记“其他支出”科目，贷记“资金结存”科目。

**3. 处置资产过程中取得收入的**

在财务会计中，处置资产过程中取得收入的，按照取得的价款，借记“库存现金”“银行存款”等科目；按照支付的费用金额，贷记“银行存款”“库存现金”等科目。如果差额在贷方，则借记“资产处置费用”科目；如果差额借方，则贷记“应缴财政款”科目。

进行不通过“待处理财产损溢”科目核算的资产处置时的账务处理见表6-23。

**表 6-23　进行不通过“待处理财产损溢”科目核算的资产处置时的账务处理**

<table>
<tr><th>序号</th><th colspan="2">业务</th><th>财务会计处理</th><th>预算会计处理</th></tr>
<tr><td rowspan="3">（1）</td><td rowspan="3">不通过“待处理财产损溢”科目核算的资产处置</td><td>转销被处置资产账面价值</td><td>借：资产处置费用<br>　　固定资产累计折旧 / 无形资产累计摊销 / 公共基础设施累计折旧（摊销）/ 保障性住房累计折旧<br>　贷：库存物品 / 固定资产 / 无形资产 / 公共基础设施 / 政府储备物资 / 文物文化资产 / 保障性住房 / 在建工程等［账面余额］/ 其他应收款［行政单位］</td><td>——</td></tr>
<tr><td>处置资产过程中仅发生相关费用的</td><td>借：资产处置费用<br>　贷：银行存款 / 库存现金等</td><td>借：其他支出<br>　贷：资金结存</td></tr>
<tr><td>处置资产过程中取得收入的</td><td>借：库存现金 / 银行存款等［取得的价款］<br>　贷：银行存款/库存现金等［支付的相关费用］<br>　　应缴财政款</td><td>——</td></tr>
</table>

## 三、案例解析

**【例 6-26】**某公立医院经批准无偿调出一项专利权。该项专利权的原价为 500 000 元，已计提摊销 300 000 元，调出过程中发生相关费用 10 000 元，已通过银行存款支付。该医院的账务处理如下：

财务会计：

借：资产处置费用　　200 000

　　无形资产累计摊销　　300 000

　　贷：无形资产　　500 000

借：资产处置费用　　10 000

　　贷：银行存款　　10 000

预算会计：

借：其他支出　　10 000

　　贷：资金结存——货币资金　　10 000

## 6.7.2　通过“待处理财产损溢”科目核算的资产处置

**一、业务概述**

公立医院在资产清查中查明的资产盘亏、毁损以及资产报废等，应当先通过“待处理财产损溢”科目进行核算，再将处理资产价值和处理净支出记入“资产处置费用”科目。

**二、账务处理**

公立医院对于在账款核对中发现的现金短缺，属于无法查明原因的，报经批准核销时，在财务会计中，借记“资产处置费用”科目，贷记“待处理财产损溢”科目，此时无需做预算会计账务处理。

公立医院在进行资产清查过程中盘亏或者毁损、报废的存货、固定资产、无形资产、公共基础设施、政府储备物资、文物文化资产、保障性住房等，报经批准处理时，按照处理资产的价值，在财务会计中，借记“资产处置费用”科目，贷记“待处理财产损溢——待处理财产价值”科目。

在财务会计中，处理收支结清时，处理过程中所取得的收入小于所发生相关费用的，按照相关费用减去处理收入后的净支出，借记“资产处置费用”科目，贷记“待处理财产损溢——处理净收入”科目。同时，在预算会计中，按照净支出金额，借记“其他支出”科目，贷记“资金结存”科目。

进行通过“待处理财产损溢”科目核算的资产处置时的账务处理见表 6-24。

表 6-24 进行通过“待处理财产损溢”科目核算的资产处置时的账务处理

<table>
<tr><th>序号</th><th colspan="3">业务</th><th>财务会计处理</th><th>预算会计处理</th></tr>
<tr><td rowspan="3">（1）</td><td rowspan="3">通过“待处理财产损溢”科目核算的资产处置</td><td colspan="2">账款核对中发现的现金短缺，无法查明原因的，报经批准核销时</td><td>借：资产处置费用<br>贷：待处理财产损溢</td><td>——</td></tr>
<tr><td rowspan="2">盘亏、毁损、报废的资产</td><td>经批准处理时</td><td>借：资产处置费用<br>贷：待处理财产损溢——待处理财产价值</td><td>——</td></tr>
<tr><td>处理过程中所发生的费用大于所取得收入的</td><td>借：资产处置费用<br>贷：待处理财产损溢——处理净收入</td><td>借：其他支出［净支出］<br>贷：资金结存</td></tr>
</table>

### 三、案例解析

**【例 6-27】**某公立医院在资产清查过程中发现用于开展业务活动的设备 A 已老化，无法继续正常使用，应报废。该设备的原价为 300 000 元，已计提折旧 280 000 元。经批准后，该医院已对设备 A 做报废处理。该医院的账务处理如下：

财务会计：

借：待处理财产损溢——待处理财产价值 20 000

固定资产累计折旧 280 000

贷：固定资产 300 000

借：资产处置费用 20 000

贷：待处理财产损溢——待处理财产价值 20 000

## 6.7.3 期末结转

### 一、业务概述

“资产处置费用”科目期末结转后应无余额。

### 二、账务处理

期末，“资产处置费用”科目的本期发生额应转入本期盈余，借记“本期盈余”科目，贷记“资产处置费用”科目。

期末结转资产处置费用时的账务处理见表 6-25。

表 6-25　　期末结转资产处置费用时的账务处理

| 序号 | 业务 | 财务会计处理 | 预算会计处理 |
| --- | --- | --- | --- |
| (1) | 期末 / 年末结转 | 借：本期盈余<br>　贷：资产处置费用 | —— |

# 6.8　投资支出

“投资支出”科目用于核算公立医院以货币资金对外投资时发生的现金流出。公立医院应当设立本科目进行有关对外投资项目的业务核算。本科目应当按照投资类型、投资对象等进行明细核算。本科目年末结转后应无余额。

## 6.8.1　以货币资金对外投资

**一、业务概述**

公立医院以货币资金对外投资的类型主要有短期投资、长期股权投资以及长期债券投资。

**二、账务处理**

在财务会计下，以货币资金取得对外投资时，按照确定的投资成本，借记“短期投资”“长期股权投资”“长期债券投资”等科目，贷记“银行存款”科目。

同时，在预算会计下，按照确定的投资成本，借记“投资支出”科目，贷记“资金结存——货币资金”科目。

以货币资金对外投资时的账务处理见表 6-26。

表 6-26　　以货币资金对外投资时的账务处理

| 序号 | 业务 | 财务会计处理 | 预算会计处理 |
| --- | --- | --- | --- |
| (1) | 以货币资金对外投资时 | 借：短期投资 / 长期股权投资 / 长期债券投资<br>　贷：银行存款 | 借：投资支出<br>　贷：资金结存——货币资金 |

**三、案例解析**

**【例 6-28】** 2×19 年 3 月 1 日，某公立医院以银行存款购买 50 000 元的有价债券，准备 9 个月之内出售，其账务处理如下：

财务会计：

借：短期投资　　50 000

　　贷：银行存款　　50 000

预算会计：

借：投资支出　　50 000

　　贷：资金结存——货币资金　　50 000

### 6.8.2 出售、对外转让或到期收回本年度以货币资金取得的对外投资

**一、业务概述**

出售、对外转让或到期收回本年度以货币资金取得的对外投资时，如果投资收益纳入单位预算，确认投资预算收益；如果投资收益上缴财政，不确认投资预算收益。

**二、账务处理**

（1）财务会计下，借记“银行存款”科目，贷记“短期投资”“长期债券投资”“应收利息”等科目；按照其差额，贷记或借记“投资收益”科目。

（2）预算会计下，出售、对外转让或到期收回本年度以货币资金取得的对外投资，如果按规定将投资收益纳入单位预算，则按照实际收到的金额，借记“资金结存”科目，按照取得投资时“投资支出”科目的发生额，贷记“投资支出”科目，按照其差额，贷记或借记“投资预算收益”科目；如果按规定将投资收益上缴财政，则按照取得投资时“投资支出”科目的发生额，借记“资金结存”科目，贷记“投资支出”科目。

出售、对外转让以货币资金取得的对外投资时的账务处理见表 6-27。

表 6-27　　出售、对外转让以货币资金取得的对外投资时的账务处理

| 序号 | 业务 | | 财务会计处理 | 预算会计处理 |
|---|---|---|---|---|
| （1） | 出售、对外转让或到期收回本年度以货币资金取得的对外投资 | 实际取得价款大于投资成本的 | 借：银行存款等[实际取得或收回的金额]<br>贷：短期投资 / 长期债券投资等［账面余额］<br>应收利息［账面余额］<br>投资收益 | 借：资金结存——货币资金<br>贷：投资支出［投资成本］<br>投资预算收益 |
| | | 实际取得价款小于投资成本的 | 借：银行存款等[实际取得或收回的金额]<br>投资收益<br>贷：短期投资 / 长期债券投资等［账面余额］<br>应收利息［账面余额］ | 借：资金结存——货币资金<br>投资预算收益<br>贷：投资支出［投资成本］ |

**三、案例解析**

**【例 6-29】**接【例 6-28】。12 月 1 日，该公立医院出售该债券，收到 50 500 元，并收到持有期间的其他利息 1 500 元。该医院的账务处理如下：

财务会计：

借：银行存款　　52 000

　　贷：短期投资　　50 000

　　　　投资收益　　2 000

预算会计：

借：资金结存——货币资金　　52 000

　　贷：投资支出　　50 000

　　　　投资预算收益　　2 000

## 6.8.3　年末结转

**一、业务概述**

年末，将“投资支出”科目的本年发生额转入其他结余，其年末应无余额。

**二、账务处理**

按照“投资支出”科目的本年发生额，借记“其他结余”科目，贷记“投资支出”科目。

年末结转投资支出时的账务处理见表 6-28。

表 6-28　　年末结转投资支出时的账务处理

| 序号 | 业务 | 财务会计处理 | 预算会计处理 |
|---|---|---|---|
| （1） | 年末结转 | —— | 借：其他结余<br>　贷：投资支出 |

**三、案例解析**

**【例 6-30】**2×19 年，某公立医院的“投资支出”的科目发生额为 20 000 元，则年末结转时的分录如下：

借：其他结余　　20 000

　贷：投资支出　　20 000

# 6.9 其他费用与其他支出

公立医院应当设置“其他费用”科目，以核算除业务活动费用、单位管理费用、经营费用、资产处置费用、上缴上级费用、附属单位补助费用、所得税费用以外的各项费用，包括利息费用、坏账损失、罚没支出、现金资产捐赠支出以及相关税费、运输费等。本科目应当按照其他费用的类别等进行明细核算。本科目期末结转后应无余额。

公立医院应当设置“其他支出”科目，以核算除事业支出、经营支出、上缴上级支出、对附属单位补助支出、投资支出、债务还本支出以外的各项现金流出，包括利息支出、对外捐赠现金支出、现金盘亏损失、接受捐赠（调入）和对外捐赠（调出）非现金资产发生的税费支出、资产置换过程中发生的相关税费支出、罚没支出等。本科目应当按照其他支出的类别，“财政拨款支出”“非财政专项资金支出”和“其他资金支出”，《政府收支分类科目》中的“支出功能分类科目”的项级科目和“部门预算支出经济分类科目”的款级科目等进行明细核算。本科目年末结转后应无余额。

## 6.9.1 利息费用

**一、业务概述**

为建造固定资产、公共基础设施等借入的专门借款在建设期间发生的利息应计入在建工程，其他借款的利息费用计入其他费用。单位发生的利息费用较多的，可以单独设置“利息费用”“利息支出”科目。

## 二、账务处理

### 1. 计算确定借款利息费用时

为建造固定资产、公共基础设施等借入的专门借款的利息，属于建设期间发生的，按期计提利息费用时，按照计算确定的金额，借记“在建工程”科目，贷记“应付利息”科目；不属于建设期间发生的，按期计提利息费用时，按照计算确定的金额，借记“其他费用”科目，贷记“应付利息”科目。对于其他借款，按期计提利息费用时，按照计算确定的金额，借记“其他费用”科目，贷记“应付利息”科目。

### 2. 实际支付利息时

在财务会计中，实际支付利息费用时，借记“应付利息”等科目，贷记“银行存款”等科目。同时，在预算会计中，借记“其他支出”科目，贷记“资金结存——货币资金”科目。

利息费用的账务处理见表 6-29。

**表 6-29　利息费用的账务处理**

| 序号 | 业务 | | 财务会计处理 | 预算会计处理 |
|---|---|---|---|---|
| （1） | 利息费用 | 计算确定借款利息费用时 | 借：其他费用 / 在建工程<br>贷：应付利息 / 长期借款——应计利息 | —— |
| | | 实际支付利息时 | 借：应付利息等<br>贷：银行存款等 | 借：其他支出<br>贷：资金结存——货币资金 |

## 三、案例解析

**【例 6-31】**某公立医院借入一笔长期借款，期限为 5 年，到期还本，每年 1 月 1 日付息的长期借款 5 000 000 元，合同约定利率为 3.3%。该医院的账务处理如下：

（1）计算确定 2×19 年应计提利息费用：

单位每年支付的利息 =5 000 000×3.3%=165 000（元）

财务会计：

借：其他费用——利息费用　　165 000

　　贷：应付利息　　165 000

无需进行预算会计处理。

（2）实际支付利息时：

财务会计：

借：应付利息　　165 000

　　贷：银行存款　　165 000

预算会计：

借：其他支出——利息支出　　165 000

　　贷：资金结存——货币资金　　165 000

## 6.9.2 使用现金资产对外捐赠

### 一、业务概述

公立医院日常发生的捐赠支出通过“其他费用”科目进行核算，对于捐赠金额较大、业务较多的，可单独设置“捐赠支出”科目进行核算。

### 二、账务处理

在财务会计中，按照实际捐赠的金额，借记“其他费用”科目，贷记“银行存款”“库存现金”等科目。同时，在预算会计下，借记“其他支出”科目，贷记“资金结存——货币资金”科目。

使用现金资产对外捐赠时的账务处理见表 6-30。

表 6-30　　使用现金资产对外捐赠时的账务处理

| 序号 | 业务 | | 财务会计处理 | 预算会计处理 |
|---|---|---|---|---|
| （1） | 使用现金资产对外捐赠 | 按照实际捐赠的金额 | 借：其他费用<br>　贷：银行存款 / 库存现金等 | 借：其他支出<br>　贷：资金结存——货币资金 |

### 三、案例解析

【例 6-32】某公立医院为支持社会公益事业的开展，通过政府某慈善机构捐赠现款 200 000 元，其账务处理如下：

财务会计：

借：其他费用——捐赠费用　　200 000

　　贷：银行存款　　200 000

预算会计：

借：其他支出——其他资金支出　　200 000

　　贷：资金结存——货币资金　　200 000

## 6.9.3　坏账损失

### 一、业务概述

公立医院应当于每年年末，对收回后不需上缴财政的应收账款和其他应收款进行全面检查，如发生不能收回的迹象，应当计提坏账准备。

### 二、账务处理

按照期末应收账款和其他应收款计算应计提的坏账准备金额大于本科目期末贷方余额时，当期计提坏账准备时，借记“其他费用”科目，贷记“坏账准备”科目；按照期末应收账款和其他应收款计算应计提的坏账准备金额小于本科目期末贷方余额时，当期冲减坏账准备时，借记“坏账准备”科目，贷记“其他费用”科目。

坏账损失的账务处理见表 6-31。

表 6-31　坏账损失的账务处理

| 序号 | 业务 | | 财务会计处理 | 预算会计处理 |
|---|---|---|---|---|
| （1） | 坏账损失 | 按照规定对应收账款和其他应收款计提坏账准备 | 借：其他费用<br>贷：坏账准备 | —— |
| | | 冲减多提的坏账准备时 | 借：坏账准备<br>贷：其他费用 | —— |

### 三、案例解析

**【例 6-33】** 2×19 年，某公立医院对坏账准备按照应收款项余额百分比法计算。假设本年应计提的坏账准备金额为 27 000 元，“坏账准备”科目的期末贷方余额为 20 000 元，则该医院计提坏账准备的账务处理如下：

当期应补提的坏账准备 =27 000-20 000=7 000（元）

借：其他费用——坏账损失　　7 000

　　贷：坏账准备　　7 000

**【例 6-34】** 2×19 年，某公立医院根据应收款项余额百分比法计算出本年应计提的坏账准备的金额为 27 000 元。假设“坏账准备”科目的期末贷方余额为 30 000 元，则该医院冲减坏账准备的账务处理如下：

当期应冲减的坏账准备 =30 000-27 000=3 000（元）

借：坏账准备　　3 000

　　贷：其他费用——坏账损失　　3 000

## 6.9.4 罚没支出

### 一、业务概述

罚没支出是指单位因违规违法而支付的行政罚款，如税务局税收滞纳金、财务审计检查罚款等。该项支出应计入其他费用。

### 二、账务处理

在财务会计下，按照实际发生的金额，借记“其他费用”科目，贷记“银行存款”“库存现金”“其他应付款”等科目。

同时，在预算会计下，实际缴纳罚没金额时，借记“其他支出”科目，贷记“资金结存——货币资金”科目。

罚没支出的账务处理见表 6-32。

表 6-32 罚没支出的账务处理

| 序号 | 业务 | | 财务会计处理 | 预算会计处理 |
|---|---|---|---|---|
| （1） | 罚没支出 | 按照实际发生的金额 | 借：其他费用<br>贷：银行存款 / 库存现金 / 其他应付款 | 借：其他支出<br>贷：资金结存——货币资金 |

### 三、案例解析

**【例 6-35】**某公立医院发生税收滞纳金 2 000 元，现用银行存款支付，其账务处理如下：

财务会计：

借：其他费用——罚没支出 2 000

贷：银行存款 2 000

预算会计：

借：其他支出——其他资金支出 2 000

贷：资金结存——货币资金 2 000

## 6.9.5 其他相关税费、运输费等

### 一、业务概述

“其他相关税费、运输费”包括接受捐赠（或无偿调入）以名义金额计量的存货、固定资产、无形资产，以成本无法可靠取得的公共基础设施、文物文化资产等发生的相关税费、运输费等以及与受托代理资产相关的税费、运输费、

保管费等。

**二、账务处理**

在财务会计下，按照实际发生的金额，借记“其他费用”科目，贷记“银行存款”“库存现金”“其他应付款”“零余额账户用款额度”等科目。

同时，在预算会计下，按照实际支付的金额，借记“其他支出”科目，贷记“资金结存——货币资金”科目。

与其他相关税费、运输费相关的账务处理见表 6-33。

表 6-33　与其他相关税费、运输费相关的账务处理

| 序号 | 业务 | 财务会计处理 | 预算会计处理 |
| --- | --- | --- | --- |
| （1） | 其他相关税费、运输费等 | 借：其他费用<br>贷：零余额账户用款额度 / 银行存款等 | 借：其他支出<br>贷：资金结存 |

**三、案例解析**

**【例 6-36】**某公立医院接受了一项固定资产的捐赠，发生相关税费以及运输费共计 5 000 元，已用银行存款支付，其账务处理如下：

财务会计：

借：其他费用　　5 000

　　贷：银行存款　　5 000

预算会计：

借：其他支出——其他资金支出　　5 000

　　贷：资金结存——货币资金　　5 000

## 6.9.6　期末 / 年末结转

**一、业务概述**

“其他费用”科目的本期发生额应在期末结转至本期盈余；“其他支出”科目的本年发生额应在年末根据支出方式分别结转至“其他结余”“非财政拨款结转——本年收支结转”“财政拨款结转——本年收支结转”等科目。

**二、账务处理**

期末结转“其他费用”科目的本期发生额时，借记“本期盈余”科目，贷记“其他费用”科目。

年末，将“其他支出”科目的本年发生额中的财政拨款支出转入财政拨款

进行结转时，借记“财政拨款结转——本年收支结转”科目，贷记“其他支出”科目下各财政拨款支出明细科目；将“其他支出”科目的本年发生额中的非财政专项资金支出转入非财政拨款结转时，借记“非财政拨款结转——本年收支结转”科目，贷记“其他支出”科目下各非财政专项资金支出明细科目；将“其他支出”科目的本年发生额中的其他资金支出（非财政、非专项资金支出）转入其他结余时，借记“其他结余”科目，贷记“其他支出”科目下各其他资金支出明细科目。

期末 / 年末结转其他费用与其他支出时的账务处理见表 6-34。

**表 6-34　期末 / 年末结转其他费用与其他支出时的账务处理**

| 序号 | 业务 | 财务会计处理 | 预算会计处理 |
|---|---|---|---|
| (1) | 期末 / 年末结转 | 借：本期盈余<br>贷：其他费用 | 借：其他结余［非财政、非专项资金支出］<br>非财政拨款结转——本年收支结转［非财政专项资金支出］<br>贷：其他支出 |

## 三、案例解析

**【例 6-37】** 2×19 年 12 月，某公立医院发生其他费用共计 12 000 元，均为非财政、非专项资金支出，年末结账时的会计分录如下：

财务会计：

借：本期盈余　12 000

　贷：其他费用　12 000

预算会计：

借：其他结余　12 000

　贷：其他支出　12 000

**【例 6-38】** 2×19 年，某公立医院发生其他支出共计 60 000 元，其中财政拨款支出 25 000 元、非财政拨款支出 25 000 元、其他资金支出 10 000 元，年末结转时的会计分录如下：

借：财政拨款结转——本年收支结转　25 000

　非财政拨款结转——本年收支结转　25 000

　其他结余　10 000

　贷：其他支出　60 000

# 第 7 章
# 预算结余

## 7.1　预算结余概述

《基本准则》第二十三条指出，预算结余是指政府会计主体预算年度内预算收入扣除预算支出后的资金余额，以及历年滚存的资金余额。

《基本准则》第二十四条指出，预算结余包括结余资金和结转资金。

预算结余设置“资金结存”“财政拨款结转”“财政拨款结余”“非财政拨款结转”“非财政拨款结余”“专用结余”“经营结余”“其他结余”“非财政拨款结余分配”这 9 个科目进行会计核算。

结余资金是指年度预算执行终了，预算收入实际完成数扣除预算支出和结转资金后剩余的资金。

结转资金是指预算安排项目的支出年终尚未执行完毕或者因故未执行，且下年需要按原用途继续使用的资金。

## 7.2　资金结存

### 7.2.1　核算内容

“资金结存”科目用于核算医院纳入部门预算管理的资金的流入、流出、调整和滚存等情况。

### 7.2.2　明细科目

“资金结存”科目应当设置以下明细科目：

（1）“零余额账户用款额度”：本明细科目用于核算实行国库集中支付

的医院根据财政部门批复的用款计划收到和支用的零余额账户用款额度。年末结账后，本明细科目应无余额；

（2）“货币资金”：本明细科目用于核算医院以库存现金、银行存款、其他货币资金形态存在的资金。本明细科目年末借方余额，反映医院尚未使用的货币资金；

（3）“财政应返还额度”：本明细科目用于核算实行国库集中支付的医院可以使用的以前年度财政直接支付资金额度和财政应返还的财政授权支付资金额度。本明细科目下可设置“财政直接支付”“财政授权支付”两个明细科目进行明细核算。本明细科目年末借方余额，反映医院应收财政返还的资金额度。

“资金结存”科目年末汇总各明细科目，最终余额应在借方，反映的是医院预算资金的累积滚存情况。

## 7.2.3 主要账务处理

### 7.2.3.1 取得预算收入

**一、业务概述**

公立医院每年根据有关财政部门的相关规定会获得一部分财政划转资金，即医院获得的预算收入。公立医院应该在实际取得预算收入时，根据实际情况确认相关的预算收入。

**二、账务处理**

财政授权支付方式下，公立医院根据代理银行转来的“财政授权支付额度到账通知书”，按照通知书中的授权支付额度，借记“资金结存——零余额账户用款额度”科目，贷记“财政拨款预算收入”科目。

以国库集中支付以外的其他支付方式取得预算收入时，按照实际收到的金额，借记“资金结存——货币资金”科目，贷记“财政拨款预算收入”“事业预算收入”“经营预算收入”等科目。

从零余额账户提取现金时，借记“资金结存——货币资金”科目，贷记“资金结存——零余额账户用款额度”科目。退回现金时，做相反的会计分录。

取得预算收入时的账务处理见表 7-1。

表 7–1　　取得预算收入时的账务处理

<table>
<tr><th>序号</th><th colspan="2">业务</th><th>财务会计处理</th><th>预算会计处理</th></tr>
<tr><td rowspan="2">（1）</td><td rowspan="2">取得预算收入</td><td>财政授权支付方式下</td><td>借：零余额账户用款额度<br>　贷：财政拨款收入</td><td>借：资金结存——零余额账户用款额度<br>　贷：财政拨款预算收入</td></tr>
<tr><td>国库集中支付以外的其他支付方式下</td><td>借：银行存款<br>　贷：财政拨款收入 / 事业收入 / 经营收入等</td><td>借：资金结存——货币资金<br>　贷：财政拨款预算收入 / 事业预算收入 / 经营预算收入等</td></tr>
<tr><td>（2）</td><td colspan="2">从零余额账户提取现金</td><td>借：库存现金<br>　贷：零余额账户用款额度</td><td>借：资金结存——货币资金<br>　贷：资金结存——零余额账户用款额度</td></tr>
</table>

## 三、案例解析

**【例 7–1】**某公立医院于 20×× 年 1 月 1 日收到代理银行转来的“财政授权支付额度到账通知书”。该通知书称，该医院获得本期授权支付额度 300 000 元，用于购买设备款。该医院的账务处理如下：

| 财务会计分录 | 预算会计分录 |
| --- | --- |
| 借：零余额账户用款额度——购买设备用款额度　300 000<br>　贷：财政拨款收入——财政授权支付——购买设备　300 000 | 借：资金结存——零余额账户用款额度——购买设备用款额度　300 000<br>　贷：财政拨款预算收入——财政授权支付——购买设备　300 000 |

**【例 7–2】**20×× 年 1 月 1 日，某公立医院当日门诊收入为 320 000 元，其中，应收医保款为 200 000 元，普通病人诊疗费为 120 000 元，其账务处理如下：

| 财务会计分录 | 预算会计分录 |
| --- | --- |
| 借：银行存款　120 000<br>　应收账款——应收医疗款——应收医保款　200 000<br>　贷：事业收入——医疗收入　320 000 | 借：资金结存——货币资金——银行存款　120 000<br>　贷：事业预算收入——医疗收入　120 000 |

**【例 7–3】**20×× 年 1 月 1 日，某公立医院的出纳人员当日经批准从零余额账户提取现金 3 000 元。该医院的账务处理如下：

| 财务会计分录 | 预算会计分录 |
|---|---|
| 借：库存现金——零余额现金 3 000<br>贷：零余额账户用款额度——基本支出用款额度 3 000 | 借：资金结存——货币资金——库存现金 3 000<br>贷：资金结存——零余额账户用款额度——基本支出用款额度 3 000 |

### 7.2.3.2 发生预算支出时

**一、业务概述**

医院每年根据有关财政部门的相关规定将财政划转资金用于本单位的发展及经营发生相应的支出，即医院的预算支出。医院应该在实际发生预算支出时，根据实际情况确认相关的预算支出。

**二、账务处理**

财政授权支付方式下，发生相关支出时，按照实际支付的金额，借记“事业支出”等科目，贷记“资金结存——零余额账户用款额度”科目。

使用以前年度财政直接支付额度发生支出时，按照实际支付的金额，借记“事业支出”等科目，贷记“资金结存——财政应返还额度”科目。

国库集中支付以外的其他支付方式下，发生相关支出时，按照实际支付的金额，借记“事业支出”等科目，贷记“资金结存——货币资金”科目。

发生预算支出时的账务处理见表 7-2。

表 7-2 发生预算支出时的账务处理

| 序号 | 业务 | | 财务会计处理 | 预算会计处理 |
|---|---|---|---|---|
| （1） | 发生预算支出时 | 财政授权支付方式下 | 借：业务活动费用 / 单位管理费用 / 库存物品 / 固定资产等<br>贷：零余额账户用款额度 | 借：事业支出等<br>贷：资金结存——零余额账户用款额度 |
| | | 使用以前年度财政直接支付额度 | 借：业务活动费用 / 单位管理费用 / 库存物品 / 固定资产等<br>贷：财政应返还额度 | 借：事业支出等<br>贷：资金结存——财政应返还额度 |
| | | 国库集中支付以外的其他方式下 | 借：业务活动费用 / 单位管理费用 / 库存物品 / 固定资产等<br>贷：银行存款 / 库存现金等 | 借：事业支出 / 经营支出等<br>贷：资金结存——货币资金 |

### 三、案例解析

**【例 7-4】**某公立医院本年度使用本年度财政支付额支付管理费用 30 000 元，其账务处理如下：

| 财务会计分录 | 预算会计分录 |
| --- | --- |
| 借：单位管理费用　　30 000<br>　贷：零余额账户用款额度　　30 000 | 借：事业支出　　30 000<br>　贷：资金结存——零余额账户用款额度　　30 000 |

**【例 7-5】**某公立医院本年度使用以前年度财政支付额支付管理费用 30 000 元，其账务处理如下：

| 财务会计分录 | 预算会计分录 |
| --- | --- |
| 借：单位管理费用　　30 000<br>　贷：财政应返还额度　　30 000 | 借：事业支出　　30 000<br>　贷：资金结存——财政返还额度　　30 000 |

## 7.2.3.3　预算结转结余调整

### 一、业务概述及账务处理

按照规定上缴财政拨款结转结余资金或注销财政拨款结转结余资金额度的，按照实际上缴资金数额或注销的资金额度数额，借记“财政拨款结转——归集上缴”或“财政拨款结余——归集上缴”科目，贷记“资金结存——财政应返还额度、零余额账户用款额度、货币资金”科目。

按规定向原资金拨入单位缴回非财政拨款结转资金的，按照实际缴回的资金数额，借记“非财政拨款结转——缴回资金”科目，贷记“资金结存——货币资金”科目。

收到从其他单位调入的财政拨款结转资金的，按照实际调入的资金数额，借记“资金结存——财政应返还额度、零余额账户用款额度、货币资金”科目，贷记“财政拨款结转——归集调入”科目。

预算结转结余调整的账务处理见表 7-3。

表 7–3　　　　预算结转结余调整的账务处理

<table>
<tr><th>序号</th><th colspan="2">业务</th><th>财务会计处理</th><th>预算会计处理</th></tr>
<tr><td rowspan="3">（1）</td><td rowspan="3">预算结转结余调整</td><td>按照规定上缴财政拨款结转结余资金或注销财政拨款结转结余额度的</td><td>借：累计盈余<br>贷：财政应返还额度 / 零余额账户用款额度 / 银行存款</td><td>借：财政拨款结转——归集上缴 / 财政拨款结余——归集上缴<br>贷：资金结存——财政应返还额度 / 零余额账户用款额度 / 货币资金</td></tr>
<tr><td>按照规定缴回非财政拨款结转资金的</td><td>借：累计盈余<br>贷：银行存款</td><td>借：非财政拨款结转——缴回资金<br>贷：资金结存——货币资金</td></tr>
<tr><td>收到调入的财政拨款结转资金的</td><td>借：财政应返还额度 / 零余额账户用款额度 / 银行存款<br>贷：累计盈余</td><td>借：资金结存——财政应返还额度 / 零余额账户用款额度 / 货币资金<br>贷：财政拨款结转——归集调入</td></tr>
</table>

## 二、案例解析

【例 7–6】某公立医院本年度按照规定上缴财政拨款结余资金 200 000 元，其账务处理如下：

| 财务会计分录 | 预算会计分录 |
|---|---|
| 借：累计盈余　200 000<br>贷：零余额账户用款额度　200 000 | 借：财政拨款结转——归集上缴　200 000<br>贷：资金结存——零余额账户用款额度　200 000 |

【例 7–7】某公立医院非财政拨款结转资金中有科研经费 380 000 元，相关课题已结束，因为超过规定使用年限，所以该医院被要求上交结余资金。该医院的账务处理如下：

| 财务会计分录 | 预算会计分录 |
|---|---|
| 借：累计盈余——非财政拨款结转　380 000<br>贷：银行存款　380 000 | 借：非财政拨款结余——缴回资金　380 000<br>贷：资金结存——货币资金——银行存款　380 000 |

### 7.2.3.4　使用专用基金

## 一、业务概述及账务处理

按照规定使用专用基金时，按照实际支付的金额，借记“专用结余”科目

[ 从非财政拨款结余或经营结余中提取的专用基金 ] 或“事业支出”科目 [ 从收入中计提并计入费用的专项基金 ]，贷记“资金结存——货币资金”科目。

使用专用基金时的账务处理见表 7-4。

**表 7-4　　　　　　　　　　使用专用基金时的账务处理**

<table>
<tr><th>序号</th><th>业务</th><th>财务会计处理</th><th>预算会计处理</th></tr>
<tr><td rowspan="2">（1）</td><td>一般情况下</td><td>借：专用基金<br>　　贷：银行存款等</td><td rowspan="2">使用从非财政拨款结余或经营结余中计提的专用基金：<br>借：专用结余<br>　　贷：资金结存——货币资金<br>使用从收入中计提并计入费用的专用基金：<br>借：事业支出等<br>　　贷：资金结存——货币资金</td></tr>
<tr><td>购买固定资产、无形资产等</td><td>借：固定资产 / 无形资产等<br>　　贷：银行存款等<br>借：专用基金<br>　　贷：累计盈余</td></tr>
</table>

**二、案例解析**

**【例 7–8】**某公立医院使用从非财政拨款结余中提取的专用基金购置了价值为 1 000 000 元的固定资产，其账务处理如下：

| 财务会计分录 | 预算会计分录 |
|---|---|
| 借：固定资产　　1 000 000<br>　　贷：银行存款　　1 000 000<br>借：专用基金　　1 000 000<br>　　贷：累计盈余　　1 000 000 | 借：专用结余　　1 000 000<br>　　贷：资金结存——货币资金　　1 000 000 |

**【例 7–9】**某公立医院使用从收入中计提并计入费用的专用基金购置了价值为 100 000 元的供暖燃料，其账务处理如下：

| 财务会计分录 | 预算会计分录 |
|---|---|
| 借：专用基金　　100 000<br>　　贷：银行存款　　100 000 | 借：事业支出　　1 00 000<br>　　贷：资金结存——货币资金　　1 00 000 |

## 7.2.3.5　发生会计差错更正、购货退回等时的会计更正

**一、业务概述**

医院因发生以前年度的会计差错更正退回或者购货退回国库直接支付、授权支付款项，或者收回货币资金的，需要进行相应的账务处理。

## 二、账务处理

因购货退回、发生差错更正等退回国库直接支付、授权支付款项，或者收回货币资金的，属于本年度支付的，借记“财政拨款预算收入”科目或“资金结存——零余额账户用款额度、货币资金”科目，贷记相关支出科目；属于以前年度支付的，借记“资金结存——财政应返还额度、零余额账户用款额度、货币资金”科目，贷记“财政拨款结转”“财政拨款结余”“非财政拨款结转”“非财政拨款结余”科目。

因会计差错更正、购货退回而退回国库直接支付、授权支付款项或者收回货币资金时的账务处理见表 7-5。

表 7-5　　发生会计差错更正、购货退回等时的账务处理（1）

| 序号 | 业务 | | 财务会计处理 | 预算会计处理 |
|---|---|---|---|---|
| （1） | 因购货退回、发生差错更正等退回国库直接支付、授权支付款项，或者收回货币资金的 | 属于本年度的 | 借：财政拨款收入 / 零余额账户用款额度 / 银行存款等<br>贷：业务活动费用 / 库存物品等 | 借：财政拨款预算收入 / 资金结存——零余额账户用款额度、货币资金<br>贷：事业支出等 |
| | | 属于以前年度的 | 借：财政应返还额度 / 零余额账户用款额度 / 银行存款等<br>贷：以前年度盈余调整 | 借：资金结存——财政应返还额度 / 零余额账户用款额度 / 货币资金<br>贷：财政拨款结转 / 财政拨款结余 / 非财政拨款结转 / 非财政拨款结余（年初余额调整） |

## 三、案例解析

【例 7-10】某公立医院退回本年度购买的医疗物资，收回货币资金 2 000 000 元，其账务处理如下：

| 财务会计分录 | 预算会计分录 |
|---|---|
| 借：银行存款　　2 000 000<br>贷：库存物品　　2 000 000 | 借：资金结存——货币资金　　2 000 000<br>贷：事业支出　　2 000 000 |

# 7.2.3.6　缴纳企业所得税

## 一、业务概述及账务处理

有企业所得税缴纳义务的医院缴纳所得税时，按照实际缴纳的金额，借记“非财政拨款结余——累计结余”科目，贷记“资金结存——货币资金”科目。

缴纳企业所得税时的账务处理见表 7-6。

表 7-6　　缴纳企业所得税的账务处理

| 序号 | 业务 | 财务会计处理 | 预算会计处理 |
|---|---|---|---|
| （1） | 有企业所得税缴纳义务的医院实际缴纳企业所得税时 | 借：其他应交税费——单位应交所得税<br>贷：银行存款等 | 借：非财政拨款结余——累计结余<br>贷：资金结存——货币资金 |

根据《中华人民共和国企业所得税法》第二十六条及《中华人民共和国企业所得税法实施条例》（国务院令第 512 号）第八十五条的规定，现将符合条件的非营利组织企业所得税免税收入范围明确如下：

非营利组织的下列收入为免税收入：

（1）接受其他单位或者个人捐赠的收入；

（2）除《中华人民共和国企业所得税法》第七条规定的财政拨款以外的其他政府补助收入，但不包括因政府购买服务取得的收入；

（3）按照省级以上民政、财政部门规定收取的会费；

（4）不征税收入和免税收入孳生的银行存款利息收入；

（5）财政部、国家税务总局规定的其他收入。

因此，公立医院符合上述条件，可免征企业所得税。本章仅介绍公立医院出现纳税情况时的行账务处理。

**二、案例解析**

【例 7-11】某公立医院本年应缴纳的企业所得税为 600 000 元，其账务处理如下：

| 财务会计分录 | 预算会计分录 |
|---|---|
| 借：其他应交税费——单位应交所得税　600 000<br>贷：银行存款　600 000 | 借：非财政拨款结余——累计结余　600 000<br>贷：资金结存——货币资金　600 000 |

### 7.2.3.7　确认未下达的财政用款额度

**一．业务概述及账务处理**

年末，根据本年度财政预算指标数与当年财政实际支出数的差额，借记“资金结存——财政应返还额度”科目，贷记“财政拨款预算收入”科目。

确认未下达财政用款额度时的账务处理见表 7-7。

表 7-7 确认未下达的财政用款额度时的账务处理

<table>
<tr><th>序号</th><th colspan="2">业务</th><th>财务会计处理</th><th>预算会计处理</th></tr>
<tr><td rowspan="2">（1）</td><td rowspan="2">年末确认未下达的财政用款额度</td><td>财政直接支付方式</td><td>借：财政应返还额度——财政直接支付<br>贷：财政拨款收入</td><td rowspan="2">借：资金结存——财政应返还额度<br>贷：财政拨款预算收入</td></tr>
<tr><td>财政授权支付方式</td><td>借：财政应返还额度——财政授权支付<br>贷：财政拨款收入</td></tr>
</table>

## 二、案例解析

【例 7-12】某公立医院本年度财政直接支付方式下预算指标数与当年财政直接支付实际支出数的差额为 200 000 元，其账务处理如下：

| 财务会计分录 | 预算会计分录 |
|---|---|
| 借：财政应返还额度——财政直接支付 200 000<br>贷：财政拨款收入 200 000 | 借：资金结存——财政应返还额度 200 000<br>贷：财政拨款预算收入 200 000 |

### 7.2.3.8 注销及恢复零余额账户用款额度

## 一、业务概述及账务处理

年末，医院依据代理银行提供的对账单做注销额度的相关账务处理，借记“资金结存——财政应返还额度”科目，贷记“资金结存——零余额账户用款额度”科目；本年度财政授权支付预算指标数大于零余额账户用款额度下达数的，根据未下达的用款额度，借记“资金结存——财政应返还额度”科目，贷记“财政拨款预算收入”科目。

下月初，医院依据代理银行提供的“额度恢复到账通知书”做恢复额度的相关账务处理，借记“资金结存——零余额账户用款额度”科目，贷记“资金结存——财政应返还额度”科目。医院根据收到财政部门批复的上年末未下达零余额账户用款额度，借记“资金结存——零余额账户用款额度”科目，贷记“资金结存——财政应返还额度”科目。

注销及恢复零余额账户用款额度时的账务处理见表 7-8。

表 7–8　　　　　注销及恢复零余额账户用款额度时的账务处理

| 序号 | 业务 | 财务会计处理 | 预算会计处理 |
| --- | --- | --- | --- |
| （1） | 年末注销零余额账户用款额度 | 借：财政应返还额度——财政授权支付<br>贷：零余额账户用款额度 | 借：资金结存——财政应返还额度<br>贷：资金结存——零余额账户用款额度 |
|  | 下年初，恢复零余额账户用款额度或收到上年末未下达的零余额账户用款额度的 | 借：零余额账户用款额度<br>贷：财政应返还额度——财政授权支付 | 借：资金结存——零余额账户用款额度<br>贷：资金结存——财政应返还额度 |

**二、案例解析**

**【例 7–13】**某公立医院本年末注销零余额账户用款额度 700 000 元，其账务处理如下：

| 财务会计分录 | 预算会计分录 |
| --- | --- |
| 借：财政应返还额度——财政授权支付　700 000<br>贷：零余额账户用款额度　700 000 | 借：资金结存——财政应返还额度　700 000<br>贷：资金结存——零余额账户用款额度　700 000 |

# 7.3　财政拨款结转与结余

## 7.3.1　财政拨款概述

财政拨款是指医院直接从财政部门取得的和通过主管部门从财政部门取得的各类事业经费，包括正常经费和专项资金。在我国传统的预算体制和事业单位预算会计制度下，该资金也称为经费，收到的该笔资金称为拨入经费，属于预算资金的一部分。

过去我国的财政拨款收入的划拨方式分为两种，即划拨资金和限额拨款。划拨资金方式也称实拨资金方式，其特点是上级单位按预算用款单位拨给资金，用款单位收到所拨资金后即可使用。限额拨款方式的特点是用款单位可在拨给的经费限额内支用款项，但预算资金仍保留在财政金库中，月末根据限额支出数才从财政金库中拨出。由于限额拨款方式下，各单位的用款平时由银行垫付，月末根据限额支出数统一结算，如果财政存款不足，有可能占用信贷资金。目前我国已取消这种拨款方式。财政补助收入的领拨一律采用划拨资金的方式。

## 7.3.2 财政拨款结转

### 7.3.2.1 核算内容

“财政拨款结转”科目用于核算公立医院取得的同级财政拨款结转资金的调整、结转和滚存情况。本科目年末贷方余额，反映公立医院滚存的财政拨款结转资金数额。

### 7.3.2.2 明细科目

公立医院应该根据实际情况为“财政拨款结转”科目设置以下明细科目。

**一、与会计差错更正、以前年度支出收回相关的明细科目**

“年初余额调整”：本明细科目用于核算因发生会计差错更正、以前年度支出收回等事项，需要调整财政拨款结转的金额。年末结账后，本明细科目应无余额。

**二、与财政拨款调拨业务相关的明细科目**

（1）“归集调入”：本明细科目用于核算按照规定从其他单位调入财政拨款结转资金时，实际调增的额度数额或调入的资金数额。年末结账后，本明细科目应无余额。

（2）“归集调出”：本明细科目用于核算按照规定向其他单位调出财政拨款结转资金时，实际调减的额度数额或调出的资金数额。年末结账后，本明细科目应无余额。

（3）“归集上缴”：本明细科目用于核算按照规定上缴财政拨款结转资金时，实际核销的额度数额或上缴的资金数额。年末结账后，本明细科目应无余额。

（4）“单位内部调剂”：本明细科目用于核算经财政部门批准对财政拨款结余资金改变用途，调整用于本单位其他未完成项目等的调整金额。年末结账后，本明细科目应无余额。

**三、与年末财政拨款结转业务相关的明细科目**

（1）“本年收支结转”：本明细科目用于核算单位本年度财政拨款收支

相抵后的余额。年末结账后，本明细科目应无余额。

（2）“累计结转”：本明细科目用于核算单位滚存的财政拨款结转资金。本明细科目年末贷方余额，反映单位财政拨款滚存的结转资金数额。

“财政拨款结转”科目还应当设置“基本支出结转”“项目支出结转”两个明细科目，并在“基本支出结转”明细科目下按照“人员经费”“日常公用经费”进行明细核算，在“项目支出结转”明细科目下按照具体项目进行明细核算。同时，“财政拨款结转”科目还应按照《政府收支分类科目》中的“支出功能分类科目”的相关科目进行明细核算。

有一般公共预算财政拨款、政府性基金预算财政拨款等两种或两种以上财政拨款的公立医院，还应当在本科目下按照财政拨款的种类进行明细核算。

### 7.3.2.3　主要账务处理

**一、发生会计差错更正、购货退回等时的会计更正**

**1. 业务概述**

医院因发生以前年度的会计差错更正退回或者购货退回以前年度国库直接支付、授权支付款项或财政性货币资金，或者因发生会计差错更正增加以前年度国库直接支付、授权支付支出或财政性货币资金支出需要进行账务的追溯调整中属于财政拨款结转资金的，需要进行相应的财政拨款结转资金的账务处理。

**2. 账务处理**

因发生会计差错更正退回以前年度国库直接支付、授权支付款项或财政性货币资金，或者因发生会计差错更正增加以前年度国库直接支付、授权支付支出或财政性货币资金支出，属于以前年度财政拨款结转资金的，借记或贷记“资金结存——财政应返还额度、零余额账户用款额度 、货币资金”科目，贷记或借记“财政拨款结转——年初余额调整”科目。因购货退回、预付款项收回等发生以前年度支出又收回国库直接支付、授权支付款项或收回财政性货币资金，属于以前年度财政拨款结转资金的，借记“资金结存——财政应返还额度、零余额账户用款额度、货币资金”科目，贷记“财政拨款结转——年初余额调整”科目。

相关账务处理见表 7-9。

表 7-9　　发生会计差错更正、购货退回等时的账务处理（2）

<table>
<tr><th>序号</th><th colspan="2">业务</th><th>财务会计处理</th><th>预算会计处理</th></tr>
<tr><td rowspan="2">（1）</td><td rowspan="2">因会计差错更正、购货退回、预付款项收回等发生以前年度调整事项</td><td>调整增加相关资产</td><td>借：零余额账户用款额度 / 银行存款等<br>贷：以前年度盈余调整</td><td>借：资金结存——零余额账户用款额度 / 货币资金等<br>贷：财政拨款结转——年初余额调整</td></tr>
<tr><td>因会计差错更正调整减少相关资产</td><td>借：以前年度盈余调整<br>贷：零余额账户用款额度 / 银行存款等</td><td>借：财政拨款结转——年初余额调整<br>贷：资金结存——零余额账户用款额度 / 货币资金等</td></tr>
</table>

### 3. 案例解析

【例 7-14】某公立医院上年将 700 000 元的预付款项收回至银行账户。该款项属于以前年度调整事项。该医院的账务处理如下：

| 财务会计分录 | 预算会计分录 |
|---|---|
| 借：银行存款　700 000<br>贷：以前年度盈余调整　700 000 | 借：资金结存——货币资金　700 000<br>贷：财政拨款结转——年初余额调整　700 000 |

## 二、与其他单位发生的财政拨款结转资金的调入、调出

### 1. 业务概述及账务处理

按照规定从其他单位调入财政拨款结转资金的，按照实际调增的额度数额或调入的资金数额，借记“资金结存——财政应返还额度、零余额账户用款额度、货币资金”科目，贷记“财政拨款结转——归集调入”科目。按照规定向其他单位调出财政拨款结转资金的，按照实际调减的额度数额或调出的资金数额，借记“财政拨款结转——归集调出”科目，贷记“资金结存——财政应返还额度、零余额账户用款额度、货币资金”科目。

与其他单位发生调入、调出财政拨款结转资金时的账务处理见表 7-10。

表 7-10 与其他单位发生调入、调出财政拨款结转资金时的账务处理

| 序号 | 业务 | | 财务会计处理 | 预算会计处理 |
|---|---|---|---|---|
| （1） | 从其他单位调入财政拨款结转资金 | 按照实际调增的额度数额或调入的资金数额 | 借：财政应返款额度 / 零余额账户用款额度 / 银行存款<br>贷：累计盈余 | 借：资金结存——财政应返还额度 / 零余额账户用款额度 / 货币资金<br>贷：财政拨款结转——归集调入 |
| | 向其他单位调出财政拨款结转资金 | 按照实际调减的额度数额或调减的资金数额 | 借：累计盈余<br>贷：财政应返还额度 / 零余额账户用款额度 / 银行存款 | 借：财政拨款结转——归集调出<br>贷：资金结存——财政应返还额度 / 零余额账户用款额度 / 货币资金 |

**2．案例解析**

**【例 7-15】**某公立医院本年从其他单位调入财政授权内拨款结转资金 5 000 000 元，其账务处理如下：

| 财务会计分录 | 预算会计分录 |
|---|---|
| 借：零余额账户用款额度 5 000 000<br>贷：累计盈余 5 000 000 | 借：资金结存——零余额账户用款额度 5 000 000<br>贷：财政拨款结转——归集调入 5 000 000 |

## 三、上缴或注销财政拨款结转资金或额度

### 1．业务概述

按照规定需要对本单位的结转资金进行上缴资金或注销财政拨款结转资金额度的公立医院，需要对财政拨款结转进行调整。

### 2．账务处理

按照规定上缴财政拨款结转资金或注销财政拨款结转资金额度的，按照实际上缴资金的数额或注销的资金额度数额，借记“财政拨款结转——归集上缴”科目，贷记“资金结存——财政应返还额度、零余额账户用款额度、货币资金”科目。

上缴或注销财政拨款结转资金或额度时的账务处理见表 7-11。

表 7-11 上缴或注销财政拨款结转资金或额度时的账务处理

| 序号 | 业务 | | 财务会计处理 | 预算会计处理 |
|---|---|---|---|---|
| （1） | 按照规定上缴财政拨款结转资金或注销财政拨款结转额度 | 按照实际上缴资金数额或注销的资金额度 | 借：累计盈余<br>贷：财政应返还额度 / 零余额账户用款额度 / 银行存款 | 借：财政拨款结转——归集上缴<br>贷：资金结存——财政应返还额度 / 零余额账户用款额度 / 货币资金 |

### 3. 案例解析

【例 7-16】某公立医院本年度按照规定上缴财政拨款结余资金 300 000 元。上述款项通过银行支付。该医院的账务处理如下：

| 财务会计分录 | 预算会计分录 |
|---|---|
| 借：累计盈余 300 000<br>贷：银行存款 300 000 | 借：财政拨款结转——归集上缴 300 000<br>贷：资金结存——货币资金 300 000 |

## 四、内部调剂财政拨款结转资金

### 1. 业务概述

公立医院经批准需要对本单位的结转资金改变用途，调整用于本单位基本支出或其他未完成项目支出的，需要对财政拨款结转进行调整。

### 2. 账务处理

经财政部门批准对财政拨款结余资金改变用途，调整用于本医院基本支出或其他未完成项目支出的，按照批准调剂的金额，借记“财政拨款结余——单位内部调剂”科目，贷记“财政拨款结转——单位内部调剂”科目。

内部调剂财政拨款结转资金时的账务处理见表 7-12。

表 7-12 内部调剂财政拨款结转资金时的账务处理

| 序号 | 业务 | | 财务会计处理 | 预算会计处理 |
|---|---|---|---|---|
| (1) | 单位内部调剂财政拨款结余资金 | 按照调整的金额 | — | 借：财政拨款结余——单位内部调剂<br>贷：财政拨款结转——单位内部调剂 |

### 3. 案例解析

【例 7-17】某公立医院本年度经财政部门批准将财政拨款结余资金 1 000 000 元由办公经费支出改为购买固定资产，其账务处理如下：

借：财政拨款结余——单位内部调剂 1 000 000

　　贷：财政拨款结转——单位内部调剂 1 000 000

## 五、年末结转财政拨款

### 1. 业务概述

医院在每年年末进行账务处理时，需要对本年度发生的全部收入、费用科目的金额进行相应的结转。同时，针对“财政拨款结余”科目的特征，年末只有“累计结余”子科目下应该有相应的余额，所以需要对年度其他子科目下发生的业务金额进行相应的科目内结转。

**2. 账务处理**

年末，将“财政拨款预算收入”科目的本年发生额转入“财政拨款结转”科目，借记“财政拨款预算收入”科目，贷记“财政拨款结转——本年收支结转”科目；将各项支出中财政拨款支出的本年发生额转入“财政拨款结转”科目，借记“财政拨款结转——本年收支结转”科目，贷记各项支出（财政拨款支出）科目。

年末冲销有关明细科目余额时，将“财政拨款结转”科目（本年收支结转、年初余额调整、归集调入、归集调出、归集上缴、单位内部调剂）余额转入“财政拨款结转”科目（累计结转）。结转后，“财政拨款结转”科目除“累计结转”明细科目有余额外，其他明细科目应无余额。

年末完成上述结转后，应当对财政拨款结转各明细项目的执行情况进行分析，按照有关规定将符合财政拨款结余性质的项目余额转入财政拨款结余，借记“财政拨款结转”科目（累计结转），贷记“财政拨款结余——结转转入”科目。

年末结转财政拨款时的账务处理见表 7-13。

**表 7-13　年末结转财政拨款时的账务处理**

<table>
<tr><th>序号</th><th colspan="2">业务</th><th>财务会计处理</th><th>预算会计处理</th></tr>
<tr><td rowspan="2">（1）</td><td rowspan="2">年末结转</td><td>结转财政拨款预算收入</td><td>——</td><td>借：财政拨款预算收入<br>　贷：财政拨款结转——本年收支结转</td></tr>
<tr><td>结转财政拨款预算支出</td><td>——</td><td>借：财政拨款结转——本年收支结转<br>　贷：事业支出等［财政拨款支出部分］</td></tr>
<tr><td>（2）</td><td colspan="2">年末冲销本科目有关明细科目余额</td><td>——</td><td>借：财政拨款结转——年初余额调整［该明细科目为贷方余额时］/ 归集调入 / 单位内部调剂 / 本年收支结转［该明细科目为贷方余额时］<br>　贷：财政拨款结转——累计结转<br>借：财政拨款结转——累计结转<br>　贷：财政拨款结转——归集上缴 / 年初余额调整［该明细科目为借方余额时］/ 归集调出 / 本年收支结转［该明细科目为借方余额时］</td></tr>
</table>

续表

| 序号 | 业务 | | 财务会计处理 | 预算会计处理 |
|---|---|---|---|---|
| (3) | 转入财政拨款结余 | 按照有关规定将符合财政拨款结余性质的项目余额转入财政拨款结余 | — | 借：财政拨款结转——累计结转<br>贷：财政拨款结余——结转转入 |

3．案例解析

【例 7–18】某公立医院本年度发生预算收入 1 000 000 元，发生预算事业支出 500 000 元，其在年末结转财政拨款时的账务处理如下：

借：财政拨款预算收入　　1 000 000

　　贷：财政拨款结转——本年收支结转　　1 000 000

借：财政拨款结转——本年收支结转　　500 000

　　贷：事业支出　　500 000

借：财政拨款结转——本年收支结转　　500 000

　　贷：财政拨款结转——累计结转　　500 000

## 7.3.3 财政拨款结余

### 7.3.3.1 核算内容

“财政拨款结余”科目用于核算单位取得的同级财政拨款项目支出结余资金的调整、结转和滚存情况。本科目年末贷方余额，反映单位滚存的财政拨款结余资金数额。

### 7.3.3.2 明细科目

“财政拨款结余”科目应该根据实际情况设置以下明细科目。

**1．与会计差错更正、以前年度支出收回相关的明细科目**

“年初余额调整”：本明细科目用于核算因发生会计差错更正、以前年度支出收回等原因，需要调整财政拨款结余的金额。年末结账后，本明细科目应无余额。

**2. 与财政拨款结余资金调整业务相关的明细科目**

（1）“归集上缴”：本明细科目用于核算按照规定上缴财政拨款结余资金时，实际核销的额度数额或上缴的资金数额。年末结账后，本明细科目应无余额。

（2）“单位内部调剂”：本明细科目用于核算经财政部门批准对财政拨款结余资金改变用途，调整用于本单位其他未完成项目等的调整金额。年末结账后，本明细科目应无余额。

**3. 与年末财政拨款结余业务相关的明细科目**

（1）“结转转入”：本明细科目用于核算单位按照规定转入财政拨款结余的财政拨款结转资金。年末结账后，本明细科目应无余额。

（2）“累计结余”：本明细科目用于核算单位滚存的财政拨款结余资金。本明细科目年末贷方余额，反映单位财政拨款滚存的结余资金数额。

“财政拨款结余”科目还应当按照具体项目、《政府收支分类科目》中的“支出功能分类科目”的相关科目等进行明细核算。

有一般公共预算财政拨款、政府性基金预算财政拨款等两种或两种以上财政拨款的公立医院，还应当在“财政拨款结余”科目下按照财政拨款的种类进行明细核算。

### 7.3.3.3　主要账务处理

**一、发生会计差错更正、购货退回等时的会计更正**

**1. 业务概述**

公立医院因发生以前年度或本年度的会计差错更正退回或者相应的购货退回事项涉及以前年度国库直接支付、授权支付款项或财政性货币资金，或者因发生会计差错更正增加以前年度国库直接支付、授权支付支出或财政性货币资金支出中属于财政拨款结余资金的，需要进行相应的账务处理。

**2. 账务处理**

发生会计差错更正退回以前年度国库直接支付、授权支付款项或财政性货币资金，或者因发生会计差错更正增加以前年度国库直接支付、授权支付支出或财政性货币资金支出，属于以前年度财政拨款结余资金的，借记或贷记“资金结存——财政应返还额度、零余额账户用款额度、货币资金”科目，贷记或借记“财政拨款结余”科目（年初余额调整）。

因购货退回、预付款项收回等发生以前年度支出又收回国库直接支付、授权支付款项或收回财政性货币资金，属于以前年度财政拨款结余资金的，借记“资金结存——财政应返还额度、零余额账户用款额度、货币资金”科目，贷记“财政拨款结余”科目（年初余额调整）。

相关账务处理见表 7-14。

表 7-14　　发生会计差错更正、购货退回等时的账务处理（3）

| 序号 | 业务 | | 财务会计处理 | 预算会计处理 |
|---|---|---|---|---|
| （1） | 因会计差错更正、购货退回、预付款项收回等发生以前年度调整事项 | 调整增加相关资产 | 借：零余额账户用款额度 / 银行存款等<br>贷：以前年度盈余调整 | 借：资金结存——零余额账户用款额度 / 货币资金等<br>贷：财政拨款结余——年初余额调整 |
| | | 因会计差错更正调整减少相关资产 | 借：以前年度盈余调整<br>贷：零余额账户用款额度 / 银行存款等 | 借：财政拨款结余——年初余额调整<br>贷：资金结存——零余额账户用款额度 / 货币资金等 |

### 3．案例解析

【例 7-19】某公立医院年初发生了 100 000 元的购货退回，收回国库直接支付额度。其账务处理如下：

| 财务会计分录 | 预算会计分录 |
|---|---|
| 借：零余额账户用款额度　100 000<br>贷：以前年度盈余调整　100 000 | 借：资金结存——零余额账户用款额度　100 000<br>贷：财政拨款结余——年初余额调整　100 000 |

## 二、上缴或注销财政拨款结余资金或额度

### 1．业务概述

按照规定需要对本单位的结余资金进行上缴资金或注销财政拨款结余资金额度的公立医院，需要对财政拨款结余进行调整。

### 2．账务处理

按照规定上缴财政拨款结余资金或注销财政拨款结余资金额度的，按照实际上缴资金数额或注销的资金额度数额，借记“财政拨款结余”科目（归集上缴），贷记“资金结存——财政应返还额度、零余额账户用款额度、货币资金”科目。

上缴或注销财政拨款结余资金或额度时的账务处理见表 7-15。

表 7–15　　上缴或注销财政拨款结转资金或额度时的账务处理

| 序号 | 业务 | | 财务会计处理 | 预算会计处理 |
|---|---|---|---|---|
| （1） | 按照规定上缴财政拨款结余资金或注销财政拨款结余额度 | 按照实际上缴资金数额或注销的资金额度 | 借：累计盈余<br>贷：财政应返还额度 / 零余额账户用款额度 / 银行存款 | 借：财政拨款结余——归集上缴<br>贷：资金结存——财政应返还额度 / 零余额账户用款额度 / 货币资金 |

**3．案例解析**

【例 7–20】某公立医院本年上缴财政拨款财政授权内拨款结余资金 5 000 000 元，其账务处理如下：

| 财务会计分录 | 预算会计分录 |
|---|---|
| 借：累计盈余　5 000 000<br>贷：银行存款　5 000 000 | 借：财政拨款结余——归集上缴　5 000 000<br>贷：资金结存——货币资金　5 000 000 |

## 三、内部调剂财政拨款结余资金

**1．业务概述**

公立医院经批准对本单位的结余资金改变用途，调整用于本单位基本支出或其他未完成项目支出的，需要对财政拨款结余进行调整。

**2．账务处理**

经财政部门批准对财政拨款结余资金改变用途，调整用于本单位基本支出或其他未完成项目支出的，按照批准调剂的金额，借记“财政拨款结余”科目（单位内部调剂），贷记“财政拨款结转——单位内部调剂”科目。

内部调剂财政拨款结余资金时的账务处理见表 7–16。

表 7–16　　内部调剂财政拨款结余资金时的账务处理

| 序号 | 业务 | | 财务会计处理 | 预算会计处理 |
|---|---|---|---|---|
| （1） | 单位内部调剂财政拨款结余资金 | 按照调整的金额 | —— | 借：财政拨款结余——单位内部调剂<br>贷：财政拨款结转——单位内部调剂 |

## 四、年末财政拨款结转和结余业务

**1．业务概述**

公立医院在每年年末进行账务处理时，需要将本年度发生的符合财政拨款结余性质的科目余额转入财政拨款结余。同时，针对“财政拨款结余”科目的特征，年末只有“累计结余”子科目下应该有相应的余额，所以需要对年度其他子科目下发生的业务金额进行相应的科目内结转。

**2．账务处理**

年末，对财政拨款结转各明细科目执行情况进行分析，按照有关规定将符合财政拨款结余性质的科目余额转入财政拨款结余，借记“财政拨款结转——累计结转”科目，贷记“财政拨款结余”科目（结转转入）。

年末冲销有关明细科目余额。将“财政拨款结余”科目（年初余额调整、归集上缴、单位内部调剂、结转转入）的余额转入“财政拨款结余”科目（累计结余）。结转后，“财政拨款结余”科目除“累计结余”明细科目有余额外，其他明细科目应无余额。

年末结转财政拨款结余资金时的账务处理见表 7-17。

表 7-17 年末结转财政拨款结余资金时的账务处理

| 序号 | 业务 | | 财务会计处理 | 预算会计处理 |
|---|---|---|---|---|
| （1） | 年末，转入财政拨款结余 | 按照有关规定将符合财政拨款结余性质的科目余额转入财政拨款结余 | —— | 借：财政拨款结转——累计结转<br>贷：财政拨款结余——结转转入 |
| （2） | 年末冲销本科目有关明细科目余额 | | —— | 借：财政拨款结余——年初余额调整［该明细科目为贷方余额时］<br>贷：财政拨款结余——累计结余<br>借：财政拨款结余——累计结余<br>贷：财政拨款结余——年初余额调整［该明细科目为借方余额时］/归集上缴/单位内部调剂<br>借：财政拨款结余——结转转入<br>贷：财政拨款结余——累计结余 |

**3．案例解析**

**【例 7-21】**年末，某公立医院按照有关规定将符合财政拨款结余性质的科目（余额为 300 000 元）进行结转时的账务处理如下：

借：财政拨款结转——累计结转 300 000

贷：财政拨款结余——结转转入 300 000

借：财政拨款结余——结转转入 300 000

贷：财政拨款结余——累计结余 300 000

## 7.4　非财政拨款结转与结余

非财政拨款结转结余是指公立医院除财政补助收支以外的各项收入与各项支出相抵后的余额。

### 7.4.1　非财政拨款结转

#### 7.4.1.1　核算内容

“非财政拨款结转”科目用于核算公立医院除财政拨款收支、经营收支以外的各项非同级财政拨款专项资金的调整、结转和滚存情况。本科目年末贷方余额，反映公立医院滚存的非同级财政拨款专项结转资金数额。

#### 7.4.1.2　明细科目

公立医院应该根据实际情况为“非财政拨款结转”科目设置以下明细科目。

（1）“年初余额调整”：本明细科目用于核算因发生会计差错更正、以前年度支出收回等而需要调整非财政拨款结转的资金。年末结账后，本明细科目应无余额。

（2）“缴回资金”：本明细科目用于核算按照规定缴回非财政拨款结转资金时，实际缴回的资金数额。年末结账后，本明细科目应无余额。

（3）“项目间接费用或管理费”：本明细科目用于核算单位取得的科研项目预算收入中，按照规定计提项目间接费用或管理费的数额。年末结账后，本明细科目应无余额。

（4）“本年收支结转”：本明细科目用于核算单位本年度非同级财政拨款专项收支相抵后的余额。年末结账后，本明细科目应无余额。

（5）“累计结转”：本明细科目用于核算单位滚存的非同级财政拨款专项结转资金。本明细科目年末贷方余额，反映单位非同级财政拨款滚存的专项结转资金数额。

### 7.4.1.3 主要账务处理

**一、提取项目管理费或间接费**

**1．业务概述**

公立医院可能根据相关规定在单位内部的“非财政拨款结转”科目余额中提取一定的项目管理费或间接费，用于项目接下来的运转。

**2．账务处理**

按照规定从科研项目预算收入中提取项目管理费或间接费时，按照提取的金额，借记“非财政拨款结转”科目（项目间接费用或管理费），贷记“非财政拨款结余——项目间接费用或管理费”科目。

提取项目管理费或间接费时的账务处理见表 7-18。

表 7-18 提取项目管理费或间接费时的账务处理

| 序号 | 业务 | 财务会计处理 | 预算会计处理 |
|---|---|---|---|
| （1） | 按照规定从科研项目预算收入中提取项目管理费或间接费 | 借：单位管理费用<br>贷：预提费用——项目间接费用或管理费 | 借：非财政拨款结转——项目间接费用或管理费<br>贷：非财政拨款结余——项目间接费用或管理费 |

**3．案例解析**

【例 7-22】某公立医院从医院的科研项目预算收入中提取项目管理费 100 000 元，其账务处理如下：

| 财务会计分录 | 预算会计分录 |
|---|---|
| 借：单位管理费用 100 000<br>贷：预提费用——管理费 100 000 | 借：非财政拨款结转——管理费 100 000<br>贷：非财政拨款结余——管理费 100 000 |

**二、发生会计差错更正、购货退回等时的会计更正**

**1．业务概述**

医院因以前年度或本年度的会计差错更正退回或者相应的购货退回事项涉及非同级财政拨款货币资金，或者因会计差错更正增加非同级财政拨款货币资金中属于非财政拨款结转资金的，需要进行相应的账务处理。

**2．账务处理**

因会计差错更正收到或支出非同级财政拨款货币资金，属于非财政拨款结转资金的，按照收到或支出的金额，借记或贷记“资金结存——货币资金”科目，贷记或借记“非财政拨款结转”科目（年初余额调整）。因收回以前年度支出等收到非同级财政拨款货币资金，属于非财政拨款结转资金的，按照收到的金额，借记“资金结存——货币资金”科目，贷记“非财政拨款结转”科目（年初余额调整）。

相关账务处理见表 7-19。

**表 7-19　　发生会计差错更正、购货退回等时的账务处理（4）**

| 序号 | 业务 | | 财务会计处理 | 预算会计处理 |
| --- | --- | --- | --- | --- |
| （1） | 因会计差错更正、购货退回、预付款项收回等发生以前年度调整事项 | 调整增加相关资产 | 借：银行存款等<br>贷：以前年度盈余调整 | 借：资金结存——货币资金等<br>贷：非财政拨款结转——年初余额调整 |
| | | 调整减少相关资产 | 借：以前年度盈余调整<br>贷：银行存款等 | 借：非财政拨款结转——年初余额调整<br>贷：资金结存——货币资金等 |

**3．案例解析**

**【例 7-23】**某公立医院收回的预付款项中包含的涉及以前年度收入的金额为 300 000 元。该医院的账务处理如下：

| 财务会计分录 | 预算会计分录 |
| --- | --- |
| 借：银行存款　300 000<br>贷：以前年度盈余调整　300 000 | 借：资金结存——货币资金　300 000<br>贷：非财政拨款结转——年初余额调整　300 000 |

### 三、缴回非财政拨款结转资金

**1．业务概述**

公立医院根据规定需要对本单位的非财政结转资金进行上缴的，需要对非财政拨款结转进行调整。

**2．账务处理**

按照规定缴回非财政拨款结转资金的，按照实际缴回的资金数额，借记“非财政拨款结转”科目（缴回资金），贷记“资金结存——货币资金”科目。

缴回非财政拨款结转资金时的账务处理见表 7-20。

表 7–20 缴回非财政拨款结转资金时的账务处理

| 序号 | 业务 | | 财务会计处理 | 预算会计处理 |
|---|---|---|---|---|
| （1） | 按照规定缴回非财政拨款结转资金 | 按照实际缴回资金 | 借：累计盈余<br>贷：银行存款等 | 借：非财政拨款结转——缴回资金<br>贷：资金结存——货币资金 |

**3．案例解析**

【例 7–24】某公立医院按照规定缴回非财政拨款结转资金 300 000 元，其账务处理如下：

| 财务会计分录 | 预算会计分录 |
|---|---|
| 借：累计盈余 300 000<br>贷：银行存款 300 000 | 借：非财政拨款结转——缴回资金 300 000<br>贷：资金结存——货币资金 300 000 |

## 四、年末结转非财政拨款

**1．业务概述**

医院在每年年末进行账务处理时，需要对本年度发生的全部收入、费用科目余额进行相应的结转。同时，针对“非财政拨款结转”科目的特征，年末只有“累计结余”子科目下应该有相应的余额，所以需要对年度其他子科目下发生的业务金额进行相应的科目内结转。

**2．账务处理**

年末，将事业预算收入、上级补助预算收入、附属单位上缴预算收入、非同级财政拨款预算收入、债务预算收入、其他预算收入的本年发生额中的专项资金收入转入“非财政拨款结转”科目，借记“事业预算收入”“上级补助预算收入”“附属单位上缴预算收入”“非同级财政拨款预算收入”“债务预算收入”“其他预算收入”科目下各专项资金收入明细科目，贷记“非财政拨款结转”科目（本年收支结转）；将事业支出、其他支出的本年发生额中的非财政拨款专项资金支出转入“非财政拨款结转”科目，借记“非财政拨款结转”科目（本年收支结转），贷记“事业支出”“其他支出”科目下各非财政拨款专项资金支出明细科目。

年末冲销有关明细科目余额。将“非财政拨款结转”科目（年初余额调整、项目间接费用或管理费、缴回资金、本年收支结转）余额转入“非财政拨款结转”科目（累计结转）。结转后，“非财政拨款结转”科目除“累计结转”明细科目有余额外，其他明细科目应无余额。

年末结转非财政拨款时的账务处理见表 7-21。

**表 7-21　　年末结转非财政拨款时的账务处理**

<table>
<tr><th>序号</th><th colspan="2">业务</th><th>财务会计处理</th><th>预算会计处理</th></tr>
<tr><td rowspan="3">（1）</td><td rowspan="2">年末结转</td><td>结转非财政拨款专项收入</td><td>——</td><td>借：事业预算收入 / 上级补助预算收入 / 附属单位上缴预算收入 / 非同级财政拨款预算收入 / 债务预算收入 / 其他预算收入<br>　贷：非财政拨款结转——本年收支结转</td></tr>
<tr><td>结转非财政拨款专项支出</td><td>——</td><td>借：非财政拨款结转——本年收支结转<br>　贷：事业支出 / 其他支出</td></tr>
<tr><td colspan="2">年末冲销本科目有关明细科目余额</td><td>——</td><td>借：非财政拨款结转——年初余额调整［该明细科目为贷方余额时］<br>　　　　　　　——本年收支结转［该明细科目为贷方余额时］<br>　贷：非财政拨款结转——累计结转<br>借：非财政拨款结转——累计结转<br>　贷：非财政拨款结转——年初余额调整［该明细科目为借方余额时］<br>　　　　　　　——缴回资金<br>　　　　　　　——项目间接费用或管理费<br>　　　　　　　——本年收支结转［该明细科目为借方余额时］</td></tr>
</table>

**3．案例解析**

**【例 7-25】**某公立医院年末“非财政拨款结转”科目下的明细科目的情况如下：“年初余额调整”贷方 100 000 元，“管理费”借方 70 000 元，“本年收支结转”贷方 200 000 元。该医院的账务处理如下：

借：非财政拨款结转——年初余额调整　　100 000

　　　　　　　——本年收支结转　　200 000

　贷：非财政拨款结转——累计结转　　300 000

借：非财政拨款结转——累计结转　　70 000

　贷：非财政拨款结转——管理费　　70 000

## 五、划转非财政拨款专项剩余资金

业务概述及账务处理

年末完成上述结转后，应当对非财政拨款专项结转资金各项目情况进行分析，将留归本单位使用的非财政拨款专项（项目已完成）剩余资金转入非财政拨款结余，借记“非财政拨款结转——累计结转”科目，贷记“非财政拨款结余——结转转入”科目。

划转非财政拨款专项剩余资金时的账务处理见表 7-22。

表 7-22 划转非财政拨款专项剩余资金时的账务处理

| 序号 | 业务 | 财务会计处理 | 预算会计处理 |
| --- | --- | --- | --- |
| （1） | 将留归本单位使用的非财政拨款专项剩余资金转入非财政拨款结余 | —— | 借：非财政拨款结转——累计结转<br>贷：非财政拨款结余——结转转入 |

## 7.4.2 非财政拨款结余

### 7.4.2.1 核算内容

“非财政拨款结余”科目用于核算公立医院历年滚存的非限定用途的非同级财政拨款结余资金（主要为非财政拨款结余扣除结余分配后滚存的金额）。

### 7.4.2.2 明细科目

公立医院应该根据实际情况为“非财政拨款结余”科目设置以下明细科目。

（1）年初余额调整”：本明细科目用于核算因发生会计差错更正、以前年度支出收回等原因，需要调整非财政拨款结余的资金。年末结账后，本明细科目应无余额。

（2）“项目间接费用或管理费”：本明细科目用于核算公立医院取得的科研项目预算收入中，按照规定计提的项目间接费用或管理费数额。年末结账后，本明细科目应无余额。

（3）“结转转入”：本明细科目用于核算按照规定留归本单位使用，由本单位统筹调配，纳入本单位非财政拨款结余的非同级财政拨款专项剩余资金。年末结账后，本明细科目应无余额。

（4）“累计结余”：本明细科目用于核算公立医院历年滚存的非同级财政拨款、非专项结余资金。本明细科目年末贷方余额，反映非同级财政拨款滚存的非专项结余资金数额。

### 7.4.2.3　主要账务处理

“非财政拨款结余”科目应当按照非财政专项资金的具体项目进行明细核算。

**一、提取项目管理费或间接费**

**1. 业务概述**

公立医院可能根据相关规定在本单位内部的“非财政拨款结转”科目余额中提取一定的项目管理费或间接费，用于项目接下来的运转。

**2. 账务处理**

按照规定从科研项目预算收入中提取项目管理费或间接费用时，借记“非财政拨款结转——项目间接费用或管理费”科目，贷记“非财政拨款结余”科目（项目间接费用或管理费）。

提取项目管理费或间接费时的账务处理见表 7-23。

表 7-23　　提取项目管理费或间接费时的账务处理

| 序号 | 业务 | 财务会计处理 | 预算会计处理 |
| --- | --- | --- | --- |
| （1） | 按照规定从科研项目预算收入中提取项目管理费或间接费 | 借：单位管理费用<br>　贷：预提费用——项目间接费用或管理费 | 借：非财政拨款结转——项目间接费用或管理费<br>　贷：非财政拨款结余——项目间接费用或管理费 |

**3. 案例解析**

**【例 7-26】**某公立医院按照规定从科研项目预算收入中提取项目管理费 200 000 元，其账务处理如下：

| 财务会计分录 | 预算会计分录 |
| --- | --- |
| 借：单位管理费用　200 000<br>　贷：预提费用——项目管理费　200 000 | 借：非财政拨款结转——项目管理费　200 000<br>　贷：非财政拨款结余——项目管理费　200 000 |

**二、实际缴纳企业所得税**

**1. 业务概述及账务处理**

有企业所得税缴纳义务的医院实际缴纳企业所得税时，按照缴纳的金额，借记“非财政拨款结余”科目（累计结余），贷记“资金结存——货币资金”科目。

实际缴纳企业所得税时的账务处理见表 7-24。

表 7-24　　实际缴纳企业所得税时的账务处理

| 序号 | 业务 | 财务会计处理 | 预算会计处理 |
| --- | --- | --- | --- |
| （1） | 实际缴纳企业所得税 | 借：其他应交税费——单位应交所得税<br>贷：银行存款等 | 借：非财政拨款结余——累计结余<br>贷：资金结存——货币资金 |

**2. 案例解析**

【例 7-27】某公立医院本年实际缴纳企业所得税 300 000 元，其账务处理如下：

| 财务会计分录 | 预算会计分录 |
| --- | --- |
| 借：其他应交税费——单位应交所得税 300 000<br>贷：银行存款 300 000 | 借：非财政拨款结余——累计结余 300 000<br>贷：资金结存——货币资金 300 000 |

## 三、发生会计差错更正、购货退回等时的会计更正

**1. 业务概述**

公立医院因发生以前年度或本年度的会计差错更正退回或者相应的购货退回事项涉及非同级财政拨款货币资金，或者因发生会计差错更正增加非同级财政拨款货币资金中属于非财政拨款结余资金的，需要进行相应的账务处理。

**2. 账务处理**

因会计差错更正收到或支出非同级财政拨款货币资金，属于非财政拨款结余资金的，按照收到或支出的金额，借记或贷记“资金结存——货币资金”科目，贷记或借记“非财政拨款结余”科目（年初余额调整）。因收回以前年度支出等收到非同级财政拨款货币资金，属于非财政拨款结余资金的，按照收到的金额，借记“资金结存——货币资金”科目，贷记“非财政拨款结余”科目（年初余额调整）。

相关账务处理见表 7-25。

表 7-25　　发生会计差错更正、购货退回等时的账务处理（5）

<table>
<tr><th>序号</th><th colspan="2">业务</th><th>财务会计处理</th><th>预算会计处理</th></tr>
<tr><td rowspan="2">（1）</td><td rowspan="2">因会计差错更正、购货退回、预付款项收回等发生以前年度调整事项</td><td>调整增加相关资产</td><td>借：银行存款等<br>贷：以前年度盈余调整</td><td>借：资金结存——货币资金等<br>贷：非财政拨款结余——年初余额调整</td></tr>
<tr><td>调整减少相关资产</td><td>借：以前年度盈余调整<br>贷：银行存款等</td><td>借：非财政拨款结余——年初余额调整<br>贷：资金结存——货币资金等</td></tr>
</table>

## 四、年末结转非财政拨款结余资金

### 1. 业务概述

各单位或部门在每年年末进行账务处理时，需要将本年度发生的符合非财政拨款结余性质的科目余额转入非财政拨款结余。同时，针对“非财政拨款结余”科目的特征，年末只有“累计结余”子科目下应该有相应的余额，所以需要对年度其他子科目下发生的业务金额进行相应的科目内结转。

### 2. 账务处理

年末冲销有关明细科目余额时，将“非财政拨款结余”科目（年初余额调整、项目间接费用或管理费、结转转入）余额结转入“非财政拨款结余”科目（累计结余）。结转后，“非财政拨款结余”科目除“累计结余”明细科目有余额外，其他明细科目应无余额。

年末，医院将“非财政拨款结余分配”科目余额转入非财政拨款结余。“非财政拨款结余分配”科目为借方余额的，借记“非财政拨款结余”科目（累计结余），贷记“非财政拨款结余分配”科目；“非财政拨款结余分配”科目为贷方余额的，借记“非财政拨款结余分配”科目，贷记“非财政拨款结余”科目（累计结余）。

年末结转非财政拨款结余资金时的账务处理见表 7-26。

表 7-26 年末结转非财政拨款结余资金时的账务处理

<table>
<tr><th>序号</th><th colspan="2">业务</th><th>财务会计处理</th><th>预算会计处理</th></tr>
<tr><td rowspan="3">（1）</td><td rowspan="2">年末结转</td><td>非财政拨款结余分配为贷方余额</td><td>——</td><td>借：非财政拨款结余分配<br>贷：非财政拨款结余——累计结余</td></tr>
<tr><td>非财政拨款结余分配为借方余额</td><td>——</td><td>借：非财政拨款结余——累计结余<br>贷：非财政拨款结余分配</td></tr>
<tr><td colspan="2">年末冲销本科目有关明细科目余额</td><td>——</td><td>借：非财政拨款结余——年初余额调整［该明细科目为贷方余额时］<br>——项目间接费用或管理费<br>——结转转入<br>贷：非财政拨款结余——累计结余<br>借：非财政拨款结余——累计结余<br>贷：非财政拨款结余——年初余额调整［该明细科目为借方余额时］<br>——缴回资金</td></tr>
</table>

### 3. 案例解析

**【例 7-28】**某公立医院年末的“非财政拨款结余”科目下的明细科目的情况如下：“年初余额调整”贷方 700 000 元，“项目间接费用”借方 400 000 元。该医院的账务处理如下：

借：非财政拨款结余——年初余额调整 700 000

贷：非财政拨款结余——累计结余 700 000

借：非财政拨款结余——累计结余 400 000

贷：非财政拨款结余——项目间接费用 400 000

## 五、划转非财政拨款专项剩余资金

业务概述及账务处理

年末，将留归本单位使用的非财政拨款专项（项目已完成）剩余资金转入“非财政拨款结余”科目，借记“非财政拨款结转——累计结转”科目，贷记“非财政拨款结余”科目（结转转入）。

划转非财政拨款专项剩余资金时的账务处理见表 7-27。

表 7-27　　划转非财政拨款专项剩余资金时的账务处理

| 序号 | 业务 | 财务会计处理 | 预算会计处理 |
| --- | --- | --- | --- |
| （1） | 将留归本单位使用的非财政拨款专项剩余资金转入非财政拨款结余 | —— | 借：非财政拨款结转——累计结转<br>贷：非财政拨款结余——结转转入 |

# 7.5　专用结余、经营结余、其他结余和非财政拨款结余分配

## 7.5.1　专用结余

### 7.5.1.1　核算内容

“专用结余”科目用于核算医院按照规定从非财政拨款结余中提取的具有专门用途的资金的变动和滚存情况。本科目年末贷方余额，反映医院从非同级财政拨款结余中提取的专用基金的累计滚存数额。本科目应当按照专用结余的类别进行明细核算。

### 7.5.1.2　提取专用基金

**一、业务概述**

公立医院会按照相关规定从非财政拨款结余中提取的具有专门用途的资金作为专项基金用于以后的发展，因此需要对专用结余进行相应的账务处理。

**二、账务处理**

根据有关规定从本年度非财政拨款结余或经营结余中提取基金的，按照提取的金额，借记“非财政拨款结余分配”科目，贷记“专用结余”科目。

提取专用基金时的账务处理见表 7-28。

表 7-28　　　　　　　　提取专用基金时的账务处理

| 序号 | 业务 | | 财务会计处理 | 预算会计处理 |
| --- | --- | --- | --- | --- |
| （1） | 计提专用基金 | 从预算收入中按照一定比例提取基金并计入费用 | 借：业务活动费用等<br>　　贷：专用基金 | — |
| | | 从本年度非财政拨款结余或经营结余中提取基金 | 借：本年盈余分配<br>　　贷：专用基金 | 借：非财政拨款结余分配<br>　　贷：专用结余 |
| | | 根据有关规定设置的其他专用基金 | 借：银行存款等<br>　　贷：专用基金 | — |

三、案例解析

【例 7-29】某公立医院从本年度经营结余中提取基金 200 000 元，其账务处理如下：

| 财务会计分录 | 预算会计分录 |
| --- | --- |
| 借：本年盈余分配　200 000<br>　　贷：专用基金　200 000 | 借：非财政拨款结余分配　200 000<br>　　贷：专用结余　200 000 |

### 7.5.1.3 使用专用基金

一、业务概述

公立医院每年根据自身发展的需要从本年度非财政拨款结余或经营结余中提取专用基金购买固定资产、无形资产用于企业日后的正常运转，因此需要对专用结余进行相应的账务处理。

二、账务处理

根据规定使用从非财政拨款结余或经营结余中提取的专用基金时，按照使用的金额，借记“专用结余”科目，贷记“资金结存——货币资金”科目。

使用专用基金时的账务处理见表 7-29。

表 7–29　使用专用基金时的账务处理

| 序号 | 业务 | 财务会计处理 | 预算会计处理 |
|---|---|---|---|
| （1） | 按照规定使用提取的专用基金 | 借：专用基金<br>　贷：银行存款等<br>使用专用基金购置固定资产、无形资产的：<br>借：固定资产 / 无形资产<br>　贷：银行存款等<br>借：专用基金<br>　贷：累计盈余 | 使用从非财政拨款结余或经营结余中提取的基金：<br>借：专用结余<br>　贷：资金结存——货币资金<br>使用从预算收入中提取并计入费用的基金：<br>借：事业支出等<br>　贷：资金结存——货币资金 |

三、案例解析

【例 7–30】某公立医院利用从经营结余中提取的专用基金购买一台价值 200 000 元的医疗设备，其账务处理如下：

| 财务会计分录 | 预算会计分录 |
|---|---|
| 借：固定资产　200 000<br>　贷：银行存款　200 000<br>借：专用基金　200 000<br>　贷：累计盈余　200 000 | 借：专用结余　200 000<br>　贷：资金结存——货币资金　200 000 |

## 7.5.2　经营结余

### 7.5.2.1　核算内容

“经营结余”科目用于核算公立医院一定期间各项经营收支相抵后余额弥补以前年度经营亏损后的余额。

经营结余反映了事业单位开展经营活动的结果，其中，经营活动收入包括经营收入，经营活动支出包括经营支出和销售税金，用公式表示为：

经营结余 = 经营收入 –（经营支出 + 经营业务负担的销售税金）

### 7.5.2.2　年末经营收支结转

一、业务概述

公立医院在每年年末进行账务处理时，需要对本年度发生的全部经营预算收入、支出科目余额进行相应的结转，以反映其本年度的经营结余的实际情况。

## 二、账务处理

年末，将“经营预算收入”科目的本年发生额转入“经营结余”科目，借记“经营预算收入”科目，贷记“经营结余”科目；将经营支出本年发生额转入“经营结余”科目，借记“经营结余”科目，贷记“经营支出”科目。

年末经营收支结转时的账务处理见表7-30。

表7-30　　年末经营收支结转时的账务处理

| 序号 | 业务 | 财务会计处理 | 预算会计处理 |
| --- | --- | --- | --- |
| （1） | 年末经营收支结转 | —— | 借：经营预算收入<br>　贷：经营结余<br>借：经营结余<br>　贷：经营支出 |

## 三、案例解析

**【例7-31】**某公立医院本年度发生经营预算收入200 000元，发生经营支出150 000元。该医院在年末进行经营收支结转时的账务处理如下：

借：经营预算收入　　200 000
　贷：经营结余　　200 000
借：经营结余　　150 000
　贷：经营支出　　150 000

### 7.5.2.3 年末转入结余分配

## 一、业务概述及账务处理

完成上述结转后，如“经营结余”科目为贷方余额，应将“经营结余”科目的贷方余额转入“非财政拨款结余分配”科目，借记“经营结余”科目，贷记“非财政拨款结余分配”科目；如“经营结余”科目为借方余额，为经营亏损，不予结转。

年末转入结余分配时的账务处理见表7-31。

表7-31　　年末转入结余分配时的账务处理

| 序号 | 业务 | 财务会计处理 | 预算会计处理 |
| --- | --- | --- | --- |
| （1） | 年末转入结余分配 | —— | 借：经营结余<br>　贷：非财政拨款结余分配<br>　年末结余在借方，则不予结转 |

**二、案例解析**

【例 7-32】接【例 7-31】。该医院在完成上述结转后应该对于本年结转进行结转，其账务处理如下：

借：经营结余　　50 000

　　贷：非财政拨款结余分配　　50 000

## 7.5.3　其他结余

### 7.5.3.1　核算内容

"其他结余"科目用于核算公立医院本年度除财政拨款收支、非同级财政专项资金收支和经营收支以外各项收支相抵后的余额。年末结账后，本科目应无余额。

### 7.5.3.2　年末结转预算收入及支出

**一、业务概述**

公立医院在每年年末进行账务处理时，需要对本年度发生的全部符合其他结余核算条件的收入、支出科目余额进行相应的结转，以反映其本年度的其他结余的实际情况。

**二、账务处理**

年末，将事业预算收入、上级补助预算收入、附属单位上缴预算收入、非同级财政拨款预算收入、债务预算收入、其他预算收入本年发生额中的非专项资金收入以及投资预算收益本年发生额转入"其他结余"科目，借记"事业预算收入""上级补助预算收入""附属单位上缴预算收入""非同级财政拨款预算收入""债务预算收入""其他预算收入"科目下各非专项资金收入明细科目和"投资预算收益"科目，贷记"其他结余"科目（"投资预算收益"科目本年发生额为借方净额时，借记"其他结余"科目，贷记"投资预算收益"科目）；将事业支出、其他支出本发生额中的非同级财政、非专项资金支出，以及上缴上级支出、对附属单位补助支出、投资支出、债务还本支出本年发生额转入"其他结余"科目，借记"其他结余"科目，贷记"事业支出""其他支出"科目下各非同级财政、非专项资金支出明细科目和"上缴上级支出""对附属单位补助支出""投资支出""债务还本支出"科目。

年末结转预算收入及支出时的账务处理见表 7-32。

表 7–32 年末结转预算收入及支出时的账务处理

| 序号 | 业务 | 财务会计处理 | 预算会计处理 |
| --- | --- | --- | --- |
| （1） | 年末结转预算收入（除财政拨款收入、非同级财政专项收入、经营收入以外） | —— | 借：事业预算收入 / 上级补助预算收入 / 附属单位上缴预算收入 / 非同级财政拨款预算收入 / 债务预算收入 / 其他预算收入［非专项资金收入部分］投资预算收益［为贷方余额时］<br>贷：其他结余<br>借：其他结余<br>贷：投资预算收益［为借方余额时］ |
| （2） | 年末结转预算支出（除同级财政拨款支出、非同级财政专项支出、经营支出以外） | —— | 借：其他结余<br>贷：事业支出 / 其他支出［非财政、非专项资金支出部分］上缴上级支出 / 对附属单位补助支出 / 投资支出 / 债务还本支出 |

### 7.5.3.3 年末转出其他结余

#### 一、业务概述及账务处理

公立医院应将“其他结余”科目余额转入“非财政拨款结余分配”科目。当“其他结余”科目为贷方余额时，借记“其他结余”科目，贷记“非财政拨款结余——累计结余”或“非财政拨款结余分配”科目；当“其他结余”科目为借方余额时，借记“非财政拨款结余——累计结余”或“非财政拨款结余分配”科目，贷记“其他结余”科目。

年末转出其他结余时的账务处理见表 7–33。

表 7–33 年末转出其他结余时的账务处理

| 序号 | 业务 | 财务会计处理 | 预算会计处理 |
| --- | --- | --- | --- |
| （1） | 其他结余为贷方余额 | —— | 借：其他结余<br>贷：非财政拨款结余分配 |
|  | 其他结余为借方余额 | —— | 借：非财政拨款结余分配<br>贷：其他结余 |

#### 二、案例解析

**【例 7–33】** 2×19 年末，某公立医院的“其他预算收入”科目的余额为 110 000 元（捐赠收入 100 000 元、其他收入 10 000 元）；其他支出 13 000 元（医疗设备处置费用 8 000 元、其他费用 5 000 元）。年末其他预算收支结转及其他结余分配的账务处理如下：

借：其他预算收入——捐赠收入　　100 000
　　　　　　　——其他收入　　10 000
　贷：其他结余　　110 000
借：其他结余　　13 000
　贷：其他支出——医疗设备处置费用　　8 000
　　其他支出——其他　　5 000
借：其他结余　　97 000
　贷：非财政拨款结余分配　　97 000

## 7.5.4　非财政拨款结余分配

"非财政拨款结余分配"科目用于核算医院本年度非财政拨款结余分配的情况。

### 7.5.4.1　年末结余结转

年末，将"其他结余"科目的余额转入"非财政拨款结余分配"科目，当"其他结余"科目为贷方余额时，借记"其他结余"科目，贷记"非财政拨款结余分配"科目；当"其他结余"科目为借方余额时，借记"非财政拨款结余分配"科目，贷记"其他结余"科目。年末，将"经营结余"科目贷方余额转入"非财政拨款结余分配"科目，借记"经营结余"科目，贷记"非财政拨款结余分配"科目。

年末结转结余时的账务处理见表 7-34。

表 7-34　　年末结转结余时的账务处理

| 序号 | 业务 | | 财务会计处理 | 预算会计处理 |
|---|---|---|---|---|
| （1） | 医院年末结余转入 | 其他结余为贷方余额 | —— | 借：其他结余<br>贷：非财政拨款结余分配 |
| | | 其他结余为借方余额 | —— | 借：非财政拨款结余分配<br>贷：其他结余 |
| | | 经营结余为贷方余额 | —— | 借：经营结余<br>贷：非财政拨款结余分配 |
| | | 经营结余为贷方余额 | —— | 借：非财政拨款结余分配<br>贷：经营结余 |

### 7.5.4.2 计提专用基金

#### 一、业务概述及账务处理

公立医院根据自身发展的需要在有关规定允许的范围内提取专用基金的，按照提取的金额，借记“非财政拨款结余分配”科目，贷记“专用结余”科目。

计提专用基金时的账务处理见表 7-35。

表 7-35 计提专用基金时的账务处理

| 序号 | 业务 | | 财务会计处理 | 预算会计处理 |
|---|---|---|---|---|
| （1） | 计提专用基金 | 从非财政拨款结余中提取 | —— | 借：非财政拨款结余分配<br>贷：专用结余 |

#### 二、案例解析

【例 7-34】某公立医院从本年度经营结余中提取基金 150 000 元，其账务处理如下：

借：非财政拨款结余分配 150 000

贷：专用结余 150 000

### 7.5.4.3 转入非财政拨款结余

#### 一、业务概述及账务处理

年末，按照规定完成上述结转处理后，将“非财政拨款结余分配”科目余额转入非财政拨款结余。当“非财政拨款结余分配”科目为借方余额时，借记“非财政拨款结余——累计结余”科目，贷记“非财政拨款结余分配”科目；当“非财政拨款结余分配”科目为贷方余额时，借记“非财政拨款结余分配”科目，贷记“非财政拨款结余——累计结余”科目。

转入非财政拨款结余时的账务处理见表 7-36。

表 7-36 转入非财政拨款结余时的账务处理

| 序号 | 业务 | | 财务会计处理 | 预算会计处理 |
|---|---|---|---|---|
| （1） | 医院转入非财政拨款结余 | 非财政拨款结余分配为贷方余额 | —— | 借：非财政拨款结余分配<br>贷：非财政拨款结余——累计结余 |
| | | 非财政拨款结余分配为借方余额 | | 借：非财政拨款结余——累计结余<br>贷：非财政拨款结余分配 |

## 二、案例解析

**【例 7-35】**接【例 7-33】和【例 7-34】。该单位年末需要对“非财政拨款结余分配”科目余额进行相应结转，其账务处理如下：

借：非财政拨款结余——累计结余　　53 000

　　贷：非财政拨款结余分配　　53 000

# 第8章 政府财务报告和决算报告

## 8.1 年终清理结算和结账

年终清理结算和结账，是公立医院编报年度决算的一个很重要的环节，也是保证公立医院决算报表数字准确、真实、完整的一项基础工作。公立医院在年度终了前，应根据财政部门或上级主管部门的决算编报要求，对各项收支项目、往来款项、货币资金及财产物资进行全面的年终清理结算，并在此基础上办理年度结算、编报决算。

### 8.1.1 年终清理

年终清理是对公立医院全年预算资金收支、其他资金收支活动进行全面的清查、核对、整理和结算的工作。对任何一个公立医院来说，年终清理都包括对本单位财产的全面清理及会计、财务活动的总清理。

年终清理主要包括以下几个方面。

**一、清理核对年度预算收支数字和预算领拨款数字**

年终前，财政机关、上级公立医院和所属各公立医院之间，应当认真清理核对全年预算数，同时要逐笔清理核对上、下级之间预算拨款和预算缴款数字，按核定的预算或调整的预算，该拨付的拨付，该交回的交回，保证上、下级之间的年度预算数、领拨款经费数和上交、下拨数一致。

为了保证会计年度按公历年制划期，凡属本年的应拨、应交款项，必须在12月31日前汇达对方。主管会计公立医院对所属各公立医院的预算拨款，截至12月25日止，逾期一般不再下拨。凡是预拨下年度的款项，应注明款项所属年度，以免造成跨年错账。

**二、清理核对各项收支款项**

凡属本年的各项收入，都要及时入账。本年的各项应缴预算收入和应上缴上级的款项，要在年终前全部上缴。属于本年的各项支出，要按规定的支出渠道如实列报。年度公立医院支出决算，一律以基层用款公立医院截至 12 月 31 日止的本年实际支出数为准，不得将年终前预拨下一年的预算拨款列入本年的支出，也不得以上级会计公立医院的拨款数代替基层会计公立医院实际支出数。

**三、清理各项往来款项**

对公立医院的各种暂存、暂付等往来款项，要按照“严格控制、及时结算”的原则，分类清理。对各项应收款和应付款，原则上不宜跨年度挂账，做到“人欠收回、欠人归还”；对外公立医院委托代办业务，凡托办业务已结束的，要及时向委托公立医院清算结报，委托公立医院不得以拨代支，受托公立医院不得以领代报。应转为各项收入和应列支出的往来款项，要及时转入有关收支账户，编入本年决算。对没有合法手续的各种往来款项，要查明原因并采取措施，该追回的追回，该退还的退还。

**四、清查货币资金和财产物资**

年终要及时同开户银行对账。银行存款的账面余额要同银行对账单的余额核对相符；现金的账面余额要同库存现金数核对相符；有价证券的账面余额要同实存的有价证券数核对相符。各种财产物资年终都必须全部入账，各公立医院应配备专人对全部财产物资进行全面的清查盘点。固定资产和材料的盘点结果和账面数如有差异，在年终结账前应查明原因，并按规定做出处理，调整账务，做到账账、账实相符。

**五、清理结算上、下级之间的往来调剂资金**

有些公立医院在事业活动过程中存在资金不足的情况，上级主管部门可以将集中的下级收入和自行组织的收入安排补贴给资金不足的公立医院。这样就是系统内部上、下级之间的一种资金往来。年终时，要清理核对上、下级往来调剂资金。

### 8.1.2　年终结账

公立医院要在年终清理的基础上进行年终结账。各个账户核对无误后，先办理 12 月月结工作，结出各账户的本月合计数和全年累计数，再以此为基础进行年终结账工作。年终结账工作包括年终转账、结清旧账和记入新账。

**一、年终转账**

公立医院在确认全年所有发生的经济业务已经全部登记入账，经核对无误后，首先计算出各账户借方、贷方的 12 月发生额和全年累计数，结出 12 月月末余额。然后，编制结账前的资产负债表。试算平衡后，结转各收支账户年终余额，根据各收支账户 12 月 31 日的余额填制记账凭证，按年终冲转办法办理冲转结账。

**二、结清旧账**

结清旧账是指将上述处理年终转账业务的凭证内容计入各有关账户后，结出各账户借方和贷方的“全年累计数”及其余额，以结清旧账。

**三、记入新账**

根据年终结账后各账户余额，编制年终决算的资产负债表和有关明细账户余额表，将表列各账户的余额数直接计入下一会计年度新建有关会计账簿的第一行余额栏内，并在摘要栏注明“上年结账”字样。

## 8.2 资产负债表

### 8.2.1 概述

资产负债表是反映公立医院在某一特定日期的全部资产、负债和净资产情况的报表。

资产负债表是会计报表的重要组成部分，可以提供反映会计期末公立医院占有或使用的资源、承担的债务和形成的净资产情况的会计信息。公立医院应当定期编制资产负债表，披露公立医院在会计期末的财务状况。资产负债表是公立医院会计报表体系中的主要报表。它能反映公立医院在某一时点占有或使用的经济资源和负担的债务情况，以及公立医院的偿债能力和财务前景。

公立医院的资产负债表由表首标题和报表主体构成。报表主体部分包括编报项目、栏目以及金额。

**一、表首标题**

资产负债表的表首标题包括报表名称、编号（会政财 01 表）、编制单位、编表时间和金额单位等内容。资产负债表反映公立医院在某一时点的财务状况，属于静态报表，是需要注明某年某月某日的报表。按编报的时间的不同，资产负债表分为月报资产负债表和年报资产负债表。

**二、编报项目**

资产负债表的编报项目包括资产、负债和净资产 3 个会计要素，按资产（左侧）和负债与净资产（右侧）排列，按“资产等于负债加净资产”平衡。资产项目按其流动性分别按流动资产、非流动资产排列；负债项目按其流动性分别按流动负债、非流动负债排列；净资产项目分别按基金净资产、结转（余）净资产排列。

**三、栏目及金额**

资产负债表包括“期末余额”和“年初余额”两栏数字。“期末余额”栏的数额根据本期各账户的期末余额直接填列，或经过分析、计算后填列；“年初余额”栏的数额根据上年年末资产负债表“期末余额”栏内的数字填列。

## 8.2.2　填列说明

资产负债表的“年初余额”栏内的各项数字，应当根据上年年末资产负债表“期末余额”栏内的数字填列。如果本年度资产负债表规定的各个项目的名称和内容同上年度不一致，应当对上年年末资产负债表项目的名称和数字按照本年度的规定进行调整，填入资产负债表的“年初余额”栏内。如果本年度公立医院发生了因前期差错更正、会计政策变更等调整以前年度盈余的事项，还应当对“年初余额”栏中的有关项目金额进行相应调整。本表中“资产总计”项目期末（年初）余额应当与“负债和净资产总计”项目期末（年初）余额相等。

**一、资产类项目“期末余额”的内容和填列方法**

资产类项目反映公立医院占用或者使用的资产情况，一般根据会计账簿中资产类科目的期末借方余额直接填列、合并填列、分析填列。

“货币资金”项目，反映公立医院期末库存现金、银行存款、零余额账户用款额度、其他货币资金的合计数。本项目应当根据“库存现金”“银行存款”“零余额账户用款额度”“其他货币资金”科目的期末余额的合计数填列；若公立医院存在通过“库存现金”“银行存款”科目核算的受托代理资产，还应当按照前述合计数扣减“库存现金”“银行存款”科目下“受托代理资产”明细科目的期末余额。

“短期投资”项目，反映公立医院期末持有的短期投资账面余额。本项目应当根据“短期投资”科目的期末余额填列。

“财政应返还额度”项目，反映公立医院期末财政应返还额度的金额。本项目应当根据“财政应返还额度”科目的期末余额填列。

“应收票据”项目，反映公立医院期末持有的应收票据的票面金额。本项目应当根据“应收票据”科目的期末余额填列。

“应收账款净额”项目，反映公立医院期末尚未收回的应收账款减去已计提的坏账准备后的净额。本项目应当根据“应收账款”科目的期末余额，减去“坏账准备”科目中对应收账款计提的坏账准备的期末余额后的金额填列。

“预付账款”项目，反映公立医院预付给商品或者劳务供应单位的款项。本项目应当根据“预付账款”科目的期末余额填列。

“应收股利”项目，反映公立医院期末因股权投资而应收取的现金股利或应当分得的利润。本项目应当根据“应收股利”科目的期末余额填列。

“应收利息”项目，反映公立医院期末因债券投资等而应收取的利息。公立医院购入的到期一次还本付息的长期债券投资持有期间应收的利息，不包括在本项目内。本项目应当根据“应收利息”科目的期末余额填列。

“其他应收款净额”项目，反映公立医院期末尚未收回的其他应收款减去已计提的坏账准备后的净额。本项目应当根据“其他应收款”科目的期末余额减去“坏账准备”科目中对其他应收款计提的坏账准备的期末余额后的金额填列。

“存货”项目，反映公立医院期末存储的存货的实际成本。本项目应当根据“在途物品”“库存物品”“加工物品”科目的期末余额的合计数填列。

“待摊费用”项目，反映公立医院期末已经支出，但应当由本期和以后各期负担的分摊期在 1 年以内（含 1 年）的各项费用。本项目应当根据“待摊费用”科目的期末余额填列。

“一年内到期的非流动资产”项目，反映公立医院期末非流动资产项目中将在 1 年内（含 1 年）到期的金额，如公立医院将在 1 年内（含 1 年）到期的长期债券投资金额。本项目应当根据“长期债券投资”等科目的明细科目的期末余额分析填列。

“其他流动资产”项目，反映公立医院除上述各项之外的其他流动资产，如将在 1 年内（含 1 年）到期的长期债券投资。本项目应当根据“长期投资”等科目的期末余额分析填列。

“流动资产合计”项目，反映公立医院期末流动资产的合计数。本项目应当根据本表中“货币资金”“短期投资”“财政应返还额度”“应收票据”“应收账款净额”“预付账款”“应收股利”“应收利息”“其他应收款净额”“存货”“待摊费用”“一年内到期的非流动资产”“其他流动资产”项目金额的合计数填列。

“长期股权投资”项目，反映公立医院期末持有的长期股权投资的账面余额。本项目应当根据“长期股权投资”科目的期末余额填列。

“长期债券投资”项目，反映公立医院期末持有的长期债券投资的账面余额。本项目应当根据“长期债券投资”科目的期末余额减去其中将于 1 年内（含 1 年）到期的长期债券投资余额后的金额填列。

“固定资产原值”项目，反映公立医院期末固定资产的原值。本项目应当根据“固定资产”科目的期末余额填列。“固定资产累计折旧”项目，反映公立医院期末固定资产已计提的累计折旧金额。本项目应当根据“固定资产累计折旧”科目的期末余额填列。

“固定资产净值”项目，反映公立医院期末固定资产的账面价值。本项目应当根据“固定资产”科目期末余额减去“固定资产累计折旧”科目期末余额后的金额填列。

“工程物资”项目，反映公立医院期末为在建工程准备的各种物资的实际成本。本项目应当根据“工程物资”科目的期末余额填列。

“在建工程”项目，反映公立医院期末所有的建设项目工程的实际成本。本项目应当根据“在建工程”科目的期末余额填列。

“无形资产原值”项目，反映公立医院期末无形资产的原值。本项目应当根据“无形资产”科目的期末余额填列。“无形资产累计摊销”项目，反映公立医院期末无形资产已计提的累计摊销金额。本项目应当根据“无形资产累计摊销”科目的期末余额填列。

“无形资产净值”项目，反映公立医院期末无形资产的账面价值。本项目应当根据“无形资产”科目期末余额减去“无形资产累计摊销”科目期末余额后的金额填列。

“研发支出”项目，反映公立医院期末正在进行的无形资产开发项目开发阶段发生的累计支出数。本项目应当根据“研发支出”科目的期末余额填列。

“公共基础设施原值”项目，反映公立医院期末控制的公共基础设施的原值。本项目应当根据“公共基础设施”科目的期末余额填列。“公共基础设施累计折旧（摊销）”项目，反映公立医院期末控制的公共基础设施已计提的累计折旧和累计摊销金额。本项目应当根据“公共基础设施累计折旧（摊销）”

科目的期末余额填列。

“公共基础设施净值”项目，反映公立医院期末控制的公共基础设施的账面价值。本项目应当根据“公共基础设施”科目期末余额减去“公共基础设施累计折旧（摊销）”科目期末余额后的金额填列。

“政府储备物资”项目，反映公立医院期末控制的政府储备物资的实际成本。本项目应当根据“政府储备物资”科目的期末余额填列。

“文物文化资产”项目，反映公立医院期末控制的文物文化资产的成本。本项目应当根据“文物文化资产”科目的期末余额填列。

“保障性住房原值”项目，反映公立医院期末控制的保障性住房的原值。本项目应当根据“保障性住房”科目的期末余额填列。“保障性住房累计折旧”项目，反映公立医院期末控制的保障性住房已计提的累计折旧金额。本项目应当根据“保障性住房累计折旧”科目的期末余额填列。

“保障性住房净值”项目，反映公立医院期末控制的保障性住房的账面价值。本项目应当根据“保障性住房”科目的期末余额减去“保障性住房累计折旧”科目的期末余额后的金额填列。

“长期待摊费用”项目，反映公立医院期末已经支出，但应由本期和以后各期负担的分摊期限在 1 年以上（不含 1 年）的各项费用。本项目应当根据“长期待摊费用”科目的期末余额填列。

“待处理财产损溢”项目，反映公立医院期末尚未处理完毕的各种资产的净损失或净溢余。本项目应当根据“待处理财产损溢”科目的期末借方余额填列；如“待处理财产损溢”科目期末为贷方余额，以“-”号填列。

“其他非流动资产”项目，反映公立医院期末除本表中上述各项之外的其他非流动资产的合计数。本项目应当根据有关科目的期末余额合计数填列。

“非流动资产合计”项目，反映公立医院期末非流动资产的合计数。本项目应当根据本表中“长期股权投资”“长期债券投资”“固定资产净值”“工程物资”“在建工程”“无形资产净值”“研发支出”“公共基础设施净值”“政府储备物资”“文物文化资产”“保障性住房净值”“长期待摊费用”“待处理财产损溢”“其他非流动资产”项目金额的合计数填列。

“受托代理资产”项目，反映公立医院期末受托代理资产的价值。本项目应当根据“受托代理资产”科目的期末余额与“库存现金”“银行存款”科目下“受托代理资产”明细科目的期末余额的合计数填列。

“资产总计”项目，反映公立医院期末资产的合计数。本项目应当根据本表中“流动资产合计”“非流动资产合计”“受托代理资产”项目金额的合计数填列。

**二、负债类项目“期末余额”的内容和填列方法**

负债类项目反映公立医院承担债务的情况，一般根据会计账簿中负债科目的期末贷方余额直接填列，或在分析债务的偿还期后填列。

“短期借款”项目，反映公立医院期末短期借款的余额。本项目应当根据“短期借款”科目的期末余额填列。

“应交增值税”项目，反映公立医院期末应缴未缴的增值税税额。本项目应当根据“应交增值税”科目的期末余额填列；如“应交增值税”科目期末为借方余额，以“-”号填列。

“其他应交税费”项目，反映公立医院期末应缴未缴的除增值税以外的税费金额。本项目应当根据“其他应交税费”科目的期末余额填列；如“其他应交税费”科目期末为借方余额，以“-”号填列。

“应缴财政款”项目，反映公立医院期末应当上缴财政但尚未缴纳的款项。本项目应当根据“应缴财政款”科目的期末余额填列。

“应付职工薪酬”项目，反映公立医院期末按有关规定应付给职工及为职工支付的各种薪酬。本项目应当根据“应付职工薪酬”科目的期末余额填列。

“应付票据”项目，反映公立医院期末应付票据的金额。本项目应当根据“应付票据”科目的期末余额填列。

“应付账款”项目，反映公立医院期末应当支付但尚未支付的偿还期限在 1 年以内（含 1 年）的应付账款的金额。本项目应当根据“应付账款”科目的期末余额填列。

“应付利息”项目，反映公立医院期末按照合同约定应支付的借款利息。公立医院到期一次还本付息的长期借款利息不包括在本项目内。本项目应当根据“应付利息”科目的期末余额填列。

“预收账款”项目，反映公立医院期末预先收取但尚未确认收入和实际结算的款项余额。本项目应当根据“预收账款”科目的期末余额填列。

“其他应付款”项目，反映公立医院期末其他各项偿还期限在 1 年内（含 1 年）的应付及暂收款项余额。本项目应当根据“其他应付款”科目的期末余额填列。

“预提费用”项目，反映公立医院期末已预先提取的已经发生但尚未支付的各项费用。本项目应当根据“预提费用”科目的期末余额填列。

“一年内到期的非流动负债”项目，反映公立医院期末将于 1 年内（含 1 年）偿还的非流动负债的余额。本项目应当根据“长期应付款”“长期借款”等科目的明细科目的期末余额分析填列。

“其他流动负债”项目，反映公立医院期末除本表中上述各项之外的其他流动负债的合计数。本项目应当根据有关科目的期末余额的合计数填列。

“流动负债合计”项目，反映公立医院期末流动负债合计数。本项目应当根据本表“短期借款”“应交增值税”“其他应交税费”“应缴财政款”“应付职工薪酬”“应付票据”“应付账款”“应付利息”“预收账款”“其他应付款”“预提费用”“一年内到期的非流动负债”“其他流动负债”项目金额的合计数填列。

“长期借款”项目，反映公立医院期末长期借款的余额。本项目应当根据“长期借款”科目的期末余额减去其中将于 1 年内（含 1年）到期的长期借款余额后的金额填列。

“长期应付款”项目，反映公立医院期末长期应付款的余额。本项目应当根据“长期应付款”科目的期末余额减去其中将于 1 年内（含 1 年）到期的长期应付款余额后的金额填列。

“预计负债”项目，反映公立医院期末已确认但尚未偿付的预计负债的余额。本项目应当根据“预计负债”科目的期末余额填列。

“其他非流动负债”项目，反映公立医院期末除本表中上述各项之外的其他非流动负债的合计数。本项目应当根据有关科目的期末余额合计数填列。

“非流动负债合计”项目，反映公立医院期末非流动负债合计数。本项目应当根据本表中“长期借款”“长期应付款”“预计负债”“其他非流动负债”项目金额的合计数填列。

“受托代理负债”项目，反映公立医院期末受托代理负债的金额。本项目应当根据“受托代理负债”科目的期末余额填列。

“负债合计”项目，反映公立医院期末负债的合计数。本项目应当根据本表中“流动负债合计”“非流动负债合计”“受托代理负债”项目金额的合计数填列。

**三、净资产类项目“期末余额”的内容和填列方法**

净资产类项目反映公立医院净资产金额的情况，一般根据会计账簿中净资产科目的期末贷方余额直接填列。

“累计盈余”项目，反映公立医院期末未分配盈余（或未弥补亏损）以及无偿调拨净资产变动的累计数。本项目应当根据“累计盈余”科目的期末余额填列。

“专用基金”项目，反映公立医院期末累计提取或设置但尚未使用的专用基金余额。本项目应当根据“专用基金”科目的期末余额填列。

“权益法调整”项目，反映公立医院期末在被投资公立医院除净损益和利润分配以外的所有者权益变动中累积享有的份额。本项目应当根据“权益法调整”科目的期末余额填列。如“权益法调整”科目期末为借方余额，以“-”号填列。

“无偿调拨净资产”项目，反映公立医院本年度截至报告期期末无偿调入的非现金资产价值扣减无偿调出的非现金资产价值后的净值。本项目仅在月度报表中列示，年度报表中不列示。月度报表中本项目应当根据“无偿调拨净资产”科目的期末余额填列；“无偿调拨净资产”科目期末为借方余额时，以“-”号填列。

“本期盈余”项目，反映公立医院本年度截至报告期期末实现的累计盈余或亏损。本项目仅在月度报表中列示，年度报表中不列示。月度报表中本项目应当根据“本期盈余”科目的期末余额填列；“本期盈余”科目期末为借方余额时，以“-”号填列。

“净资产合计”项目，反映公立医院期末净资产合计数。本项目应当根据本表中“累计盈余”“专用基金”“权益法调整”“无偿调拨净资产”[月度报表]、“本期盈余”[月度报表]项目金额的合计数填列。

“负债和净资产总计”项目，应当按照本表中“负债合计”“净资产合计”项目金额的合计数填列。

### 8.2.3 案例分析

**【例 8-1】**某公立医院于 2×18 年 12 月 31 日结账后各资产、负债和净资产类的会计科目见表 8-1。据此编制该公立医院的资产负债表。

表 8-1 科目余额表

2×18 年 12 月 31 日 单位：元

| 资产 | 借方余额 | 负债和净资产 | 贷方余额 |
| --- | --- | --- | --- |
| 库存现金 | 3 500 | 短期借款 | 120 000 |
| 银行存款 | 161 500 | 应交增值税 | 0 |
| 零余额账户用款额度 | 0 | 其他应交税费 | 0 |
| 短期投资 | 22 500 | 应缴财政款 | 0 |
| 财政应返还额度 | 36 000 | 应付职工薪酬 | 0 |
| 应收票据 | 12 000 | 应付票据 | 0 |
| 应收账款 | 40 000 | 应付账款 | 8 000 |
| 预付账款 | 13 000 | 预收账款 | 1 000 |
| 其他应收款 | 4 500 | 其他应付款 | 2 000 |
| 存货 | 331 000 | 长期借款 | 320 000 |
| 长期股权投资 | 161 000 | 长期应付款 | 0 |
| 固定资产 | 1 957 500 | 累计盈余 | 1 106 000 |
| 固定资产累计折旧 | −507 500 | 专用基金 | 1 000 000 |
| 在建工程 | 86 000 | 权益法调整 | 28 000 |
| 无形资产 | 266 000 | | |
| 无形资产累计摊销 | −53 000 | | |
| 待处理财产损溢 | 51 000 | | |
| 合计 | 2 585 000 | 合计 | 2 585 000 |

12 月 31 日编制的资产负债表为年末资产负债表时，“年初余额”栏内各项数字，应当根据上年年末资产负债表中的“期末余额”栏内的数字填列。“期末余额”栏内的各项数字根据各科目的期末余额直接填列、合并填列或分析填列。主要项目的填列说明如下。

（1）货币资金项目

货币资金的数额为库存现金、银行存款和零余额账户用款额度的合计数。

货币资金 =3 500+161 500+0=165 000（元）

（2）固定资产、无形资产项目

固定资产、无形资产按分别扣除累计折旧、累计摊销的数额填列。

固定资产 =1 957 500-507 500=1 450 000（元）

无形资产 =266 000-53 000=213 000（元）

（3）长期借款项目

长期借款中，将于 1 年内（含 1 年）偿还的借款为 85 000 元，应列入其他流动负债项目。

长期借款 =320 000-85 000=235 000（元）

其他流动负债 =85 000（元）

（4）其他项目

其他各项目均可根据各科目的期末余额直接填列。资产总计、负债合计、净资产合计等项目的数额按其内容汇总后填列。编制完成的年度资产负债表见表 8-2。

**表 8-2　　资产负债表**

会政财 01 表

编制单位：××× 　　2×18 年 12 月 31 日　　单位：元

| 资产 | 期末余额 | 年初余额 | 负债和净资产 | 期末余额 | 年初余额 |
|---|---|---|---|---|---|
| 流动资产： | | | 流动负债： | | |
| 货币资金 | 165 000 | 142 000 | 短期借款 | 120 000 | 100 000 |
| 短期投资 | 22 500 | 19 500 | 应交增值税 | 0 | 0 |
| 财政应返还额度 | 36 000 | 21 000 | 其他应交税费 | 0 | 0 |
| 应收票据 | 12 000 | 10 000 | 应缴财政款 | 0 | 0 |
| 应收账款净额 | 40 000 | 60 000 | 应付职工薪酬 | 0 | 0 |
| 预付账款 | 13 000 | 6 000 | 应付票据 | 0 | 1 000 |
| 应收股利 | 0 | 0 | 应付账款 | 8 000 | 5 000 |
| 应收利息 | 0 | 0 | 应付利息 | 0 | 0 |
| 其他应收款净额 | 4 500 | 3 000 | 预收账款 | 1 000 | 0 |
| 存货 | 331 000 | 323 500 | 其他应付款 | 2 000 | 3 000 |
| 待摊费用 | 0 | 0 | 预提费用 | 0 | 0 |
| 一年内到期的非流动资产 | 0 | 0 | 一年内到期的非流动负债 | 0 | 0 |
| 其他流动资产 | 0 | 0 | 其他流动负债 | 85 000 | 0 |

续表

| 资产 | 期末余额 | 年初余额 | 负债和净资产 | 期末余额 | 年初余额 |
|---|---|---|---|---|---|
| 流动资产合计 | 664 000 | 585 000 | 流动负债合计 | 216 000 | 109 000 |
| 非流动资产： | | | 非流动负债： | | |
| 长期股权投资 | 161 000 | 100 000 | 长期借款 | 235 000 | 270 000 |
| 长期债权投资 | 0 | 0 | 长期应付款 | 0 | 0 |
| 固定资产原值 | 1 957 500 | 1 512 000 | 预计负债 | 0 | 0 |
| 减：固定资产累计折旧 | 507 500 | 392 000 | 其他非流动负债 | 0 | 0 |
| 固定资产净值 | 1 450 000 | 1 120 000 | 非流动负债合计 | 235 000 | 270 000 |
| 工程物资 | 0 | 0 | 受托代理负债 | 0 | 0 |
| 在建工程 | 86 000 | 150 000 | 负债合计 | 451 000 | 379 000 |
| 无形资产原值 | 266 000 | 287 500 | | | |
| 减：无形资产累计摊销 | 53 000 | 57 500 | | | |
| 无形资产净值 | 213 000 | 230 000 | | | |
| 研发支出 | 0 | 0 | | | |
| 公共基础设施原值 | 0 | 0 | | | |
| 减：公共基础设施累计折旧（摊销） | 0 | 0 | | | |
| 公共基础设施产净值 | 0 | 0 | | | |
| 政府储备物资 | 0 | 0 | | | |
| 文物文化资产 | 0 | 0 | | | |
| 保障性住房原值 | 0 | 0 | 净资产： | | |
| 减：保障性住房累计折旧 | 0 | 0 | 累计盈余 | 1 106 000 | 1 000 000 |
| 保障性住房净值 | 0 | 0 | 专用基金 | 1 000 000 | 800 000 |
| 长期待摊费用 | 0 | 0 | 权益法调整 | 28 000 | 6 000 |

续表

| 资产 | 期末余额 | 年初余额 | 负债和净资产 | 期末余额 | 年初余额 |
|---|---|---|---|---|---|
| 待处理财产损溢 | 51 000 | 0 | 无偿调拨净资产 | | —— |
| 其他非流动资产 | 0 | 0 | 本期盈余 | | —— |
| 非流动资产合计 | 1 921 000 | 1 600 000 | 净资产合计 | 2 134 000 | 1 806 000 |
| 受托代理资产 | 0 | 0 | | | |
| 资产总计 | 2 585 000 | 2 185 000 | 负债和净资产总计 | 2 585 000 | 2 185 000 |

# 8.3　收入费用表

## 8.3.1　概述

收入费用表是反映公立医院在一定会计期间的事业成果及其分配情况的会计报表，用于反映公立医院在某一会计期间内各项收入、费用和当期盈余情况。

收入费用表是公立医院会计报表的重要组成部分，可以提供一定时期公立医院收入总额及构成情况、费用总额及构成情况，以及盈余及其分配内容的会计信息。公立医院应当定期编制收入费用表，披露本单位在一定会计期间的业务活动成果。

公立医院的收入费用表由表首标题和报表主体构成。报表主体部分包括编报项目、栏目及金额。

**一、表首标题**

收入费用表的表首标题包括报表名称、编号（会政财 02 表）、编制公立医院、编表时间和金额公立医院等内容。由于收入费用表反映公立医院在某一时期的事业成果，属于动态报表，因此需要注明报表所属的期间，如 ×××× 年 ×× 月、×××× 年度。按编报时间的不同，收入费用表分为月报收入费用表和年报收入费用表。

**二、编报项目**

收入费用表应当按照收入、费用的构成和盈余分配情况分别列示，按本期收入、本期费用和本期盈余等项目分层次排列。

**三、栏目及金额**

月报的收入费用表由“本月数”和“本年累计数”两栏组成，年报的收入费用表由“上年数”和“本年数”两栏组成。收入费用表的各栏数额，应当根据相关收支账户的“本月合计数”和“本年累计数”的发生额填列，或经过计算、分析后填列。

## 8.3.2 填列说明

本表反映公立医院在某一会计期间内发生的收入、费用及当期盈余情况。

本表“本月数”栏反映各项目的本月实际发生数。编制年度收入费用表时，应当将本栏改为“本年数”，反映本年度各项目的实际发生数。

本表“本年累计数”栏反映各项目自年初至报告期期末的累计实际发生数。编制年度收入费用表时，应当将本栏改为“上年数”，反映上年度各项目的实际发生数，“上年数”栏应当根据上年年度收入费用表中“本年数”栏内所列数字填列。

如果本年度收入费用表规定的项目的名称和内容同上年度不一致，应当对上年度收入费用表项目的名称和数字按照本年度的规定进行调整，将调整后的金额填入本年度收入费用表的“上年数”栏内。

如果本年度公立医院发生了因前期差错更正、会计政策变更等调整以前年度盈余的事项，还应当对年度收入费用表中“上年数”栏中的有关项目金额进行相应调整。

**一、本期收入**

“本期收入”项目，反映公立医院本期收入总额。本项目应当根据本表中“财政拨款收入”“事业收入”“上级补助收入”“附属单位上缴收入”“经营收入”“非同级财政拨款收入”“投资收益”“捐赠收入”“利息收入”“租金收入”“其他收入”项目金额的合计数填列。

“财政拨款收入”项目，反映公立医院本期从同级政府财政部门取得的各类财政拨款。本项目应当根据“财政拨款收入”科目的本期发生额填列。“政府性基金收入”项目，反映公立医院本期取得的财政拨款收入中属于政府性基金预算拨款的金额。本项目应当根据“财政拨款收入”相关明细科目的本期发生额填列。

“事业收入”项目，反映公立医院本期开展专业业务活动及其辅助活动实现的收入。本项目应当根据“事业收入”科目的本期发生额填列。

“上级补助收入”项目，反映公立医院本期从主管部门和上级公立医院收到或应收的非财政拨款收入。本项目应当根据“上级补助收入”科目的本期发生额填列。

“附属单位上缴收入”项目，反映公立医院本期收到或应收的独立核算的附属公立医院按照有关规定上缴的收入。本项目应当根据“附属单位上缴收入”科目的本期发生额填列。

“经营收入”项目，反映公立医院本期在专业业务活动及其辅助活动之外开展非独立核算经营活动实现的收入。本项目应当根据“经营收入”科目的本期发生额填列。

“非同级财政拨款收入”项目，反映公立医院本期从非同级政府财政部门取得的财政拨款，不包括公立医院因开展科研及其辅助活动从非同级财政部门取得的经费拨款。本项目应当根据“非同级财政拨款收入”科目的本期发生额填列。

“投资收益”项目，反映公立医院本期股权投资和债券投资所实现的收益或发生的损失。本项目应当根据“投资收益”科目的本期发生额填列；如为投资净损失，以“-”号填列。

“捐赠收入”项目，反映公立医院本期接受捐赠取得的收入。本项目应当根据“捐赠收入”科目的本期发生额填列。

“利息收入”项目，反映公立医院本期取得的银行存款利息收入。本项目应当根据“利息收入”科目的本期发生额填列。

“租金收入”项目，反映公立医院本期经批准利用国有资产出租取得并按规定纳入本公立医院预算管理的租金收入。本项目应当根据“租金收入”科目的本期发生额填列。

“其他收入”项目，反映公立医院本期取得的除以上收入项目外的其他收入的总额。本项目应当根据“其他收入”科目的本期发生额填列。

**二、本期费用**

“本期费用”项目，反映公立医院本期费用总额。本项目应当根据本表中“业务活动费用”“单位管理费用”“经营费用”“资产处置费用”“上缴上级费用”“对附属单位补助费用”“所得税费用”和“其他费用”项目金额的合计数填列。

“业务活动费用”项目，反映公立医院本期为实现其职能目标，依法履职或开展专业业务活动及其辅助活动所发生的各项费用。本项目应当根据“业务活动费用”科目本期发生额填列。

“单位管理费用”项目，反映公立医院本期本级行政及后勤管理部门开展管理活动发生的各项费用，以及由公立医院统一负担的离退休人员经费、工会经费、诉讼费、中介费等。本项目应当根据“单位管理费用”科目的本期发生额填列。

“经营费用”项目，反映公立医院本期在专业业务活动及其辅助活动之外开展非独立核算经营活动发生的各项费用。本项目应当根据“经营费用”科目的本期发生额填列。

“资产处置费用”项目，反映公立医院本期经批准处置资产时转销的资产价值以及在处置过程中发生的相关费用或者处置收入小于处置费用形成的净支出。本项目应当根据“资产处置费用”科目的本期发生额填列。

“上缴上级费用”项目，反映公立医院按照规定上缴上级公立医院款项发生的费用。本项目应当根据“上缴上级费用”科目的本期发生额填列。

“对附属单位补助费用”项目，反映公立医院用财政拨款收入之外的收入对附属公立医院补助发生的费用。本项目应当根据“对附属单位补助费用”科目的本期发生额填列。

“所得税费用”项目，反映有企业所得税缴纳义务的公立医院本期计算应交纳的企业所得税。本项目应当根据“所得税费用”科目的本期发生额填列。

“其他费用”项目，反映公立医院本期发生的除以上费用项目外的其他费用的总额。本项目应当根据“其他费用”科目的本期发生额填列。

**三、本期盈余**

“本期盈余”项目，反映公立医院本期收入扣除本期费用后的净额。本项目应当根据本表中“本期收入”项目金额减去“本期费用”项目金额后的金额填列；如为负数，以“-”号填列。

### 8.3.3 案例分析

**【例 8-2】**某公立医院 2×18 年的收入、费用类科目的发生额见表 8-3。该公立医院无所得税缴纳义务。

表 8–3　　收入、费用类科目发生额表

2×18 年度　　单位：元

| 费用类 | 本年累计数 | 收入类 | 本年累计数 |
|---|---|---|---|
| 业务活动费用 | 11 000 000 | 财政拨款收入 | 10 000 000 |
| 单位管理费用 | 200 000 | 其中：公共预算性收入 | 8 500 000 |
| 经营费用 | 156 000 | 政府性基金收入 | 1 500 000 |
| 资产处置费用 | 280 000 | 事业收入 | 6 180 000 |
| 上缴上级费用 | 5 320 000 | 上级补助收入 | 1 824 000 |
| 对附属单位补助费用 | 1 512 000 | 附属单位上缴收入 | 300 000 |
| 所得税费用 | 0 | 经营收入 | 252 000 |
| 其他费用 | 60 000 | 非同级财政拨款收入 | 200 000 |
| | | 投资收益 | 10 000 |
| | | 捐赠收入 | 75 000 |
| | | 利息收入 | 20 000 |
| | | 租金收入 | 20 000 |
| | | 其他收入 | 144 000 |
| 费用合计 | 18 528 000 | 收入合计 | 19 025 000 |

编制该公立医院的 2×18 年收入费用表时，省略了“上年数”一列数字。“本年数”一列数字主要项目的填列说明如下。

（1）本期收入

本期收入 =10 000 000+1 824 000+6 180 000+300 000+252 000+200 000+10 000+75 000+20 000+20 000+144 000=19 025 000（元）

（2）本期费用

本期费用 =11 000 000+200 000+156 000+280 000+5 320 000+1 512 000+60 000=18 528 000（元）

（3）本期盈余

本期盈余 = 19 025 000 － 18 528 000 =497 000（元）

编制完成的公立医院 2×18 年度收入费用表和医疗活动收入费用明细表分别如表 8-4 和表 8-5 所示。

表 8-4 **收入费用表**

会政财 02 表

编制单位：××× 2×18 年度 单位：元

| 项目 | 本月数（略） | 本年累计数 |
|---|---|---|
| 一、本期收入 | | 19 025 000 |
| （一）财政拨款收入 | | 10 000 000 |
| 其中：政府性基金收入 | | 1 500 000 |
| （二）事业收入 | | 6 180 000 |
| （三）上级补助收入 | | 1 824 000 |
| （四）附属单位上缴收入 | | 300 000 |
| （五）经营收入 | | 252 000 |
| （六）非同级财政拨款收入 | | 200 000 |
| （七）投资收益 | | 10 000 |
| （八）捐赠收入 | | 75 000 |
| （九）利息收入 | | 20 000 |
| （十）租金收入 | | 20 000 |
| （十一）其他收入 | | 144 000 |
| 二、本期费用 | | 18 528 000 |
| （一）业务活动费用 | | 11 000 000 |
| （二）单位管理费用 | | 200 000 |
| （三）经营费用 | | 156 000 |
| （四）资产处置费用 | | 280 000 |
| （五）上缴上级费用 | | 5 320 000 |
| （六）对附属单位补助费用 | | 1 512 000 |
| （七）所得税费用 | | 0 |
| （八）其他费用 | | 60 000 |
| 三、本期盈余 | | 497 000 |

表 8–5　　医疗活动收入费用明细表

会政财 02 表附表 01

编制单位：× × ×　　2×18 年度　　单位：元

| 项目 | 本月数（略） | 本年累计数 | 项目 | 本月数（略） | 本年累计数 |
|---|---|---|---|---|---|
| 医疗活动收入合计 | | | 医疗活动费用合计 | | 18 528 000 |
| 财政基本拨款收入 | | 10 000 000 | 业务活动费用 | | 11 000 000 |
| 医疗收入 | | 6 180 000 | 人员经费 | | 5 520 000 |
| 门急诊收入 | | 2 090 000 | 其中：工资福利费用 | | 4 678 000 |
| 挂号收入 | | 200 000 | 对个人和家庭的补助费用 | | 842 000 |
| 诊察收入 | | 198 340 | 商品和服务费用 | | 2 780 000 |
| 检查收入 | | 198 340 | 固定资产折旧费 | | 1 200 000 |
| 化验收入 | | 198 340 | 无形资产摊销费 | | 700 000 |
| 治疗收入 | | 198 340 | 计提专用基金 | | 800 000 |
| 手术收入 | | 332 200 | 单位管理费用 | | 200 000 |
| 卫生材料收入 | | 198 340 | 人员经费 | | 90 000 |
| 药品收入 | | 333 900 | 其中：工资福利费用 | | 75 000 |
| 其他门急诊收入 | | 232 200 | 对个人和家庭的补助费用 | | 15 000 |
| 住院收入 | | 4 090 000 | 商品和服务费用 | | 50 000 |
| 床位收入 | | 409 000 | 固定资产折旧费 | | 40 000 |
| 诊察收入 | | 454 400 | 无形资产摊销费 | | 20 000 |
| 检查收入 | | 454 400 | 经营费用 | | 156 000 |
| 化验收入 | | 200 000 | 资产处置费用 | | 280 000 |
| 治疗收入 | | 409 000 | 上缴上级费用 | | 5 320 000 |
| 手术收入 | | 500 000 | 对附属单位补助费用 | | 1 512 000 |
| 护理收入 | | 454 400 | 所得税费用 | | 0 |
| 卫生材料收入 | | 454 400 | 其他费用 | | 60 000 |
| 药品收入 | | 300 000 | | | |

续表

| 项目 | 本月数（略） | 本年累计数 | 项目 | 本月数（略） | 本年累计数 |
|---|---|---|---|---|---|
| 其他住院收入 | | 454 400 | | | |
| 结算差额 | | 0 | | | |
| 上级补助收入 | | 1 824 000 | | | |
| 附属单位上缴收入 | | 300 000 | | | |
| 经营收入 | | 252 000 | | | |
| 非同级财政拨款收入 | | 200 000 | | | |
| 投资收益 | | 10 000 | | | |
| 捐赠收入 | | 75 000 | | | |
| 利息收入 | | 20 000 | | | |
| 租金收入 | | 20 000 | | | |
| 其他收入 | | 144 000 | | | |

# 8.4 净资产变动表

## 8.4.1 概述

净资产变动表是反映公立医院在某一会计年度内净资产项目变动的情况报表。

净资产变动表是公立医院会计报表的重要组成部分，可以提供一定时期公立医院净资产各个组成项目金额的变动情况。公立医院应当定期编制净资产变动表，披露公立医院在一定会计期间的资产结存状况。

公立医院的净资产变动表由表首标题和报表主体构成。报表主体部分包括编报项目、栏目及金额。

**一、表首标题**

净资产变动表的表首标题包括报表名称、编号（会政财 03 表）、编制公立医院、编表时间和金额公立医院等内容。由于净资产变动表反映公立医院在某一时期的资产情况，属于动态报表，需要注明报表所属的期间，如 ×××× 年度。

**二、编报项目**

净资产变动表应当本年数、上年数等情况分项列示，按本年年初余额、以前年度盈余调整和本年变动金额、本年年末余额等项目分层次排列。

**三、栏目及金额**

年报的净资产变动表由“本年数”和“上年数”两栏组成。净资产变动表的各栏数额，应当根据相关账户的“上年数”和“本年数”的发生额填列，或经过计算、分析后填列。

## 8.4.2　填列说明

净资产负债表“本年数”栏反映本年度各项目的实际变动数。本表“上年数”栏反映上年度各项目的实际变动数，应当根据上年度净资产变动表中“本年数”栏内所列数字填列。如果上年度净资产变动表规定的项目的名称和内容与本年度不一致，应对上年度净资产变动表项目的名称和数字按照本年度的规定进行调整，将调整后金额填入本年度净资产变动表“上年数”栏内。

“上年年末余额”行，反映公立医院净资产各项目上年年末的余额。本行各项目应当根据“累计盈余”“专用基金”“权益法调整”科目上年年末余额填列。

“以前年度盈余调整”行，反映公立医院本年度调整以前年度盈余的事项对累计盈余进行调整的金额。本行“累计盈余”项目应当根据本年度“以前年度盈余调整”科目转入“累计盈余”科目的金额填列；如调整减少累计盈余，以“-”号填列。

“本年年初余额”行，反映经过以前年度盈余调整后，公立医院净资产各项目的本年年初余额。本行“累计盈余”“专用基金”“权益法调整”项目应当根据其各自在“上年年末余额”和“以前年度盈余调整”行对应项目金额的合计数填列。

“本年变动金额”行，反映公立医院净资产各项目本年变动总金额。本行“累计盈余”“专用基金”“权益法调整”项目应当根据其各自在“本年盈余”“无偿调拨净资产”“归集调整预算结转结余”“提取或设置专用基金”“使用专用基金”“权益法调整”行对应项目金额的合计数填列。

“本年盈余”行，反映公立医院本年发生的收入、费用对净资产的影响。本行“累计盈余”项目应当根据年末由“本期盈余”科目转入“本年盈余分配”

科目的金额填列；如转入时借记“本年盈余分配”科目，则以“-”号填列。

“无偿调拨净资产”行，反映公立医院本年无偿调入、调出非现金资产事项对净资产的影响。本行“累计盈余”项目应当根据年末由“无偿调拨净资产”科目转入“累计盈余”科目的金额填列；如转入时借记“累计盈余”科目，则以“-”号填列。

“归集调整预算结转结余”行，反映公立医院本年财政拨款结转结余资金归集调入、归集上缴或调出，以及非财政拨款结转资金缴回对净资产的影响。本行“累计盈余”项目应当根据“累计盈余”科目明细账记录分析填列；如归集调整减少预算结转结余，则以“-”号填列。

“提取或设置专用基金”行，反映公立医院本年提取或设置专用基金对净资产的影响。本行“累计盈余”项目应当根据“从预算结余中提取”行“累计盈余”项目的金额填列。本行“专用基金”项目应当根据“从预算收入中提取”“从预算结余中提取”“设置的专用基金”行“专用基金”项目金额的合计数填列。

“从预算收入中提取”行，反映公立医院本年从预算收入中提取专用基金对净资产的影响。本行“专用基金”项目应当通过对“专用基金”科目明细账记录的分析，根据本年按有关规定从预算收入中提取基金的金额填列。

“从预算结余中提取”行，反映公立医院本年根据有关规定从本年度非财政拨款结余或经营结余中提取专用基金对净资产的影响。本行“累计盈余”“专用基金”项目应当通过对“专用基金”科目明细账记录的分析，根据本年按有关规定从本年度非财政拨款结余或经营结余中提取专用基金的金额填列；本行“累计盈余”项目以“-”号填列。

“设置的专用基金”行，反映公立医院本年根据有关规定设置的其他专用基金对净资产的影响。本行“专用基金”项目应当通过对“专用基金”科目明细账记录的分析，根据本年按有关规定设置的其他专用基金的金额填列。

“使用专用基金”行，反映公立医院本年按规定使用专用基金对净资产的影响。本行“累计盈余”“专用基金”项目应当通过对“专用基金”科目明细账记录的分析，根据本年按规定使用专用基金的金额填列；本行“专用基金”项目以“-”号填列。

“权益法调整”行，反映公立医院本年按照被投资公立医院除净损益和利润分配以外的所有者权益变动份额而调整长期股权投资的账面余额对净资产的影响。本行“权益法调整”项目应当根据“权益法调整”科目本年发生额填列；若本年净发生额为借方时，以“-”号填列。

“本年年末余额”行，反映公立医院本年各净资产项目的年末余额。本行“累计盈余”“专用基金”“权益法调整”项目应当根据其各自在“本年年初余额”“本年变动金额”行对应项目金额的合计数填列。

本表各行“净资产合计”项目，应当根据所在行“累计盈余”“专用基金”“权益法调整”项目金额的合计数填列。

### 8.4.3　案例分析

**【例 8-3】**2×18 年 12 月 31 日，某公立医院本年运营增加的累计盈余为 106 000 元，政府下拨的专用基金为 200 000 元，购买的长期股权投资除净损益和利润分配以外的所有者权益变动份额而调整长期股权投资的账面余额为 22 000 元。据此编制的该公立医院的净资产变动表见表 8-6（省略“上年数”）。

**表 8-6　　净资产变动表**

会政财 03 表

编制单位：×××　　2×18 年　　单位：元

| 项目 | 本年数 | | | | 上年数 | | | |
|---|---|---|---|---|---|---|---|---|
| | 累计盈余 | 专用基金 | 权益法调整 | 净资产合计 | 累计盈余 | 专用基金 | 权益法调整 | 净资产合计 |
| 一. 上年年末余额 | 1 000 000 | 800 000 | 6 000 | 1 806 000 | | | | |
| 二. 以前年度盈余调整（减少以“-”号填列） | | | | | | | | |
| 三. 本年年初余额 | 1 000 000 | 800 000 | 6 000 | 1 806 000 | | | | |
| 四. 本年变动金额（减少以“-”号填列） | 106 000 | 200 000 | 22 000 | 328 000 | | | | |
| （一）本年盈余 | 100 000 | | | 100 000 | | | | |
| （二）无偿调拨净资产 | 6 000 | | | 6 000 | | | | |
| （三）归集调整预算结转结余 | | | | | | | | |

续表

| 项 目 | 本年数 | | | | 上年数 | | | |
|---|---|---|---|---|---|---|---|---|
| | 累计盈余 | 专用基金 | 权益法调整 | 净资产合计 | 累计盈余 | 专用基金 | 权益法调整 | 净资产合计 |
| （四）提取或设置专用基金 | | | | | | | | |
| 其中：从预算收入中提取 | | | | | | | | |
| 从预算结余中提取 | | | | | | | | |
| 设置的专用基金 | | 200 000 | | 200 000 | | | | |
| （五）使用专用基金 | | | | | | | | |
| （六）权益法调整 | | | 22 000 | 22 000 | | | | |
| 五. 本年年末余额 | 1 106 000 | 1 000 000 | 28 000 | 2 134 000 | | | | |

# 8.5　现金流量表

## 8.5.1　概述

现金流量表可反映公立医院在某一会计年度内现金流入和流出的情况。

现金流量表是公立医院会计报表的重要组成部分，可以提供一定时期公立医院现金流入流出情况和会计信息。公立医院应当定期编制现金流量表，披露公立医院在一定会计期间的现金流入流出情况。

公立医院的现金流量表由表首标题和报表主体构成。报表主体部分包括编报项目、栏目及金额。

**一、表首标题**

现金流量表的表首标题包括报表名称、编号（会政财 04 表）、编制公立医院、编表时间和金额公立医院等内容。由于现金流量表反映公立医院在某一时期的现金流入流出情况，属于动态报表，需要注明报表所属的期间，如××××年度。

**二、编报项目**

现金流量表应当按照本年经营活动、投资活动和筹资活动情况分别列示，按日常活动产生现金流量、投资活动产生现金流量和筹资活动产生现金流量等项目分层次排列。

**三、栏目及金额**

年报的现金流量表由“本年金额”和“上年金额”两栏组成。现金流量表的各栏数额，应当根据相关账户的“上年金额”和“本年金额”的发生额填列，或经过计算、分析后填列。

## 8.5.2　填列说明

本表反映公立医院在某一会计年度内现金流入和流出的信息。

本表所指的现金，是指公立医院的库存现金以及其他可以随时用于支付的款项，包括库存现金、可以随时用于支付的银行存款、其他货币资金、零余额账户用款额度、财政应返还额度，以及通过财政直接支付方式支付的款项。

现金流量表应当按照日常活动、投资活动、筹资活动的现金流量分别反映。本表所指的现金流量，是指现金的流入和流出。

本表“本年金额”栏反映各项目的本年实际发生数。本表“上年金额”栏反映各项目的上年实际发生数，应当根据上年现金流量表中“本年金额”栏内所列数字填列。

公立医院应当采用直接法编制现金流量表。

**一、日常活动产生的现金流量**

“财政基本支出拨款收到的现金”项目，反映公立医院本年接受财政基本支出拨款取得的现金。本项目应当根据“零余额账户用款额度”“财政拨款收入”“银行存款”等科目及其所属明细科目的记录分析填列。

“财政非资本性项目拨款收到的现金”项目，反映公立医院本年接受除用于购建固定资产、无形资产、公共基础设施等资本性项目以外的财政项目拨款取得的现金。本项目应当根据“银行存款”“零余额账户用款额度”“财政拨款收入”等科目及其所属明细科目的记录分析填列。

“事业活动收到的除财政拨款以外的现金”项目，反映公立医院本年开展专业业务活动及其辅助活动取得的除财政拨款以外的现金。本项目应当根据“库存现金”“银行存款”“其他货币资金”“应收账款”“应收票据”“预收账款”“事业收入”等科目及其所属明细科目的记录分析填列。

“收到的其他与日常活动有关的现金”项目，反映公立医院本年收到的除以上项目之外的与日常活动有关的现金。本项目应当根据“库存现金”“银行存款”“其他货币资金”“上级补助收入”“附属公立医院上缴收入”“经营收入”“非同级财政拨款收入”“捐赠收入”“利息收入”“租金收入”“其他收入”等科目及其所属明细科目的记录分析填列。

“日常活动的现金流入小计”项目，反映公立医院本年日常活动产生的现金流入的合计数。本项目应当根据本表中“财政基本支出拨款收到的现金”“财政非资本性项目拨款收到的现金”“事业活动收到的除财政拨款以外的现金”“收到的其他与日常活动有关的现金”项目金额的合计数填列。

“购买商品、接受劳务支付的现金”项目，反映公立医院本年在日常活动中用于购买商品、接受劳务支付的现金。本项目应当根据“库存现金”“银行存款”“财政拨款收入”“零余额账户用款额度”“预付账款”“在途物品”“库存物品”“应付账款”“应付票据”“业务活动费用”“单位管理费用”“经营费用”等科目及其所属明细科目的记录分析填列。

“支付给职工以及为职工支付的现金”项目，反映公立医院本年支付给职工以及为职工支付的现金。本项目应当根据“库存现金”“银行存款”“零余额账户用款额度”“财政拨款收入”“应付职工薪酬”“业务活动费用”“单位管理费用”“经营费用”等科目及其所属明细科目的记录分析填列。

“支付的各项税费”项目，反映公立医院本年用于缴纳日常活动相关税费而支付的现金。本项目应当根据“库存现金”“银行存款”“零余额账户用款额度”“应交增值税”“其他应交税费”“业务活动费用”“单位管理费用”“经营费用”“所得税费用”等科目及其所属明细科目的记录分析填列。

“支付的其他与日常活动有关的现金”项目，反映公立医院本年支付的除上述项目之外与日常活动有关的现金。本项目应当根据“库存现金”“银行存款”“零余额账户用款额度”“财政拨款收入”“其他应付款”“业务活动费用”“单位管理费用”“经营费用”“其他费用”等科目及其所属明细科目的记录分析填列。

“日常活动的现金流出小计”项目，反映公立医院本年日常活动产生的现金流出的合计数。本项目应当根据本表中“购买商品、接受劳务支付的现金”“支付给职工以及为职工支付的现金”“支付的各项税费”“支付的其他与日常活动有关的现金”项目金额的合计数填列。

“日常活动产生的现金流量净额”项目，应当按照本表中“日常活动的现金流入小计”项目金额减去“日常活动的现金流出小计”项目金额后的金额填列；如为负数，以“-”号填列。

**二、投资活动产生的现金流量**

“收回投资收到的现金”项目，反映公立医院本年出售、转让或者收回投资收到的现金。本项目应该根据“库存现金”“银行存款”“短期投资”“长期股权投资”“长期债券投资”等科目的记录分析填列。

“取得投资收益收到的现金”项目，反映公立医院本年因对外投资而收到被投资公立医院分配的股利或利润，以及收到投资利息而取得的现金。本项目应当根据“库存现金”“银行存款”“应收股利”“应收利息”“投资收益”等科目的记录分析填列。

“处置固定资产、无形资产、公共基础设施等收回的现金净额”项目，反映公立医院本年处置固定资产、无形资产、公共基础设施等非流动资产所取得的现金，减去为处置这些资产而支付的有关费用之后的净额。由于自然灾害所造成的固定资产等长期资产损失而收到的保险赔款收入，也在本项目中反映。本项目应当根据“库存现金”“银行存款”“待处理财产损溢”等科目的记录分析填列。

“收到的其他与投资活动有关的现金”项目，反映公立医院本年收到的除上述项目之外与投资活动有关的现金。对于金额较大的现金流入，应当单列项目反映。本项目应当根据“库存现金”“银行存款”等有关科目的记录分析填列。

“投资活动的现金流入小计”项目，反映公立医院本年投资活动产生的现金流入的合计数。本项目应当根据本表中“收回投资收到的现金”“取得投资收益收到的现金”“处置固定资产、无形资产、公共基础设施等收回的现金净额”“收到的其他与投资活动有关的现金”项目金额的合计数填列。

“购建固定资产、无形资产、公共基础设施等支付的现金”项目，反映公立医院本年购买和建造固定资产、无形资产、公共基础设施等非流动资产所支付的现金；融资租入固定资产支付的租赁费不在本项目中反映，而在筹资活动的现金流量中反映。本项目应当根据“库存现金”“银行存款”“固定资产”“工程物资”“在建工程”“无形资产”“研发支出”“公共基础设施”“保障性住房”等科目的记录分析填列。

“对外投资支付的现金”项目，反映公立医院本年为取得短期投资、长期股权投资、长期债券投资而支付的现金。本项目应当根据“库存现金”“银行存款”“短期投资”“长期股权投资”“长期债券投资”等科目的记录分析填列。

“上缴处置固定资产、无形资产、公共基础设施等净收入支付的现金”项目，反映本年公立医院将处置固定资产、无形资产、公共基础设施等非流动资产所收回的现金净额予以上缴财政所支付的现金。本项目应当根据“库存现金”“银行存款”“应缴财政款”等科目的记录分析填列。

“支付的其他与投资活动有关的现金”项目，反映公立医院本年支付的除上述项目之外与投资活动有关的现金。对于金额较大的现金流出，应当单列项目反映。本项目应当根据“库存现金”“银行存款”等有关科目的记录分析填列。

“投资活动的现金流出小计”项目，反映公立医院本年投资活动产生的现金流出的合计数。本项目应当根据本表中“购建固定资产、无形资产、公共基础设施等支付的现金”“对外投资支付的现金”“上缴处置固定资产、无形资产、公共基础设施等净收入支付的现金”“支付的其他与投资活动有关的现金”项目金额的合计数填列。

“投资活动产生的现金流量净额”项目，应当按照本表中“投资活动的现金流入小计”项目金额减去“投资活动的现金流出小计”项目金额后的金额填列；如为负数，以“-”号填列。

**三、筹资活动产生的现金流量**

“财政资本性项目拨款收到的现金”项目，反映公立医院本年接受用于购建固定资产、无形资产、公共基础设施等资本性项目的财政项目拨款取得的现金。本项目应当根据“银行存款”“零余额账户用款额度”“财政拨款收入”等科目及其所属明细科目的记录分析填列。

“取得借款收到的现金”项目，反映公立医院本年举借短期、长期借款所收到的现金。本项目应当根据“库存现金”“银行存款”“短期借款”“长期借款”等科目记录分析填列。

“收到的其他与筹资活动有关的现金”项目，反映公立医院本年收到的除上述项目之外与筹资活动有关的现金。对于金额较大的现金流入，应当单列项目反映。本项目应当根据“库存现金”“银行存款”等有关科目的记录分析填列。

“筹资活动的现金流入小计”项目，反映公立医院本年筹资活动产生的现金流入的合计数。本项目应当根据本表中“财政资本性项目拨款收到的现金”“取得借款收到的现金”“收到的其他与筹资活动有关的现金”项目金额的合计数填列。

“偿还借款支付的现金”项目，反映公立医院本年偿还借款本金所支付的现金。本项目应当根据“库存现金”“银行存款”“短期借款”“长期借款”等科目的记录分析填列。

“偿付利息支付的现金”项目，反映公立医院本年支付的借款利息等。本项目应当根据“库存现金”“银行存款”“应付利息”“长期借款”等科目的记录分析填列。

“支付的其他与筹资活动有关的现金”项目，反映公立医院本年支付的除上述项目之外与筹资活动有关的现金，如融资租入固定资产所支付的租赁费。本项目应当根据“库存现金”“银行存款”“长期应付款”等科目的记录分析填列。

“筹资活动的现金流出小计”项目，反映公立医院本年筹资活动产生的现金流出的合计数。本项目应当根据本表中“偿还借款支付的现金”“偿付利息支付的现金”“支付的其他与筹资活动有关的现金”项目金额的合计数填列。

“筹资活动产生的现金流量净额”项目，应当按照本表中“筹资活动的现金流入小计”项目金额减去“筹资活动的现金流出小计”金额后的金额填列；如为负数，以“-”号填列。

**四、汇率变动对现金的影响额**

“汇率变动对现金的影响额”项目，反映公立医院本年外币现金流量折算为人民币时，所采用的现金流量发生日的汇率折算的人民币金额与外币现金流量净额按期末汇率折算的人民币金额之间的差额。

**五、现金净增加额**

“现金净增加额”项目，反映公立医院本年现金变动的净额。本项目应当根据本表中“日常活动产生的现金流量净额”“投资活动产生的现金流量净额”“筹资活动产生的现金流量净额”和“汇率变动对现金的影响额”项目金额的合计数填列；如为负数，以“-”号填列。

### 8.5.3　案例分析

**【例 8–4】**某公立医院 2×18 年现金流量日常活动、投资活动、筹资活动类科目的发生额见表 8–7。该公立医院无所得税缴纳义务，无汇率变动影响。

表 8–7 日常活动、投资、筹资类科目的发生额

2×18 年 单位：元

| 日期 | 摘要 | 借 | 贷 | 现金流入 | 现金流出 |
|---|---|---|---|---|---|
| 2月1日 | 支付工资 | | 11 000 | | 支付给职工以及为职工支付的现金 |
| 2月3日 | 提现 | | 800 | | |
| 3月4日 | 财政基本拨款 | 100 000 | | 财政基本支出拨款收到的现金 | |
| 3月4日 | 购买固定资产 | | 3 000 | | 购建固定资产、无形资产、公共基础设施等支付的现金 |
| 3月7日 | 财政非资本性项目拨款 | 200 000 | | 财政非资本性项目拨款收到的现金 | |
| 3月10日 | 购买商品 | | 10 600 | | 购买商品、接受劳务支付的现金 |
| 4月1日 | 支付工资 | | 11 000 | | 支付给职工以及为职工支付的现金 |
| 4月3日 | 事业活动收到现金 | 3 000 | | 事业活动收到的除财政拨款以外的现金 | |
| 4月5日 | 收到3月应收款项 | 1 030 | | 收到的其他与日常活动有关的现金 | |
| 4月6日 | 支付税金 | | 420 | | 支付的各项税费 |
| 4月8日 | 进行公共基础设施投资 | | 5 000 | | 购建固定资产、无形资产、公共基础设施等支付的现金 |
| 4月10日 | 取得投资收益 | 120 | | 取得投资收益收到的现金 | |
| 4月30日 | 收回投资 | 22 000 | | 收回投资收到的现金 | |
| 5月1日 | 支付工资 | | 11 000 | | 支付给职工以及为职工支付的现金 |
| 5月2日 | 为职工购买电脑 | | 2 600 | | 支付给职工以及为职工支付的现金 |

续表

| 日期 | 摘要 | 借 | 贷 | 现金流入 | 现金流出 |
| --- | --- | --- | --- | --- | --- |
| 5 月 3 日 | 处置专利权 | 30 000 | | 处置固定资产、无形资产、公共基础设施等收回的现金净额 | |
| 5 月 5 日 | 投资股票 | | 1 000 | | 对外投资支付的现金 |
| 5 月 10 日 | 上交处置专利权净收入 | | 3 000 | | 上缴处置固定资产、无形资产、公共基础设施等净收入支付的现金 |
| 5 月 15 日 | 收到财政资本性项目拨款 | 10 000 | | 财政资本性项目拨款收到的现金 | |
| 5 月 18 日 | 取得借款 | 2 000 | | 取得借款收到的现金 | |
| 5 月 28 日 | 偿还借款 | | 1 000 | | 偿还借款支付的现金 |
| 5 月 28 日 | 偿还利息 | | 120 | | 偿还利息支付的现金 |

编制该公立医院的 2×18 年现金流量表时，省略了“上年数”一列数字。“本年数”一列数字主要项目的填列说明如下。

（1）日常活动现金流入

本年经营流入 =100 000+200 000+3 000+1 030=304 030（元）

（2）日常活动现金流出

本年经营流出 =11 000+10 600+11 000+420+11 000+2 600=46 620（元）

（3）日常活动现金流量净额

本年经营活动现金净额 = 304 030- 46 620 =257 410（元）

（4）投资活动现金流入

本年投资流入 =120+22 000+30 000=52 120（元）

（5）投资活动现金流出

本年投资流出 =3 000+5 000+1 000+3 000=12 000（元）

（6）投资活动现金流量净额

本年投资活动现金净额 = 52 120- 12 000 =40 120（元）

（7）筹资活动现金流入

本年筹资流入 =10 000+2 000=12 000（元）

（8）筹资活动现金流出

本年筹资流出 =1 000+120=1 120（元）

（9）筹资活动现金流量净额

本年筹资活动现金净额 = 12 000- 1 120 =10 880（元）

编制完成的该公立医院 2×18 年度现金流量表见表 8-8。

**表 8-8　　现金流量表**

会政财 04 表

编制单位：××× 　　2×18 年度　　单位：元

| 项目 | 本年金额 | 上年金额 |
| --- | --- | --- |
| 一. 日常活动产生的现金流量： | | |
| 财政基本支出拨款收到的现金 | 100 000 | |
| 财政非资本性项目拨款收到的现金 | 200 000 | |
| 事业活动收到的除财政拨款以外的现金 | 3 000 | |
| 收到的其他与日常活动有关的现金 | 1 030 | |
| 日常活动的现金流入小计 | 304 030 | |
| 购买商品、接受劳务支付的现金 | 10 600 | |
| 支付给职工以及为职工支付的现金 | 35 600 | |
| 支付的各项税费 | 420 | |
| 支付的其他与日常活动有关的现金 | 0 | |
| 日常活动的现金流出小计 | 46 620 | |
| 日常活动产生的现金流量净额 | 257 410 | |
| 二. 投资活动产生的现金流量： | | |
| 收回投资收到的现金 | 22 000 | |
| 取得投资收益收到的现金 | 120 | |
| 处置固定资产、无形资产、公共基础设施等收回的现金净额 | 30 000 | |
| 收到的其他与投资活动有关的现金 | 0 | |
| 投资活动的现金流入小计 | 52 120 | |

续表

| 项目 | 本年金额 | 上年金额 |
|---|---|---|
| 购建固定资产、无形资产、公共基础设施等支付的现金 | 8 000 | |
| 对外投资支付的现金 | 1 000 | |
| 上缴处置固定资产、无形资产、公共基础设施等净收入支付的现金 | 3 000 | |
| 支付的其他与投资活动有关的现金 | 0 | |
| 投资活动的现金流出小计 | 12 000 | |
| 投资活动产生的现金流量净额 | 40 120 | |
| 三 . 筹资活动产生的现金流量： | | |
| 财政资本性项目拨款收到的现金 | 10 000 | |
| 取得借款收到的现金 | 2 000 | |
| 收到的其他与筹资活动有关的现金 | 0 | |
| 筹资活动的现金流入小计 | 12 000 | |
| 偿还借款支付的现金 | 1 000 | |
| 偿还利息支付的现金 | 120 | |
| 支付的其他与筹资活动有关的现金 | 0 | |
| 筹资活动的现金流出小计 | 1 120 | |
| 筹资活动产生的现金流量净额 | 10 880 | |
| 四 . 汇率变动对现金的影响额 | 0 | |
| 五 . 现金净增加额 | 308 410 | |

# 8.6 附注

## 8.6.1 概述

附注是对在会计报表中列示的项目所做的进一步说明，以及对未能在会计报表中列示项目的说明。附注是财务报表的重要组成部分。凡对报表使用者的决策有重要影响的会计信息，不论是否有明确规定，公立医院均应当充分披露。

附注主要包括下列内容。

**一、公立医院的基本情况**

公立医院应当简要披露其基本情况，包括公立医院的主要职能、主要业务活动、所在地、预算管理关系等。

**二、会计报表编制基础**

**三、遵循政府会计准则、制度的声明**

**四、重要会计政策和会计估计**

公立医院应当采用与其业务特点相适应的具体会计政策，并充分披露报告期内采用的重要会计政策和会计估计。主要包括以下内容：

（1）会计期间；

（2）记账本位币，外币折算汇率；

（3）坏账准备的计提方法；

（4）存货类别、发出存货的计价方法、存货的盘存制度，以及低值易耗品和包装物的摊销方法；

（5）长期股权投资的核算方法；

（6）固定资产分类、折旧方法、折旧年限和年折旧率；融资租入固定资产的计价和折旧方法；

（7）无形资产的计价方法；使用寿命有限的无形资产，其使用寿命估计情况；使用寿命不确定的无形资产，其使用寿命不确定的判断依据；公立医院内部研究开发项目划分研究阶段和开发阶段的具体标准；

（8）公共基础设施的分类、折旧（摊销）方法、折旧（摊销）年限，以及其确定依据；

（9）政府储备物资分类，以及确定其发出成本所采用的方法；

（10）保障性住房的分类、折旧方法、折旧年限；

（11）其他重要的会计政策和会计估计；

（12）本期发生重要会计政策和会计估计变更的，变更的内容和原因、受其重要影响的报表项目名称和金额、相关审批程序，以及会计估计变更开始适用的时点。

## 8.6.2　会计报表重要项目的说明

公立医院应当按照资产负债表和收入费用表中的项目的列示顺序，采用文字和数据描述相结合的方式披露重要项目的明细信息。报表重要项目的明细金额合计，应当与报表项目金额相衔接。报表重要项目说明应包括但不限于下列内容。

**1. 货币资金的披露格式**

单位：元

| 项目 | 期末余额 | 年初余额 |
|---|---|---|
| 库存现金 | | |
| 银行存款 | | |
| 其他货币资金 | | |
| 合计 | | |

**2. 应收账款按照债务人类别披露**

单位：元

| 债务人类别 | 期末余额 | 年初余额 |
|---|---|---|
| 政府会计主体： | | |
| 部门内部单位 | | |
| 单位 1 | | |
| …… | | |
| 部门外部单位 | | |
| 单位 1 | | |
| …… | | |
| 其他： | | |
| 单位 1 | | |
| …… | | |
| 合计 | | |

注 1：“部门内部公立医院”是指纳入公立医院所属部门财务报告合并范围的公立医院（下同）。

注 2：有应收票据、预付账款、其他应收款的，可比照应收账款进行披露。

### 3. 库存物品的披露格式

单位：元

| 库存物品种类 | 期末余额 | 年初余额 |
|---|---|---|
| 1. | | |
| …… | | |
| 合计 | | |

### 4. 其他流动资产的披露格式

单位：元

| 项目 | 期末余额 | 年初余额 |
|---|---|---|
| 1. | | |
| …… | | |
| 合计 | | |

注：有长期待摊费用、其他非流动资产的，可比照其他流动资产进行披露。

### 5. 长期投资

（1）长期债券投资的披露格式如下：

单位：元

| 债券发行主体 | 年初余额 | 本期增加额 | 本期减少额 | 期末余额 |
|---|---|---|---|---|
| 1. | | | | |
| …… | | | | |
| 合计 | | | | |

注：有短期投资的，可比照长期债券投资进行披露。

（2）长期股权投资的披露格式如下：

单位：元

| 被投资单位 | 核算方法 | 年初余额 | 本期增加额 | 本期减少额 | 期末余额 |
|---|---|---|---|---|---|
| 1. | | | | | |
| …… | | | | | |
| 合计 | | | | | |

（3）当期发生的重大投资净损益项目、金额及原因。

**6. 固定资产**

（1）固定资产的披露格式如下：

单位：元

| 项目 | 年初余额 | 本期增加额 | 本期减少额 | 期末余额 |
|---|---|---|---|---|
| 一. 原值合计 | | | | |
| 其中：房屋及构筑物 | | | | |
| 通用设备 | | | | |
| 专用设备 | | | | |
| 文物和陈列品 | | | | |
| 图书、档案 | | | | |
| 家具、用具、装物及动植物 | | | | |
| 二. 累计折旧合计 | | | | |
| 其中：房屋及构筑物 | | | | |
| 通用设备 | | | | |
| 专用设备 | | | | |
| 文物和陈列品 | | | | |
| 家具、用具、装物及动植物 | | | | |
| 三. 账面价值合计 | | | | |
| 其中：房屋及构筑物 | | | | |
| 通用设备 | | | | |
| 专用设备 | | | | |
| 图书、档案 | | | | |
| 文物和陈列品 | | | | |
| 家具、用具、装物及动植物 | | | | |

（2）已提足折旧的固定资产名称、数量等情况。

（3）出租、出借固定资产以及固定资产对外投资等情况。

### 7. 在建工程的披露格式

单位：元

| 项目 | 年初余额 | 本期增加额 | 本期减少额 | 期末余额 |
| --- | --- | --- | --- | --- |
| 1. | | | | |
| …… | | | | |
| 合计 | | | | |

### 8. 无形资产

（1）各类无形资产的披露格式如下：

单位：元

| 项目 | 年初余额 | 本期增加额 | 本期减少额 | 期末余额 |
| --- | --- | --- | --- | --- |
| 一. 原值合计 | | | | |
| 1. | | | | |
| …… | | | | |
| 二. 累计摊销合计 | | | | |
| 1. | | | | |
| …… | | | | |
| 三. 账面价值合计 | | | | |
| 1. | | | | |
| …… | | | | |

（2）计入当期损益的研发支出金额、确认为无形资产的研发支出金额。

（3）无形资产出售、对外投资等处置情况。

### 9. 公共基础设施

（1）公共基础设施的披露格式如下：

单位：元

| 项目 | 年初余额 | 本期增加额 | 本期减少额 | 期末余额 |
| --- | --- | --- | --- | --- |
| 原值合计 | | | | |
| 市政基础设施 | | | | |
| 1. | | | | |

续表

| 项目 | 年初余额 | 本期增加额 | 本期减少额 | 期末余额 |
| --- | --- | --- | --- | --- |
| …… | | | | |
| 交通基础设施 | | | | |
| 1. | | | | |
| …… | | | | |
| 水利基础设施 | | | | |
| 1. | | | | |
| …… | | | | |
| 其他 | | | | |
| …… | | | | |
| 累计折旧合计 | | | | |
| 市政基础设施 | | | | |
| 1. | | | | |
| …… | | | | |
| 交通基础设施 | | | | |
| 1. | | | | |
| …… | | | | |
| 水利基础设施 | | | | |
| 1. | | | | |
| …… | | | | |
| 其他 | | | | |
| …… | | | | |
| 三. 账面价值合计 | | | | |
| 市政基础设施 | | | | |
| 1. | | | | |
| …… | | | | |
| 交通基础设施 | | | | |

续表

| 项目 | 年初余额 | 本期增加额 | 本期减少额 | 期末余额 |
|---|---|---|---|---|
| 1. | | | | |
| …… | | | | |
| 水利基础设施 | | | | |
| 1. | | | | |
| …… | | | | |
| 其他 | | | | |
| …… | | | | |

（2）确认为公共基础设施的单独计价入账的土地使用权的账面余额、累计摊销额及变动情况。

（3）已提取折旧继续使用的公共基础设施的名称、数量等。

### 10. 政府储备物资的披露格式

单位：元

| 物资类别 | 年初余额 | 本期增加额 | 本期减少额 | 期末余额 |
|---|---|---|---|---|
| 1. | | | | |
| …… | | | | |
| 合计 | | | | |

注：如公立医院有因动用而发出需要收回或者预期可能收回但期末尚未收回的政府储备物资，应当单独披露其期末账面余额。

### 11. 受托代理资产的披露格式

单位：元

| 资产类别 | 年初余额 | 本期增加额 | 本期减少额 | 期末余额 |
|---|---|---|---|---|
| 货币资金 | | | | |
| 受托转赠物资 | | | | |
| 受托储存保管物资 | | | | |
| 罚没物资 | | | | |
| 其他 | | | | |
| 合计 | | | | |

### 12. 应付账款按照债权人类别披露

单位：元

| 债权人类别 | 期末余额 | 年初余额 |
|---|---|---|
| 政府会计主体： | | |
| 部门内部单位 | | |
| 1 | | |
| …… | | |
| 部门外部单位 | | |
| 单位 1 | | |
| …… | | |
| 其他： | | |
| 单位 1 | | |
| …… | | |
| 合计 | | |

注：有应付票据、预收账款、其他应付款、长期应付款的，可比照应付账款进行披露。

### 13. 其他流动负债的披露格式

单位：元

| 项目 | 期末余额 | 年初余额 |
|---|---|---|
| 1. | | |
| …… | | |
| 合计 | | |

注：有预计负债、其他非动负债的，可以比照其他流动负债进行披露。

### 14. 长期借款

（1）长期借款按照债权人披露的格式如下：

单位：元

| 债权人 | 期末余额 | 年初余额 |
|---|---|---|
| 1. | | |
| …… | | |
| 合计 | | |

注：有短期借款的，可比照长期借款进行披露。

（2）公立医院有基建借款的，应当分基建项目披露长期借款年初数、本年变动数、年末数及到期期限。

**15. 事业收入按照收入来源的披露格式**

单位：元

| 收入来源 | 本期发生额 | 上期发生额 |
|---|---|---|
| 来自财政专户管理资金 | | |
| 本部门内部单位 | | |
| 单位 1 | | |
| …… | | |
| 本部门以外同级政府单位 | | |
| 单位 1 | | |
| …… | | |
| 其他 | | |
| 单位 1 | | |
| …… | | |

**16. 非同级财政拨款收入按收入来源的披露格式**

单位：元

| 收入来源 | 本期发生额 | 上期发生额 |
|---|---|---|
| 本部门以外同级政府单位 | | |
| 单位 1 | | |
| …… | | |
| 本部门以外非同政府单位 | | |
| 单位 1 | | |
| …… | | |
| 合计 | | |

**17. 其他收入按照收入来源的披露格式**

单位：元

| 收入来源 | 本期发生额 | 上期发生额 |
|---|---|---|
| 本部门内部单位 | | |

续表

| 收入来源 | 本期发生额 | 上期发生额 |
|---|---|---|
| 单位 1 | | |
| …… | | |
| 本部门以外同政府单位 | | |
| 单位 1 | | |
| …… | | |
| 本部门以外非同政府单位 | | |
| 单位 1 | | |
| …… | | |
| 其他 | | |
| 单位 1 | | |
| …… | | |
| 合计 | | |

## 18. 业务活动费用

（1）按经济分类的披露格式如下：

单位：元

| 项目 | 本期发生额 | 上期发生额 |
|---|---|---|
| 工资福利费用 | | |
| 商品和服务费用 | | |
| 对个人和家庭的补助费用 | | |
| 对企业补助费用 | | |
| 固定资产折旧费 | | |
| 无形资产摊销费 | | |
| 公共基础设施折旧（摊销）费 | | |
| 保障性住房折旧费 | | |
| 计提专用基金 | | |
| 合计 | | |

注：有公立医院管理费用、经营费用的，可比照（业务活动费用）此表进行披露。

（2）按支付对象的披露格式如下：

单位：元

| 支付对象 | 本期发生额 | 上期发生额 |
|---|---|---|
| 本部门内部单位 | | |
| 单位 1 | | |
| …… | | |
| 本部门以外同政府单位 | | |
| 单位 1 | | |
| …… | | |
| 本部门以外非同政府单位 | | |
| 单位 1 | | |
| …… | | |
| 其他 | | |
| 单位 1 | | |
| …… | | |
| 合计 | | |

注：有公立医院管理费用、经营费用的，可比照（业务活动费用）此表进行披露。

## 19. 其他费用按照类别披露的格式

单位：元

| 费用类别 | 本期发生额 | 上期发生额 |
|---|---|---|
| 利息费用 | | |
| 坏账损失 | | |
| 罚没支出 | | |
| …… | | |
| 合计 | | |

### 20. 本期费用按照经济分类的披露格式

单位：元

| 项目 | 本期发生额 | 上期发生额 |
|---|---|---|
| 工资福利费用 | | |
| 商品和服务费用 | | |
| 对个人和家庭的补助费用 | | |
| 对企业补助费用 | | |
| 固定资产折旧费 | | |
| 无形资产摊销费 | | |
| 公共基础设施折旧（摊销）费 | | |
| 保障性住房折旧费 | | |
| 计提专用基金 | | |
| 所得税费用 | | |
| 资产处置费用 | | |
| 上缴上级费用 | | |
| 对附属单位补助费用 | | |
| 其他费用 | | |
| 本期费用合计 | | |

注：公立医院在按照本制度规定编制收入费用表的基础上，可以根据需要按照此表披露的内容编制收入费用表。

## 8.6.3 本年盈余与预算结余的差异情况说明

为了反映公立医院财务会计和预算会计因核算基础和核算范围不同所产生的本年盈余数与本年预算结余数之间的差异，公立医院应当按照重要性原则，对本年度发生的各类影响收入（预算收入）和费用（预算支出）的业务进行适度归并和分析，披露将年度预算收入支出表中“本年预算收支差额”调节为年度收入费用表中“本期盈余”的信息。有关披露格式如下：

| 项目 | 金额 |
| --- | --- |
| 一. 本年预算结余（本年预算收支差额） | |
| 二. 差异调节 | |
| （一）重要事项的差异 | |
| 加：1. 当期确认收入但没有确认为预算收入 | |
| （1）应收款项、预收账款确认的收入 | |
| （2）接受非货币性资产捐赠确认的收入 | |
| 2. 当期确认为预算支出但没有确认为费用 | |
| （1）支付应付款项、预付账款的支出 | |
| （2）为取得存货、政府储备物资等计入物资成本的支出 | |
| （3）为购建固定资产等的资本性支出 | |
| （4）偿还借款本息支出 | |
| 减：1. 当期确认为预算收入但没有确认为收入 | |
| （1）收到应收款项、预收账款确认的预算收入 | |
| （2）取得借款确认的预算收入 | |
| 2. 当期确认为费用但没有确认为预算支出 | |
| （1）发出存货、政府储备物资等确认的费用 | |
| （2）计提的折旧费用和摊销费用 | |
| （3）确认的资产处置费用（处置资产价值） | |
| （4）应付款项、预付账款确认的费用 | |
| （二）其他事项差异 | |
| 三. 本年盈余（本年收入与费用的差额） | |

## 8.6.4 其他重要事项说明

（1）资产负债表日存在的重要或有事项说明。没有重要或有事项的，也应说明。

（2）以名义金额计量的资产名称、数量等情况，以及以名义金额计量理由的说明。

（3）通过债务资金形成的固定资产、公共基础设施、保障性住房等资产的账面价值、使用情况、收益情况及与此相关的债务偿还情况等的说明。

（4）重要资产置换、无偿调入（出）、捐入（出）、报废、重大毁损等情况的说明。

（5）公立医院将公立医院内部独立核算公立医院的会计信息纳入本公立医院财务报表情况的说明。

（6）政府会计具体准则中要求附注披露的其他内容。

（7）有助于理解和分析公立医院财务报表需要说明的其他事项。

## 8.7　预算收入支出表

### 8.7.1　概述

预算收入支出表反映了公立医院在某一会计年度内各项预算收入、预算支出和预算收支差额的情况。

预算收入支出表是公立医院会计报表的重要组成部分，可以提供一定时期公立医院预算收入总额及构成情况、预算支出总额及构成情况，以及预算收支差额的数额会计信息。公立医院应当定期编制预算收入支出表，披露公立医院在一定会计期间的预算情况。

公立医院的预算收入支出表由表首标题和报表主体构成。报表主体部分包括编报项目、栏目及金额。

**一、表首标题**

预算收入支出表的表首标题包括报表名称、编号（会政预 01 表）、编制公立医院、编表时间和金额公立医院等内容。由于预算收入支出表反映公立医院在某一时期的预算收支情况，属于动态报表，需要注明报表所属的期间，如 ×××× 年度。

**二、编报项目**

预算收入支出表应当按照本年预算收入、本年预算支出的构成和本年预算收支差额情况分享列示，按本年预算收入、本年预算支出和本年预算收支差额等项目分层次排列。

**三、栏目及金额**

年报的预算收入支出表由“本年数”和“上年数”两栏组成。预算收入支出表的各栏数额，应当根据相关收支账户的“上年预算数”和“本年预算数”的发生额填列，或经过计算、分析后填列。

## 8.7.2 填列说明

本表反映公立医院在某一会计年度内各项预算收入、预算支出和预算收支差额的情况。

本表“本年数”栏反映各项目的本年实际发生数。本表“上年数”栏反映各项目上年度的实际发生数，应当根据上年度预算收入支出表中“本年数”栏内所列数字填列。如果本年度预算收入支出表规定的项目的名称和内容同上年度不一致，应当对上年度预算收入支出表项目的名称和数字按照本年度的规定进行调整，将调整后金额填入本年度预算收入支出表的“上年数”栏。

**一、本年预算收入**

“本年预算收入”项目，反映公立医院本年预算收入总额。本项目应当根据本表中“财政拨款预算收入”“事业预算收入”“上级补助预算收入”“附属单位上缴预算收入”“经营预算收入”“债务预算收入”“非同级财政拨款预算收入”“投资预算收益”“其他预算收入”项目金额的合计数填列。

“财政拨款预算收入”项目，反映公立医院本年从同级政府财政部门取得的各类财政拨款。本项目应当根据“财政拨款预算收入”科目的本年发生额填列。

“政府性基金收入”项目，反映公立医院本年取得的财政拨款收入中属于政府性基金预算拨款的金额。本项目应当根据“财政拨款预算收入”相关明细科目的本年发生额填列。

“事业预算收入”项目，反映公立医院本年开展专业业务活动及其辅助活动取得的预算收入。本项目应当根据“事业预算收入”科目的本年发生额填列。

“上级补助预算收入”项目，反映公立医院本年从主管部门和上级公立医院取得的非财政补助预算收入。本项目应当根据“上级补助预算收入”科目的本年发生额填列。

“附属单位上缴预算收入”项目，反映公立医院本年收到的独立核算的附属公立医院按照有关规定上缴的预算收入。本项目应当根据“附属单位上缴预算收入”科目的本年发生额填列。

“经营预算收入”项目，反映公立医院本年在专业业务活动及其辅助活动之外开展非独立核算经营活动取得的预算收入。本项目应当根据“经营预算收入”科目的本年发生额填列。

“债务预算收入”项目，反映公立医院本年按照规定从金融机构等借入的、纳入部门预算管理的债务预算收入。本项目应当根据“债务预算收入”科目的本年发生额填列。

“非同级财政拨款预算收入”项目，反映公立医院本年从非同级政府财政部门取得的财政拨款。本项目应当根据“非同级财政拨款预算收入”科目的本年发生额填列。

“投资预算收益”项目，反映公立医院本年取得的按规定纳入公立医院预算管理的投资收益。本项目应当根据“投资预算收益”科目的本年发生额填列。

“其他预算收入”项目，反映公立医院本年取得的除上述收入以外的纳入公立医院预算管理的各项预算收入。本项目应当根据“其他预算收入”科目的本年发生额填列。

“利息预算收入”项目，反映公立医院本年取得的利息预算收入。本项目应当根据“其他预算收入”科目的明细记录分析填列。公立医院单设“利息预算收入”科目的，应当根据“利息预算收入”科目的本年发生额填列。

“捐赠预算收入”项目，反映公立医院本年取得的捐赠预算收入。本项目应当根据“其他预算收入”科目明细账记录分析填列。公立医院单设“捐赠预算收入”科目的，应当根据“捐赠预算收入”科目的本年发生额填列。

“租金预算收入”项目，反映公立医院本年取得的租金预算收入。本项目应当根据“其他预算收入”科目明细账记录分析填列。公立医院单设“租金预算收入”科目的，应当根据“租金预算收入”科目的本年发生额填列。

**二、本年预算支出**

“本年预算支出”项目，反映公立医院本年预算支出总额。本项目应当根据本表中“事业支出”“经营支出”“上缴上级支出”“对附属单位补助支出”“投资支出”“债务还本支出”和“其他支出”项目金额的合计数填列。

“事业支出”项目，反映公立医院本年开展专业业务活动及其辅助活动发生的支出。本项目应当根据“事业支出”科目的本年发生额填列。

“经营支出”项目，反映公立医院本年在专业业务活动及其辅助活动之外开展非独立核算经营活动发生的支出。本项目应当根据“经营支出”科目的本年发生额填列。

“上缴上级支出”项目，反映公立医院本年按照财政部门和主管部门的规定上缴上级公立医院的支出。本项目应当根据“上缴上级支出”科目的本年发生额填列。

“对附属单位补助支出”项目，反映公立医院本年用财政拨款收入之外的收入对附属公立医院补助发生的支出。本项目应当根据“对附属单位补助支出”科目的本年发生额填列。

“投资支出”项目，反映公立医院本年以货币资金对外投资发生的支出。本项目应当根据“投资支出”科目的本年发生额填列。

“债务还本支出”项目，反映公立医院本年偿还自身承担的纳入预算管理的从金融机构举借的债务本金的支出。本项目应当根据“债务还本支出”科目的本年发生额填列。

“其他支出”项目，反映公立医院本年除以上支出以外的各项支出。本项目应当根据“其他支出”科目的本年发生额填列。“利息支出”项目，反映公立医院本年发生的利息支出。本项目应当根据“其他支出”科目明细账记录分析填列。公立医院单设“利息支出”科目的，应当根据“利息支出”科目的本年发生额填列。

“捐赠支出”项目，反映公立医院本年发生的捐赠支出。本项目应当根据“其他支出”科目明细账记录分析填列。公立医院单设“捐赠支出”科目的，应当根据“捐赠支出”科目的本年发生额填列。

**三、本年预算收支差额**

“本年预算收支差额”项目，反映公立医院本年各项预算收支相抵后的差额。本项目应当根据本表中“本期预算收入”项目金额减去“本期预算支出”项目金额后的金额填列；如相减后金额为负数，以“-”号填列。

## 8.7.3 案例分析

**【例 8-5】**某公立医院 2×18 年的预算收入、支出类科目的发生额见表 8-9。该公立医院无所得税缴纳义务。

**表 8-9　　预算收入、支出类科目的发生额**

2×18 年　　单位：元

| 支出类 | 本年数 | 收入类 | 本年数 |
|---|---|---|---|
| 事业支出 | 1 500 000 | 财政拨款预算收入 | 10 000 000 |

续表

| 支出类 | 本年数 | 收入类 | 本年数 |
|---|---|---|---|
| 经营支出 | 200 000 | 其中：政府性基金收入 | 1 500 000 |
| 上缴上级支出 | 1 000 000 | 事业预算收入 | 6 000 000 |
| 对附属单位补助支出 | 1 000 000 | 上级补助预算收入 | 1 000 000 |
| 投资支出 | 50 000 | 附属单位上缴预算收入 | 300 000 |
| 债务还本支出 | 60 000 | 经营预算收入 | 250 000 |
| 其他支出 | 30 000 | 债务预算收入 | 200 000 |
| 其中：利息支出 | 13 000 | 非同级财政拨款预算收入 | 70 000 |
| 捐赠支出 | 17 000 | 投资预算收益 | 65 000 |
|  |  | 其他预算收入 | 70 000 |
|  |  | 其中：利息预算收入 | 20 000 |
|  |  | 捐赠预算收入 | 30 000 |
|  |  | 租金预算收入 | 20 000 |
| 支出合计 | 3 840 000 | 收入合计 | 17 955 000 |

编制该公立医院的 2×18 年预算收入支出表时，省略了“上年数”一列数字。“本年数”一列数字主要项目的填列说明如下。

（1）本年预算收入

本年预算收入 =10 000 000+6 000 000+1 000 000+300 000+250 000+200 000+70 000+65 000+70 000=17 955 000（元）

（2）本年预算支出

本年预算支出 =1 500 000+200 000+1 000 000+1 000 000+50 000+60 000+30 000=3 840 000（元）

（3）本年预算收支差额

本年预算收支差额 = 17 955 000−3 840 000=14 115 000（元）

编制完成的公立医院 2×18 年度预算收入支出表见表 8-10。

表 8–10 预算收入支出表

会政预 01 表

编制单位：××× 2×18 年度 单位：元

| 项目 | 本年数 | 上年数 |
|---|---|---|
| 一. 本年预算收入 | 17 955 000 | |
| （一）财政拨款预算收入 | 10 000 000 | |
| 其中：政府性基金收入 | 1 500 000 | |
| （二）事业预算收入 | 6 000 000 | |
| （三）上级补助预算收入 | 1 000 000 | |
| （四）附属单位上缴预算收入 | 300 000 | |
| （五）经营预算收入 | 250 000 | |
| （六）债务预算收入 | 200 000 | |
| （七）非同级财政拨款预算收入 | 70 000 | |
| （八）投资预算收益 | 65 000 | |
| （九）其他预算收入 | 70 000 | |
| 其中：利息预算收入 | 20 000 | |
| 捐赠预算收入 | 30 000 | |
| 租金预算收入 | 20 000 | |
| 二. 本年预算支出 | 3 840 000 | |
| （一）事业支出 | 1 500 000 | |
| （二）经营支出 | 200 000 | |
| （三）上缴上级支出 | 1 000 000 | |
| （四）对附属单位补助支出 | 1 000 000 | |
| （五）投资支出 | 50 000 | |
| （六）债务还本支出 | 60 000 | |
| （七）其他支出 | 30 000 | |
| 其中：利息支出 | 13 000 | |
| 捐赠支出 | 17 000 | |
| 三. 本年预算收支差额 | 14 115 000 | |

# 8.8　预算结转结余变动表

## 8.8.1　概述

预算结转结余变动表是反映公立医院在某一会计年度内预算结转结余的变动情况的报表。

预算结转结余变动表是公立医院会计报表的重要组成部分，可以提供一定时期公立医院预算结转结余各个组成项目金额的变动情况。公立医院应当定期编制预算结转结余变动表，披露公立医院在一定会计期间的预算结转结存状况。

公立医院的预算结转结余变动表由表首标题和报表主体构成。报表主体部分包括编报项目、栏目及金额。

**一、表首标题**

预算结转结余变动表的表首标题包括报表名称、编号（会政预 02 表）、编制公立医院、编表时间和金额公立医院等内容。由于预算结转结余变动表反映公立医院在某一时期的资产情况，属于动态报表，需要注明报表所属的期间，如 ×××× 年度。

**二、编报项目**

预算结转结余变动表应当按本年数、上年数等情况分项列示，按年初预算结转结存、年度余额调整、本年变动金额、年末预算结转结存等项目分层次排列。

**三、栏目及金额**

年报的预算结转结余变动表由“本年数”和“上年数”两栏组成。预算结转结余变动表的各栏数额，应当根据相关账户的“上年数”和“本年数”的发生额填列，或经过计算、分析后填列。

## 8.8.2　填列说明

本表“本年数”栏反映各项目的本年实际发生数。本表“上年数”栏反映各项目的上年实际发生数，应当根据上年度预算结转结余变动表中“本年数”栏内所列数字填列。

如果本年度预算结转结余变动表规定的项目的名称和内容同上年度不一致，应当对上年度预算结转结余变动表项目的名称和数字按照本年度的规定进行调整，将调整后金额填入本年度预算结转结余变动表的“上年数”栏。本表中“年末预算结转结余”项目金额等于“年初预算结转结余”“年初余额调整”“本年变动金额”3个项目的合计数。

（1）“年初预算结转结余”项目，反映公立医院本年预算结转结余的年初余额。本项目应当根据本项目下“财政拨款结转结余”“其他资金结转结余”项目金额的合计数填列。

“财政拨款结转结余”项目，反映公立医院本年财政拨款结转结余资金的年初余额。本项目应当根据“财政拨款结转”“财政拨款结余”科目本年年初余额合计数填列。

“其他资金结转结余”项目，反映公立医院本年其他资金结转结余的年初余额。本项目应当根据“非财政拨款结转”“非财政拨款结余”“专用结余”“经营结余”科目本年年初余额的合计数填列。

（2）“年初余额调整”项目，反映公立医院本年预算结转结余年初余额调整的金额。本项目应当根据本项目下“财政拨款结转结余”“其他资金结转结余”项目金额的合计数填列。

“财政拨款结转结余”项目，反映公立医院本年财政拨款结转结余资金的年初余额调整金额。本项目应当根据“财政拨款结转”“财政拨款结余”科目下“年初余额调整”明细科目的本年发生额的合计数填列；如调整减少年初财政拨款结转结余，以“-”号填列。

“其他资金结转结余”项目，反映公立医院本年其他资金结转结余的年初余额调整金额。本项目应当根据“非财政拨款结转”“非财政拨款结余”科目下“年初余额调整”明细科目的本年发生额的合计数填列；如调整减少年初其他资金结转结余，以“-”号填列。

（3）“本年变动金额”项目，反映公立医院本年预算结转结余变动的金额。本项目应当根据本项目下“财政拨款结转结余”“其他资金结转结余”项目金额的合计数填列。

“财政拨款结转结余”项目，反映公立医院本年财政拨款结转结余资金的变动。本项目应当根据本项目下“本年收支差额”“归集调入”“归集上缴或调出”项目金额的合计数填列。

“本年收支差额”项目，反映公立医院本年财政拨款资金收支相抵后的差额。本项目应当根据“财政拨款结转”科目下“本年收支结转”明细科目本年转入的预算收入与预算支出的差额填列；差额为负数的，以“-”号填列。

“归集调入”项目，反映公立医院本年按照规定从其他公立医院归集调入的财政拨款结转资金。本项目应当根据“财政拨款结转”科目下“归集调入”明细科目的本年发生额填列。

“归集上缴或调出”项目，反映公立医院本年按照规定上缴的财政拨款结转结余资金及按照规定向其他公立医院调出的财政拨款结转资金。本项目应当根据“财政拨款结转”“财政拨款结余”科目下“归集上缴”明细科目，以及“财政拨款结转”科目下“归集调出”明细科目的本年发生额的合计数填列，以“-”号填列。

“其他资金结转结余”项目，反映公立医院本年其他资金结转结余的变动。本项目应当根据本项目下“本年收支差额”“缴回资金”“使用专用结余”“支付所得税”项目金额的合计数填列。

“本年收支差额”项目，反映公立医院本年除财政拨款外的其他资金收支相抵后的差额。本项目应当根据“非财政拨款结转”科目下“本年收支结转”明细科目、“其他结余”科目、“经营结余”科目本年转入的预算收入与预算支出的差额的合计数填列；如为负数，以“-”号填列。

“缴回资金”项目，反映公立医院本年按照规定缴回的非财政拨款结转资金。本项目应当根据“非财政拨款结转”科目下“缴回资金”明细科目本年发生额的合计数填列，以“-”号填列。

“使用专用结余”项目，反映本年公立医院根据规定使用从非财政拨款结余或经营结余中提取的专用基金的金额。本项目应当根据“专用结余”科目明细账中本年使用专用结余业务的发生额填列，以“-”号填列。

“支付所得税”项目，反映有企业所得税缴纳义务的公立医院本年实际缴纳的企业所得税金额。本项目应当根据“非财政拨款结余”明细账中本年实际缴纳企业所得税业务的发生额填列，以“-”号填列。

（4）“年末预算结转结余”项目，反映公立医院本年预算结转结余的年末余额。本项目应当根据本项目下“财政拨款结转结余”“其他资金结转结余”项目金额的合计数填列。

“财政拨款结转结余”项目，反映公立医院本年财政拨款结转结余的年末余额。本项目应当根据本项目下“财政拨款结转”“财政拨款结余”项目金额的合计数填列。本项目下“财政拨款结转”“财政拨款结余”项目，应当分别根据“财政拨款结转”“财政拨款结余”科目的本年年末余额填列。

“其他资金结转结余”项目，反映公立医院本年其他资金结转结余的年末余额。本项目应当根据本项目下“非财政拨款结转”“非财政拨款结余”“专用结余”“经营结余”项目金额的合计数填列。本项目下“非财政拨款结转”“非财政拨款结余”“专用结余”“经营结余”项目，应当分别根据“非财政拨款结转”“非财政拨款结余”“专用结余”“经营结余”科目的本年年末余额填列。

## 8.8.3 案例分析

**【例 8-6】**2×18 年 12 月 31 日，在结账后，某公立医院的各资产、负债和净资产类的会计科目的余额见表 8-11。据此编制该公立医院的预算结转结余变动表。

表 8-11 会计科目余额表

2×18 年 12 月 31 日

单位：元

| 会计科目 | 年初数 | 年末数 | 本年变动数（依据本年明细科目发生数） |
|---|---|---|---|
| 财政拨款结转 | 600 000 | 1 100 000 | 500 000 |
| ——年初余额调整 | 0 | 0 | 0 |
| ——归集调入 | 0 | 0 | 550 000 |
| ——归集调出 | 0 | 0 | 20 000 |
| ——归集上缴 | 0 | 0 | 30 000 |
| ——单位内部调剂 | 0 | 0 | 0 |
| ——本年收支结转 | 0 | 0 | 0 |
| ——累计结转 | 600 000 | 1 100 000 | 500 000 |
| 财政拨款结余 | 800 000 | 1 000 000 | 200 000 |
| ——年初余额调整 | 0 | 0 | 200 000 |
| ——归集上缴 | 0 | 0 | 0 |
| ——单位内部调剂 | 0 | 0 | 0 |
| ——结转转入 | 0 | 0 | 0 |
| ——累计结转 | 800 000 | 1 000 000 | 200 000 |
| 非财政拨款结转 | 100 000 | 150 000 | 50 000 |

续表

| 会计科目 | 年初数 | 年末数 | 本年变动数（依据本年明细科目发生数） |
|---|---|---|---|
| ——年初余额调整 | 0 | 0 | 10 000 |
| ——缴回资金 | 0 | 0 | 10 000 |
| ——项目间接费用或管理费 | 0 | 0 | 0 |
| ——本年收支结转 | 0 | 0 | 50 000 |
| ——累计结转 | 100 000 | 150 000 | 50 000 |
| 非财政拨款结余 | 250 000 | 380 000 | 130 000 |
| ——年初余额调整 | 0 | 0 | 130 000 |
| ——项目间接费用或管理费 | 0 | 0 | 0 |
| ——结转转入 | 0 | 0 | 0 |
| ——累计结转 | 250 000 | 380 000 | 130 000 |
| 专用结余 | 110 000 | 120 000 | 10 000 |
| 经营结余 | 400 000 | 200 000 | 200 000 |
| 其他结余 | 100 000 | 110 000 | 10 000 |

上述科目余额表中专用结余、经营结余、其他结余科目的本年变动额均未涉及转入预算收入与预算支出的差额，各项目均可根据各账户的期末余额、发生分析填列。编制完成的年度预算结转结余变动表见表 8-12（忽略“上年数”）。

**表 8-12　　预算结转结余变动表**

会政预 02 表

编制单位：×××　　2×18 年　　单位：元

| 项目 | 本年数 | 上年数 |
|---|---|---|
| 一. 年初预算结转结余 | 1 750 000 | — |
| （一）财政拨款结转结余 | 1 400 000 | — |
| （二）其他资金结转结余 | 350 000 | — |
| 二. 年初余额调整（减少以“-”号填列） | 340 000 | — |
| （一）财政拨款结转结余 | 200 000 | — |

续表

| 项目 | 本年数 | 上年数 |
|---|---|---|
| （二）其他资金结转结余 | 140 000 | — |
| 三. 本年变动金额（减少以“-”号填列） | 540 000 | — |
| （一）财政拨款结转结余 | 500 000 | — |
| 1. 本年收支差额 | 0 | — |
| 2. 归集调入 | 550 000 | — |
| 3. 归集上缴或调出 | -50 000 | — |
| （二）其他资金结转结余 | 40 000 | — |
| 1. 本年收支差额 | 50 000 | — |
| 2. 缴回资金 | -10 000 | — |
| 3. 使用专业结余 | 0 | — |
| 4. 支付所得税 | 0 | — |
| 四. 年末预算结转结余 | 2 630 000 | — |
| （一）财政拨款结转结余 | 2 100 000 | — |
| 1. 财政拨款结转 | 1 100 000 | — |
| 2. 财政拨款结余 | 1 000 000 | — |
| （二）其他资金结转结余 | 530 000 | — |
| 1. 非财政拨款结转 | 150 000 | — |
| 2. 非财政拨款结余 | 380 000 | — |
| 3. 专用结余 | 0 | — |
| 4. 经营结余（如有余额，以“-”号填列） | 0 | — |

# 8.9 财政拨款预算收入支出表

## 8.9.1 概述

财政拨款预算收入支出表是反映公立医院本年财政拨款预算资金收入、支出及相关变动的具体情况的报表。

财政拨款预算收入支出表是公立医院会计报表的重要组成部分，可以提供一定时期公立医院财政拨款收入支出各个组成项目金额的变动情况。公立医院应当定期编制财政拨款预算收入支出表，披露公立医院在一定会计期间的财政拨款收入支出的变动状况。

公立医院的财政拨款预算收入支出表由表首标题和报表主体构成。报表主体部分包括编报项目、栏目及金额。

**一、表首标题**

财政拨款预算收入支出表的表首标题包括报表名称、编号（会政预 03 表）、编制公立医院、编表时间和金额公立医院等内容。由于财政拨款预算收入支出表反映公立医院在某一时期的资产情况，属于动态报表，需要注明报表所属的期间，如 ×××× 年度。

**二、编报项目**

财政拨款预算收入支出表应当按年初财政拨款结转结余、本年归集调入等情况分项列示，按一般公共预算财政拨款、政府性基金预算财政拨款等项目分层次排列。

## 8.9.2　填列说明

财政拨款预算收入支出表"项目"栏内各项目，应当根据公立医院取得的财政拨款种类分项设置。其中"项目支出"项目下，根据每个项目设置；公立医院取得除一般公共财政预算拨款和政府性基金预算拨款以外的其他财政拨款的，应当按照财政拨款种类增加相应的资金项目及其明细项目。

"年初财政拨款结转结余"栏中各项目，反映公立医院年初各项财政拨款结转结余的金额。各项目应当根据"财政拨款结转""财政拨款结余"及其明细科目的年初余额填列。本栏中各项目的数额应当与上年度财政拨款预算收入支出表中"年末财政拨款结转结余"栏中各项目的数额相等。

"调整年初财政拨款结转结余"栏中各项目，反映公立医院对年初财政拨款结转结余的调整金额。各项目应当根据"财政拨款结转""财政拨款结余"科目下"年初余额调整"明细科目及其所属明细科目的本年发生额填列；如调整减少年初财政拨款结转结余，以"-"号填列。

"本年归集调入"栏中各项目，反映公立医院本年按规定从其他公立医院调入的财政拨款结转资金金额。各项目应当根据"财政拨款结转"科目下"归集调入”明细科目及其所属明细科目的本年发生额填列。

“本年归集上缴或调出”栏中各项目，反映公立医院本年按规定实际上缴的财政拨款结转结余资金，及按照规定向其他公立医院调出的财政拨款结转资金金额。各项目应当根据“财政拨款结转”“财政拨款结余”科目下“归集上缴”科目和“财政拨款结转”科目下“归集调出”明细科目，及其所属明细科目的本年发生额填列，以“-”号填列。

“公立医院内部调剂”栏中各项目，反映公立医院本年财政拨款结转结余资金在公立医院内部不同项目等之间的调剂金额。各项目应当根据“财政拨款结转”和“财政拨款结余”科目下的“公立医院内部调剂”明细科目及其所属明细科目的本年发生额填列；对公立医院内部调剂减少的财政拨款结余金额，以“-”号填列。

“本年财政拨款收入”栏中各项目，反映公立医院本年从同级财政部门取得的各类财政预算拨款金额。各项目应当根据“财政拨款预算收入”科目及其所属明细科目的本年发生额填列。

“本年财政拨款支出”栏中各项目，反映公立医院本年发生的财政拨款支出金额。各项目应当根据 “事业支出”等科目及其所属明细科目本年发生额中的财政拨款支出数的合计数填列。

“年末财政拨款结转结余”栏中各项目，反映公立医院年末财政拨款结转结余的金额。各项目应当根据“财政拨款结转” “财政拨款结余”科目及其所属明细科目的年末余额填列。

## 8.9.3 案例分析

**【例 8-7】**某公立医院 2×18 年 1 月 1 日的部分净资产科目的余额如表 8-13 所示，2×18 年度财政拨款收支科目的发生额如表 8-14 所示。2×18 年，该公立医院归集调入资金为 41 650 元，并将公共财政预算资金中用于 B 项目的结余调入 A 项目。根据以上资料，编制 2×18 年年度财政拨款收入支出表。

**表 8-13　　2×18 年 1 月 1 日某公立医院部分净资产科目的余额**

单位：元

| 科目名称 | 账户余额 |
|---|---|
| 财政拨款结转——基本支出（日常公用经费）——公共财政预算资金 | 300 000 |

续表

| 科目名称 | 账户余额 |
|---|---|
| 财政拨款结转——项目支出（A 项目）——公共财政预算资金 | 64 500 |
| 财政拨款结余——基本支出（日常公用经费）——公共财政预算资金 | 136 300 |
| 财政拨款结余——项目支出（B 项目）——公共财政预算资金 | 56 200 |

**表 8–14　　2×18 年度某公立医院财政拨款收支科目的发生额**

单位：元

| 科目名称 | 账户余额 |
|---|---|
| 财政拨款收入——基本支出拨款（人员经费）——公共财政预算资金 | 180 000 |
| 财政拨款收入——基本支出拨款（日常公用经费）——公共财政预算资金 | 268 960 |
| 财政拨款收入——项目支出拨款（D 项目）——政府性基金预算资金 | 500 000 |
| 经费支出——基本支出（人员经费）——公共财政预算资金 | 180 000 |
| 经费支出——基本支出（日常公用经费）——公共财政预算资金 | 242 910 |
| 经费支出——项目支出（A 项目）——公共财政预算资金 | 120 700 |
| 经费支出——项目支出（D 项目）——政府性基金预算资金 | 500 000 |

编制完成的财政拨款预算收入支出表见表 8–15。

**表 8–15　　财政拨款预算收入支出表**

会政预 03 表

编制单位：×××　　2×18 年　　单位：元

| 项目 | 年初财政拨款结转结余 | | 调整年初财政拨款结转结余 | 归集调入或上缴 | 单位内部调剂 | | 本年财政拨款收入 | 本年财政拨款支出 | 年末财政拨款结转结余 | |
|---|---|---|---|---|---|---|---|---|---|---|
| | 结转 | 结余 | | | 结转 | 结余 | | | 结转 | 结余 |
| 一．公共财政预算资金 | 364 500 | 192 500 | – | 41 650 | 56 200 | –56 200 | 448 960 | 543 610 | 315 600 | 188 400 |
| （一）基本支出 | 300 000 | 136 300 | – | 41 650 | – | – | 448 960 | 422 910 | 315 600 | 188 400 |
| 1. 人员经费 | – | – | – | – | – | – | 180 000 | 180 000 | – | – |

续表

| 项目 | 年初财政拨款结转结余 | | 调整年初财政拨款结转结余 | 归集调入或上缴 | 单位内部调剂 | | 本年财政拨款收入 | 本年财政拨款支出 | 年末财政拨款结转结余 | |
|---|---|---|---|---|---|---|---|---|---|---|
| | 结转 | 结余 | | | 结转 | 结余 | | | 结转 | 结余 |
| 2. 日常公用经费 | 300 000 | 136 300 | – | 41 650 | – | – | 268 960 | 242 910 | 315 600 | 188 400 |
| （二）项目支出 | 64 500 | 56 200 | – | – | 56 200 | –56 200 | – | 120 700 | – | – |
| 1. A 项目 | 64 500 | – | – | – | 56 200 | – | – | 120 700 | – | – |
| 2. B 项目 | – | 56 200 | – | – | – | –56 200 | – | – | – | – |
| 二. 政府性基金预算资金 | – | – | – | – | – | – | 500 000 | 500 000 | – | – |
| （一）基本支出 | – | – | – | – | – | – | – | – | – | – |
| 1. 人员经费 | – | – | – | – | – | – | – | – | – | – |
| 2. 日常公用经费 | – | – | – | – | – | – | – | – | – | – |
| （二）项目支出 | – | – | – | – | – | – | 500 000 | 500 000 | – | – |
| D 项目 | – | – | – | – | – | – | 500 000 | 500 000 | – | – |
| 总计 | 364 500 | 192 500 | – | 41 650 | 56 200 | –56 200 | 948 960 | 1 043 610 | 315 600 | 188 400 |

# 第 9 章
# 关于医院执行政府会计新旧制度的衔接规定

## 9.1　新旧制度衔接总要求

财政部于 2017 年 10 月 24 日印发了《政府会计制度——行政事业单位会计科目和报表》（财会〔2017〕25 号，以下简称新制度）。原执行《医院会计制度》（财会〔2010〕27 号，以下简称原制度）的公立医院（以下简称医院），自 2019 年 1 月 1 日起执行新制度，不再执行原制度。为了确保新旧会计制度顺利过渡，财政部又颁布了《关于医院执行〈政府会计制度——行政事业单位会计科目和报表〉的衔接规定》（以下简称本规定）及《关于医院执行〈政府会计制度——行政事业单位会计科目和报表〉的补充规定》（以下简称补充规定）。执行原制度的公立医院应按照规定，做好新旧制度的衔接。

首先，自 2019 年 1 月 1 日起，医院应当严格按照新制度及补充规定进行会计核算、编制财务报表和预算会计报表。

其次，医院应当按照本规定做好新旧制度衔接的相关工作，主要包括以下几个方面：

1. 根据原账编制 2018 年 12 月 31 日的科目余额表，并按照本规定要求，编制原账的部分科目余额明细表（参见附表 1、附表 2）。

2. 按照新制度及补充规定设立 2019 年 1 月 1 日的新账。

3. 按照补充规定的要求，登记新账的财务会计科目余额和预算结余科目余额，包括将原账科目余额转入新账财务会计科目、按照原账科目余额登记新账预算结余科目（医院新旧会计制度转账、登记新账科目对照表参见表 9-1），将未入账事项登记新账科目，并对相关新账科目余额进行调整。原账科目是指按照原制度规定设置的会计科目。

4. 按照登记及调整后新账的各会计科目余额，编制 2019 年 1 月 1 日的科目余额表，作为新账各会计科目的期初余额。

5. 根据新账各会计科目期初余额，按照新制度及补充规定编制 2019 年 1 月 1 日的资产负债表。

最后，及时调整会计信息系统。医院应当按照新制度及补充规定要求对原有会计信息系统进行及时更新和调试，实现数据正确转换，确保新旧账套的有序衔接。

## 9.2　财务会计科目的新旧衔接

### 9.2.1　原账会计科目余额转入新账财务会计科目

新制度在资产类、负债类、净资产类账户都有新设会计科目。这些会计科目有些是名称上的改变，核算内容与旧账中基本相同，还有一些会计科目是完全新设的，与原账会计科目的核算内容有所不同。所以，在旧账会计科目的余额转入新账会计科目时应按照新账中会计科目的核算内容，分别结转。

**一、资产类**

1. “库存现金”“银行存款”“其他货币资金”“财政应返还额度”“短期投资”“坏账准备”“待摊费用”“固定资产”“无形资产”“长期待摊费用”“待处理财产损溢”科目

新制度设置了“库存现金”“银行存款”“其他货币资金”“财政应返还额度”“短期投资”“坏账准备”“待摊费用”“固定资产”“无形资产”“长期待摊费用”“待处理财产损溢”科目，其核算内容与原账的上述相应科目的核算内容基本相同。转账时，医院应当将原账的上述科目余额直接转入新账的相应科目。其中，还应当将原账的“库存现金”“银行存款”科目余额中属于新制度规定受托代理资产的金额，转入新账的“库存现金”“银行存款”科目下“受托代理资产”明细科目。

2. “应收在院病人医疗款”和“应收医疗款”科目

新制度及补充规定新设置了“应收账款”科目，并将原账中的一级科目“应收在院病人医疗款”“应收医疗款”和“其他应收账款”设置为“应收账款”下的明细科目。“应收在院病人医疗款”和“应收医疗款”明细科目的核算内容与原账的“应收在院病人医疗款”和“应收医疗款”科目的核算内容基本相同。转账时，医院应当将原账的“应收在院病人医疗款”和“应收医疗款”科目余额转入新账的“应收账款”科目下“应收在院病人医疗款”和“应收医疗款”明细科目。

3.“其他应收款”科目

新制度设置了“其他应收款”科目。但是该科目的核算内容与原账中的其他应收款的核算内容有所不同。转账时，医院应当对原账的“其他应收款”科目余额进行分析，将原账“其他应收款”科目中核算的应收长期股权投资的股利，转入新账的“应收股利”科目；将原账“其他应收款”科目中核算的应收长期债权投资的利息，转入新账的“应收利息”科目；将原账“其他应收款”科目中核算出租资产等应收取的款项，转入新账的“应收账款”科目；将原账“其他应收款”科目中核算的已经付款或开出商业汇票、尚未收到物资的金额，转入新账的“在途物品”科目；将剩余余额，转入新账的“其他应收款”科目。

4.“预付账款”科目

新制度设置了“在途物品”和“预付账款”科目，原制度仅设置了“预付账款”科目。转账时，医院应当将原账“预付账款”科目中核算的已经付款或开出商业汇票、尚未收到物资的金额，转入新账的“在途物品”科目，将剩余余额，转入新账的“预付账款”科目。

5.“库存物资”科目

新制度设置了“库存物品”科目，原制度设置了“库存物资”科目。转账时，医院应当将原账“库存物资”科目余额中属于医院受托存储保管的物资和受托转赠的物资金额，转入新账的“受托代理资产”科目；将原账“库存物资”科目余额中属于为在建工程购买和使用的材料物资金额，转入新账“工程物资”科目；将剩余余额，按照医院库存物品的类别（如药品、卫生材料等），分别转入新账的“库存物品”科目的有关明细科目。

6.“在加工物资”科目

新制度设置了“加工物品”科目，其核算内容与原账的“在加工物资”科目的核算内容基本相同。转账时，医院应当将原账的“在加工物资”科目余额转入新账的“加工物品”科目。

7.“长期投资”科目

新制度设置了“长期股权投资”和“长期债券投资”科目，原制度设置了“长期投资”科目。转账时，医院应当将原账的“长期投资”科目中核算的股权投资金额，转入新账的“长期股权投资”科目及其明细科目；将原账的“长期投资”科目中核算的债券投资金额，转入新账的“长期债券投资”科目及其明细科目。

8.“累计折旧”科目

新制度设置了“固定资产累计折旧”科目，该科目的核算内容与原账的“累计折旧”科目的核算内容基本相同。转账时，医院应当将原账的“累计折旧”科目余额转入新账的“固定资产累计折旧”科目。

9.“累计摊销”科目

新制度设置了“无形资产累计摊销”科目，该科目的核算内容与原账的“累计摊销”科目的核算内容基本相同。转账时，医院应当将原账的“累计摊销”科目余额转入新账的“无形资产累计摊销”科目。

10.“在建工程”科目

新制度设置了“在建工程”科目，该科目的核算内容与原账的“在建工程”科目的核算内容基本相同。转账时，医院应当将原账的“在建工程”科目余额（基建“并账”后的金额，下同），转入新账的“在建工程”科目。医院在原账“在建工程”科目中核算了按照新制度规定应当记入“工程物资”科目内容的，应当将原账“在建工程”科目余额中属于工程物资的金额，转入新账的“工程物资”科目。

11.“固定资产清理”科目

新制度设置了“待处理财产损溢”科目，该科目的核算内容与原账的“固定资产清理”科目的核算内容基本相同。转账时，医院应当将原账的“固定资产清理”科目余额，转入新账的“待处理财产损溢”科目。

12.“零余额账户用款额度”科目

由于原账的“零余额账户用款额度”科目年末无余额，无需进行转账处理。

**二、负债类**

1.“短期借款”“应付票据”“长期应付款”科目

新制度设置了“短期借款”“应付票据”“长期应付款”科目，其核算内容与原账的上述相应科目的核算内容基本相同。转账时，医院应当将原账的上述科目余额直接转入新账的相应科目。

2.“应付账款”科目

新制度设置了“应付账款”科目，其核算内容与原制度中“应付账款”科目的核算内容基本相同。转账时，医院应当将原账的“应付账款”科目余额，转入新账的“应付账款”科目。其中，医院在原账的“应付账款”科目中核算了无力支付银行承兑汇票而转入“应付账款”科目的余额的，应当将原账的“应付账款”科目余额中属于因无力支付银行承兑汇票而转入应付账款科目的余额，转入新账的“短期借款”科目。

3.“应缴款项”科目

新制度设置了“应缴财政款”科目，原制度设置了“应缴款项”科目。转账时，医院应当将原账的“应缴款项”科目余额中属于应缴财政款项的金额转入新账的“应缴财政款”科目，将原账的“应缴款项”科目余额减去属于应缴财政款项金额后的差额转入新账的“其他应付款”科目。

4.“预收医疗款”科目

新制度设置了“预收账款”科目，其核算内容与原账的“预收医疗款”科目的核算内容基本相同。转账时，医院应当将原账的“预收医疗款”科目余额转入新账的“预收账款”科目。

5.“应付职工薪酬”“应付社会保障费”科目

新制度设置了“应付职工薪酬”科目，原制度设置了“应付职工薪酬”“应付社会保障费”科目。转账时，医院应当将原账的“应付职工薪酬”“应付社会保障费”科目余额，转入新账的“应付职工薪酬”科目。

6.“应付福利费”科目

新制度未设置“应付福利费”科目。转账时，医院应当将原账的“应付福利费”科目余额转入新账的“累计盈余——新旧转换盈余”科目。

7.“应交税费”科目

新制度设置了“应交增值税”和“其他应交税费”科目，原制度设置了“应交税费”科目。转账时，医院应当将原账的“应交税费——应交增值税”科目余额转入新账的“应交增值税”科目，将原账的“应交税费”科目余额减去属于应交增值税余额后的差额，转入新账的“其他应交税费”科目。

8.“其他应付款”科目

新制度设置了“其他应付款”科目，该科目的核算内容与原账的“其他应付款”科目的核算内容基本相同。转账时，医院应当将原账的“其他应付款”科目余额，转入新账的“其他应付款”科目。其中，医院在原账的“其他应付款”科目中核算了属于新制度规定的受托代理负债的，应当将原账的“其他应付款”科目余额中属于受托代理负债的余额，转入新账的“受托代理负债”科目。

9.“预提费用”科目

新制度设置了“预提费用”科目，该科目的核算内容与原账的“预提费用”科目的核算内容基本相同。转账时，医院应当将原账的“预提费用”科目余额转入新账的“预提费用”科目。原账“预提费用”科目中核算了属于预提短期借款应付未付利息的，转账时，医院应当将预提短期借款应付未付利息的金额转入新账的“应付利息”科目。

10.“长期借款”科目

新制度设置了“长期借款”科目，该科目的核算内容与原账的“长期借款”科目的核算内容基本相同。转账时，医院应当将原账的“长期借款”科目余额转入新账的“长期借款”科目。其中，医院在原账的“长期借款”科目中核算了分期付息、到期还本的长期借款应付利息的，应当将原账的“长期借款”科目余额中属于分期付息、到期还本的长期借款应付利息金额转入新账的“应付利息”科目。

**三、净资产类**

1.“事业基金”科目

新制度设置了“累计盈余”科目。该科目的核算内容包含了原账的“事业基金”科目的核算内容。转账时，医院应当将原账的“事业基金”科目余额转入新账的“累计盈余——新旧转换盈余”科目。

2.“专用基金”科目

新制度设置了“专用基金”科目。该科目的核算内容与原账的“专用基金”科目的核算内容基本相同。转账时，医院应当将原账的“专用基金”科目余额转入新账的“专用基金”科目。

3.“待冲基金”科目

依据新制度，无需对原制度中“待冲基金”科目对应内容进行核算。转账时，医院应当将原账的“待冲基金——待冲财政基金”科目余额转入新账的“累计盈余——财政项目盈余”科目，将原账的“待冲基金——待冲科教项目基金”科目余额转入新账的“累计盈余——科教盈余”科目。

4.“财政补助结转（余）”“科教项目结转（余）”科目

新制度设置了“累计盈余”科目。该科目的余额包含了原账的“财政补助结转（余）”和“科教项目结转（余）”科目余额内容。转账时，医院应当将原账的“财政补助结转（余）”科目中项目支出结转和项目支出结余部分的余额转入新账的“累计盈余——财政项目盈余”科目，将原账的“财政补助结转(余)”科目中基本支出结转部分的余额转入新账的“累计盈余——医疗盈余”科目；将原账的“科教项目结转(余)”科目余额转入新账的“累计盈余——科教盈余”科目。

5.“结余分配”科目

新制度设置了“本年盈余分配”科目。该科目的核算内容与原账的“结余分配”科目的核算内容基本相同。新制度规定“本年盈余分配”科目余额年末应当转入“累计盈余”科目。原账“结余分配”科目有借方余额的，转账时，医院应当将原账的“结余分配”科目借方余额转入新账的“累计盈余——新旧转换盈余”科目借方。

6.“本期结余”科目

由于原账的“本期结余”科目年末无余额，所以该科目无需进行转账处理。

**四、收入类、费用类**

由于原账中收入类、费用类科目年末无余额，所以无需进行转账处理。自2019年1月1日起，应当按照新制度设置收入类、费用类科目并进行账务处理。

医院存在其他本规定未列举的原账科目余额的，应当比照本规定转入新账的相应科目。新账的科目设有明细科目的，应将原账中对应科目的余额加以分析，分别转入新账中相应科目的相关明细科目。

医院在进行新旧衔接的转账时，应当编制转账的工作分录，作为转账的工作底稿，并将转入新账的对应原科目余额及分拆原科目余额的依据作为原始凭证。

## 9.2.2　将原未入账事项登记新账财务会计科目

在原制度下，医院有一些事项无需进行会计处理，也就无需登记入账，而在新制度中，设置了新的会计科目，将一些原未入账的事项纳入了会计核算范围内，所以应该将原未入账事项登记新账财务会计科目。

**一、受托代理资产**

医院在新旧制度转换时，应当将2018年12月31日前未入账的受托代理资产按照新制度规定记入新账。登记新账时，按照确定的受托代理资产入账成本，借记“受托代理资产”科目，贷记“受托代理负债”科目。

**二、盘盈资产**

医院在新旧制度转换时，应当将2018年12月31日前未入账的盘盈资产按照新制度规定记入新账。登记新账时，按照确定的盘盈资产及其成本，分别借记有关资产科目，按照盘盈资产成本的合计金额，贷记“累计盈余——新旧转换盈余”科目。

**三、预计负债**

医院在新旧制度转换时，应当将2018年12月31日按照新制度规定确认的预计负债记入新账。登记新账时，按照确定的预计负债金额，借记“累计盈余——新旧转换盈余”科目，贷记“预计负债”科目。

医院存在2018年12月31日前未入账的其他事项的，应当比照上述规定登记新账的相应科目。

医院对新账的财务会计科目补记未入账事项时，应当编制记账凭证，并将补充登记事项的确认依据作为原始凭证。

## 9.2.3 对新账的相关财务会计科目余额进行调整

依据新制度的要求，医院对新账的相关财务会计科目的余额进行调整的内容如下。

**一、调整坏账准备**

新制度要求对医院收回后无需上缴财政的应收账款和其他应收款提取坏账准备。在新旧制度转换时，医院应当按照2018年12月31日无需上缴财政的“应收账款”科目扣除应收在院病人医疗款后的余额，以及“其他应收款”科目余额，计算应计提的坏账准备金额，对比原账“坏账准备”科目余额进行调整。补提坏账准备时，借记“累计盈余——新旧转换盈余”科目，贷记“坏账准备”科目；冲回多提坏账准备时，借记“坏账准备”科目，贷记“累计盈余——新旧转换盈余”科目。

**二、按照权益法调整长期股权投资的账面余额**

对按照新制度规定应当采用权益法核算的长期股权投资，在新旧制度转换时，医院应当在“长期股权投资”科目下设置“新旧制度转换调整”明细科目，依据被投资单位2018年12月31日财务报表的所有者权益账面余额，以及医院持有被投资单位的股权比例，计算应享有或应分担的被投资单位所有者权益的份额，调整长期股权投资的账面余额，借记或贷记“长期股权投资——新旧制度转换调整”科目，贷记或借记“累计盈余——新旧转换盈余”科目。

**三、补提折旧**

医院应当对截至 2018 年 12 月 31 日前购置的未计提完折旧的固定资产，在新旧制度转换时，按照补充规定提供的折旧年限计算补提一个月折旧，按照由财政项目拨款经费形成的固定资产应补提的金额，借记“累计盈余——财政项目盈余”科目，贷记“固定资产累计折旧”科目相关明细科目；按照由科教经费形成的固定资产应补提的金额，借记“累计盈余——科教盈余”科目，贷记“固定资产累计折旧”科目相关明细科目；按照其他固定资产应补提的金额，借记“累计盈余——新旧转换盈余”科目，贷记“固定资产累计折旧”科目相关明细科目。

医院对新账的财务会计科目期初余额进行调整时，应当编制记账凭证，并将调整事项的确认依据作为原始凭证。

## 9.3　预算会计科目的新旧衔接

### 9.3.1　“财政拨款结转”和“财政拨款结余”科目及对应的“资金结存”科目余额

新制度设置了“财政拨款结转”“财政拨款结余”科目及对应的“资金结存”科目。在新旧制度转换时，医院应当对原账的“财政补助结转（余）”科目余额中结转资金的金额进行逐项分析，加上各项结转转入的支出中已经计入支出尚未支付财政资金（如发生时列支的应付账款）的金额，减去已经支付财政资金尚未计入支出（如预付账款等）的金额，按照增减后的金额登记新账的“财政拨款结转”科目及其明细科目贷方，按照原账的“财政补助结转（余）”科目余额中结余资金的金额登记新账的“财政拨款结余”科目及其明细科目贷方。

医院应当按照原账“财政应返还额度”科目余额登记新账“资金结存——财政应返还额度”科目的借方；按照新账“财政拨款结转”和“财政拨款结余”科目贷方余额合计数，减去新账“资金结存——财政应返还额度”科目借方余额后的差额，登记新账“资金结存——货币资金”科目的借方。

### 9.3.2 “非财政拨款结转”科目及对应的“资金结存”科目余额

新制度设置了“非财政拨款结转”科目及对应的“资金结存”科目。在新旧制度转换时，医院应当对原账的“科教项目结转（余）”科目余额进行逐项分析，加上各项结转（余）转入的支出中已经计入支出尚未支付非财政补助专项资金（如发生时列支的应付账款）的金额，减去已经支付非财政补助专项资金尚未计入支出（如预付账款等）的金额，按照增减后的金额登记新账的“非财政拨款结转”科目及其明细科目贷方；同时，按照相同的金额登记新账“资金结存——货币资金”科目的借方。

### 9.3.3 “专用结余”科目及对应的“资金结存”科目余额

新制度设置了“专用结余”科目及对应的“资金结存”科目。在新旧制度转换时，医院应当按照原账“专用基金”科目余额中通过非财政补助结余分配形成的金额，借记新账的“资金结存——货币资金”科目，贷记新账的“专用结余”科目。

### 9.3.4 “非财政拨款结余”科目及对应的“资金结存”科目余额

新制度设置了“非财政拨款结余”科目及对应的“资金结存”科目。在新旧制度转换时，医院应当在新账的“库存现金”“银行存款”“其他货币资金”“财政应返还额度”科目借方余额合计数基础上，对不纳入单位预算管理的资金进行调整（如减去新账中货币资金形式的受托代理资产、应缴财政款、已收取将来需要退回资金的其他应付款，加上已支付将来需要收回资金的其他应收款），按照调整后的金额减去新账的“财政拨款结转”“财政拨款结余”“非财政拨款结转”“专用结余”科目贷方余额合计数的金额，登记新账的“非财政拨款结余”科目贷方；同时，按照相同的金额登记新账的“资金结存——货币资金”科目借方。

### 9.3.5 “其他结余”“非财政拨款结余分配”科目

新制度设置了“其他结余”和“非财政拨款结余分配”科目。由于这两个科目年初无余额，在新旧制度转换时，医院无需对“其他结余”和“非财政拨款结余分配”科目进行新账年初余额登记。

### 9.3.6　预算收入类、预算支出类会计科目

由于预算收入类、预算支出类会计科目年初无余额，因此，在新旧制度转换时，医院无需对预算收入类、预算支出类会计科目进行新账年初余额登记。

医院应当自 2019 年 1 月 1 日起，按照新制度设置预算收入类、预算支出类科目并进行账务处理。

医院存在 2018 年 12 月 31 日需要按照新制度预算会计核算基础调整预算会计科目期初余额的其他事项的，应当比照本规定调整新账的相应预算会计科目期初余额。

医院对预算会计科目的期初余额登记和调整，应当编制记账凭证，并将期初余额登记和调整的依据作为原始凭证。

医院新旧会计制度转账、登记新账科目对照表如表 9-1 所示。

表 9-1　医院新旧会计制度转账、登记新账科目对照表

<table>
<tr><th rowspan="2">序号</th><th colspan="2">新制度科目</th><th colspan="2">原制度科目</th></tr>
<tr><th>编号</th><th>名称</th><th>编号</th><th>名称</th></tr>
<tr><td colspan="5">一、资产类</td></tr>
<tr><td>1</td><td>1001</td><td>库存现金</td><td>1001</td><td>库存现金</td></tr>
<tr><td>2</td><td>1002</td><td>银行存款</td><td>1002</td><td>银行存款</td></tr>
<tr><td>3</td><td>1021</td><td>其他货币资金</td><td>1004</td><td>其他货币资金</td></tr>
<tr><td>4</td><td>1201</td><td>财政应返还额度</td><td>1201</td><td>财政应返还额度</td></tr>
<tr><td>5</td><td>1101</td><td>短期投资</td><td>1101</td><td>短期投资</td></tr>
<tr><td rowspan="2">6</td><td rowspan="2">1212</td><td rowspan="2">应收账款</td><td>1211</td><td>应收在院病人医疗款</td></tr>
<tr><td>1212</td><td>应收医疗款</td></tr>
<tr><td>7</td><td>1218</td><td>其他应收款</td><td rowspan="5">1215</td><td rowspan="5">其他应收款</td></tr>
<tr><td>8</td><td>1215</td><td>应收股利</td></tr>
<tr><td>9</td><td>1216</td><td>应收利息</td></tr>
<tr><td>10</td><td>1212</td><td>应收账款</td></tr>
<tr><td>11</td><td>1301</td><td>在途物品</td></tr>
<tr><td>12</td><td>1219</td><td>坏账准备</td><td>1221</td><td>坏账准备</td></tr>
</table>

续表

| 序号 | 新制度科目 | | 原制度科目 | |
|---|---|---|---|---|
| | 编号 | 名称 | 编号 | 名称 |
| 13 | 1214 | 预付账款 | 1231 | 预付账款 |
| 14 | 1301 | 在途物品 | | |
| 15 | 1302 | 库存物品 | 1301 | 库存物资 |
| 16 | 1611 | 工程物资 | | |
| 17 | 1891 | 受托代理资产 | | |
| 18 | 1303 | 加工物品 | 1302 | 在加工物资 |
| 19 | 1401 | 待摊费用 | 1401 | 待摊费用 |
| 20 | 1501 | 长期股权投资 | 1501 | 长期投资 |
| 21 | 1502 | 长期债券投资 | | |
| 22 | 1601 | 固定资产 | 1601 | 固定资产 |
| 23 | 1602 | 固定资产累计折旧 | 1602 | 累计折旧 |
| 24 | 1611 | 工程物资 | 1611 | 在建工程 |
| 25 | 1613 | 在建工程 | | |
| 26 | 1902 | 待处理财产损溢 | 1621 | 固定资产清理 |
| 27 | 1701 | 无形资产 | 1701 | 无形资产 |
| 28 | 1702 | 无形资产累计摊销 | 1702 | 累计摊销 |
| 29 | 1901 | 长期待摊费用 | 1801 | 长期待摊费用 |
| 30 | 1902 | 待处理财产损溢 | 1901 | 待处理财产损溢 |
| 二、负债类 | | | | |
| 31 | 2001 | 短期借款 | 2001 | 短期借款 |
| 32 | 2103 | 应缴财政款 | 2101 | 应缴款项 |
| 33 | 2307 | 其他应付款 | | |
| 34 | 2301 | 应付票据 | 2201 | 应付票据 |
| 35 | 2302 | 应付账款 | 2202 | 应付账款 |
| 36 | 2001 | 短期借款 | | |

续表

<table>
<tr><th rowspan="2">序号</th><th colspan="2">新制度科目</th><th colspan="2">原制度科目</th></tr>
<tr><th>编号</th><th>名称</th><th>编号</th><th>名称</th></tr>
<tr><td>37</td><td>2305</td><td>预收账款</td><td>2203</td><td>预收医疗款</td></tr>
<tr><td>38</td><td>2201</td><td>应付职工薪酬</td><td>2204</td><td>应付职工薪酬</td></tr>
<tr><td>39</td><td>3001</td><td>累计盈余</td><td>2205</td><td>应付福利费</td></tr>
<tr><td>40</td><td>2201</td><td>应付职工薪酬</td><td>2206</td><td>应付社会保障费</td></tr>
<tr><td>41</td><td>2101</td><td>应交增值税</td><td rowspan="2">2207</td><td rowspan="2">应交税费</td></tr>
<tr><td>42</td><td>2102</td><td>其他应交税费</td></tr>
<tr><td>43</td><td>2307</td><td>其他应付款</td><td rowspan="2">2209</td><td rowspan="2">其他应付款</td></tr>
<tr><td>44</td><td>2901</td><td>受托代理负债</td></tr>
<tr><td>45</td><td>2401</td><td>预提费用</td><td rowspan="2">2301</td><td rowspan="2">预提费用</td></tr>
<tr><td>46</td><td>2304</td><td>应付利息</td></tr>
<tr><td>47</td><td>2501</td><td>长期借款</td><td rowspan="2">2401</td><td rowspan="2">长期借款</td></tr>
<tr><td>48</td><td>2304</td><td>应付利息</td></tr>
<tr><td>49</td><td>2502</td><td>长期应付款</td><td>2402</td><td>长期应付款</td></tr>
<tr><td colspan="5">三、净资产类</td></tr>
<tr><td rowspan="4">50</td><td rowspan="4">3001</td><td rowspan="4">累计盈余</td><td>3001</td><td>事业基金</td></tr>
<tr><td>3201</td><td>待冲基金</td></tr>
<tr><td>3301</td><td>财政补助结转（余）</td></tr>
<tr><td>3302</td><td>科教项目结转（余）</td></tr>
<tr><td>51</td><td>3101</td><td>专用基金</td><td>3101</td><td>专用基金</td></tr>
<tr><td>52</td><td>3001</td><td>累计盈余（借方）</td><td>3501</td><td>结余分配（借方）</td></tr>
<tr><td colspan="5">四、预算结余类</td></tr>
<tr><td>53</td><td>8101</td><td>财政拨款结转</td><td rowspan="2">3301</td><td rowspan="2">财政补助结转（余）</td></tr>
<tr><td>54</td><td>8102</td><td>财政拨款结余</td></tr>
<tr><td>55</td><td>8201</td><td>非财政拨款结转</td><td>3302</td><td>科教项目结转（余）</td></tr>
<tr><td>56</td><td>8202</td><td>非财政拨款结余</td><td>3001</td><td>事业基金</td></tr>
</table>

续表

| 序号 | 新制度科目 | | 原制度科目 | |
|---|---|---|---|---|
| | 编号 | 名称 | 编号 | 名称 |
| 57 | 8301 | 专用结余 | 3101 | 专用基金 |
| 58 | 8001 | 资金结存（借方） | 3301 | 财政补助结转（余） |
| | | | 3302 | 科教项目结转（余） |
| | | | 3001 | 事业基金 |
| | | | 3101 | 专用基金 |

## 9.4 财务报表和预算会计报表的新旧衔接

医院需要根据新制度的规定编制 2019 年 1 月 1 日财务报表和预算会计报表，具体要求如下。

**一、编制 2019 年 1 月 1 日资产负债表**

医院应当根据 2019 年 1 月 1 日新账的财务会计科目余额，按照新制度及补充规定编制 2019 年 1 月 1 日资产负债表（仅要求填列各项目“年初余额”）。

**二、2019 年度财务报表和预算会计报表的编制**

医院应当按照新制度及补充规定编制 2019 年财务报表和预算会计报表。在编制 2019 年度收入费用表、医疗活动收入费用明细表、净资产变动表、现金流量表和预算收入支出表、预算结转结余变动表时，不要求填列上年比较数。

医院应当根据 2019 年 1 月 1 日新账财务会计科目余额，填列 2019 年净资产变动表各项目的“上年年末余额”；根据 2019 年 1 月 1 日新账预算会计科目余额，填列 2019 年预算结转结余变动表的“年初预算结转结余”项目和财政拨款预算收入支出表的“年初财政拨款结转结余”项目。

# 附表 1

## 医院原会计科目余额明细表一

| 总账科目 | 明细分类 | 金额 | 备注 |
| --- | --- | --- | --- |
| 库存现金 | 库存现金 | | |
| | 其中：受托代理现金 | | |
| 银行存款 | 银行存款 | | |
| | 其中：受托代理银行存款 | | |
| 预付账款 | 在途物品 | | |
| | 其他 | | |
| 其他应收款 | 应收股利 | | |
| | 应收利息 | | |
| | 应收账款 | | |
| | 在途物品 | | 已经付款，尚未收到物资 |
| | 其他 | | |
| 库存物资 | 受托代理资产 | | |
| | 工程物资 | | |
| | 其他 | | |
| 长期投资 | 长期股权投资 | | |
| | 长期债券投资 | | |
| 在建工程 | 在建工程 | | |
| | 工程物资 | | |
| 应交税费 | 应交增值税 | | |
| | 其他应交税费 | | |
| 应缴款项 | 应缴财政款 | | |
| | 其他 | | |

续表

| 总账科目 | 明细分类 | 金额 | 备注 |
|---|---|---|---|
| 其他应付款 | 受托代理负债 | | |
| | 其他 | | |
| 预提费用 | 短期借款应付利息 | | |
| | 其他 | | |
| 长期借款 | 分期付息、到期还本的长期借款应付利息 | | |
| | 其他 | | |
| 待冲基金 | 对应财政项目拨款经费形成的资产的待冲基金 | | |
| | 对应科教经费形成的资产的待冲基金 | | |
| 财政补助结转（余） | 项目支出结转和项目支出结余 | | |
| | 基本支出结转 | | |

# 附表 2

**医院原会计科目余额明细表二**

<table>
<tr><th>总账科目</th><th>明细分类</th><th>金额</th><th>备注</th></tr>
<tr><td rowspan="3">预付账款</td><td>财政补助资金预付</td><td></td><td></td></tr>
<tr><td>非财政补助专项资金预付</td><td></td><td></td></tr>
<tr><td>非财政补助非专项资金预付</td><td></td><td></td></tr>
<tr><td rowspan="5">其他应收款</td><td>预付款项</td><td></td><td>如职工预借的差旅费等</td></tr>
<tr><td>其中：财政补助资金预付</td><td></td><td></td></tr>
<tr><td>非财政补助专项资金预付</td><td></td><td></td></tr>
<tr><td>非财政补助非专项资金预付</td><td></td><td></td></tr>
<tr><td>需要收回及其他</td><td></td><td>如支付的押金、应收为职工垫付的款项等</td></tr>
<tr><td rowspan="2">库存物资</td><td>购入库存物资</td><td></td><td></td></tr>
<tr><td>非购入库存物资</td><td></td><td>如接受捐赠、无偿调入物资等</td></tr>
<tr><td rowspan="5">在加工物资</td><td>加工过程中支付资金</td><td></td><td></td></tr>
<tr><td>其中：财政补助资金支付</td><td></td><td></td></tr>
<tr><td>非财政补助专项资金支付</td><td></td><td></td></tr>
<tr><td>非财政补助非专项资金支付</td><td></td><td></td></tr>
<tr><td>加工过程中未支付资金</td><td></td><td></td></tr>
<tr><td rowspan="6">长期投资</td><td>长期股权投资</td><td></td><td></td></tr>
<tr><td>其中：现金资产取得</td><td></td><td></td></tr>
<tr><td>非现金资产或其他方式取得</td><td></td><td></td></tr>
<tr><td>长期债券投资</td><td></td><td></td></tr>
<tr><td>其中：投资成本</td><td></td><td></td></tr>
<tr><td>其他</td><td></td><td></td></tr>
</table>

续表

| 总账科目 | 明细分类 | 金额 | 备注 |
| --- | --- | --- | --- |
| 应付票据、应付账款 | 发生时不计入支出 | | |
| | 发生时计入支出 | | |
| | 其中：财政补助资金应付 | | |
| | 非财政补助专项资金应付 | | |
| | 非财政补助非专项资金应付 | | |
| 长期借款 | 借款本金 | | |
| | 其他 | | |
| 待冲基金 | 对应非流动资产的待冲基金 | | |
| | 对应流动资产的待冲基金 | | |
| 专用基金 | 从非财政补助结余分配中提取 | | |
| | 其他 | | |